AS CRÔNICAS DA DOR

OBJETIVA

Melanie Thernstrom

AS CRÔNICAS DA DOR

Tratamentos, mitos, mistérios, testemunhos e a ciência do sofrimento

Tradução
Maria Beatriz de Medina

Copyright © 2010 by Melanie Thernstrom
Publicado mediante acordo com Farrar, Straus and Giroux, LLC, Nova York

Todos os direitos desta edição reservados à
Editora Objetiva Ltda.
Rua Cosme Velho, 103
Rio de Janeiro — RJ — Cep: 22241-090
Tel.: (21) 2199-7824 — Fax: (21) 2199-7825
www.objetiva.com.br

Título original
The Pain Chronicles — Cures, Myths, Mysteries, Prayers, Diaries, Brain Scans, Healing, and the Science of Suffering

Capa
Mateus Valadares

Revisão
Taís Monteiro
Talita Papoula
Ana Grillo

Editoração eletrônica
Abreu's System Ltda.

CIP-BRASIL. CATALOGAÇÃO-NA-FONTE
SINDICATO NACIONAL DOS EDITORES DE LIVROS, RJ

T358c

Thernstrom, Melanie
   As crônicas da dor : tratamentos, mitos, mistérios, testemunhos e a ciência do sofrimento / Melanie Thernstrom ; tradução Maria Beatriz de Medina. - Rio de Janeiro : Objetiva, 2011.

   Tradução de: *The pain chronicles*
   Inclui índice
   406p.   ISBN 978-85-390-0252-8

   1. Dor - Obras populares. 2. Dor - Etiologia - Obras populares. 3. Doenças crônicas - Pacientes. 4. Doenças crônicas - Tratamento. 5. Dor - Aspectos psicológicos. 6. Dor - Tratamento. I. Título.

11-1902.   CDD: 616.0472
                    CDU: 616.8-009.7

Aos meus pais

Dolor dictat

SUMÁRIO

Introdução: O Telegrama   13

I. O VALE DA DOR, O VÉU DA DOR: A DOR COMO METÁFORA   25

Dolor dictat   27

Diário da dor: guardo um segredo   31

Poena   35

A origem da dor   39

Seus olhos se abriram para o sofrimento   43

Coisas más e funestas das trevas   45

Nenhum deus veio me salvar, nenhuma deusa se comoveu comigo   50

Diário da dor: evito o diagnóstico   52

Dor aguda e crônica   58

Destruidor do pesar   64

O plano   67

O dilema do placebo   73

Emoções negativas reprimidas   76

A vós, os espinhos   80

A dor de Jesus   85

O paradoxo do mártir   88

Ordálio   91

Diário da dor: decido obter um diagnóstico	94
O corpo com dor	97
A escoteira	100

II. O FEITIÇO DO SONO CIRÚRGICO: A DOR COMO HISTÓRIA 105

Como vencer a dor	107
A arte e os seus terrores	112
Um terror além de qualquer descrição	117
Poções do sono	121
Mesmerizada	127
Uma quimera não permitida	132
Por quem a dor da cirurgia foi evitada e anulada	135
A escravatura da eterização	138
Diário da dor: recebo um diagnóstico	143
A vida inteira e o destino	144

III. TERRÍVEL ALQUIMIA: A DOR COMO DOENÇA 149

Uma cela particular no inferno	151
O camaleão	156
A imortalidade dos nervos mortos	162
Síndromes neuropáticas dolorosas	166
Síndromes dolorosas cirúrgicas	169
Um erro clássico de interpretação	171
"Dá muito trabalho se comportar como paciente digno de crédito"	174
O paradoxo da satisfação do paciente com o tratamento inadequado da dor	177
A hipótese da cicatriz	182
Vício em opioides e pseudovício	185
Processos contra os que receitam	190
A hierarquia invisível do sentimento	194
Limiar da dor e tolerância à dor	201
Sensibilidade individual à dor	210
O segredo celular do ciclo da dor crônica	213

O sonho maravilhoso de que a dor nos foi tirada	218
Diário da dor: tento entender a ciência	222

IV. TENTO ENCONTRAR UMA VOZ: A DOR COMO NARRATIVA

NARRATIVA	223
Encontrar uma voz	225
Inspiração	226
Sofrimento	228
Dor integrativa e desintegrativa	231
O risco da crença religiosa	235
A fênix	238
O eu temido, o eu real e o eu esperado	241
O farfalhar de estranhas asas	246
O fantasma de um significado médico	249
O paciente difícil	252
Quando os analgésicos criam a dor	256
Ideias sinistras sobre patologia	262
Essa maldição em que vivo	267
Um parceiro no bem-estar	271
Diário da dor: quero melhorar mais	279
À disposição do corpo	283
Obter mais melhoras	290
Cem bênçãos	292
Fortuna	294
A rachadura por onde entra a luz	296
Dor física e romântica	298
Só não lhe mostrar a minha devoção é doloroso	305
Kavadi	308

V. CURAR A MENTE: A DOR COMO PERCEPÇÃO

CURAR A MENTE: A DOR COMO PERCEPÇÃO	313
O que é a dor?	315
O demônio na máquina	320
Percepção e modulação da dor	323
A expectativa compete com a nocicepção	328
A magia acontece na cabeça	331

Uma narrativa menos aflitiva	336
Diário da dor: tento mudar a minha percepção	338
A anestesia da crença	343
Controle cognitivo da neuroplasticidade	351
Terra incógnita	355
Um Universo de dor	359
Logo ao lado	366
Notas	367
Agradecimentos	389
Índice remissivo	393

INTRODUÇÃO: O TELEGRAMA

Imagine, como imagino, uma comunidade de consumptivos que tossem sangue num sanatório progressista nas montanhas durante o século XIX. A vida bem-regrada do hospital segue os protocolos mais modernos de tratamento: os antigos clisteres e sangrias foram substituídos por banhos de água mineral, boa nutrição, ar puro da montanha e helioterapia — banhos de sol. Mas a atitude não evoluiu muito desde a época de Hipócrates, que, no século V a.C., aconselhou os colegas a não aceitar pacientes com consumpção (a doença mais comum na época) avançada, porque a morte inevitável prejudicaria a reputação do médico.

No decorrer dos séculos, houve muitas teorias sobre as causas da consumpção: hereditariedade, maus espíritos, vampirismo, vapores, esgotos, odores do pântano e corrupção interna do corpo. No século XIX, a concepção da doença que entrou na moda foi a da luta espiritualizante entre o corpo e a alma, na qual a carne mortal era lentamente consumida de modo a intensificar a beleza e a criatividade. Mas, na primavera de 1882, um médico alemão identificou a *Mycobacterium tuberculosis*. Quatro mil anos de mitos sumiram num instante assim que a bactéria se materializou sob o microscópio. Embora tudo o que se relacionava aos sintomas da doença se prestasse a metáforas, dos olhos brilhantes dos pacientes à carne que sumia, de repente a ciência discordou. A consumpção se transformou em tuberculose: uma doença, não um estado do ser. Embora o tratamento (antibióticos) ainda estivesse a meio século de distância, havia um diagnóstico.

Em *Doença como Metáfora*, Susan Sontag descreve a transformação da consumpção em tuberculose como exemplo arquetípico de um processo no qual as doenças são compreendidas metaforicamente até a sua patologia ser esclarecida. O filósofo Michel Foucault capta esse processo ao postular que a medicina moderna começou quando os médicos pararam de perguntar aos pacientes "Qual é o seu problema?" — uma pergunta que provocava uma resposta pessoal complexa — e começaram a perguntar "Onde dói?", pergunta que se concentra apenas na biologia.

Embora esses processos sejam motivados por descobertas científicas, as atitudes sociais têm de mudar para que a ciência investigue. Além disso, todos têm de acreditar nas descobertas científicas antes de agir com base nelas. A distância, um paradigma parece suceder outro num piscar de olhos da história, mas na sua época eles cedem lentamente e, nesse ínterim, há quem viva e quem perca a vida. As ideias podem demorar a pegar: por exemplo, a teoria dos germes já fora enunciada mas ainda não se popularizara na época da Guerra Civil americana, e assim os soldados bebiam tranquilamente a água dos rios que, mais acima, outros regimentos usavam como banheiro. E sempre havia gente do contra: a sangria fora desacreditada anos antes de George Washington ser sangrado pelos médicos no seu leito de morte. O óxido nitroso e o éter (gases usados na primeira forma de anestesia cirúrgica) foram descobertos décadas antes de alguém pensar em usá-los durante cirurgias torturantes.

Como a notícia da descoberta da tuberculose chegou ao sanatório? Os internos leram a respeito nos jornais? Os parentes fizeram alguma visita ou mandaram um telegrama? *Não és tu, é uma bactéria! Que estranho, parecias tão consumptivo.* A notícia os fez repensar a história da doença e perceber que não tinha nada a ver com lutas espiritualizantes? Ou será que viram a notícia da mesma maneira que vemos os avanços científicos sobre buracos negros ou ossos de homens primitivos — interessantes, mas irrelevantes em termos pessoais? Afinal de contas, ainda não havia tratamento. Ou talvez a notícia nunca tenha chegado ao sanatório, e os consumptivos tenham perecido na montanha mágica, aprisionados não só pela doença, como também por uma série de significados abandonados.

Entender a própria natureza do sofrimento não seria terapêutico? Mesmo na ausência de tratamento, os epilépticos podem se beneficiar por saberem que não estão possuídos por espíritos, e pode ser bom para os deprimidos saber que o seu estado não é uma falha de caráter. Sem dúvida os consumptivos ficariam aliviados e assombrados ao saberem finalmente o que era — e o que não era — a sua doença. Não era uma maldição. Não era punição nem expressão da personalidade. Para o bem ou para o mal, era e é uma doença.

Sentir dor física é estar num terreno diferente, num estado do ser diferente de todos os outros, numa montanha mágica tão distante do mundo conhecido quanto a paisagem de um sonho. Em geral, a dor cede; acorda-se dela como de um pesadelo, tentando esquecê-la o mais depressa possível. Mas e a dor que persiste? Quanto mais dura, mais torturante se torna o exílio. *Você não vai embora nunca?*, começamos a perguntar, querendo voltar ao corpo, às ideias, à vida normal.

Em geral, a dor é protetora: um sistema delicadamente instalado para avisar o corpo sobre doenças ou lesões nos tecidos e forçar o indivíduo a descansar para que os ossos se refaçam ou a febre siga o seu curso. Essa é a conhecida dor aguda; quando o tecido sara, a dor some. Entretanto, quando ela persiste muito depois de cumprida a sua função, a dor se transforma na patologia da dor crônica. A dor crônica é a fração da dor que a natureza não consegue curar, que não se resolve com o tempo, que só piora. Pode começar de várias maneiras: tão trivial quanto um pequeno machucado ou tão grave quanto câncer ou gangrena. Finalmente o tecido cicatriza, o membro adoecido é amputado ou o câncer entra em remissão, mas a dor continua e começa a assumir vida própria.

O médico assegura à paciente que ela está bem, mas a dor piora, o corpo se sensibiliza e outras partes dele começam a doer também. Ela tem dificuldade para dormir; passa os dias meio às cegas. A sensação do corpo como fonte de prazer muda para a sensação do corpo como fonte de dor. Ela se sente caçada, perseguida por um torturador invisível. A depressão se instala. Tudo parece errado... enlouquecedor... ilusório. Ela tenta descrever o tormento, mas os outros reagem com ceticismo ou desprezo. Consulta médicos, mas não adianta. O problema original, qualquer que fosse, foi superado pela nova doença da dor.

A dor crônica é um fantasma do nosso tempo: uma doença grave, generalizada, mal entendida, mal diagnosticada e subtratada. As estimativas variam muitíssimo, mas um relatório de 2009 do Mayday Fund, uma entidade sem fins lucrativos, verificou que a dor crônica afeta mais de 70 milhões de americanos e custa à economia do país mais de 100 bilhões de dólares por ano. Outro estudo dos Estados Unidos indica que até 44% da população sente dor regularmente, e cerca de uma em cada cinco pessoas afirma que sente dor há três meses ou mais. Boa parte da degradação da qualidade de vida em doenças como câncer, diabetes, esclerose múltipla e artrite se deve à dor persistente. Numa pesquisa, a maioria dos pacientes com dor crônica disse que a dor era "uma parte normal da doença e algo com que tinham de conviver". Um terço dos pacientes disse que a intensidade da dor era "tanta que às vezes dá vontade de morrer". Quase metade afirmou que gastaria com o tratamento todas as suas posses se houvesse certeza de que assim a dor acabaria.

Mas o tratamento da dor crônica costuma ser inadequado. Em parte, isso acontece porque só nos últimos anos a dor crônica foi entendida como uma doença com neuropatologia distinta — a dor não tratada pode reprogramar o sistema nervoso central, causando mudanças patológicas no cérebro e na medula espinhal que, por sua vez, causam ainda mais dor —, embora esse novo entendimento ainda não seja amplamente conhecido. Às vezes, a dor crônica é definida como dor contínua que dura mais do que seis meses, mas não é uma dor comum que dura, e sim uma doença diferente, do mesmo modo que o ato de beber é diferente no caso do alcoólatra e de quem bebe socialmente. Não é a duração da dor que caracteriza a dor crônica, mas a incapacidade do corpo de restaurar o funcionamento normal.

"A história do homem é a história da dor", declara Pnin, personagem de um romance de Nabokov com o mesmo nome (nome que, em si, tem apenas uma letra diferente da palavra *pain*, dor em inglês). O anseio de entender e aliviar a dor física perpassou toda a história humana, desde os primeiros registros do pensamento. Nenhuma disciplina isolada parece adequada para abordar ou representar a dor, porque toda lente com a qual se tenta examiná-la — pessoal, cultural, histórica, científica, médica, religiosa, filosófica, artística, literária — decompõe a dor sob uma luz diferente.

No *Bhagavad Gita*, escritura hinduísta em sânscrito, o deus Krishna fala da "vida, que é o lugar da dor...". Que dor é essa cujo lugar na vida é tão central? Para desvelar os seus enigmas, precisamos examinar como a dor já foi entendida e interpretada. Esse entendimento parece se encaixar em três paradigmas básicos. Primeiro, há o que podemos chamar de visão pré-moderna, na qual a dor nunca é uma simples experiência corporal e reflete um reino espiritual permeado de significados e metáforas, dos demônios causadores de dor que abriam as asas na antiga Mesopotâmia à tradição judaico-cristã, em que a dor começa com a expulsão do Éden. "Ela (a terra) te produzirá espinhos e abrolhos", é como Deus condena Adão — maldição que se transforma, no cristianismo, num meio de redenção.

A dor também era vista como força que poderia ser usada para a transformação espiritual positiva. Os peregrinos e ascetas de muitas e variadas tradições escolheram se aproximar de Deus passando por ritos dolorosos, e mártires aceitaram mortes dolorosas. A crença nas propriedades espirituais da dor fez dela o instrumento fundamental da jurisprudência no mundo pré-moderno, não só como punição adequada dos crimes, mas também para determinar a culpa, tanto pela tortura quanto pelo estranho precursor do tribunal do júri chamado "ordálio", em que os suspeitos eram submetidos a rituais dolorosos (como segurar um ferro quente, andar sobre brasas ou mergulhar uma das mãos em água fervente). Se Deus não os protegesse da dor, eram considerados culpados.

O paradigma pré-moderno não está totalmente obsoleto; embora tenha sido suplantado, não foi eliminado. Para entender nossa atitude atual perante a dor, temos de entender o legado que herdamos de 5 mil anos de lutas para compreender essa doença fatal. O sofrimento era e ainda é considerado por muitos como algo que pode, deve ou tem de ser suportado. Embora seja difícil acreditar, a invenção da anestesia cirúrgica (pela inalação do gás do éter) por um dentista americano, em meados do século XIX, foi controvertida na época. Muitos concordavam com o presidente da Associação Dental Americana, que declarou: "Sou contra essas interferências satânicas que impedem os homens de passar pelo que Deus quis que passassem." O uso da anestesia nos partos era especialmente controvertido, já que se acreditava que contornaria a ordem divina de parir com dor. Mesmo depois da invenção da anestesia, muitos cirurgiões continuaram a operar sem ela, fazendo inclusive cirurgias experimentais em escravas, das quais se dizia que não sofriam a mesma dor das suas senhoras.

Em meados do século XIX, o entendimento pré-moderno foi substituído por uma nova visão biológica da dor como sensação simples e mecânica: uma função das terminações nervosas que enviam sinais dolorosos previsíveis ao cérebro, que, por sua vez, reage passivamente com uma dose proporcional de dor. Influenciada por Darwin, essa visão biológica via toda dor como protetora, como um aviso útil de que havia lesões nos tecidos. O remédio para a dor parecia claro: trate-se a doença ou lesão e a dor se resolverá sozinha. Esse modelo predominou na maior parte do século XX, e na verdade ainda se mantém, não só entre pacientes, como também entre médicos.

Embora tenha nos ajudado a dar passos no tratamento da dor *aguda* e a avançar no desenvolvimento da anestesia, esse ponto de vista prejudicou e continua a prejudicar a capacidade de reconhecer e entender a dor *crônica*. Ele não explica por que algumas dores continuam a piorar por conta própria. Mesmo no caso da dor aguda, o modelo não é suficiente, já que não explica por quê, numa experiência de laboratório, o mesmo estímulo térmico pode doer mais numa pessoa do que na outra, ou por que lesões graves podem doer apenas de leve em alguém enquanto lesões menores são torturantes para outros. Além disso, o modelo não explica tratamentos que têm como alvo *apenas* a mente, como o mesmerismo (um tipo de hipnotismo), técnica do século XIX já esquecida e tão eficaz que permitia realizar cirurgias sem dor.

A visão biológica da dor está em conflito não só com a maneira como o homem considerou a dor no decorrer do tempo, como também com a maneira como a dor é *vivenciada*, não como função física comum, mas como um estado extraordinário do ser. Ao contrário do paradigma pré- -moderno, o modelo biológico não explica a flexibilidade desconcertante do significado da dor nem por que o significado da dor muda a própria dor. Por que a dor da perda da virgindade parece diferir tão profundamente da

AS CRÔNICAS DA DOR

dor do estupro, ou a dor do sadomasoquismo difere da dor da agressão sexual? Como os peregrinos que vi no festival hinduísta de Thaipusam, em Kuala Lumpur, podem afirmar que, além de não sentirem dor, ficam *alegres* enquanto anzóis decoram as suas costas e espetos lhes perfuram a boca?

Nos últimos anos, surgiu um terceiro paradigma da dor, uma síntese que incorpora elementos de ambas as tradições anteriores. O modelo contemporâneo vê a dor como interação complexa entre partes do cérebro. Embora baseado nas mesmas tradições científicas que deram origem ao ponto de vista do século XIX, esse modelo também revelou a verdade embutida no modelo pré-moderno não científico ao mostrar que a dor tem um significado inerente, por não ser apenas uma questão de nervos enviando sinais, mas uma experiência criada por partes do cérebro que geram significados.

Como os consumptivos perdidos no meio século decorrido depois que a ciência descobriu a natureza da sua doença, mas ainda não a cura, os que sofrem de dor persistente em nossa época estão presos num momento desconfortável. Hoje, a dor é um dos campos mais promissores da pesquisa médica: novas ferramentas, na forma de técnicas avançadas de neuroimagem, tiram as primeiras fotografias do cérebro na dor, e técnicas de análise genética vêm identificando quais genes agem em presença da dor. Mas a clínica da dor se arrasta bem atrás do laboratório de pesquisas. Os pacientes padecem com a falta de acesso a bons tratamentos, e até o melhor tratamento existente hoje costuma ser inadequado.

Quando lemos sobre as concepções da dor no decorrer da história — nas antigas plaquetas babilônicas, por exemplo, que situam a origem da dor de dente na criação do mundo —, ficamos gratos por viver no mundo moderno, com a medicina moderna. Como devia ser a vida quando a dor de dente tinha tanta importância na consciência que a sua origem merecia ser incluída na história de toda a criação? Quando lemos sobre os seus remédios — palavras mágicas ditas sobre um emplastro de plantas —, ficamos com pena dos babilônios.

Mas, quando outros olharem para os nossos tratamentos, sentirão pena de nós, tanto pelas limitações do nosso conhecimento quanto pela relutância em usar o conhecimento que temos. Ficarão horrorizados com a ideia de que havia quem vivesse com dor crônica, como ficamos hoje ao ler a descrição das cirurgias feitas sem anestesia, uma ideia tão pavorosa que é quase inimaginável. Assim como nos espantamos com o fato de a anestesia ter sido controvertida, eles se surpreenderão ao ver que alguns dos analgésicos mais poderosos de que dispomos — os opiáceos e opioides como Percocet e OxyContin — são mal compreendidos e mal usados, proibidos a quem se beneficiaria deles e dados a quem é prejudicado por eles.

A dor tira dos sofredores o seu mundo e os abandona numa montanha mágica de isolamento e desespero. Entender que a dor crônica é uma doença é o primeiro passo para sair da montanha dos significados desolados.

O curioso é que o avanço da minha compreensão da minha própria dor refletiu o avanço mais amplo da compreensão da dor na história. Em 2001, recebi da *New York Times Magazine* a tarefa de escrever uma reportagem sobre a dor crônica. Embora eu mesma sofresse de dor havia alguns anos, só quando comecei a pesquisar para fazer a reportagem é que consegui compreender realmente a minha doença, o que é a dor e quais são as opções de tratamento. Já consultara vários médicos, bons e ruins, mas tinha dificuldade de distinguir uns e outros, trocava de médico com frequência e seguia sem regularidade os planos de tratamento. Entender a dor como doença mudou a minha relação com ela: deixei de vê-la como padecimento, falha ou maldição pessoal para considerá-la um problema clínico administrável.

Durante muitos anos, fiz um registro da minha busca pela cura: um diário da dor que documentava os significados que eu dava à dor que ornava a minha vida pessoal e romântica como uma trepadeira estrangulante. As metáforas que obscureciam o meu estado clínico foram fabricadas por mim. Embora o meu reumatologista tivesse sugerido o diário como ferramenta útil, ele se tornou o lugar onde eu bordava a minha dor com significados perniciosos. Quando, como jornalista, tive a oportunidade de ler o diário da dor de outros pacientes, me espantei ao ver que muitos faziam o mesmo.

Enquanto pesquisava para a reportagem, pude entrevistar os mais famosos especialistas em dor dos Estados Unidos, tanto pesquisadores quanto médicos, e passei algum tempo em sete das melhores clínicas da dor, que atendem a populações tão diferentes quanto mineiros de carvão da Virgínia Ocidental, pacientes de câncer de Nova York e crianças doentes de Boston. Segui o diretor de cada clínica em suas rondas e consultas diárias, estudando a ficha dos pacientes e assistindo a conferências sobre casos difíceis em períodos que variavam de um dia a um mês. Vi as perguntas que eles têm de responder: como medir a dor do paciente? E se o paciente estiver inventando? Como escolher um plano de tratamento? Como saber quais pacientes usarão os medicamentos de forma imprópria? Há quem tenha tendência genética a sofrer de dor crônica? Qual é a relação entre dor e depressão? Por que tantos pacientes são mulheres? Principalmente, me espantei com o *contraste* entre o ponto de vista do médico e o do paciente: a diferença entre a compreensão do sofrimento por parte do paciente e do médico e a natureza complexa do confronto com o médico.

Os vitorianos acreditavam numa hierarquia invisível dos sentimentos segundo a qual os jovens seriam mais sensíveis à dor do que os velhos e as mulheres mais do que os homens, e os brancos ricos e instruídos (os inventores da teoria) consideravam-se, é claro, infinitamente mais sensíveis à dor do que os pobres, os sem instrução, os escravos e os povos indígenas. O surpreendente é que as pesquisas modernas verificaram que a sensibilidade fisiológica à dor é afetada por raça, sexo e idade, mas de forma bem diferente do que acreditavam os vitorianos.

Acabei observando várias centenas de pacientes. Às vezes, visitar as clínicas da dor era como descer ao Inferno de Dante. Alguns pacientes tinham sido esmagados em acidentes industriais ou sofriam de doenças degenerativas nervosas e autoimunes, enquanto outros tinham sintomas comuns, como dor de cabeça ou nas costas, que lhes causavam sofrimento extraordinário. Mantive contato com os pacientes no decorrer de oito anos para tentar responder à pergunta: por que alguns melhoram e outros não? A resposta está na natureza dos pacientes, nos médicos ou nos métodos de tratamento usados? Como a fé religiosa afeta a dor, a invalidez e a mortalidade? Ir à igreja ou rezar melhora a dor?

Conheci uma moça que contraíra dor crônica nas costas com cinco minutos de demonstração de uma manobra quiroprática que um professor da academia a convenceu a fazer. No decorrer dos oito anos seguintes, ela complementou o plano de saúde com uma quantia de oito dígitos saída do próprio bolso, consultou todos os médicos famosos e experimentou todos os tipos de tratamento de que ouviu falar até encontrar um que funcionou. Oito anos! Mas ela melhorou.

A dor, como todas as situações extremas, faz surgir nas pessoas o melhor ou o pior aspecto. A dor transforma alguns em heróis: uma mulher, paralisada por uma cirurgia de rotina para reduzir a dor de uma hérnia de disco na nuca, que teve de aguentar um sofrimento muito mais terrível resultante da lesão na medula espinhal. Um motorneiro que perdeu três membros quando caiu do trem e sofria de dor fantasma nos membros perdidos ensinou ao médico o mistério da resiliência. Mas outros pacientes tinham tendências suicidas, e outros ainda (eu, inclusive) descobriram que agiam de maneira irreconhecível para si mesmos e colaboravam com a dor em vez de combatê-la.

Este livro se divide em cinco partes: "A dor como metáfora", na qual a dor é vista pela lente dos significados que lhe foram atribuídos desde a Antiguidade; "A dor como história", que acompanha a descoberta da anestesia em meados do século XIX e o colapso do modelo religioso da dor; "A dor como doença", que discute a situação atual do tratamento e da pesquisa da dor; "A dor como narrativa", que acompanha a experiência de pacientes que fazem tratamento para a dor e mostra como a dor altera a vida e é alterada por ela; e, finalmente, "A dor como percepção", que une os aspectos variados e paradoxais da dor ao entendimento contemporâneo do funcionamento da dor no cérebro. Entretecida nisso tudo está a minha história, baseada no diário que fiz da dor.

Na vida, todos nós conheceremos a dor, e nenhum de nós sabe quando virá nem quanto durará. Embora um dia venhamos a ter tratamento eficaz para a doença da dor crônica, nunca conseguiremos erradicar a dor propriamente dita, porque nosso corpo a exige. A dor é um aspecto que define a vida mortal, uma marca registrada do que significa ser humano. Costuma selar tanto o início quanto o fim da vida. Ameaça a noção mais profunda que temos do nosso eu e, ao anunciar a morte, nos lembra o desaparecimento final desse eu. É uma experiência tão intensa que nunca conseguimos descrever direito e que nos devolve ao sofrimento sem palavras da primeira infância. Parece abrir um buraco na realidade ordinária; é intrínseca ao corpo humano, mas parece estranha a ele. E é o aspecto de mortalidade de que menos gostamos; detestamos a dor ainda mais do que odiamos a morte.

A dor é como um veneno de cuja taça todos provaram; não há ninguém que não consiga se lembrar do gosto e que não tenha medo de um gole maior. *Afasta de nós este cálice*, dizemos, embora saibamos que nenhuma prorrogação é permanente.

Este livro é sobre a natureza desse veneno: o seu gosto peculiar, os seus efeitos misteriosos — e os seus antídotos.

I

O VALE DA DOR, O VÉU DA DOR:

A dor como metáfora

DOLOR DICTAT

"Os mortais ainda não tomaram posse da sua natureza. A morte recua para o enigmático. O mistério da dor permanece velado", escreveu o filósofo alemão Martin Heidegger. A metáfora desvela a dor para revelar a sua verdadeira natureza ou a metáfora é o véu que cerca a dor e torna tão difícil vê-la como ela é?

A dor é necessariamente velada, escreve David B. Morris em *The Culture of Pain* (A cultura da dor), porque, para o médico, a dor é um quebra-cabeça, mas para o paciente é um mistério, no sentido antigo da palavra: uma verdade necessariamente vedada à total compreensão que se recusa a ceder cada milímetro da sua obscuridade: "uma paisagem na qual nada parece inteiramente conhecido e em que até o conhecido assume uma estranheza misteriosa".

Mas "a doença não é uma metáfora", afirma com rispidez Susan Sontag em *Doença como Metáfora*. "O modo mais fiel de ver a doença — e o modo mais saudável de estar doente — é o que mais foi depurado do pensamento metafórico, o que resiste a ele. Ainda assim", queixa-se ela, "é quase impossível residir no reino dos doentes sem ser afetado pelas metáforas horrendas que formam a paisagem."

Como isso soa verdadeiro! Li esse trecho repetidas vezes para sentir todo o seu peso, sentir como é útil e esclarecedor. A questão de Sontag parece girar em torno do que podemos chamar de diferentes ressonâncias das palavras *doença* e *enfermidade*. Enquanto "enfermidade" se refere à patologia biológica, "doença" abre a porta de um mundo de significados mais amplos — os mesmos significados, como diz Sontag, que sobrecarregam e confundem o paciente. Quando a patologia da doença for finalmente entendida, ela afirma que as metáforas se desvanecerão, da mesma maneira que a consumpção se transformou em tuberculose. O câncer não é expressão da repressão, e sim um aglomerado de células que duram e se dividem de forma anormal; a aids não é o castigo da homossexualidade, é uma deficiência autoimune. A dor não é uma pena mergulhada em sangue que escreve no corpo com letra ilegível, nem um mistério a ser adivinhado; é um processo biológico, produto de um sistema nervoso saudável, no caso da dor aguda, ou adoecido, no caso da dor crônica.

Verdade, verdade. Mas, mesmo quando a dor é entendida dessa maneira, as metáforas perduram. Quando a dor persiste, a enfermidade biológica vira doença pessoal. A doença muda a pessoa, e a pessoa mudada reinterpreta a doença no contexto da sua vida, da sua experiência, da sua personalidade e do seu temperamento. Mil associações brotam na mente: pessoais, situacionais, culturais e históricas.

Assim que rejeitamos certas metáforas, outras ocupam imediatamente o seu lugar. O médico moderno de Foucault pode perguntar "Onde dói?", mas o paciente pensará sem parar — ociosa e atentamente, consciente e inconscientemente — na antiga pergunta "Qual é o seu problema?", e essa incorreção não pode ser elucidada pela palavra *dor*.

Talvez mais do que todas as outras doenças, a dor prolongada gera metáforas. Como se observa com frequência, a dor nunca "dói" simplesmente. Ela insulta, intriga, perturba, desloca, devasta. Exige interpretação, mas transforma as respostas em coisas sem sentido. A dor persistente tem a crueldade opaca do torturador que parece nos provocar para que imaginemos que há uma resposta que impedirá o próximo golpe. Mas nada do que inventarmos bastará. Ficamos como Jó, curvados diante do redemoinho.

De certa maneira, nada é mais puramente corporal do que a dor física. Ela é pura sensação. Costuma mesmo aparecer na literatura como símbolo de ilegibilidade e vazio. Como escreve Elaine Scarry em *The Body in Pain* (O corpo com dor), a dor se destaca por lhe faltar o chamado correlativo objetivo — um objeto no mundo exterior que corresponda e se vincule ao nosso estado interior. Tendemos a "ter sentimentos *por* algo ou alguém, esse amor é amor por *x*, o medo é medo de *y*...", explica ela, mas "a dor física, ao contrário de todos os outros estados de consciência, não tem conteúdo referencial. Ela não é *de* nada nem *por* nada".

Como explica Emily Dickinson, "a dor tem um elemento de vazio". Ainda assim, esse é o mesmo vazio da dor — a falta de algo com que realmente se pareça ou a que diga respeito — que grita pela metáfora, do mesmo modo que o quadro-negro vazio pede um rabisco. Quando tenta descrever esse grande vazio, Emily Dickinson recorre à metáfora:

A dor — tem um elemento de vazio —
Não consegue lembrar
Quando começou — ou se houve
Um dia em que não era —

Não tem Futuro — mas em si —
Seu Infinito contém
O Passado — esclarecido para perceber
Novos Períodos — de Dor.

Tentamos acordar da dor — *não é um reino infinito, é uma doença neurológica* —, mas não conseguimos. Estamos numa paisagem onírica conhecida mas horrivelmente alterada, em que eu sou eu — mas não sou. Queremos voltar ao eu real — corpo e vida —, mas o sonho continua sem parar. Dizemos que é apenas um pesadelo — um produto da química cerebral ainda não totalmente compreendida. Mas sentir dor é ser incapaz de acordar: o véu da dor através do qual não se consegue enxergar, o vale da dor no qual nos perdemos.

Sentir dor é estar sozinho, é pensar que ninguém mais consegue imaginar o mundo onde vivemos. Mas o mundo da dor é aquele que todos os seres humanos terão, às vezes, de habitar, e as suas representações nos afetam há eras. "A dor de cabeça jorrou sobre mim vinda do seio do inferno", lamenta um babilônio numa história de três milênios atrás. A agonia da antiga escultura do sacerdote troiano Laocoonte e dos seus filhos estrangulados por serpentes do mar ainda contorce o velho mármore, assim como a agonia bem diferente da crucifixão de Jesus no retábulo renascentista de Matthias Grünewald.

Dolor dictat, diziam os romanos — a dor dita, domina, comanda. A dor apaga e faz sumir. Tentamos encontrar o caminho para sair do seu domínio. *Como é selvagem a sua prática, como são escuros os seus vales!*, exclamamos sobre essa terra infeliz em cujas praias fomos dar depois de uma viagem na qual nunca quisemos embarcar.

"Eu seria um bom explorador da África central", escreve Alphonse Daudet, romancista francês do século XIX, no fino volume de anotações que escreveu sobre o sofrimento com a dor da sífilis, publicado postumamente como *La Doulou* (A dor). "Já tenho as costelas afundadas, o cinto eternamente apertado, as fissuras da dor, e perdi para sempre o gosto pela comida", lamenta.

Se pelo menos Daudet *estivesse* na África e não na Dor, saberia que um dia conseguiria voltar para casa e deixar para trás as suas tribulações. E os seus textos talvez parecessem exagero: será que foi mesmo espetado por mil pontas de flecha com os pés presos no fogo? Mas, se os outros não acreditassem, ele não se importaria. Não precisaria de mais ninguém para andar com ele naquele lugar desolado. Na verdade, ele mesmo dificilmente o recordaria.

Mas a Dor não é um lugar fácil de deixar para trás. Habitamos a Dor. A Dor nos habita.

Dolor dictat.

Escrevemos sobre a dor, mas a dor nos reescreve.

Diário da dor:

Guardo um segredo

INÍCIO: Quando a sua dor começou? Houve algum fato que a provocou ou circunstâncias especiais em torno dela?

No início, era secreta.

Começou quando fui visitar Cynthia, a minha melhor amiga, e o amigo dela, Kurt, em Nantucket. Kurt foi namorado de Cynthia durante muitos anos, mas isso acontecera havia muito tempo. Na época da minha visita, eram amigos havia mais tempo do que tinham sido namorados, e tudo era fácil. O relacionamento deles era do tipo que todos dizem que nunca dá certo, mas dava, e isso também tinha a sua graça.

Kurt estava deitado de costas ao sol, lendo Foucault, enquanto Cynthia nadava pelo perímetro do lago. Ela usava um maiô vermelho-cardeal, os cachos escuros enfiados numa touca. Eram ambos acadêmicos, mais ou menos uma década mais velhos do que eu. Embora eu tivesse 29 anos, perto deles eu me sentia quase como uma criança — inteligente, mas meio ignorante. Cynthia me adotou quando fazia o ph.D. em inglês, no seu sétimo ano de faculdade, e eu era caloura do curso de redação criativa, e a minha mais profunda esperança era a de que ela ficasse minha amiga. Sabia que Kurt nunca me daria atenção se não fosse por Cynthia. O olhar dela sempre me deixava sob uma luz melhor — uma luz mais bonita e mais inteligente.

Deitei-me ao lado de Kurt, coberta por uma puída toalha de praia magenta. É difícil recordar o que eu pensava do meu corpo na época, mas envolvia uma sensação difusa de desconforto que me levava a escondê-lo. Hoje às vezes me lembro disso: não gostava muito do meu corpo nem antes de sentir dor, e assim a dor não destruiu tanto quanto poderia. Hoje me pergunto: se eu soubesse que, em certo sentido, aquela tarde seria o começo da dor e que dali em diante as oportunidades de ter prazer com o meu corpo seriam contadas nos dedos, será que eu jogaria a toalha longe?

Queria nadar pelo lago, como fazia quando criança. Na época, o meu pai sempre me seguia no bote a remo, e eu gostava, porque tinha medo de enguias. Cynthia saiu da água e se espichou na praia.

— Quer nadar comigo até a outra margem? — perguntei a Kurt. O meu coração batia como se o tivesse chamado para a cama.

Kurt ergueu os olhos com um ar preguiçoso e cético. Fitou o lago e franziu o nariz.

— É longe demais — disse.

— Vá com ela — insistiu Cynthia.

— Agora? — foi a resposta.

Nadamos e nadamos, os braços se curvando sobre a cabeça, parando para olhar as famílias do outro lado ficarem mais visíveis. Mais perto, respire, mais perto. As tiras do meu biquíni branco se emaranharam e a parte de cima caiu. Fiquei me perguntando se os meus seios, apontando pálidos para o fundo da água escura, se pareciam com caras de enguia para as enguias que aguardavam lá embaixo. Finalmente, caímos sobre o ancoradouro de madeira, limpos, quentes, frios, molhados, os dois sozinhos — a um lago de distância de onde partimos.

— Percorremos mesmo a distância, não foi? — disse Kurt mais tarde, quando voltamos à margem e desmoronamos, tremendo, na areia quente aos pés de Cynthia.

Ergui os olhos para Cynthia e vi algo se registrar. Num romance, seria um trágico ponto de virada: a mulher mais velha percebe que a amiga jovem deseja o seu ex-amante e, ainda que não o queira mais, ainda que a mulher, de fato, como fez Cynthia, possa tê-lo largado anos atrás, o desejo sempre cobra o seu preço: alguém tem de se afogar. *No entanto*, pensei, *a nossa história é diferente porque Cynthia é diferente*; senti a sua generosidade, o seu amor tranquilo, enquanto passava bronzeador nas minhas costas.

— Você e Kurt são nadadores que combinam tão bem... — disse ela, pensativa. E depois: — É melhor entrar, querida. Está começando a se queimar.

O sol se pôs enquanto Kurt tocava violão na varanda. A luz mudou na água e os arbustos que desciam rumo ao mar escureceram e se misturaram ao morro. Bebemos, escutamos e, enquanto eu escutava, a dor se instalou.

Começou no pescoço e se alastrou pelo ombro direito, descendo pelo braço e pela mão. Era como se o meu lado direito estivesse queimado de sol, mas de dentro para fora, avermelhando-se e começando a repuxar e fazer bolhas debaixo da pele.

Costumo tomar vinho, mas me servi de uma dose de gim. Tinha o gosto anestésico que parecia ter, claro e refrescante. Mas a dor parecia estar bebendo também e, ao beber, ficou valente e passou a zombar de mim.

— Acho que não estou me sentindo bem — anunciei, confusa, e desci para o quarto.

O lado direito se recusou a adormecer. Pulsava, lembrando um filme de terror que vi no qual o membro transplantado ainda é possuído pelo espírito zangado do dono original. Enfiei-me no quarto de Kurt para me olhar no espelho de corpo inteiro. Virei-me em vários ângulos, mas os ombros direito e esquerdo pareciam iguais.

A dor continuou vívida durante a noite. Ouvi Kurt e Cynthia cochichando no corredor e as portas se fechando; depois, subi para a sala de estar, me enrolei num cobertor no sofá e tomei mais gim.

Acordei de um sonho de dor terrível — de estender o braço para tentar pegar algo que não devia e me ver perdida num lugar onde nunca quisera estar.

— *Ei* — disse Kurt, surpreso, quando subiu a escada.

Sentei-me no sofá, aconchegando o braço, piscando, confusa, esperando a sensação conhecida de emergir de um pesadelo. Mas a dor permaneceu, velando o mundo comum.

— Você parece... O quê? Você está bem?

— Estou... estou. Gostei de nadar no lago com você — disse eu, com uma paixão não planejada. Por que estava revelando o que sentia por ele? Por que estava escondendo a dor?

Ele me ofereceu uma caneca de chá. Estendi o braço ruim, como se quisesse ilustrar que não havia nada de errado.

— Talvez pudéssemos nadar de novo hoje — disse eu. Mas a caneca estava estranhamente pesada na minha mão; mal consegui levá-la aos lábios trêmulos.

POENA

Dor romântica e dor física não têm nada a ver uma com a outra, acreditava eu com firmeza naquela época, assim como não há semelhança entre corações partidos e ataques do coração. O coração partido é uma metáfora; o enfarte do miocárdio é um fenômeno cardiovascular. Na verdade, mesmo como metáfora, o coração partido soa antiquado, agora que sabemos que as emoções vêm do cérebro.

— Como sabe qual é a natureza da sua dor? — costumava me perguntar a minha avó preferida, cientista cristã, quando eu tinha dor de cabeça. — Como sabe que não é um problema espiritual?

— Porque sei — eu respondia. — Porque não estou confusa.

Sentir Kurt e sentir dor tinham uma certa tonalidade emocional parecida. E, como começaram ao mesmo tempo, a narrativa da dor e a narrativa do romance começaram a se entrelaçar e se tornaram uma história única na minha cabeça.

Três anos depois, estou deitada na cama de Kurt pela primeira vez, trêmula e insone com a esperança e o medo que acompanham as grandes mudanças — e com dor, a mesma dor fantasmagórica que surgira sem razão nenhuma naquele fim de semana três anos antes e depois desaparecera sob a superfície do meu corpo.

Naquele dia, peguei o trem para visitar Kurt em Providence, coisa que nunca fizera sem Cynthia. Na verdade, fora Cynthia, que se casara recentemente e gostava da ideia de dois amigos se unirem, que combinara o encontro. Perguntei se poderíamos nadar naquela tarde, em memória da tarde em Nantucket. Passamos nadando por dezenas de pais ansiosos e decididos a impedir que os filhos escapulissem por debaixo da corda branca que os separava da água mais profunda e depois nos deitamos no atracadouro do outro lado. Fazia tanto sol que era como se ainda nadássemos no ar ensolarado. Ficamos descansando nas tábuas de madeira, comparando o desejo de ficar ali deitados para sempre ao reconhecimento de que, quanto mais se espera, mais difícil é nadar de volta. Ele se aprontou, eu me aprontei, e ele fechou os olhos de novo. Eu mal começara a cochilar quando senti o pé dele nas minhas costas e entendi que dormiríamos juntos naquela noite.

Não sou dada a grandes esperanças românticas, a imaginar que um determinado namorado será o último, e nunca entendi como essa sensação parece vir tão depressa para a maioria das pessoas. Mas, naquela noite, deitada ao lado dele no escuro, começou a surgir uma sensação de possibilidade. Na noite em que perdi a virgindade, fiquei acordada com a sensação de uma transformação irrevogável, mas, desde então, todo sexo fora fácil de apagar, como se escrevesse naquelas lousas mágicas que limpamos com uma sacudidela para que o jogo possa continuar. Dessa vez seria diferente?

Mas também estava sentindo dor de novo. A dor antiga e misteriosa, conhecida e estranha. Nos anos passados desde aquele dia em Nantucket, senti de vez em quando uma pincelada dessa dor — uma dor sem razão no pescoço e nos ombros, que atribuí obscuramente à fraqueza estrutural do meu corpo. Tenho a cabeça grande, mal suportada por um pescoço comprido e ombros estreitos, e a mantenho meio inclinada para a frente, dando a impressão às vezes de que corre o risco de cair. Eu sabia que tinha de melhorar a postura, mas isso estava na lista chata de rotinas de beleza, como fazer as unhas ou cuidar do bronzeado, que eu não tinha a menor intenção de seguir. E a dor ocasional se tornou tão normal quanto a visão das unhas sem esmalte e da pele pálida.

Naquele período, só uma vez a dor tinha sido mais esquisita e insistente. Eu estava numa festa num terraço do Upper East Side de Manhattan quando uma amiga esquecida me entregou um bebê gigantesco, um bebê que eu nem sabia que existia. Fiquei ali sozinha um instante, boquiaberta com o bebê, quando a dor se infiltrou e segurou o meu pescoço. Na mesma hora, joguei o bebê de volta nos braços da mãe, sentindo uma pontada lancinante, mas o toque de dor pinicou quando o crepúsculo caiu e o ar começou a esfriar. Continuei a conversar. Pensei naquilo como um toque de mortalidade, um lembrete de que essas festas não podiam continuar para sempre.

A luz começou a encher o quarto de Kurt e a dor, feito fumaça, encheu a casa do meu corpo. Pensei numa corça que vi certa vez, quando criança, numa caminhada no acampamento de verão. A perna sumira debaixo de um emaranhado de raízes. Quando o nosso grupo se aproximou, o animal começou a se debater, fazendo um barulhão farfalhado, torcendo o pescoço com desespero. O chefe nos fez parar e foi examiná-lo. Quando voltou, disse que a perna da corça estava quebrada e que não havia nada a fazer. "A natureza é assim", disse ele. Algumas crianças começaram a chorar. Como a natureza podia ser assim? O que ela estava pensando? O animal morreria com dor.

Finalmente adormeci, mas acordei com o sonho sobre a corça. De tantos em tantos anos eu tinha esse sonho, mas dessa vez o meu corpo se fundiu com a corça, a perna dela transformada no meu braço, sumindo na terra como Perséfone lutando para se soltar do seu captor. Quando acordei, a imagem desapareceu, e a dor do sonho ficou.

— Por que não está dormindo? — disse Kurt, se mexendo ao meu lado. — Dá para sentir que você não está dormindo.

— Não é nada — murmurei. Se ele se tornasse o meu verdadeiro amor, ao recordar aquela noite eu perceberia que fora a noite mais feliz da minha vida, porque levara à felicidade duradoura. Mas eu sentia dor. Felicidade e dor. As duas juntas se aninharam com familiaridade na minha cabeça.

Mas... *por quê*? A dor seria o preço da felicidade? Ou uma punição por ela? Pena, do latim *poena*, "punição por um crime", que sobreviveu no inglês *pain* (dor) e na expressão *on pain of death*, sob pena de morte; no grego *poine*, do verbo "pagar, expiar, compensar"; e no francês antigo *peine*, "punição ou sofrimento que se supõe que as almas sofram no inferno".

Mas o que havia ali para pagar? Eu não cometera nenhum crime. Mas lá estava: desejei Kurt e recebi dor. Dormi com Kurt e a dor voltou. Esses dois fatos se aninharam, um junto do outro, e (nos termos com que algum dia descreveremos tudo), com a neuroplasticidade milagrosa do cérebro, começaram a desenvolver ligações neurais. O sexo se misturou com a dor: o peso das mãos dele pressionando, marcando, ferindo o meu corpo, irrevogável como o amor.

Mas não foi o amor que se tornou irrevogável. Nunca mais deixei de sentir dor.

É claro que hoje sei que a dor não estava ligada a Kurt, mas à natação. Embora às vezes eu mergulhasse em piscinas de hotel, as únicas vezes em que nadei distâncias maiores foram com Kurt. Naquele dia, contundi o pescoço e o ombro, dando início a uma cascata de sintomas causados por um problema subjacente que eu nem sabia que existia. Mas o que eu sabia sobre *espondilose cervical, estenose da coluna, nevralgia do occipital, síndrome de colisão do ombro, ruptura do manguito rotador*?

Naquela época eu estava a anos de distância não só de ter essas informações, quanto mais de buscá-las ou lhes dar valor ou, pode-se dizer, até de acreditar nelas — pelo menos com a mesma profundidade com que sentia que outros significados não admitidos eram verdadeiros. Assim que passei a sentir dor, a camada fina de verniz científico escolar começou a rachar, revelando concepções da dor formadas havia milênios pela arte, pela literatura, pela filosofia e pela religião.

A ORIGEM DA DOR

É um espaço pequeno, uma fresta sobre a qual as raízes emaranhadas se cruzam como mãos. A corça dá um salto à toa; o casco cai pela treliça. Ela tenta saltar de novo, mas a dor se instala, o corpo treme e cai. Ela ofega, em pânico, mas o desejo de fugir é contrabalançado pela dor. Tenta se levantar mais uma vez, mas a dor a agarra com mais força.

Na perna da corça, receptores sensoriais chamados *nociceptores* são ativados num processo básico de proteção dos tecidos comum a muitas criaturas multicelulares, dos cavalos às minhocas. Esse processo é conhecido como *nocicepção*, do latim *nocere*, "ferir ou machucar", com o sufixo *-cepção*, que pode significar "começar". De fato, esses receptores, responsáveis por enviar sinais nervosos que avisam sobre uma ameaça corporal, são "o começo da dor".

Os nociceptores registram estímulos mecânicos (esmagamento), químicos (venenos), térmicos (queimaduras) e outros que têm o potencial de danificar as células. O limiar de ativação da percepção da dor dos nociceptores normais é semelhante em todos os indivíduos de uma espécie: nos seres humanos, por exemplo, o limiar da dor causada pelo calor fica por volta dos 42°C. Em temperatura mais baixa, a água é agradavelmente morna, mas perto dos 42°C os neurônios que percebem a dor são ativados e dão o alarme.

Os nociceptores estão ligados a dois tipos diferentes de fibras nervosas, as C e as A-delta, que transmitem informações da periferia do corpo a receptores especializados na medula espinhal. As fibras A-delta são o sistema de alarme da natureza: produzem uma dor rápida, aguda e bem localizada. De fato, as informações transmitidas pelas fibras A-delta nem precisam atingir o cérebro para fazer efeito; quando chegam aos nociceptores instalados na medula espinhal, os sinais provocam uma ação muscular imediata que faz o corpo da criatura se afastar do perigo. Já as fibras C são ativadas depois que o alarme disparou e a lesão já aconteceu. Elas produzem uma dor lenta, persistente e difusa que indica a continuidade da lesão e força a criatura a cuidar do ferimento depois que o perigo passou.

A outra corça continua a trotar e desaparece no bosque. Mas enormes mudanças respiratórias e cardiovasculares acontecem no animal ferido quando o tronco cerebral reage à notícia da lesão, ativa o sistema nervoso autônomo (parte do sistema nervoso que regula o ritmo dos batimentos cardíacos, a respiração etc.) e provoca uma liberação maciça de adrenalina e outros hormônios. O objetivo fundamental dos hormônios é estimular o sistema imunológico e ajudar o fígado e os músculos a produzir e absorver mais açúcar e gerar mais energia para fugir ou lutar. O aumento da taxa de batimentos cardíacos e da pressão arterial prepara a corça para a fuga.

Embora a princípio o perigo faça o corpo gerar energia, mais tarde os ferimentos, juntamente com a redução das endorfinas, da adrenalina e dos outros hormônios, criam uma sensação de moleza para forçar o descanso. A dor ativa o sistema imunológico, e o tecido lesionado provoca uma reação inflamatória que sensibiliza os nervos, causando uma dor ainda maior. Os glóbulos brancos liberam substâncias que promovem febre e sonolência, ajudando a curar com o aumento do fluxo de sangue na área, a destruição das células mortas e o transporte de nutrientes até o local. Toda a área se sensibiliza, de modo que um leve toque faz doer. Essa sensibilidade é adaptativa, porque garante que o local da lesão fique protegido e possa descansar.

A dor também afeta o hipotálamo, a parte do cérebro que controla a liberação de hormônios, a sonolência, o despertar, a fome, a sede e o impulso sexual. Na hierarquia dos impulsos, a dor é o mais alto, o mais importante para a sobrevivência, de modo que todos os outros se calam. Quando a sensação de alerta e agitação se reduz, a corça começa a se sentir pesada, quente, sonolenta.

Cada uma dessas reações, que, em conjunto, compõem a reação do organismo a ferimentos graves, é produto de uma neurobiologia que levou milhões de anos para se formar. A sequência básica de reações à dor é comum a várias espécies: atividade vigorosa para fugir do perigo combinada à falta de reação a todos os outros estímulos externos, seguida pela proteção da ferida e pela letargia durante a recuperação.

Também há reações comportamentais características, como movimentos repetitivos (por exemplo, balançar o corpo de um lado para o outro), vocalização, caretas, choro ou gemidos, que servem para avisar do perigo os outros membros do grupo e para lhes mostrar a gravidade da ameaça. Embora o comportamento da dor humana pareça projetado para atrair a atenção e o cuidado dos outros, quando a maioria dos animais se fere, os outros da mesma espécie mantêm uma distância instintiva para que o membro ferido do grupo possa sarar. Além disso, o animal se isola do rebanho ou da família, por medo de que o ferimento leve uma trombada. Se um ser humano se aproximar, ele tentará fugir com um frenesi ainda maior. Se o ser humano tentasse examinar a perna, a corça agitaria a cabeça com desespero e chutaria com as outras patas. Se a corça fosse uma raposa ou um lobo, morderia.

Se a corça fosse uma minhoca que acabasse de perder a ponta do corpo, fugiria deslizando sem pensar duas vezes — ou melhor, nem mesmo uma vez. A natureza dota até mesmo invertebrados, como esponjas e sanguessugas, com os nociceptores dos mamíferos para perceber lesões e os reflexos para se afastar do perigo, mas com uma diferença importante: acredita-se que, nos invertebrados, essa reação aos estímulos não cause dor.

Como não deu aos invertebrados as partes pensantes do cérebro que lhes permitiriam recordar os perigos e evitá-los no futuro, a natureza também não os amaldiçoou com a aparelhagem do sistema nervoso central para fazê-los sofrer com os seus erros. Em vez disso, deu à minhoca, assim como às plantas, partes sobressalentes ou substituíveis como proteção contra infortúnios. Seja como for, a natureza (soa antinatural escrever sobre a natureza sem personificação) não se preocupa com a morte da minhoca, porque a minhoca tem dezenas, talvez centenas, de filhotes.

Por outro lado, a corça é cara. Na natureza, o seu estoque é limitado: a corça produz poucos filhotes, e eles levam muito tempo para amadurecer. Os mamíferos não têm partes do corpo sobressalentes e não podem criar outras novas: uma perna quebrada é a morte para a corça. Assim, a natureza dota a corça de córtex cerebral para gerar dor e garantir que ela protegerá a perna.

Até os peixes têm um aparelho sensorial nociceptivo eficiente, que envolve nervos, medula espinhal e um córtex primitivo para processar os sinais nociceptivos. Além disso, reagem com o comportamento característico dos animais com córtex mais complexo (como os mamíferos) e que sentem dor, e esse comportamento pode ser reduzido com analgésicos opiáceos. Ainda assim, além da percepção dos estímulos prejudiciais, a dor também envolve uma experiência psicológica negativa, e alguns pesquisadores defendem que falta ao cérebro do peixe a complexidade necessária à consciência. A dor exige consciência — e na verdade é *uma função dela*: quanto maior o nível de desenvolvimento cortical, maior a capacidade de sentir dor. Os peixes têm um córtex pequeno e primitivo. O córtex dos mamíferos é muito mais complexo do que o dos outros animais, e o dos primatas mais ainda. Além disso, só os primatas têm um *córtex interoceptivo* — a parte do cérebro considerada fundamental na percepção da dor. O córtex interoceptivo humano é muito aumentado.

Nós, mamíferos com poucas defesas naturais (sem garras, camuflagem nem caninos afiados) e capacidade reprodutiva limitada (temos poucos filhotes, que levam muitos anos para chegar à maturidade), somos os mais bem-guardados por um sistema nervoso hipervigilante e um cérebro com capacidade especial de gerar dor e transformá-la num mundo de emoções e associações infelizes — medo, perda, angústia, ansiedade, remorso e sofrimento.

SEUS OLHOS SE ABRIRAM PARA O SOFRIMENTO

A mulher que prender a perna numa fenda sentirá dor correspondente à ameaça que a lesão traz à sua sobrevivência, como no caso da corça. Mas, quando a noite cair, outra sensação começará a se instalar. Embora o cérebro libere os mesmos neuropeptídeos que permitem à corça dormir para não sentir dor, a mulher ficará acordada, pensando na dor e nas suas consequências. E se ninguém vier ajudá-la? Ela imagina a vida que teve, que já lhe parece ao mesmo tempo próxima e extremamente distante, como um jardim do qual foi expulsa de repente. Junto com a febre, surge a sensação de *'etsev* (עֶצֶב — palavra hebraica com os vários significados de "mágoa, dor, labuta preocupante, pontada, tristeza, adversidade, abandono, pesar e aflição") à qual Eva foi condenada. Os seus olhos se abrem para o sofrimento.

A multiplicidade de significados de *'etsev* revela o que é humano na dor humana: o modo como a dor está sempre impregnada de tristeza e de outras emoções negativas (resultado do desenvolvimento, exclusivo dos seres humanos, de certos tipos de pontes neurais que ligam as partes emocional, cognitiva e sensorial do cérebro).

Por quê?, protesta a mulher. É claro que ela compreende a sua situação basicamente do mesmo modo que a corça (caiu; feriu-se; não consegue se levantar). Mas não conseguimos imaginar um ser humano para quem essa explicação baste, porque, desde tempos imemoriais, os seres humanos sempre fizeram outro tipo de pergunta, que não pode ser respondida com referência ao mundo material e que evoca um mundo oculto de significados. A pergunta é "por quê?", no sentido peculiar de "por que *eu?*".

Esse *por que* humano — *por que essa é a minha história, e que história é essa?* — parece não ter nenhuma função evolutiva. Mas a pergunta é tão universal, surge em tantas culturas diversas há milhares de anos, que parece geneticamente codificada na experiência da dor prolongada, assim como a inflamação e a sonolência.

Por que tenho de sofrer?, perguntamos tristonhos, temendo a resposta e a falta de resposta. E, quanto mais a dor persiste, mais a pergunta insiste.

O tropeço da corça a machuca, mas só o ser humano cai em *'etsev*.

COISAS MÁS E FUNESTAS DAS TREVAS

As mesmas perguntas fariam sofrer a mulher que caísse na floresta hoje ou há quatro milênios. Os primeiros registros da história — as plaquetas com escrita cuneiforme da antiga Mesopotâmia — mostram a necessidade imperiosa de entender a dor corporal: como analisar a sua importância espiritual e aliviar as consequências físicas. Se a mulher ferida fosse uma babilônia antiga perdida em algum ponto da planície mesopotâmica, entenderia a dor e o ferimento de um jeito específico; na verdade, o arcabouço não seria muito diferente caso ela fosse suméria, acádia, assíria, egípcia antiga, romana, grega ou indiana.

Se eu fosse aquela mulher, saberia que a dor, a doença e a morte vêm de uma imensa disputa invisível e cosmológica entre os opostos demônios e deidades malévolos e benévolos que controlam o mundo natural e competem pelo domínio dos mortais. Legiões de demônios poderiam entrar no corpo pelas aberturas desprotegidas dos olhos, da boca, das narinas e dos ouvidos e lá dentro sugar a medula óssea, beber o sangue e devorar os órgãos até a vítima perecer — a menos que houvesse a intervenção de uma deidade benévola. A proteção só podia vir dos deuses, ainda que desatentos e pouco confiáveis, a quem era preciso pedir ajuda. Se fosse babilônia, eu teria um deus pessoal do qual cuidaria com orações, oferendas e invocações. "Quem não tem deus, quando anda pela rua, a dor de cabeça o envolve como uma roupa", avisa um fragmento babilônico.

Para os egípcios antigos, o corpo se dividia em 36 partes, cada uma pertencente a um determinado deus ou a uma deusa. Em algumas tradições, os demônios tinham o mesmo nome das moléstias específicas que causavam. Os indianos antigos viviam atormentados por Grahi ("a que agarra"), um demônio feminino que provocava convulsões. Para os acádios, o demônio Dī'û causava dores de cabeça. Na verdade, Dī'û *era* a dor de cabeça; ter dor de cabeça era estar possuído pelo demônio, de modo que não há outra palavra acádia que signifique "dor de cabeça". Nos textos babilônios, as palavras que significam "pecado", "doença" e "possessão demoníaca" estão intimamente relacionadas e muitas vezes são usadas de forma intercambiável.

Como me livrar desses demônios? No mundo antigo, podia-se usar a magia ritual para expulsar os demônios ou a dor podia ser transferida de uma pessoa a outra. Na Babilônia, havia uma classe especial de sacerdotes chamados *gala-tur*, que conseguiam absorver a enfermidade de uma pessoa viva, levá-la para o mundo dos mortos e deixá-la por lá. Um leitãozinho ou cabritinho de leite podia ser sacrificado e o demônio, transferido para o corpo do animal. Em alguns casos, a expulsão de demônios do corpo exigia medidas mais drásticas, como a trepanação: abrir furos no crânio dos doentes para liberar os demônios que causavam enxaquecas, convulsões e outros males.

Embora demônios, fantasmas e outros espíritos maus fossem mais comuns do que os deuses, na maioria das culturas o poder dos deuses era superior. Assim, embora os deuses não pudessem eliminar os demônios, que também eram imortais, podiam controlá-los. Eu poderia recorrer ao Papiro Ebers, um compêndio de receitas, feitiços e encantamentos egípcios antigos de 1552 a.C., um dos documentos médicos mais antigos que existem, para achar uma invocação aos deuses e lhes implorar: "libertai-me de todas as criaturas más e funestas das trevas".

No entanto, eu saberia que, infelizmente, a dor e a doença podiam vir diretamente dos próprios deuses. Alguns deles eram sempre antagônicos, mas a maioria era volúvel e podia ser influenciada por súplicas de ajuda e convencida a não fazer o mal. As flechas atiradas por Rudra, o deus védico indiano antigo da tempestade, causavam nos seres humanos pontadas súbitas de dor aguda. Mas as suas mãos também continham "mil remédios", e a sua urina, o elemento sagrado da chuva, era anódina. O deus grego

AS CRÔNICAS DA DOR

Apolo lançava nos homens flechas e lanças invisíveis, provocando doença e morte — as vítimas eram "feridas por Apolo" ou "pelo Sol" —, enquanto a sua irmã gêmea Ártemis causava moléstias femininas nas mulheres "feridas por Ártemis" ou "pela Lua". Mas Apolo também era famoso como curador: os hinos sagrados que o agradassem poderiam convencê-lo a dar fim às pragas, enquanto Ártemis também era conhecida como deusa médica, especializada em obstetrícia e ginecologia.

Se eu fosse babilônia, imploraria ao meu deus pessoal que fizesse campanha a meu favor no panteão dos deuses, como nessa invocação em que Marduque, deus padroeiro da cidade de Babilônia, consultou o pai, o deus Ea, sobre uma vítima humana inocente: "Oh, Pai, a Dor de Cabeça saiu do Mundo dos Mortos... o que esse homem fez ele não sabe; ainda assim, será socorrido?"

Como consolo, os próprios deuses eram vulneráveis à dor e à doença e usavam, para se livrar da dor, feitiços e maldições que os mortais podiam imitar para se curar. Por exemplo, o deus egípcio Hórus era atormentado por demônios de peixe-gato que lhe causavam enxaquecas tão fortes que, às vezes, ele recorria a viver no escuro. O grande deus do sol Rá (que sofria de doenças dos olhos, que se manifestavam como eclipses) ajudou Hórus ameaçando cortar a cabeça dos demônios de peixe-gato com o laço do *tmmt*, o cetro sagrado. Se eu estivesse com enxaqueca e recitasse essa história enquanto esfregavam a minha cabeça com um *tmmt* feito de serpente, os demônios também poderiam fugir de mim. Ou então o demônio poderia ser expulso se o meu crânio fosse esfregado com cinzas de ossos de peixe-gato fervidas em óleo durante quatro dias consecutivos.

Nas paredes dos templos dedicados aos deuses da cura na Mesopotâmia, no Egito, na Grécia e na Roma antiga, eu poderia ler histórias de cura tanto de deuses quanto de homens. Poderia até dormir no templo e passar por rituais de purificação, com jejum e banhos, e fazer uma oferenda ao deus ou ao animal que o representasse. Durante a noite, os deuses poderiam retribuir transmitindo pistas enigmáticas para a cura sob a forma de sonhos incompreensíveis, que seriam interpretados de manhã pelos sacerdotes. Se eu estivesse doente demais para ir até o templo, os meus familiares e amigos poderiam fazer a peregrinação por mim; quando Alexandre, o Grande, jazia moribundo na Babilônia, os seus generais dormiram no templo de Marduque em seu nome. Os ritos noturnos costumavam envolver o uso de ópio, que atenuava a dor e provocava sonhos vívidos para os sacerdotes interpretarem. Se a cura não surgisse, eu continuaria no templo e imploraria ainda mais ao deus. (No entanto, os pacientes moribundos, por terem sido desdenhados pelos deuses, eram expulsos pelos sacerdotes para não poluir o templo.)

Se eu fosse grega, poderia dormir no templo de Esculápio, o deus da medicina, cujos seguidores — médicos-sacerdotes como Hipócrates, que afirmava ser seu descendente — juravam curar, não causar dano e manter em segredo o conhecimento médico sagrado; este pode ser o modelo do juramento moderno de Hipócrates. As estátuas de Esculápio costumam mostrá-lo com o seu símbolo, um bastão com uma serpente enrolada, que exprimia a crença dos antigos no entrelaçamento da ajuda divina com os danos causados pelos deuses — a relação íntima entre venenos e remédios, curadores e destruidores. Mesmo hoje, uma versão do bastão com a serpente entrelaçada sobrevive como símbolo em ambulâncias e hospitais: um tributo indireto — ou, talvez, um pedido de proteção — ao deus que, nas palavras do poeta Píndaro, do século V a.C., "ensinou a dor a poupar os pobres sofredores".

As próprias palavras podiam se transformar em remédios, como na prática egípcia de escrever um feitiço ou encantamento com tinta comestível, dissolver as letras em líquido e depois beber. Mas os feitiços e encantamentos costumavam ser acompanhados de remédios naturais, como ervas, raízes ou testículos de algum animal exótico, com os quais agiam de forma sinérgica. As plaquetas babilônicas datadas do terceiro milênio a.C. especificam que cada enfermidade corresponde a uma divindade ou um demônio específico e exige um remédio individual. Se eu fosse babilônia e tivesse dor de dente, saberia que a causa era um verme-demônio primitivo e sugador. Quando o verme foi criado, um deus lhe ofereceu boa comida, mas o verme a rejeitou, dizendo: "O que são para mim a maçã e o figo maduro? / Deixa-me morar entre dentes e maxilares, / Para que eu possa sugar o sangue do maxilar / Para que eu possa mastigar os restos (de comida) presos no maxilar." O desejo do verme foi atendido, mas ele foi amaldiçoado pela sede de sangue. Invocar a maldição recitando três vezes a história da criação do verme diante de um cataplasma de cerveja, azeite e uma planta

AS CRÔNICAS DA DOR

(hoje impossível de identificar) e aplicar ao dente esse cataplasma faria a dor de dente passar.

Como explica o Papiro Ebers egípcio, "a magia é eficaz junto com a medicina. A medicina é eficaz junto com a magia". Embora milênios tenham se passado até entendermos por quê, a magia *é* eficaz junto com a medicina, e a medicina *é* eficaz junto com a magia: as palavras (quando recebem o poder da crença) realmente afetam a dor; e as palavras combinadas ao tratamento físico podem aliviar a dor de modo muito mais eficaz do que os dois tratamentos sozinhos.

NENHUM DEUS VEIO ME SALVAR, NENHUMA DEUSA SE COMOVEU COMIGO

Mas às vezes todos os remédios falhavam. Com o desenvolvimento das civilizações, os antropólogos observaram que o poder dos deuses tendia a aumentar, enquanto o status dos demônios diminuía. Por exemplo, no decorrer do império mesopotâmico antigo, quando os sumérios deram lugar aos babilônios e assírios, aumentou a crença de que os demônios só podiam agir se os deuses permitissem, ou se fossem capacitados pela ausência ou pela indiferença dos deuses. Portanto, a dor e a doença provocavam a pergunta insistente de por que os deuses não intervinham. Um monólogo babilônio do século XIV a.C. conhecido como *Poema do Sofredor Virtuoso* trata do sofrimento de um nobre amaldiçoado de forma inexplicável por infortúnios, dor e doenças.

> *Meu próprio deus me rejeitou e desapareceu,*
> *Minha deusa desertou e sumiu.*
> *O anjo benévolo que [andava] a meu lado se afastou*
> *Meu espírito protetor se foi em busca de outro alguém...*
> *Chamei o meu deus, ele não mostrou o rosto*
> *Orei à minha deusa, ela não ergueu a cabeça.*

O nobre detalha o seu esforço dedicado para aplacar os deuses. Apesar da sua piedade:

A doença debilitante foi lançada sobre mim...
A dor de cabeça jorrou sobre mim vinda do seio do inferno,
Um espectro maligno saiu das profundezas ocultas...
Um demônio se vestiu com o meu corpo como roupa...
A minha carne era um grilhão, os meus braços, inúteis...
Um açoite cruel me lacerou com espinhos
Nenhum deus veio me salvar nem me estendeu a mão
Nenhuma deusa se apiedou de mim nem ficou ao meu lado
Minha cova estava aberta, os paramentos fúnebres preparados...

Na conclusão do poema, o sofredor tem um sonho no qual o deus Marduque o cura, com muito atraso:

A minha doença logo se acabou, [os meus grilhões] se quebraram...
Ele levou [a dor de cabeça] para o seio do inferno,
[Enviou] o espectro maligno para as suas profundezas ocultas,
O fantasma incansável fez retornar [à] sua morada.

Mas o que perdura é a angústia do abandono. Por que os deuses nos desertam?

Diário da dor:

Evito o diagnóstico

Diante do mistério da dor física, "querendo ou não, entramos num terreno que, de certo modo, é isolado", escreve David B. Morris em *The Culture of Pain* (A cultura da dor). "Podemos até dizer que o desejo mais sincero de quase todos os pacientes, antigos ou modernos, é se libertar não só da dor, como também da exigência de habitar os seus mistérios."

Eu não queria habitar um mistério. Queria viver a minha vida antiga, no meu corpo antigo, como sempre fizera.

HISTÓRICO DA DOR: Descreva os seus sintomas e o seu progresso. Como tratou a dor? O que agravava a dor; o que a aliviava?

Na manhã seguinte à primeira noite que Kurt e eu passamos juntos, peguei o trem de volta a Nova York, e a Dor foi comigo. Foi uma grande surpresa, embora, infelizmente, eu percebesse que nada disso deveria me surpreender. A Dor estava lá no trem, no táxi depois do trem e quando eu disse ao porteiro que fiz uma boa viagem e abri a porta para o mundo do meu apartamento.

Tudo estava exatamente como eu gostava e como deixara: o meu siamês cinza azulado empoleirado no sofá de veludo que combinava com a sua pelagem, a minha coleção de bules de chá da época da Depressão alinhada em otimistas tons pastéis no peitoril da janela que dava para o pátio. Acomodei-me na poltrona para ler a correspondência, mas a cadeira não se encaixava mais no meu corpo. Era impossível me sentir confortável com a Dor também ali sentada. Levantei-me, e a Dor se levantou comigo.

Uma ideia terrível me ocorreu. E se a Dor estivesse planejando ficar? E se nunca mais eu fosse livre para ler, porque sempre estaria lendo com a Dor? E se eu nunca mais dormisse porque estaria dormindo com a Dor?

Decidi sair para comprar Tylenol. A normalidade da saída — ir até a farmácia da esquina como se tivesse apenas uma cãibra — foi tranquilizadora, embora os comprimidos não fizessem diferença.

"Durante a vida, raramente conheci alívio da dor, e tive pelo menos duzentos dias de sofrimento por ano", escreve Nietzsche. No estágio terminal da sífilis, consumido por uma ardente dor nevrálgica, ele declara: "Dei nome à minha dor e a chamo de 'cão'. É tão fiel, tão impertinente e desavergonhada, tão divertida e esperta quanto qualquer cão; posso repreendê-la e descontar nela o meu mau humor, como outros fazem com cães, criados e esposas."

Sempre gostei desse trecho. Copiei-o num caderno quando o li pela primeira vez. Mas agora a imagem me parecia absurda; não acreditava sequer que Nietzsche se sentisse mesmo daquele jeito. Estaria tentando se alegrar fingindo que era ele que mandava? Não sentia dor quando escreveu aquilo? *Será que estava brincando?*

A Dor começou a impor o seu domínio sobre o meu mundo. Não era como uma intrusa violenta que entra à força, quebra tudo e vai embora. Era mais como uma parceira doméstica azeda, íntima e feia; uma presença ameaçadora, suja, perturbadora, mas que se recusava a ir embora. Eu não gostava de acordar e sentir as suas mãos grudentas em mim; não gostava que ficasse pela cozinha, me fazendo derrubar pratos pesados; não gostava que interrompesse os meus telefonemas, especialmente quando uma amiga confidenciava uma tristeza que eu me preocupava em escutar. Eu me preocupava, mas não como antes, porque agora parte de mim só se preocupava com a Dor.

O meu pescoço dói, era o que me segurava para não dizer, queixosa, quando as minhas amigas discutiam casamentos e abortos. *O meu braço também dói.* Soava como a queixa de uma criança pequena: *tem areia no meu sapato.*

Dor: parecia um problema tão trivial, categoricamente diferente dos problemas importantes e profundos com que gostava de pensar que me preocupava. Não dava nada em que pensar, nenhum emaranhado psicológico ou espiritual que se pudesse desenrolar numa conversa longa e satisfatória com uma amiga, caminhando em torno do reservatório do Central Park ou tomando chá num café favorito.

"A dor, embora sempre nova para nós, logo se torna repetitiva e banal para os nossos íntimos", observa Daudet. Mas, além de ter medo de entediar os outros, eu mesma me entediava com a dor — morria de tédio. Nunca tivera um problema tão absolutamente absorvente e tão vazio em termos intelectuais.

Como fiquei com dor? Não parecia haver nenhuma lesão. Várias vezes por dia eu me pegava espiando o espelho, mas nunca havia nada para ver. Tive variações intermináveis de sonhos nos quais eu era ferida — esfaqueada, torcida, queimada — e, ao acordar, percebia que, dormindo, me mexera do jeito errado e o meu cérebro tentara entender a dor, lhe dar uma narrativa.

Eu acordava, afastando as imagens enevoadas, me lembrando de tudo o que eu não era. Eu não dormira no templo de Esculápio nem acordara para ver as dicas de cura contidas num sonho. Não era uma babilônia agrilhoada pela dor, e nenhum deus viera me salvar, nenhuma deusa se apiedara de mim; nem era um ganense que vira no jornal, que ficou dias pendurado por um braço e que até hoje, anos depois, num programa de tratamento de torturados em Michigan, ainda chora quando se lembra do fato. Eu era uma mulher de pijama de seda pura, deitada num colchão king-size Tempur-Pedic sob um edredom Shabby Chic, num quarto com uma vista bem agradável. Em *Manhattan*.

Ainda assim... *e daí?*

É claro que eu sabia que tinha de ir ao médico. Não gostava da ideia de *não* ir ao médico, já que era muito esquisito: as americanas urbanas normais com plano de saúde vão sempre ao médico quando têm problemas clínicos. E, no caso de muitos sintomas físicos, foi exatamente o que fiz, e deu certo. Mas agora percebo que foram casos em que eu já sabia o que estava errado. Tinha tendência a tossir; adorava ver o clínico-geral escrever a receita sabendo que, em 48 horas, eu estaria melhor. *Sempre*. Dava um tipo de satisfação ritual. Enquanto ele recitava as instruções que eu conhecia tão bem, eu respirava com facilidade pela primeira vez. Num sentido importante, eu tinha a impressão de que a tosse realmente acabava quando ele me entregava a receita, como se ela fosse o telegrama que anunciava o recuo do inimigo; a luta ainda podia durar alguns dias, mas a guerra efetivamente terminara.

Entretanto, por trás dessa troca satisfatória havia sempre a ameaça de outra possibilidade. Talvez algum dia não houvesse mais receitas. O médico não saberia o que estava errado — ou saberia e eu não gostaria de saber, porque não haveria tratamento.

Não que eu pensasse que o diagnóstico criava a doença. Os pais do meu pai eram cientistas cristãos que achavam que a doença era uma ilusão, que só ficamos doentes quando pensamos que estamos, mas nunca me convenceram. Mesmo assim, talvez, de certo modo, não ficássemos inteiramente doentes, doentes *mesmo*, sem a declaração de que estávamos doentes. Afinal de contas, a observação muda o objeto. Talvez uma doença não diagnosticada fosse a árvore que cai na floresta sem nenhum som, uma questão de status ontológico pelo menos discutível. Se eu não desse ouvidos à minha dor, até que ponto ela seria real? Se fosse ao médico, não só daria ouvidos a ela como também exigiria que uma testemunha — uma testemunha profissional — fizesse o mesmo.

É claro que na verdade eu não acreditava em nada disso. Era incoerente com o meu modo básico de entender o mundo. Mas quem sabe? A realidade pode surpreender. Desde que eu não marcasse hora, era possível — ou melhor, não era *impossível* — que o diagnóstico devastador fosse habilmente evitado.

Certo dia, no metrô, sentei-me num lugar livre reservado a deficientes. Agora quando me seguro nas barras de cima dói, como se tentasse segurar a correia de um animal zangado. No entanto, na estação seguinte uma grávida veio na minha direção. Olhei o meu colo um minuto antes de me levantar, com lágrimas de ressentimento subindo aos olhos. *Ela não é deficiente; ela é saudável. É tão saudável que está gerando uma vida nova. E eu sou... o quê?*

Um médico resolveria o problema, disse a mim mesma. Resolveria ou me afirmaria que não era nada, e aí realmente não seria nada.

Perguntei a um amigo médico quem deveria procurar, e ele me sugeriu um neurologista. Achei que a especialidade tinha um tom de mau agouro, mas comecei a me sentir melhor na sala de espera da médica. Ao folhear uma revista feminina, descobri uma reportagem sobre o milagroso poder de cura do organismo: "90% das dores se resolvem em seis a 12 semanas, seja qual for o método de tratamento usado", afirmava o texto. Embora as selvas primitivas fossem lugares perigosos — raízes nas quais tropeçar, espinhos em que se espetar —, os nossos ancestrais se curavam sem nenhuma ajuda de neurologistas. Comecei a sentir que fora apenas impaciente; com certeza o meu corpo revelaria o seu poder de cura.

— Nenhuma lesão? — perguntou a neurologista. Ela moveu os meus membros como se pertencessem a uma boneca antiga cujo rosto parecesse jovem mas cujas partes já não se mexessem direito. Sorriu para mim, um sorriso franco de "ao seu dispor". — Eu diria que é um estiramento cervical — declarou. Na escrivaninha, a foto de uma garotinha de franja castanha e lisa me fitava muito séria. Desviei os olhos.

— Cervical?

— A coluna cervical é o pescoço. Em contraste com a coluna lombar.

— Ah. — Devolvi o olhar à menina. — Acha que vou melhorar?

— Com certeza.

— Por que o meu braço também dói?

— Sabe aquela canção infantil: "o osso do pescoço ligado ao osso do ombro; o osso do ombro ligado ao..." — A voz dela virou uma canção de ninar.

— Então vou melhorar, não é?

E me repreendi: *Para que perguntar com tanta ansiedade?* E se a médica fosse do tipo que acha que onde há fumaça há fogo?

Na verdade, a minha ansiedade teve o efeito contrário, e ela tentou me tranquilizar.

— Eu não me preocuparia com isso — disse ela.

Dei-lhe um enorme sorriso.

— Às vezes tensionamos o pescoço e os ombros. Como vai a sua vida, em termos pessoais? — perguntou ela. — Anda estressada? Como sabe, há uma ligação entre o corpo e a mente.

— Ah, claro. Estou estressada.

Ao sair do consultório, furtei a revista com a reportagem sobre curas. Pensei muitas vezes naquele texto quando o período de seis a 12 semanas que dei à dor para que melhorasse se transformou em seis a 12 meses sem melhora. Na verdade, embora dissesse a mim mesma que não era possível, às vezes suspeitava de que a dor estava aumentando.

DOR AGUDA E CRÔNICA

A reportagem que li estava correta, mas deixou de explicar que a descrição da cura natural só se aplica à dor aguda, e não à dor crônica, distinção que eu não conhecia bem naquela época.

A dor aguda é uma reação saudável à lesão dos tecidos que nos afasta de ameaças, nos avisa do ferimento e some quando a lesão some, muitas vezes sem tratamento nenhum. A dor aguda costuma ser chamada de dor protetora porque as suas mensagens são úteis e é preciso lhes dar atenção. É o aviso do corpo de que começamos a dobrar o joelho na direção errada ou a mensagem mais alta de agonia que nos diz que já dobramos. A proteção da dor é uma das ferramentas de sobrevivência mais importantes, e o seu valor é ilustrado de forma assustadora pelos pacientes que sofrem de alguma variante de uma rara doença genética chamada *insensibilidade congênita à dor* (ou *analgesia congênita*), a indiferença a todos os tipos de dor física. Quem sofre dessa doença — ou seja, quem sofre da falta de sofrimento físico, pode-se dizer — costuma morrer jovem, depois de destruir o corpo andando com o tornozelo quebrado sem perceber, arranhando os olhos, mastigando a língua.

Uma metáfora muito usada para a dor aguda e a crônica é a do alarme de incêndio. A dor aguda é um alarme que funciona direito e assinala o perigo; cala-se quando o fogo se apaga. A dor crônica não é protetora; a sua intensidade não tem relação com a extensão do dano aos tecidos e, na verdade, pode surgir sem nenhuma lesão aparente. É como o alarme quebrado que toca sem parar, assinalando apenas que está quebrado. Pode não haver fogo; a lesão original pode ter sarado há muito tempo. Ou talvez nem tenha havido lesão; o problema está no próprio sistema de alarme. É como se cortassem um fio e todo o sistema começasse a funcionar mal.

Imaginemos um alarme doméstico contra roubos que primeiro é disparado pelo gato, depois por uma brisa e depois, sem razão nenhuma, começa a tocar aleatória ou constantemente. Enquanto continua a tocar, provoca outros barulhos na casa: o rádio e a televisão ficam aos berros; o forno apita; a campainha soa sem parar; e o telefone toca loucamente, mesmo que não tenha ninguém ligando. É como se um demônio entrasse na casa. Essa é a *dor neuropática* — uma patologia do sistema nervoso central e base de muitas dores crônicas.

Primariamente, a minha concepção de dor era a de algo a ser superado. Era um desafio à altura do qual me imaginava — e isso a minha vida me deu muitas oportunidades de demonstrar. A palavra *desastrada* tem um tom passivo; o meu estilo envolvia um namoro mais vigoroso com o desastre. Era uma despreocupação voluntariosa, uma falta de jeito desengonçada, de membros soltos, somada à impetuosidade adolescente da qual nunca quis me livrar. Sempre superestimava a minha capacidade física. A trilha de esqui marcada com o losango preto do perigo me parecia boa, embora a do círculo verde dos iniciantes é que combinasse com a minha habilidade. Não havia tempo para descer a escada degrau a degrau quando estava com pressa, embora às vezes os pulos me fizessem aterrissar embolada lá embaixo. Para quem não tem medo de escada, por que se preocupar com a trava de segurança, mecanismo de que só me lembrei quando, lá em cima, senti a escada de armar se desmontar debaixo de mim?

Mas não fiquei traumatizada. Esses incidentes, por exemplo, não me impediram de comprar um cavalo arisco e garantir aos antigos donos que eu era *uma amazona experiente*, embora tivesse feito as últimas aulas de equitação num acampamento de verão do quinto ano da escola, e quando voltei para casa a minha mãe, que tinha medo de cavalos, as tivesse cancelado. Entre os 20 e os 30 anos, quebrei um osso por ano durante três anos seguidos e ostentei vários hematomas, torsões e queimaduras. Mas me recuperei de tudo esplendidamente. Como perdera esse dom?

— Talvez você devesse tomar um pouco mais de cuidado — sugerira Cynthia com doçura enquanto me ajudava com os meus gessos. Mas eu não queria tomar cuidado. Ser descuidada era como ser despreocupada; tomar cuidado era admitir a velhice, a fragilidade e a mortalidade. E as fraturas doem menos do que se imagina. Descobri que, a princípio, conseguimos afastar a dor nos concentrando na ajuda que receberemos quando, por exemplo, o cavalo que nos derrubou a uma distância enorme na floresta voltar trotando para o jantar. Quando a dor volta, já estamos aconchegadas num gesso confortável, ninando o membro fraturado como um filhote de passarinho dentro do ovo.

O meu maior triunfo sobre a dor aconteceu num dia quentinho de março. Eu estava fazendo a pós-graduação e morava numa casinha de campo a uns 15 quilômetros de Ithaca, no Estado de Nova York. Sem nenhuma razão específica, comecei a pular pelo caminho em que o gelo se derretia. O meu pé pisou numa parte ainda gelada. Caí para a frente, jogando o braço direito para amortecer a queda, e senti uma dor lancinante.

Consegui dirigir de volta à cidade, gemendo e controlando o volante com o braço esquerdo. Tinha uma sessão de psicanálise e, como o consultório da analista ficava perto do centro de saúde dos alunos, decidi parar e explicar a situação.

— Quer se sentar? — perguntou a analista, e o som de sua voz calma soou muito reconfortante. Percebi que estava cansada pelo esforço de chegar até ali. Deitei-me no divã por um minuto, explicando que não conseguiria ficar muito tempo por causa da dor. Mas, quando comecei a falar, me espantei ao descobrir que, quando me concentrava na sessão, a dor ficava menos insistente. Era como se a Dor e eu estivéssemos sozinhas e, quando outra pessoa chegava, ela sumisse educadamente no quarto dos fundos da minha mente. Sabia que ela ainda estava em casa, mas a minha analista e eu ficamos sozinhas para conversar em particular.

Assim que voltei à rua, a Dor veio me encontrar. Ainda assim, achei que dava para tomar um milk shake, como costumava fazer depois da terapia. Mas, quando fitei o cardápio na parede, percebi que não tinha tempo.

No centro de saúde dos alunos, o médico notou que o tecido do meu braço estava inchado e perguntou a que horas acontecera o acidente. Embora eu concordasse com a cabeça e aceitasse a bronca enquanto ele dava uma aula sobre a importância de procurar tratamento médico imediatamente para evitar que houvesse alguma infecção como gangrena, me senti triunfante por dentro. Então, pensei, *a dor emocional é maior que a dor física; a psicoterapia vence a ortopedia; a mente transcende o corpo.*

Esse modelo de compreensão da dor ficou comigo por muitos anos e pareceu se confirmar com outros acidentes nos anos que se seguiram. Então, com quase 30 anos, me cansei dos acidentes. Com 28 anos, a minha resolução de ano-novo foi passar um ano sem fraturas, torsões nem queimaduras. Assim, parecia injusto que, depois de me manter mais ou menos fiel a essa resolução, agora eu estivesse com uma afecção diferente: um mal ilógico e que não sarava.

Há um certo prazer na dor aguda comum: o prazer de ver o organismo funcionar. Achamos que o corpo é como a porcelana, como se deixássemos cair o bule de chá predileto: arruinado para sempre. Mas não é. Os ossos se soldam, o gesso é aberto e sentimos o perdão da cura, o apagamento dos erros, várias e várias vezes.

Por outro lado, a sensação da dor crônica é de derrota. A lembrança das dores anteriores que transcendi me repreendia, assim como as histórias de jogadores de futebol que terminavam o jogo apesar da perna quebrada e de soldados que lutavam apesar dos ferimentos graves. Eu não parava de dizer a mim mesma: não importa o que está errado agora com o meu braço e o meu pescoço, não é pior do que se tivessem quebrado. Mas por que não conseguia anestesiá-los?

O que eu (como a maioria das pessoas) não sabia é que essa pergunta tem uma resposta fisiológica simples. Não tem nada a ver com o triunfo da vontade, mas com um aspecto peculiar da dor aguda. Embora em geral a intensidade da dor aguda reflita o grau da lesão, há um ótimo truque para que os ferimentos graves temporariamente não doam nada. Depois da lesão, às vezes o cérebro afasta a dor ligando por algum tempo mecanismos poderosos que a inibem e liberando na medula vertebral os seus analgésicos, como as endorfinas, num processo chamado *analgesia descendente*. Esse fenômeno era uma vantagem para a sobrevivência dos nossos ancestrais e por isso se tornou uma característica selecionada pela evolução que lhes permitia pular e fugir em vez de cair em lágrimas depois de mordidos por um tigre-dentes-de-sabre, num surto indolor de adrenalina e endorfinas.

No entanto, essa *analgesia descendente provocada pelo estresse* era necessariamente temporária, senão o seu poder de bloquear a dor se transformaria em desvantagem ao nos impedir de cuidar dos ferimentos lá na caverna (ou ao nos permitir tomar um milk shake com o braço quebrado em vez de procurar tratamento médico). E às vezes a analgesia descendente provocada pelo estresse pode ser prejudicial: até a ignorância temporária da lesão pode levar a um dano maior (como no esporte, em que o jogador termina o jogo sem saber que a perna está quebrada e isso põe fim à sua carreira).

Que sangue todo é esse?, perguntam-se as vítimas de ataques de tubarão quando nadam para a praia. *Ainda tenho a minha perna?* Exprimindo sem querer o raciocínio da natureza, a surfista adolescente Bethany Hamilton, cujo braço foi arrancado por um tubarão, recordou: "Não senti dor nenhuma; tive muita sorte, porque se sentisse dor a situação ficaria muito pior." Sem ser distraída pela dor, ela conseguiu se concentrar em nadar até a margem. A onda de impulsos nervosos do tecido lesionado interferiria na capacidade do cérebro de formular e executar um plano de sobrevivência.

Pode-se ativar uma certa analgesia descendente induzida pelo estresse com simples exercícios aeróbicos. Um estudo de corredores de Boston feito em 1981 demonstrou que as betaendorfinas (os neurotransmissores internos do cérebro, semelhantes aos opiáceos) são liberados juntamente com adrenalina para criar o "barato dos corredores", que lhes permite não sentir as bolhas nem as dores musculares antes de cruzar a linha de chegada.

A dor aguda, como teorizou o dr. Patrick David Wall, importante pesquisador britânico da dor, não é uma percepção geral do cérebro: ela é uma percepção *de que é preciso tomar providências*. O cérebro só consegue processar informações sensoriais necessárias para uma decisão de cada vez. Quando nadamos para fugir de tubarões, quando travamos uma batalha, quando participamos de uma corrida e até quando nos preocupamos com uma sessão importante de psicoterapia, o cérebro se dedica a essa meta e deixa, portanto, de perceber os sinais sensoriais vindos das lesões e de gerar a sensação de dor. Na verdade, muitos desses impulsos nem chegam ao cérebro: a "teoria do portão" que Wall e o colega Ronald Melzack desenvolveram em 1965 afirma que há uma série de "portões" neuroquímicos na medula espinhal que fecham a passagem das informações indesejadas.

Durante a Guerra do Yom Kippur, em 1973, a equipe de pesquisa de Wall entrevistou soldados israelenses que haviam tido membros amputados. A equipe descobriu que, na maioria deles, os ferimentos iniciais não tinham doído. Mas a analgesia descendente mostrou-se limitada à área da lesão: os mesmos soldados que não sentiram dor com os ferimentos também gritaram quando furados pela agulha do soro. Um dia depois, todos os homens sentiram dor. A maioria deles passou a sofrer de *dor do membro fantasma* — dor que é sentida como se viesse do membro que falta (e que ataca entre metade e dois terços dos amputados). Quinze anos depois, essas sensações de cãibra e ardência não tinham diminuído. A analgesia descendente que apagou a dor naquele primeiro dia nunca mais voltou. Na verdade, a dor se tornou crônica, e, por definição, a dor crônica é a dor que o cérebro não consegue modular.

DESTRUIDOR DO PESAR

Eu queria férias da dor: uma ou duas horas, suaves e completas como eram as minhas horas antigas. Não queria aspirina, Motrin nem Aleve. Queria as antigas ervas medicinais que, como explica o Rig Veda, datam de três eras antes que os deuses nascessem, ou a poção de vinho — como se chamava? — que Helena de Troia deu aos visitantes pesarosos, que aliviava a dor e trazia o esquecimento de todas as tristezas.

Ah, essas ervas medicinais antigas... A *Cannabis*, cujos vapores, escreve Heródoto, faziam "os citas feridos uivarem de alívio e alegria" em cabanas de cura onde as sementes eram lançadas sobre pedras rubras de tão quentes. O meimendro-negro, a erva que "mata galinhas", cujas flores estriadas de amarelo coroavam os mortos no Hades e que era usada nas poções das bruxas para provocar visões e convulsões e confundir a lembrança da dor. A mandrágora, cuja raiz retorcida de forma humana tinha fama de nascer sob os cadafalsos na ejaculação dos últimos estertores da morte dos enforcados. Quando arrancada, gritava de dor, matando os que ouvissem o seu grito, mas podia ser transformada numa poção que aliviava a dor dos vivos. De acordo com uma heresia medieval, foi a mandrágora misturada com vinagre que fez Jesus cair no sono durante três dias, depois dos quais acordou no túmulo, como se ressuscitasse.

Mas a "chave do paraíso" sempre foi o ópio, o *hul gil* ("planta da alegria") dos sumérios antigos, que "provoca sono profundo e banha os olhos vencidos e sofredores na noite do Letes", como escreveu Ovídio. Dizia-se que o ópio consolava a própria deusa Deméter quando ela perambulava pela terra procurando Perséfone, pois ao sugar o seu leite esquecia momentaneamente o pesar e caía no sono crepuscular que é meio caminho para o Hades. Como os mortais descobriram o segredo de extrair a droga da branca *Papaver somniferum* ("a papoula que traz o sono"), rica em ópio? Somente no breve intervalo em que as pétalas começam a cair as cápsulas gordas e redondas que contêm as sementes imaturas podem ser drenadas com uma incisão da qual escorre o "Leite do Paraíso", o fluido turvo conhecido como "lágrimas de papoula". Mas só quando seca e se oxida é que ele se transforma numa goma preta e grudenta que contém ópio.

"Tenho um remédio secreto que chamo de láudano ('ser louvado') e que é superior aos remédios heroicos de todos os outros", proclamava Paracelso, médico e alquimista do século XVI. O láudano e outras poções de ópio dissolvido em álcool logo se tornaram um produto básico das boas farmácias domésticas. Há várias versões da receita de Paracelso que incluem ópio misturado a ingredientes como meimendro, um medicamento árabe chamado múmia, óleos, âmbar, almíscar, pérolas pulverizadas, coral, coração de veado e unicórnio.

No meu armário de remédios, eu tinha alguns comprimidos de Darvocet, um medicamento narcótico contra a dor que Jim, marido de Cynthia, lhe dava para cãibras e que ela, generosamente, guardara para dividir comigo. Certa manhã, fiquei em pé no banheiro com uma gorda pílula magenta na palma da mão, tão ansiosa e empolgada quanto uma adolescente que se droga. O Leite do Paraíso, a Mão de Deus, o Destruidor do Pesar. "Como é divino esse repouso", escreveu Coleridge sobre o ópio, "que lugar de encantamento, um lugar verde com fontes, flores, árvores, no âmago das areias de um deserto."

Tomei meio comprimido e saí para resolver algumas coisas na rua. Fiquei meio tonta e nauseada e tive de procurar um banco para me sentar. Mas, enquanto o comprimido se dissolvia no meu estômago, tive a sensação de que surgia um gênio que olhou em volta dentro de mim e disse: *Sei o que você quer.*

Não era a chave do paraíso, mas parecia oferecer um pouquinho de magia nebulosa. Mas, dali a algumas horas, o gênio se cansou do meu desejo e me deixou com dor de novo. Tomei um comprimido inteiro, mas fiquei tão tonta que tive de me deitar no sofá. Porém, não sentia dor. *Tenho de valorizar a falta da dor*, pensei. No entanto, me sentia zonza demais e só consegui folhear uma revista velha e esperar que o efeito do medicamento passasse.

Pensei em como as poções de amor medievais podiam ser feitas com papoulas já que às vezes se dizia que a flor brotara pela primeira vez das lágrimas da deusa Afrodite quando ela chorava a morte do seu amante Adônis. Segundo determinada tradição, no dia de Santo André, a donzela poderia escrever num pedaço de papel uma pergunta secreta sobre o amor, enfiá-la numa vagem de papoula vazia debaixo do travesseiro e a resposta lhe viria num sonho. Certa noite, insone de tanta dor, tomei a última pílula magenta e caí num sono breve e inquieto. Acordei antes do amanhecer de um sonho no qual contava a Kurt que o meu braço doía e ele sugeria que eu o cortasse fora. Foi o que fiz, mas quando precisei dele tentei colá-lo de volta com cola-tudo, só que não consegui alinhar os nervos e ele não grudou, e quando tentei usá-lo ele caiu. Então, me lembrei de ter lido sobre a dor do membro fantasma, dor terrível e sem tratamento. Percebi, com aquele horror específico dos sonhos, que cometera um erro irreversível.

— Eu não disse que você *devia* cortá-lo — esclareceu Kurt com frieza no sonho. — Disse que era uma opção.

A única pergunta no meu coração, aquela que queria enfiar na embalagem vazia de Darvocet, era: *Por que sinto dor?*

Na época, a dor que sentira deitada sem dormir naquela primeira noite com Kurt parecera *poena* — o preço pela felicidade que eu imaginava que viria do relacionamento. Mas, na minha cabeça, quando a felicidade não se materializou a dor se metamorfoseou em símbolo da infelicidade: uma infelicidade misteriosa, misteriosamente unida à dor misteriosa.

O PLANO

Os meses se transformaram em um ano e continuaram a se acumular. Quando penso no tempo decorrido desde o dia em que a dor se instalou até o dia em que finalmente recebi um diagnóstico, lembro a piada do bêbado que procura a chave debaixo do poste de luz, muito embora a tenha perdido em outro ponto do quarteirão, porque "é ali que tem luz". Para mim, a luz é mais atraente quando ilumina o eu. Queria imaginar que aquele problema era igual aos meus outros problemas, que seria melhor eu mesma resolvê-lo.

Todas as tarefas da minha lista, grandes e pequenas, foram cumpridas. Mudei-me para Los Angeles para dar aulas de redação criativa; voltei para Nova York; mudei-me para um apartamento mais barato em Nova York. Publiquei em revistas vários artigos longos e difíceis sobre assassinato. Localizei um espremedor de frutas de jadeíte da época da Depressão que também servia de medidor para substituir outro de estimação que eu lascara. Mas, não sei como, a dor, que encimava os meus pensamentos o tempo todo, nunca estava na lista. Em vez disso, ocupava uma lista diferente, uma lista invisível que era mais ou menos assim:

Plano A: Ignorar.
Plano B: Tentar a medicina alternativa. Como eu não
   acreditava de verdade na medicina alternativa, se não desse

certo eu não precisaria sentir que esgotara todas as boas opções. Ainda poderia recorrer ao:

Plano C: Arranjar um médico e me tratar.

O Plano A falhara. O Plano B falharia. Enquanto não tentasse o Plano C, seria possível acreditar que ainda poderia levar realmente a sério a possibilidade de melhorar, bater os calcanhares como Dorothy na Terra de Oz e dizer *quero ir para casa* — casa, casa, casa, de volta ao meu corpo normal — e acordar da ilusão onírica da dor. Não queria tentar o Plano C e descobrir que a medicina não me daria sapatinhos de rubi.

Como a maioria das pessoas, eu nunca ouvira falar de especialistas em dor nem de clínicas da dor. Assim, quando resolvi consultar o médico não fazia ideia do tipo de médico que devia consultar. Não sabia que, em parte, a escolha do médico determina o diagnóstico. Fui consultar um ortopedista especializado em lesões desportivas, e foi isso que ele achou que eu tinha.

Os outros pacientes não pareciam se surpreender com as duas horas de espera para serem atendidos, como se soubessem que ter um problema de saúde é ser lançado para fora do reino das pessoas ocupadas (como o médico). Os doentes não têm agenda, o seu tempo não vale nada. "A doença é um fracasso tão grande quanto a pobreza", escreveu Xavier Aubryet, sifilítico parisiense, em 1870. Os pacientes que esperavam comigo tinham o aspecto puído dos desempregados que aguardam para falar com assistentes sociais.

O ortopedista tinha a segurança jovial, o queixo quadrado e a compleição robusta dos ex-atletas. Mas usava um colar de ouro incoerente e um grande anel decorativo — um toquezinho minúsculo e obscuro de expressão pessoal ao qual me agarrei como sinal positivo.

— Lesão no manguito rotador — anunciou, depois de examinar o meu ombro. Com a esferográfica, rabiscou um esquema no papel branco que cobria a maca do consultório. Eu não fazia ideia do que significava o diagrama, mas percebi que ele achava ter se superado para explicar. Ele desenhava uma ilustração para os pacientes: o tipo de coisa sugerida por aqueles cursos de educação continuada sobre relações carinhosas com os pacientes: *os pacientes precisam ver.*

Mas não vi; aquilo era apenas uma confusão de linhas.

— Posso rasgar e levar? — perguntei timidamente, achando que, talvez, se o estudasse em casa, o desenho me revelaria o seu significado, assim como um poema difícil às vezes se revela tarde da noite.

Ele rejeitou a ideia como se eu tivesse pedido algo absurdo. Depois, me receitou oito semanas de fisioterapia.

— Isso talvez... — A minha voz falhou como se, seminua no avental de papel, eu revelasse o meu desejo mais profundo. — Isso vai me fazer melhorar?

— Vai.

Anos mais tarde, depois que percebi que os pacientes deveriam sempre requisitar cópias das anotações feitas pelos médicos depois das consultas e fui recolher o meu histórico clínico, telefonei para a secretária do ortopedista para pedir a minha ficha. Embora eu o tivesse consultado várias vezes, ela disse que só conseguiu localizar duas delas, as impressões iniciais e uma consulta de acompanhamento. O histórico era curto:

HISTÓRICO:
Paciente, há cerca de um ano, sente dor na região do ombro após um acidente de bicicleta/pedestre.

EXAME FÍSICO:
O exame físico demonstra que a paciente tem falta de 20 graus de movimento em todos os planos, com crepitação no espaço subacromial. Dor à palpação da tuberosidade maior e do sulco bicipital.

IMPRESSÃO:
Capsulite adesiva

RECOMENDAÇÃO:
A paciente foi aconselhada a respeito do problema (...) Encaminhada à fisioterapia.

Será que ele hesitou, sentindo um leve incômodo ao tentar recordar a minha história, ou será que a mente dele inventou automaticamente uma narrativa enquanto ditava as anotações, da mesma maneira que a minha inventava narrativas para a minha dor? Será que me confundiu com outro paciente que atendeu antes ou depois de mim? Na época em que li essas anotações, tinham se passado anos desde que o consultara. Não ia voltar para me queixar, e não havia ninguém em quem jogar a culpa a não ser em mim mesma, por não insistir em ser entendida. Ainda assim, protestei mentalmente: *Acidente de bicicleta é o único tipo de acidente que nunca sofri.*

Enquanto o consultório do ortopedista parecia uma repartição de atendimento a desempregados, o da fisioterapeuta ao qual ele me encaminhou parecia o lugar onde os desempregados recebiam treinamento formal — o tipo de treinamento que os ajudaria a arranjar emprego tanto quanto aprender a fazer cestas ajuda doentes mentais. Assim como essas tentativas de ajuda só ressaltavam o desamparo de quem as recebia, erguer pequenos pesos que agora eram pesados demais para a minha mão parecia me transformar em aleijada.

Afastei-me dos outros pacientes, com medo de ser agrupada com os cansados, velhos, doentes, incapacitados e tristes. Embora por ali houvesse um atleta universitário com um osso lascado a caminho da cura, a maioria lembrava os habitantes de uma aldeia de condenados.

Não gostei da fisioterapeuta, uma alemã casada de meia-idade. Pude ver nos olhos dela que achava que eu era uma daquelas mocinhas perdidas e patéticas de 30 e poucos anos — uma raça de Nova York, dez anos além da idade de serem meninas de rua, mas ainda perdidas.

— Você mora sozinha? — perguntou ela no primeiro dia.

Assentiu com a cabeça ao ouvir a resposta.

— Não há ninguém para cuidar de você — anunciou.

Eu poderia ter dito que tinha um namorado. Afinal de contas, tinha Kurt. Mas disse a mim mesma que isso não era da conta dela. E algo em mim também sabia que não era verdade. A resposta verdadeira era que eu estava sozinha.

— O que você comeu hoje? — ela costumava perguntar quando eu entrava. Eu gaguejava ao perceber que era algo estranho, como uma fatia de torta de confeitaria embrulhada em plástico porque fora a única coisa que me atraíra. Eu emagrecera muito e atribuía isso à dor, que me tirava o apetite, mas agora percebia que o mais provável era que a náusea viesse do Tylenol, do Advil, do Motrin, da aspirina e do Aleve, que, na minha opinião, funcionavam melhor juntos, com um toque de uísque à noite. Não consigo lembrar se observei os avisos da bula para não combinar esses medicamentos, não tomá-los regularmente durante mais de 15 dias e não consumi-los com bebidas alcoólicas. Não acreditava que nada vendido sem receita pudesse ser assim tão perigoso e, de qualquer modo, o que eram aquelas letrinhas miúdas quando comparadas à premência da minha dor?

— Acha que está gorda? — perguntava, protetora, a minha fisioterapeuta, o rosto presunçoso e bem-alimentado assumindo a falsa preocupação e o desprezo velado da professora de educação física do ensino médio pela garota anoréxica que fica no banco nos jogos de futebol.

— Não — respondia. — O meu ombro dói.

Eu *não* fazia os exercícios. Disse que fazia, e cheguei mesmo a tentar por algum tempo. Em casa, às vezes pegava a minha faixa elástica Thera-Band — um pedaço de material de borracha que deveria oferecer resistência ao ser esticada — e é claro que olhava para aqueles pesos pesados que pusera sobre a lareira. Mas o meu braço não me parecia mais capaz de erguer dois quilos e meio, dois quilos ou sequer um quilo e meio, e sempre que eu tentava a dor soltava fagulhas como um braseiro atiçado. Como não entendia a lógica por trás da fisioterapia, eu não tinha um arcabouço de crenças que me encorajasse a fazer algo que parecia não ajudar e até dava a impressão de me fazer piorar.

Como a dor é um sinal de alarme — ou, como explica Patrick Wall, a percepção de que é preciso tomar providências —, o corpo reage a ela entrando em estado de emergência. Os músculos se contraem e as articulações enrijecem para imobilizar a área da lesão. Quando a lesão sara, a dor some e os músculos voltam ao estado normal. Mas, quando a dor persiste, essas mudanças começam a ser fonte de dor. Os músculos contraídos comprimem os nervos e provocam dor. Os músculos rígidos provocam mudanças posturais que forçam outros músculos. Usar a área afetada dói, e por isso a protegemos, o que a priva de exercício, o que faz os músculos se atrofiarem, e, por sua vez, isso torna mais difícil usar aquela área e provoca mais dor. A fisioterapia visa a fortalecer os músculos e a relaxá-los, usando compressas quentes ou massagens.

Na minha infelicidade, interrompi até a caminhada diária que fazia. Caminhar não me prejudicaria; na verdade, já foi comprovado que exercícios aeróbicos estimulam as betaendorfinas, que anestesiam a dor (além de estimularem a serotonina, que melhora o humor e também mitiga a dor). Mas, como eu não sabia disso e a ideia de exercitar uma parte do corpo que doía parecia totalmente contraintuitiva, matei a aula de fisioterapia. Como não me exercitava, não ficava mais forte. Mas a fisioterapeuta continuou a me aprovar no fim do ano, me passando mais peso e faixas elásticas mais resistentes, de modo que os exercícios doíam cada vez mais. Sob o seu olhar desaprovador, fiquei com uma leve sensação de paranoia, como se os exercícios visassem a me prejudicar e a manter, em colaboração com o ortopedista, um bom suprimento de pacientes doloridos e fracos.

Eu não queria ser uma paciente dolorida e fraca; queria ir embora dali. E, quando fui, consegui tirar a experiência da cabeça. Chegava tarde, saía cedo e, entre as sessões, tentava não pensar na fisioterapia.

O DILEMA DO PLACEBO

Um amigo da minha mãe me contou que tinha uma pulseira Q-Ray que, com raios magnéticos, acabara com a sua dor no joelho. Antes ele mancava de dor, agora conseguia correr quilômetros. Ele pesquisara sobre a pulseira e ficou consternado ao descobrir um estudo que demonstrava que era um placebo, no que não acreditou. Certa vez, tirou a pulseira e só percebeu que se esquecera de colocá-la de volta quando a dor o pegou de surpresa.

— Talvez o seu subconsciente soubesse — sugeri.

A minha mãe lançou-me um olhar.

Uma mulher do meu prédio me mostrou a pulseira de cobre que curara a sua artrite no cotovelo. Ela usava todo dia aquele pedaço caseiro de metal junto com os enormes anéis art déco e a pulseirinha de brilhantes. *Na sua opinião, qual é mesmo a ligação entre cobre e artrite?*, comecei a dizer, mas pensei duas vezes. Por que estragar a alegria dela? Estaria com inveja do alívio que ela sentia?

Certa noite, fitei uma vela e tive o impulso de me queimar e lembrar ao meu corpo o que era a dor normal — o tipo que pode receber um curativo. Tentei entender a dor com a psicanálise. (Por que o lado *direito*? Estará ligada à *escrita*, já que sou destra?) Estaria procurando uma desculpa subconsciente para evitar o trabalho, para me sentir literalmente dolorida quando tentava? Era assim que funcionava a doença vitoriana da histeria.

Tentei imagens visuais positivas, usando um livro de exercícios sobre doenças e pensamento positivo, mas a luz azul e celestial com que tentei imaginar a minha dor se transformou num cinza cruel. Tentei acupuntura, massagens e ervas.

— Vou levar tudo — disse ao surpreso vendedor da loja de produtos naturais depois de escutar todas as suas recomendações de remédios para aliviar a dor.

Os remédios naturais sempre me deixaram cética, porque, além de sua eficácia e segurança não terem sido testadas, eles não são naturais. Embora *derivem* de plantas, na verdade são fórmulas de compostos vegetais refinados, apresentados em concentrações centenas ou milhares de vezes maiores que as encontradas na natureza.

Mas, se eu tomasse esses remédios com certa dose de ceticismo, será que falhariam mesmo? Eu não entendia como funciona o placebo em nível fisiológico, mas ouvira dizer muitas vezes que, quando acreditamos que a dor será aliviada, sentimos (iludidos?) a dor se aliviar. Mas sempre empacava no que chamava de Dilema do Placebo: se sabia que o alívio resultava do placebo, como conseguiria acreditar? Para funcionar, o placebo não exigia exatamente *a crença de que o tratamento não era placebo*? Mas, se a eficácia do placebo confirma a realidade transformadora da crença, isso não deveria me ajudar a acreditar? Eu me sentia como Tomé, cheio de dúvidas, pedindo a Jesus que lhe removesse a descrença. *Para que Deus me salve, só preciso crer que Ele existe.*

Há a história do físico famoso que pendurou uma ferradura na parede do escritório.

— Achei que o senhor não acreditasse nesse tipo de coisa — observou, surpreso, um aluno de pós-graduação.

— Dizem que não é preciso acreditar para que funcione — foi a resposta.

Se eu usasse uma pulseira de cobre, estaria revelando o meu desespero, a minha disposição de abandonar a pessoa que sempre fui, que sabia que o cobre não penetra na pele (ainda bem, porque é venenoso), ou estaria demonstrando ao universo que decidira me curar de qualquer jeito, inclusive de maneiras em que não acreditava?

Vivia me recordando de uma conversa que tive certa vez numa viagem jornalística a Adis Abeba, num dia em que perambulava acometida por uma dor inexplicável. Numa esquina, vi um leproso cujo braço se dissolvia. A mão direita pingava como uma vela derretida; na mão esquerda, ele segurava uma manga. Pareceu entender a minha pergunta, porque riu com timidez e disse que estava "ok".

— *Sem dor?* — repeti, fitando-o com espanto, e depois voltei ao hotel, envergonhada, e fui fazer uma massagem. Quando a terapeuta pôs as mãos quentes nos meus ombros, fechei os olhos e me lembrei de como o leproso comera a manga e rira de mim.

EMOÇÕES NEGATIVAS REPRIMIDAS

Cheguei atordoada de dor para passar o fim de semana na casa de praia de alguns amigos. Embora não quisesse explicar, tinha na mala uma bolsa térmica para o pescoço que pretendia usar.

— Eu tenho... há... essa dor estúpida — disse eu. — Tenho essa bolsa térmica que se aquece no micro-ondas e...

— Chuck tinha dor nas costas! — disse Erin. Ela me contou que a dor nas costas do marido tinha sumido, *sumido*, quando ele se inscreveu no programa de tratamento do dr. John Sarno, um médico de Nova York cujo livro *Healing Back Pain* (A cura da dor nas costas), um grande sucesso de vendas, eles ainda tinham em casa. Ele também falara do livro a Daniel, nosso amigo em comum; Daniel foi à livraria dar uma olhada, curvado de dor, mas quando chegou ao caixa, depois de ter lido apenas alguns capítulos junto à estante, já estava ereto.

Sarno explica que a principal causa da maioria das dores nas costas, no pescoço, nos ombros e nos membros é uma síndrome que ele chama de *síndrome da miosite de tensão* (SMT), uma ideia controvertida. Quando se dá à dor um nome que soa como coisa de médico (e que significa, mais ou menos, síndrome dos músculos tensos e doloridos), todos se sentem valorizados pelo diagnóstico clínico. No entanto, quem tem SMT também escuta que a cura da dor (ao contrário da maioria das doenças) está inteiramente sob o seu controle.

Sarno afirma que as emoções negativas reprimidas, como estresse, raiva e ansiedade, são a principal causa da SMT, ao reduzirem a circulação do sangue nos músculos, nervos e tendões, resultando numa leve escassez de oxigênio que é sentida como dor e tensão muscular. Depois ele revisou alguns aspectos da teoria, mas os princípios fundamentais continuam os mesmos: quando as emoções negativas são tratadas, a tensão e a dor desaparecem. O tratamento funciona segundo os mesmos princípios do tratamento de Freud para a histeria: admitir os problemas emocionais subjacentes faz desaparecer a sua manifestação física. Embora o dr. Sarno admita que às vezes são necessários exames para assegurar que a dor não se deve a algum tumor ou fratura, por exemplo, depois que essas causas são eliminadas ele acredita que as outras dores são psicossomáticas e que a sua função é distrair a mente consciente da verdadeira fonte da tensão. Mesmo quando a síndrome dolorosa (ou síndrome álgica) surge depois de uma lesão, Sarno afirma que, "apesar da percepção da lesão, os pacientes não estão lesionados. A ocorrência física deu ao cérebro a oportunidade de começar um ataque de SMT".

No trabalho do dr. Sarno, diz-se aos pacientes que eles devem interromper todos os tratamentos físicos, como fisioterapia, medicação, injeções, ajustes quiropráticos, acupuntura e todas as outras formas de tratamento convencional, porque tudo isso reforça, de forma prejudicial, a crença equivocada de que há uma causa estrutural da dor crônica dos pacientes quando "a sua doença física na verdade é benigna e [...] a incapacidade de que talvez sofram é uma função do medo e do descondicionamento relacionados à dor". Em vez disso, deveriam voltar a todas as atividades anteriores e à atividade física normal que a dor interrompeu, frequentar reuniões de apoio, escrever sobre os seus problemas emocionais e fazer um diário. Não admitir a natureza psicológica da dor é "condenar-se à dor e à invalidez perpétuas".

— É preciso renunciar a todos os tratamentos — disse Chuck — e acreditar que a dor está toda na cabeça.

— Sei disso. Mas e se... — disse eu, timidamente.

— Apareceria na ressonância. Mas você não precisa de ressonância. Não paparique o seu pescoço, não tome Tylenol, jogue fora a bolsa térmica! É só relaxar e ter um bom fim de semana. Vamos para a praia.

Nos meses seguintes, examinei fielmente a minha vida procurando por *emoções negativas reprimidas*: "agressão ou falta de amor", "características da personalidade, como a forte necessidade de ser amada por todos", e "pressões da vida atual".

Infelizmente, todo esse autoexame sobre o estresse já era estressante demais. Será que era o meu relacionamento com Kurt, ou o problema estaria dentro de mim? O pescoço e os ombros pareciam os mesmos de sempre, mas talvez lá dentro algo tivesse se esfarelado. Sempre tive a sensação de um certo aleijão íntimo, como se o meu caráter não fosse muito forte. Havia erros de construção, vigas internas que eram fracas. Reforço-as o melhor que posso, mas a maioria delas é inacessível; uma parte grande demais da minha personalidade está construída sobre elas. Já fiquei deprimida. Sempre pensei na depressão como uma chuva com névoa, pelo jeito como o cinza recobre a consciência e torna difícil enxergar. A dor parecia mais uma trovoada. Havia uma faceta de violência no meio da chuva, quando o terreno conhecido do corpo fica estranhamente iluminado, e depois vem a correria inútil para se abrigar.

"A dor transtorna e destrói a natureza de quem a sente", observou Aristóteles. O Questionário de Dor McGill (técnica padronizada de avaliação da dor) faz aos sofredores perguntas sobre a dor usando grupos de palavras que descrevem as dimensões sensoriais ou afetivas da dor. A dor é *Ondulante, Pulsante, Tremulante, Latejante, Palpitante*? Ou será *Enjoativa, Sufocante, Amedrontadora, Apavorante, Aterrorizante, Castigante, Estafante, Cruel, Maldita, Mortificante, Miserável, Apertada, Incômoda, Nauseante, Agonizante, Pavorosa, Torturante*?

Certa vez, anos antes, me aplicaram o questionário quando consultei um neurologista sobre enxaquecas, e na época as perguntas pareceram risíveis. As dores de cabeça latejavam, mas não eram cruéis. Mas agora eu entendia. Essa nova dor era cruel — Cruel, Maldita e Mortificante.

O tempo parecia diferente. Percebi que a dor não existe apenas todos os dias, mas *todas as horas de todos os dias. Todos os minutos de todas as horas.* Quando se passam minutos demais de dor, o equilíbrio da ampulheta do suportável e do insuportável muda e o formato do eu desmorona. Quanto mais desesperada me sentia, mais me perguntava se, como diz o dr. Sarno, o próprio desespero não seria o problema. Lembro-me de ter ficado acordada até tarde naquela noite, na casa de praia dos meus amigos, lendo o livro de Sarno. Mas, finalmente, insone de dor, me esgueirei até a cozinha para esquentar a bolsa térmica. A máquina deu um zumbido profundo; imaginei que Chuck e Erin acordavam ao me ouvir, pensando que eu não estava preparada para melhorar.

A VÓS, OS ESPINHOS

"A medicina ocidental é um modo de pensar sobre a doença", gostava de dizer a minha avó Bea, "*mas não é o único.*" Quando eu era criança, ela me deu o texto principal da Ciência Cristã, *Ciência e Saúde com a Chave das Escrituras*, livro de que gostei muito, acreditando que continha a receita secreta da realidade, uma verdade da qual os meus pais seculares estavam excluídos (o meu pai é ateu, e a minha mãe, judia secular). Mas, embora adore religião e textos sagrados, a paixão que já tive por aquele livro, a sensação de que ele guardava verdades que poderiam iluminar a minha vida, se esvaiu com os anos, de modo que, aos 30 e poucos, quando passei a sentir dor, o meu interesse pelo assunto era quase inteiramente acadêmico.

Por alguma razão, o meu pescoço e o braço direito doíam. Quando acordava, exilada do sono pela dor, me lembrava de que as razões disso não eram claras, mas sem dúvida aquilo não era uma prova nem uma punição, nem pagamento pelos pecados nem tentativa de obter a imortalidade, nem maldição, feitiço ou provação, nem oportunidade de autotranscendência nem nada parecido. De jeito nenhum, na verdade. Essas ideias vêm do mundo da religião, em que pessoalmente não acredito.

Sempre que a ideia de *poena* se apresentava ou quando eu notava que a dor estava cercada por algum outro amontoado vago e obscuro de ideias, eu as rejeitava. Repetidamente as rejeitava. E as ideias estavam sempre ali para serem rejeitadas.

Por que eu? Por que tenho de sofrer?

Há uma evolução teleológica curiosa do significado da dor nas religiões; na verdade, a tarefa de explicar a presença da dor física e do sofrimento é tão fundamental e tão difícil que as religiões são definidas pelas várias respostas que dão a essas perguntas. Se eu fosse hindu, budista ou judia, a minha fé investiria a dor de um significado diferente das religiões de Egito, Grécia, Roma e Mesopotâmia antigos. E, se eu fosse cristã, uma concepção distinta do significado da dor residiria bem no centro da minha fé.

Na maioria das religiões mais antigas, a dor e o sofrimento não são um problema teológico, porque os deuses, assim como o universo, são cruéis. As religiões cármicas do hinduísmo e do budismo, ao contrário, postulam o arcabouço de um universo justo. A doutrina da reencarnação remove habilmente a dor e o sofrimento das mãos não confiáveis dos antigos deuses indianos e os reinterpreta de forma satisfatória como *poena* — a punição cármica por transgressões cometidas em encarnações anteriores. Nas tradições monoteístas, Deus é amoroso, atento e justo. Mas e a dor e o sofrimento? O problema é examinado por meio de três personagens principais — Adão, Jó e Jesus —, que abordam conceitos diferentes de dor.

A dor física entra no mundo bíblico com a Queda. Só depois que roubaram o conhecimento divino e se tornaram autoconscientes é que Adão e Eva foram amaldiçoados, como os animais, com a dor e a luta pela vida. A dor de Adão e a dor de Eva são descritas com palavras hebraicas relacionadas que vêm da mesma raiz. Para a de Adão, usa-se a palavra '*itstsabown* (עצבון — "trabalho, labuta, dor, tristeza, preocupação"), mas a dor de Eva também é descrita com a palavra '*etsev*. A dor e a tristeza às quais Adão é condenado dizem respeito à luta pela sobrevivência, enquanto as de Eva envolvem a reprodução.

O trecho em que Adão é amaldiçoado em sua luta para arrancar da terra a subsistência não emprega apenas imagens de labuta, mas também de dor física e ameaça de ferimentos ("Ela [a terra] te produzirá espinhos e abrolhos"). No caso de Eva, a dor pesarosa do parto serve de metáfora para todas as dores, batizando a nossa entrada no mundo, como se preparasse o palco para uma vida de sofrimento. A maldição envolve o exílio do que seria possível considerar um estado natural. Pode-se imaginar que as funções mais básicas que permitem às espécies se propagar — comer e se reproduzir — não deveriam provocar dor e sofrimento. E a dor *parece* antinatural; embora não possamos imaginar a vida humana sem fome nem sede, é fácil fantasiar uma vida sem dor e imaginar essa vida como aquela à qual poderíamos ou deveríamos retornar.

Ao mesmo tempo que incorpora essa fantasia, o Gênesis também parece resolvê-la. Comer o fruto da árvore do conhecimento criou a autoconsciência ("Então foram abertos os olhos de ambos, e conheceram que estavam nus"). Em termos biológicos, a dor é mesmo uma função da consciência, já que a capacidade de sofrer a primeira aumenta proporcionalmente com a última — isto é, com a complexidade do desenvolvimento do córtex da espécie. Gostaríamos mesmo de não ter provado aquela fruta? Não seria como desejar que ainda fôssemos macacos ou que fôssemos um tipo de criatura que não sente dor nenhuma, como a centopeia? A origem da dor, portanto, é justificada no Gênesis como o preço pela consciência que nos torna totalmente humanos.

Por que tenho de sofrer?

Ainda que em geral seja considerada o preço da consciência, mesmo assim a dor parece distribuída de forma injusta. Como o Sofredor Virtuoso do poema babilônico, Jó questiona a descrição da dor do Gênesis e não pergunta por que a dor existe, mas por que *ele*, especificamente, sofre com ela.

O sofrimento de Jó começa quando Satanás sugere a Deus que a piedade de Jó não tem valor, já que ele é sempre recompensado por ela; talvez, no fim das contas, Jó ame a recompensa e não o Senhor. A prova imposta a Jó é progressiva. Primeiro o seu rebanho lhe é tirado, depois os servos e os filhos. Mas essas dificuldades se mostram insuficientes; ele as aceita como vontade do Senhor, prostrando-se e declarando: "O Senhor deu e o Senhor tirou; bendito seja o nome do Senhor." Deus então dá permissão a Satanás para submeter Jó à maior das provas: a dor física. A dor de Jó é simplesmente visceral. Ele se sente como se fosse esmagado, encarquilha-

AS CRÔNICAS DA DOR

do, estivesse prestes a se romper, dilacerado; os rins parecem perfurados, os intestinos fervem, a pele fica preta e descasca.

Como o sofrimento de Jó continua, três amigos seus insistem que, se ele está sofrendo, é porque deve merecer e precisa se arrepender dos seus pecados. O texto se refere a eles como os três "consoladores molestos". A crença de que o sofrimento é merecido pode ser confortadora, porque a doença merecida é justa e curável pelo arrependimento. Quando se buscam explicações para a doença, é comum apontar o pecado, porque, afinal de contas, todo mundo já pecou. Mas Jó *não tinha* pecado; o seu caso refuta a doutrina de que a dor é sempre *poena* e de que o sofrimento é sempre punição divina. A mulher de Jó acredita que ele não pecou, mas tem a mesma teologia dos consoladores. Incapaz de reconceber Deus, ela se desilude e diz a Jó que amaldiçoe Deus e morra.

Finalmente, Jó cede e repreende Deus. Mais adiante na história, surge um personagem profético que, ao contrário dos consoladores, declara que o pecado de Jó é imaginar que pode julgar Deus e repreendê-lo porque o faz sofrer. É esse ponto de vista que a história endossa. Quando Deus finalmente fala, não é para responder a Jó, mas para dizer-lhe que não pode entender a dor, assim como não pode entender outros mistérios da natureza ("Onde estavas tu, quando eu lançava os fundamentos da terra?", pergunta Deus).

O livro de Jó não é o que se esperaria de uma teodiceia. Embora condene explicitamente a teologia dos consoladores, Deus não dá uma explicação alternativa para a dor de Jó (ou sobre por que fazia apostas com Satanás). Jó tem de se curvar diante do redemoinho e aceitar que, embora a dor não possa ser entendida, o seu significado, de certo modo, não deve ser incompatível com a fé religiosa. O livro de Jó, portanto, define a fé como *aquilo que é mantido em face de dor e sofrimento inexplicáveis.*

O livro de Jó termina da mesma maneira que o poema do Sofredor Virtuoso, com a restauração da saúde. Jó se prostra e se arrepende da sua arrogância ao questionar Deus, e este devolve a ele a saúde e lhe dá riquezas, vida longa e até novos filhos. Segundo um ponto de vista, o fato de Jó passar na prova revela que esta era desnecessária, indica que o seu sofrimento foi inútil e que Deus não deveria ter permitido que acontecesse. Mas, de outro ponto de vista, a dor de Jó comprova a sua fé, não só ao fazer com que a demonstre, mas também ao *criá-la*, do modo como o fogo e o martelo forjam uma espada. De acordo com esse modelo, a dor não é extrínseca à fé, mas sim o terreno no qual a fé cresce e em que mergulha e lança raízes profundas — ideia que se torna a concepção dominante do Novo Testamento.

Por que tenho de sofrer?

Os Evangelhos não reenquadram a dor como problema a ser superado pela fé, mas como mecanismo central da fé. A maldição da mortalidade se torna *a solução da mortalidade*, o próprio meio de obter a vida eterna. O Deus dos Evangelhos não responde ao problema da dor removendo-a da vida humana, mas compartilhando-a, tornando-se humano na forma de Jesus e pagando a sua própria *poena*. Ao fazer isso, ele inverte para sempre o significado da dor. Assim como Deus se tornou homem quando Jesus arcou com a maldição de Adão, o homem pode se tornar divino ao aceitar a dor como Jesus a aceitou. Com isso, o homem transforma a *poena* em paixão, como Cristo se submeteu de boa vontade à crucifixão e à sua dor. Numa época em que pessoas de muitas fés usavam amuletos para afastar a dor e a doença, os cristãos começaram a abrigar junto ao coração uma imagem de tortura.

A DOR DE JESUS

A concepção de dor e sofrimento nas escrituras judaicas e cristãs teve na medicina consequências profundamente diferentes daquelas da teologia das religiões baseadas na magia. Nessas últimas, a fórmula mágica correta poderia erradicar o demônio causador das febres com a mesma certeza de que as folhas da planta certa fariam a febre baixar. O feitiço visava a uma causa sobrenatural subjacente e a poção tratava a sua manifestação no mundo natural, mas ambos tinham o mesmo resultado. *A magia é eficaz junto com a medicina. A medicina é eficaz junto com a magia.* No entanto, a substituição das práticas mágicas pelas religiosas exigiu uma reação interna mais complicada, de arrependimento e oração. Isso vinha da premissa bíblica de que Deus não pode ser manipulado pelos encantamentos e ervas para servir aos desejos humanos (embora Deus possa ter, na cura, um papel incompreensível: paradoxalmente, depois que Jó se humilha Deus lhe restaura a saúde).

Aqui, o Novo Testamento afasta-se de forma radical do judaísmo. O cristianismo promete ao fiel não a saúde física, mas a salvação espiritual — metas que estão alinhadas no judaísmo, mas na verdade *se opõem* na história de Jesus. Os remédios médicos egípcios e gregos imitavam os remédios dos deuses para ter sucesso no alívio das dores. O ideal cristão de imitar Cristo, *imitatio Christi*, contrasta com isso. Ao contrário de Hórus, que é salvo do demônio de peixe-gato que causa a dor de cabeça, Cristo não é libertado da dor da crucifixão. Em vez disso, sofre até a morte, e não mostra aos cristãos como fugir à dor, mas sim como aceitar de bom grado as suas possibilidades redentoras.

Os evangelhos canônicos não descrevem a dor de Jesus durante a crucifixão, embora o Evangelho de São Pedro, um dos evangelhos gnósticos, compare Jesus aos ladrões crucificados ao seu lado e diga que ele "estava em silêncio, como quem não sente dor". Mas a linha principal da teologia cristã afirma que Jesus sofreu a dor; que para ser totalmente humano tinha de ser assim; e que, sendo assim, ele pagou o preço da redenção da humanidade. (Afinal de contas, que sacrifício seria para um imortal livrar--se, de forma simples e indolor, do corpo humano que habitou por algum tempo e reassumir o seu lugar no céu?)

Jesus sofreu de um modo que pode ser descrito como peculiarmente humano: a tortura da crucifixão é projetada para se aproveitar da capacidade de sentir dor, específica da anatomia humana. A eloquência universal das chagas das mãos e dos pés, o horror instintivo que a sua imagem provoca, vem da importância evolucionária dessas partes do corpo e de sua consequente capacidade de sentir dor.

Como a palma da mão humana não tem material suficiente para suportar o peso do corpo de um homem na cruz sem que os cravos a rasguem e se soltem, alguns historiadores argumentam que os cravos foram enfiados no pulso de Jesus, onde ficariam presos pelos ossos do carpo, ou entre os ossos rádio e úmero do antebraço, de forma coerente com o esqueleto existente de um homem crucificado naquela época. Seja como for, os cravos enfiados nos pulsos ou nas mãos lesariam os nervos medianos que inervam as mãos, provocando dor excruciante (do latim *cruciare*, "atormentar, crucificar"). A dor da síndrome do túnel do carpo é provocada pelos nervos medianos quando eles são meramente comprimidos pelo tecido circundante.

As partes do corpo são protegidas pelos nervos na proporção da importância que têm para a sobrevivência. Um corte no lábio, nas mãos ou nos testículos — ou nos ramos nervosos que os inervam — dói mais do que um corte nas costas ou no braço, onde é menos provável que um ferimento ameace alguma função vital. Envolta no alto do cérebro humano fica uma área conhecida como córtex sensorial, que funciona como um mapa do corpo e das suas sensações. As informações que vêm dos nervos sensoriais são registradas pelas partes correspondentes do mapa: os dados da mão são marcados nas regiões da mão do córtex sensorial. Às vezes, esse mapa cortical é chamado de *homúnculo sensório* (do latim *homunculus*, que significa "homenzinho"). Ele pode ser considerado "o corpo no cérebro". Assim, embora possamos sentir que a dor vem das mãos, o que realmente dói são as mãos do homúnculo.

Como as partes desse corpo representam o corpo real na razão dos nervos que contém e não do tamanho verdadeiro, o homúnculo tem uma cabeça gigantesca, com lábios e língua inchados, genitais grandes, mãos imensas, com dedos volumosos e um polegar enorme, e pés com artelhos inflados. As mãos humanas têm nervos tão adensados que as mãos do homúnculo são maiores que todo o tronco do corpo! As representações artísticas da crucifixão em que as mãos, os pés e o rosto de Jesus são exagerados podem ser consideradas representações do homúnculo, e não do corpo, e, portanto, são mais fiéis ao modo como sentimos o corpo.

O PARADOXO DO MÁRTIR

A ideia da dor como transformação espiritual me ofende. Numa palavra, parece perversa. A dor é inútil para quem a sente, disse o médico grego Galeno (*dolor dolentibus inutilis est*), e hoje quase todo mundo concorda com isso resolutamente. Quando tentamos descrever o terror específico da dor, parece que ele está na maneira como ela sequestra a consciência e aniquila o eu comum. Mas muitas tradições religiosas insistem no fato de que essa aniquilação terrível permite a possibilidade de autotranscendência, já que, em muitas religiões, é o eu que nos separa do divino. A dor é uma "alquimia da alma", que desfaz, purifica e reconfigura o pecado. A dor é um meio de devoção fundamental nas tradições ascéticas. Os seus devotos vão dos cristãos e xiitas que se autoflagelam aos muçulmanos que travam o jihad interno contra o ego enraivecido do eu pecador. Dizem que certos métodos de meditação dolorosa dos iogues (que usam água gelada ou a manutenção de posições desconfortáveis por longos períodos) fortalecem o espírito e o corpo. O treinamento dos xamãs costuma envolver ritos dolorosos.

As religiões encontram tantos usos para a dor! Pode ser o pagamento dos pecados, para prevenir a dor ainda pior da outra vida. O teólogo cristão medieval Tomás de Kempis ensinava que é melhor "sofrer coisas pequenas agora para não ter de sofrer outras maiores na eternidade. Quem só consegue sofrer um pouco agora como conseguirá suportar o tormento eterno?". Em algumas religiões, a dor pode ser um castigo não só pelos pecados próprios, mas também pelo pecado dos outros. Na tradição taoísta, a dor causada a si mesmo não só expia o pecado dos outros, como chega a salvar pecadores mortos que já padecem no inferno. Nos sistemas cármicos hinduísta e budista, a dor pode ser o pagamento por transgressões de encarnações anteriores.

Aceitar a dor exige a superação dos instintos mais primitivos. Exige privilegiar crenças culturais (de que a dor pode ser desejável) acima de instintos biológicos (de que é sempre negativa) e optar por um significado espiritual que, normalmente, é sobrepujado pelo significado corporal. Os santos e mártires são louvados por obterem essa relação inumana ou super-humana com a própria dor. Ironicamente, o corpo dos santos é consagrado e valorizado sob a forma de relíquias — exatamente porque os santos tratam o corpo como algo a ser descartado.

Em muitas tradições, o martírio é a maior prova de convicção religiosa, a oportunidade mais importante para distinguir o fiel dos apóstatas. Em hebraico, uma expressão que significa martírio, *Kiddush Hashem*, significa "santificação do nome de Deus". O martírio é o maior ato de *Kiddush Hashem*. Para os cristãos, se submeter à dor é o ato supremo de *imitatio Christi*. "Permiti-me ser comido pelas feras, pois este é o meu caminho para chegar a Deus. Sou o trigo de Deus e serei moído pelos dentes das feras selvagens para que possa me tornar o pão puro de Cristo", escreveu Santo Inácio de Antioquia no século II, na "Carta aos Romanos". A oração foi atendida: os romanos o lançaram aos leões. (Embora pedir o martírio em orações fosse aceitável, buscá-lo não era. Alguns candidatos a mártires se frustraram com a política romana para com os cristãos de "não perguntar e não falar" e se apresentaram para serem julgados. Mas a opinião teológica decidiu que eles não suportavam o martírio com virtude, mas se suicidavam em pecado.)

Mas até que ponto a dor consentida é dolorosa? Os que adotam o sofrimento realmente sofrem? É estranho que a capacidade de parecer indiferente aos tormentos pareça fundamental na mitologia dos santos e mártires, um sinal da sua natureza especial. Embora as representações do inferno mostrem os pecadores se contorcendo em tormentos, os santos costumam ser mostrados fitando o alto com olhar triste e abstrato, como São Sebastião, em quem estar crivado de flechas só parece provocar um profundo devaneio. "Rogamos que nos atormentem mais, pois não sofremos", imploraram, segundo a lenda, os irmãos médicos Cosme e Damião aos torturadores romanos, que os apedrejaram, arrastaram-nos numa grelha e finalmente recorreram à decapitação.

O amado *Livro dos Mártires*, de John Foxe, de 1563, conta com adulação que, quando condenado à fogueira, o bispo John Hooper louvou a Deus pela oportunidade de demonstrar fé ao antigo rebanho. E realmente demonstrou, orando em voz alta a Jesus Cristo enquanto as chamas lhe consumiam o corpo — com detalhes pavorosos. Ele continuou a rezar "quando estava negro em sua boca, e a língua tão inchada que não conseguia falar, mas os lábios só pararam quando se consumiram até a gengiva".

Mas, observou Foxe, ele rezava "como quem não sente dor". Aí está o paradoxo do martírio: a sua virtude é aceitar a dor, mas essa aceitação parece tornar o mártir insensível à própria dor que faz dele um mártir!

ORDÁLIO

Em termos pessoais, para mim foi difícil encontrar inspiração nas histórias de mártires que aceitavam a dor com prazer quando a minha dor parecia tão mal-recebida — imposta a mim, eu imaginava às vezes, como os antigos ordálios que me fascinavam quando eu era criança.

No ordálio, que vicejou durante milhares de anos nas culturas da Mesopotâmia, da Grécia e da Índia antigas até a Europa, o acusado passava por um ritual em que, por magia ou ajuda divina, se decidia sua culpa ou sua inocência. Num dos tipos de ordálio, os juízes obrigavam o acusado a caminhar uma certa distância sobre chamas ou relhas em brasa, mergulhar as mãos em água fervente ou, pior ainda, óleo quente ou chumbo derretido. O espantoso é que demonstrar dor ou sofrer lesões era prova de culpa. Em resumo, para provar sua inocência, o acusado tinha de mostrar que estava protegido da dor, como insistia a mitologia dos mártires.

Às vezes, os próprios sinais de lesão nos tecidos eram considerados condenatórios; em outros casos, as vítimas podiam sofrer lesão, desde que mantivessem a equanimidade dos mártires. Num tipo de julgamento pelo fogo, as queimaduras eram examinadas depois de três dias; se o ferimento persistisse, a culpa do acusado estava confirmada. Em resumo, a crença na dor como *poena* estava tão profundamente enraizada que, por si só, sentir dor *provava que a vítima merecia a* poena.

A lei hinduísta endossou especificamente o ordálio pelo fogo. O *Manusmriti* diz: "Quando o fogo ardente não queima o homem (...) ele deve ser considerado inocente". No Ordálio da Água Amarga da Torá judaica, a mulher suspeita de adultério era obrigada a beber um preparado conhecido como "água amarga" (que a maioria dos estudiosos acredita hoje ser venenosa). Se a bebida fizesse a barriga inchar — ou mesmo se a pessoa perecesse —, estaria provada a culpa. Na Europa, os ordálios pelo fogo tendiam a ser reservados para a classe alta e o ordálio pela água, a plebeus e bruxas. Um famoso caso de adultério inglês do século XI é um bom exemplo. A rainha Ema da Normandia foi acusada de adultério com o bispo de Winchester. Quando caminhou despreocupada sobre relhas em brasa e perguntou quando começaria o julgamento, recebeu o veredito a seu favor.

No início do século X, o rei Athelstan da Inglaterra codificou as leis que controlavam os ordálios e decretou que, num deles, o acusado deveria pegar uma pedra na água fervente mergulhando a mão até o pulso ou o cotovelo (dependendo da gravidade da acusação). Depois a mão do acusado seria atada e examinada dali a três dias. Se a lesão estivesse sarando, o acusado seria considerado inocente, pois Deus o curara, mas se a lesão estivesse "imunda", o acusado seria condenado. Outros tipos de ordálio envolviam jogos de azar, como justas ou sorteios, com a ideia de que Deus orientaria o jogo de modo que o inocente vencesse. Uma variedade bastante asquerosa era o ordálio fluvial babilônico, no qual a culpa seria fatalmente revelada pela divindade do rio quando o acusado fosse jogado nas velozes correntezas do Eufrates.

No século XIII, finalmente os ordálios deram lugar ao júri (na verdade, acredita-se que, em parte, o sistema do júri foi inventado como resposta à pressão crescente do ceticismo inspirado pelo ordálio). A confissão obtida pela tortura continuou rotineira muito depois do abandono do ordálio, e alguns especialistas defendem que era praticada com boa-fé, por assim dizer. Do ponto de vista moderno (apesar dos fatos recentes da história americana), a tortura parece obviamente falha como meio de discernir a culpa; na verdade, o próprio fato da coação parece desacreditar as informações obtidas. Mas, de acordo com uma visão de mundo que santificava a dor, acreditava-se que a tortura seria instrutiva não só para o torturador, como também para a vítima. "A bruxa é executada de maneira excepcionalmente dolorosa porque a sua morte é concebida, de forma obscena, é verdade, como passagem espiritual, rito de iniciação ou violência salvadora, não como mera remoção da sociedade", escreve Ariel Glucklich no extraordinário livro *Sacred Pain* (Dor sagrada). A misericórdia pela bruxa seria mal-direcionada, porque era a bruxaria e não a mulher, que era queimada ou fervida, num tipo de batismo terrível. A mulher era redimida quando a dor realizava a sua assustadora alquimia.

Diário da dor:

Decido obter um diagnóstico

— O que fazes no momento?
— Sinto dor.

Daudet

"A dor fortalece o laço do religioso com Deus e com os outros", escreve Ariel Glucklich em *Sacred Pain*. "É claro que, como nem toda dor é voluntária ou autoinfligida", acrescenta, proveitosamente, "um dos mistérios da vida religiosa é como transformar o sofrimento indesejado em dor sagrada."

Um mistério, sem dúvida. As antigas tradições religiosas da dor voluntária ainda resistem em alguns cantos do mundo contemporâneo. Elas prosperam nas comemorações filipinas da Páscoa, nas quais todo ano se pregam voluntários à cruz diante de multidões entusiasmadas, e no festival hinduísta de Thaipusam, na Índia e na Malásia, em que peregrinos mortificam regularmente a carne, pendurando no peito anzóis com pesos ou enfiando espetos na bochecha e na língua, e dizem não sentir dor. Vi fotografias pavorosas da carne mutilada e dos rostos serenos. Mas o que tudo isso tem a ver comigo?

Certo dia, em Providence, onde fora visitar Kurt, ao atravessar a rua com o sinal aberto fiquei presa numa ilha no meio do trânsito. O dia estava quentíssimo. Fiquei espantada com a diferença entre aquele calor no meu pescoço, bem oposto ao agradável, e a sensação *dentro do* meu pescoço, que ardia de outro jeito, como queimadura de gelo seco. Como era esquisito que o mundo fora do meu corpo não parecesse mais passar para dentro dele! O dia não derreteu o gelo seco nem aliviou a minha dor, transformando-a na irritação comum do mês de agosto na Costa Leste americana.

Com os carros cruzando em ambas as direções, a cidade cintilava como se não fosse uma paisagem conhecida, e sim uma paisagem alegórica num conto, filme ou sonho. E se eu não estivesse com dor, mas em Dor: uma cidade grande e movimentada cheia de outros infelizes, vizinha de Samara? Se eu estivesse em Dor, o que deveria fazer?

Pegue a sua cruz.

Fiquei surpresa ao ver a frase surgir na minha cabeça, porque na verdade nunca a entendi. A ideia deixou o meu cérebro confuso.

Pegue a sua cruz e siga-Me.

Há... Que cruz era aquela? Quase o tempo todo, eu achava que não me dedicava suficientemente a ser feliz. Carregar cruzes seria mesmo um objetivo saudável? Como distinguir a cruz sagrada da tendência ao masoquismo ou do simples infortúnio? E se a gente pegasse a cruz errada?

Pegue a sua cruz e siga-Me.

E se eu tentasse avaliar a minha dor e vê-la como oportunidade de *imitatio Christi*? Poderia a Dor — essa dor que, sem razão nenhuma, viera a mim — ser a minha cruz? Deveria tentar pegá-la?

Por quê? Eu me sentia diminuída e até degradada pela dor, não só fisicamente, mas também em termos espirituais. Pensei num dos contos favoritos de Kafka, "Na colônia penal", que parodia a crença religiosa de que a dor física pode inscrever o corpo na escrita sagrada.

No conto, um viajante visita uma colônia penal onde um velho Funcionário demonstra o seu valioso instrumento de tortura: uma máquina, chamada Rastelo, que usa literalmente agulhas para entalhar no corpo dos prisioneiros a descrição do seu crime, com uma pressão que aumenta no decorrer de 12 horas. O Funcionário explica que a natureza do crime do prisioneiro não lhe é revelada, mas que seis horas no Rastelo o levam ao ponto de esclarecimento em que ele "a decifra com seus ferimentos" e há uma "expressão transfigurada no rosto torturado" — um "brilho daquela justiça obtida depois de muito tempo e já se esvaindo!".

Mas agora a máquina é usada raramente, lamenta-se o Funcionário: a fé no seu poder foi substituída pela fé na jurisprudência moderna. O espetáculo da tortura não atrai mais multidões alegres. Em vez disso, o Funcionário cumpre o seu dever sozinho, executando o prisioneiro ocasional. A crença do torturador no efeito benéfico da tortura sobre as vítimas é de uma sinceridade total e chocante. A princípio, o conto parece uma simples crítica à tortura, mas na verdade é uma crítica à ideia mais ampla da dor como paixão, quando, ao poupar o prisioneiro, o Funcionário, inesperadamente, se joga na máquina.

"Quando transgride os limites, a dor se torna remédio", recomenda Ghalib, místico sufi do século XIX. Mas o sacrifício do Funcionário só destrói a máquina; as engrenagens se quebram, as agulhas perfuram em vez de escrever na carne, e a mensagem se perde em sangue. O Viajante "não conseguiu descobrir sinais da prometida transfiguração" no cadáver mutilado, nenhum momento em que o Funcionário provasse, como diz Santa Teresa d'Ávila, "a doçura dessa suprema dor". Mas a estupidez vazia da convicção do Funcionário parece inabalável: "Os seus lábios estavam fechados com firmeza, os olhos, abertos como quando estava vivo, o olhar, calmo e convencido. A ponta de uma grande agulha de ferro atravessava a sua testa."

A dor inscreve o corpo no mundo de Kafka, mas as palavras se transformam em bobagens.

Pegue a sua cruz...

Não quero ter Dor; não quero querer a Dor. A Dor não é uma cruz; é um Rastelo. Não há nada para decifrar; a linguagem da dor se dissolve em sofrimento.

Descartei a ideia.

O CORPO COM DOR

Quanto mais eu demorava para contar a Kurt, mais difícil era começar.

Sou afligida por uma dor terrível, diria eu.

Que estranho, ele responderia. *Há quanto tempo?*

Um ano e meio.

O quê? Por que não disse nada?

Não sei.

Quando começou?

No dia em que ficamos juntos pela primeira vez. É verdade. Bem naquele dia.

O quê?

Eu pareceria hostil, hipocondríaca ou maluca.

O estranho é que ele também tinha dor no pescoço, o que deveria tornar tudo mais fácil; mas, na verdade, tornava mais difícil. Ele era dez anos mais velho. Eu é que deveria ser a jovem saudável. Ele achava as mulheres adoentadas desagradáveis; a sua mãe fora adoentada. Eu tinha uma camisola de renda branca que ele chamava de "camisola de doente", com "ar tuberculoso". Argumentei que era bonita e cara, mas acabei jogando-a fora e comprei pijamas.

Às vezes ele torcia o meu pescoço para me beijar ou apertava o meu ombro num abraço, e, embora eu me dilacerasse, nunca expliquei. Ficava deitada à noite, acordada, lendo o exemplar dele de *The Body in Pain*, de

Elaine Scarry, pensando em como a sua tese é verdadeira. Os filósofos vivem buscando maneiras de definir a diferença essencial entre o que podemos saber sobre nós e o que podemos saber sobre os outros; e a dor, explica Scarry, é um exemplo paradigmático dessa diferença: "Sentir muita dor é ter certeza; saber que outra pessoa sente dor é ter dúvida."

Estou com dor, pensava eu, olhando para Kurt. *O meu corpo está com dor.*

Quando falamos sobre a "minha dor física" e "a dor física do outro", quase parecemos falar sobre duas ordens de eventos totalmente distintas. Para quem sente a dor, ela é percebida "sem esforço" (isto é, não pode *não* ser percebida, nem com o esforço mais heroico); mas, para quem está fora do corpo do sofredor, "sem esforço" é *não* percebê-la (...) E, finalmente, se com o máximo esforço de atenção bem-sucedida se consegue apreendê-la, a aversividade do "isso" que se apreende só será uma fração imprecisa do "isso" real.

Como se eu não soubesse.

Quando se ouve falar da dor física do outro, os eventos que acontecem no interior do corpo daquele outro talvez pareçam ter o caráter remoto de algum profundo fato subterrâneo, pertencente a uma geografia invisível que, por mais portentosa que seja, não tem realidade por ainda não se manifestar na superfície visível da Terra (...) a dor que ocorre no corpo dos outros cintila diante da mente e some.

E como sei disso.

Sempre me senti um tanto solitária na relação com Kurt, perseguida pela sensação de que ele não me conhecia de verdade. Mas, quando tentava pensar no que ele não sabia sobre mim, a única coisa que conseguia lembrar era a dor. A dor refletia a distância, mas a dor também *era* a distância. A dor era a razão pela qual eu não conseguia dormir nos braços dele, do jeito que ele queria. A dor era a razão pela qual na verdade eu não dormia com ele — nem assistia a um filme de Bette Davis com ele nem preparava o jantar com ele. Eu fazia tudo isso com a Dor. Será que eu queria que ele não me conhecesse?

* * *

Não me recordo da ocasião em que finalmente falei a Kurt sobre a dor nem do que ele disse, mas sei que ele não reagiu mal.

Eu errara ao ficar tão ansiosa, disse a mim mesma — ao imaginar que talvez ele visse vermes de dor rastejando pelo meu pescoço até o meu braço podre e não quisesse ficar com uma pessoa apodrecendo. Percebi que o medo que me deixara calada por tanto tempo, o medo de que a minha dor significasse demais para ele, na verdade escondera outro medo mais realista: o medo de que significasse pouquíssimo.

A ESCOTEIRA

— Não imagino você fazendo canoagem — disse Kurt quando Cynthia e o marido nos convidaram para ir à Virgínia Ocidental.

— Adoro canoagem — retorqui, embora nunca tivesse praticado. A ideia trouxe a lembrança nublada e desagradável de uma viagem escolar no fim do ensino fundamental. Mas, enquanto falava, senti o puxão da dor no lado direito e uma dúvida, a sensação de que talvez tivesse me tornado a pessoa que Kurt achava que eu era: alguém incapaz de praticar canoagem.

Havia o meu eu de então, que eu imaginava com a cabeça gigantesca e inchada de dor, pendendo de um corpo pálido e magro, como um paciente neurastênico do século XIX. Mas eu ainda tinha uma imagem de mim mesma, de um eu resoluto, engenhoso, silvícola, como uma ilustração de um livro de Laura Ingalls Wilder. O antigo eu — que não praticava canoagem, mas escalava, montava e esquiava — era o eu melhor, o mais atraente. Era o eu que desafiara Kurt a cruzar o lago a nado no dia em que o seduzi. Mas também era o eu que foi perdido naquele mesmo dia, o dia em que adquiri a dor.

— Quer mesmo? — foi a resposta. — Andar de canoa?

Lembrei-me de como ele olhara a outra margem do lago, franzindo o nariz com desdém para a distância escura. Mas nadara comigo, e assim tudo começara.

— Tudo bem, escoteira — e suspirou.

Estávamos juntos havia vários anos, mas ainda era como se não estivéssemos em lugar nenhum. Às vezes a relação parecia tão enfraquecida quanto o meu corpo, de que ele agora se queixava, com a preocupação tingida de irritação. Eu associava de leve a sensação de lugar nenhum ao fato de que nunca *fazíamos* nada juntos, ou nada que parecesse "real". Íamos ao cinema e assistíamos a simulações da vida dos outros. Íamos jantar e comíamos o que outros tinham preparado. Conversávamos sem parar sobre o nosso futuro hipotético: se passaríamos ou não a vida juntos. Mas nunca parecia que *já* estávamos juntos, que a construção de uma vida tivesse começado. Sempre que eu saía da casa dele em Providence e pegava o trem para voltar a Nova York, era como se finalmente chegasse em casa. Tínhamos mil e um encontros, mas nunca cooperávamos num serviço ou numa tarefa, nem mesmo comprávamos mantimentos juntos. Agora talvez pudéssemos armar uma barraca-lar na floresta.

— Se você está dizendo... — concordou ele.

Na noite da véspera da partida, lembrei-o do problema do meu braço.

— Já lhe falei do meu braço — disse cuidadosamente. — Talvez eu não possa remar muito.

— Por que será que isso não me surpreende?

— Ou talvez nem possa remar.

— Não se preocupe — disse ele com rispidez. — Eu cuido disso.

No rio, fiquei sentada na proa do barco, a luz do sol se derramava em volta do meu grande chapéu de palha com um laço na aba, enquanto ele manobrava o barco. Sorri para ele. Sentia uma felicidade tão leve e pintalgada quanto a renda verde e trêmula das árvores. O barco de Cynthia e do marido estava bem à frente. Dava para ouvir o riso dos dois.

— Você fica bonita com esse chapéu de aba larga — disse Kurt. — Como uma heroína numa gôndola veneziana dos filmes de Merchant e Ivory.

Mas ele detestava os filmes de Merchant e Ivory e se recusava a ir assisti-los comigo. O barco se afastou de lado quando ele fez uma pausa. Ele se esforçou para endireitá-lo contra a corrente. Embora só tivesse parado um instante, levou vários minutos para corrigir o barco.

— É engraçado como é difícil voltar à trilha depois que a gente perde o rumo — disse ele. — Isso não lembra nada?

— A minha vida inteira — disse eu. *Até que conheci você*, tive vontade de acrescentar, porque sabia que seria algo doce a se dizer. Mas fui silenciada pela ideia de que talvez estar com ele fosse o mais errado dos desvios e, enfraquecida como estava, talvez nunca tivesse força suficiente para voltar ao caminho certo. Qualquer uma gostaria de estar com ele. O rosto e a mente bonitos, o brilho, a inteligência, os olhos cinza-azulados. A ideia da sua desejabilidade me confundia, como me confundira durante toda a relação. A saudade que sentia dele ainda era rápida como sempre. Mas, de certo modo, a força da relação me afastava, me afastava da saúde, da força, da capacidade e da sinceridade. Ali estava eu: quase aleijada, uma pessoa que não conseguia remar e nem sequer abrir um vidro de geleia em certas manhãs — e que depois fingia não querer geleia. Vivia com medo de me apresentar mal, de parecer patética ou digna de pena, de sobrecarregá-lo ou irritá-lo. Tantas coisas o irritavam...

— Você vai armar uma barraca boa e aconchegante para nós hoje à noite, Escoteira — disse ele. Inclinou-se no remo, o rosto corado. As primeiras gotas de chuva começaram a cair. — Prometa que vai cuidar disso.

— Vou cuidar disso.

Chovia sem parar quando armei a barraca com as últimas luzes. Fora difícil carregar o equipamento margem acima até um terreno mais elevado. Kurt foi procurar lenha enquanto eu passava as varetas de metal pelo náilon verde-claro. A barraca se armou, suave e fofa como um cogumelo. Eu estava prestes a prendê-la no chão quando deixei cair os espeques no capim enlameado. Abri o zíper da barraca e me sentei dentro dela para que ela não voasse enquanto eu inclinava o corpo para fora e procurava. Mas sem os espeques para mantê-las no lugar, as varetas de metal batiam e se retorciam umas em torno das outras; então, o pano desinflou e, devagar, desmoronou sufocante à minha volta.

Deitei de costas e ri descontrolada.

— *Que droga!* — disse Kurt. — A barraca está molhada.

Ele tirou as dobras de pano do meu rosto. Franzi os olhos contra a chuva.

— Então sou uma péssima escoteira — disse eu.

— Isso só *não basta* — explodiu ele. — E se você fosse uma pioneira? Que contribuição daria à sociedade?

— Sou escritora.

— Escritores não existem. Todo mundo luta para sobreviver. — Ele se inclinou para mais perto de mim. — Qual é a sua função? Você não pode remar e não consegue construir um lar para nos manter secos. Todos contribuem para a sobrevivência da comunidade, ou morrem.

Ele prendeu os meus pulsos no chão.

— Você está me machucando.

O peso do corpo dele pressionava o meu ombro, que parecia tão instável quanto as varetas da barraca.

— Você está com fome. Qual é a sua função?

— Não sei.

— Qual é a sua função?

— Sou prostituta. — As lágrimas se misturaram com a chuva no meu rosto.

Ele largou os meus pulsos e se ajoelhou no capim, procurando os espeques sumidos.

Mais tarde, sentados em volta da fogueira, contei ao grupo a história do leproso que vira em Adis Abeba.

— Ele estava *rindo* — disse eu. Enquanto me lembrava dele, ele riu de mim outra vez.

— Talvez não sentisse dor — sugeriu Jim, marido de Cynthia, que era médico.

— *A mão dele estava caindo.*

— É que a lepra cria neuropatias periféricas. As bactérias comem os nervos periféricos e a pessoa fica insensível. Sem a proteção da dor, os membros são lesionados.

O leproso parou de rir. Quando acontecia de eu pensar na lepra, ele surgia indistinto na minha cabeça, como uma maldição bíblica ou um horror inexplicável. Nunca pensara em considerá-la como doença e raciocinar sobre os seus mecanismos em vez de sobre as suas metáforas. O leproso não transcendera a dor; ele não sentia dor. *Eu* sentia dor. Quando voltamos à civilização, decidi: vou fazer uma ressonância magnética e descobrir por quê.

II

O FEITIÇO DO SONO CIRÚRGICO:

A dor como história

COMO VENCER A DOR

Numa conjuntura específica de meados do século XIX, à luz de uma única descoberta médica, a dor, do significante espiritual que sempre fora, se transformou em fenômeno meramente biológico. Essa descoberta especial não só mudou as ideias sobre a dor, como também tirou a medicina do antigo domínio da religião e a situou no terreno da ciência.

"VENCEMOS A DOR", anunciava em 1847 *The People's Journal*, de Londres, com letras maiúsculas de júbilo pela descoberta de que era possível obter anestesia cirúrgica com a inalação de vapores de éter. E se empolgava: "Ah, que delícia para todos os corações sensíveis ver que o ano-novo chegou com o anúncio dessa nobre descoberta do poder de calar a sensação de dor e de velar os olhos e a memória de todos os horrores de uma operação." Naquele momento eufórico, parecia que não só a dor cirúrgica, mas toda dor, logo se curvaria à engenhosidade humana.

Os estudiosos sugeriram que o desenvolvimento da anestesia resultou de mudanças culturais do final do século XVIII e início do século XIX que exigiram a abolição da dor. O comentário irônico do poeta alemão romântico Heinrich Heine sobre a experiência de trabalho odontológico parece incorporar essa mudança de atitude: "A dor psíquica é mais fácil de suportar do que a física, e, se eu tivesse de escolher entre consciência pesada e dor de dente, preferiria a primeira", resmungou. "Ah! Não há nada tão horrível quanto a dor de dente."

Desde a antiguidade, as culturas sempre entrelaçaram os terrenos espiritual e material, como no mito babilônico do verme dos dentes. Embora as visões primitiva, greco-romana, cármica e judaico-cristã da dor diferissem na interpretação, todas tinham em comum a crença de que a dor precisava de interpretação porque a dor física nunca era simplesmente física e estava embebida de significado metafísico. Desacoplar os dois, como fez Heine — pondo com petulância o dente estragado acima da consciência pesada — não faria sentido, já que se acreditava que a dor de dente *refletia* a decadência moral. Segundo essa teoria, a solução da primeira teria necessariamente de atacar a segunda.

Entretanto, a eficácia espantosa da anestesia parecia desmentir isso. A nova capacidade da ciência de dissipar a dor tanto de santos quanto de pecadores tirou o encanto dos antigos significados da dor. Roubada do domínio dos deuses, a dor não era mais *poena*, paixão nem ordálio, mas simples função biológica que podia ser controlada pelos homens. A anestesia, seguida pela teoria da evolução de Darwin, mudou a posição do homem no cosmo. Embora a religião propriamente dita não tenha morrido, é claro, o modo de pensar científico e secular tornou-se a maneira culturalmente dominante de ver o corpo.

O interesse do final do século XVIII pela química sintética e pelos gases atmosféricos levou a experiências com éter, óxido nitroso e clorofórmio. Por coincidência, observou-se que a inalação desses gases provocava tontura e excitação, rapidamente seguidas por um sono breve mas profundíssimo, sono do qual o paciente não podia ser acordado.

Comumente, o mecanismo do despertar no cérebro é muito reativo e pode ser ativado até por uma leve carícia; nem vamos citar o ataque violento à integridade corporal pelo bisturi do cirurgião. Só no caso de grave lesão neurológica o cérebro se desliga o bastante para desabilitar esse mecanismo e deixar o corpo vulnerável a ataques. A anestesia por inalação (precursora da anestesia moderna) usava éter, óxido nitroso ou clorofórmio para permitir a criação proposital de um coma: um coma falso e previsível, aliás, com nenhum dos efeitos nocivos do coma.

Era um efeito que os médicos tentavam conseguir havia séculos, com tentativas desesperadas como a "anestesia por concussão", que tentava fazer o paciente desmaiar com um golpe no maxilar ou pondo-lhe um capacete de couro na cabeça e atingindo-a com um martelo de madeira! Às vezes, a anestesia por concussão funcionava. Mas, na maioria dos casos, os pacientes só ficavam com uma lesão na cabeça sem perder a consciência, ou perdiam a consciência e acordavam no meio da cirurgia — ou nunca mais. O interessante é que o éter e o óxido nitroso eram bastante conhecidos e usados com fins recreativos (às vezes até no tratamento de doenças) desde o início do século XIX, quase cinquenta anos antes de serem usados em cirurgias. Nesse período, a mudança das condições culturais iniciada no século XVIII se acelerou para tornar cada vez mais intolerável o horror da dor cirúrgica.

A dor, causada pela natureza ou pelo homem, sempre foi uma parte comum da vida. Na verdade, assistir à dor dos outros, sob a forma de cirurgias ou execuções, já foi uma diversão capaz de atrair multidões. "Ida a Charing Cross para ver o major-general Harrison ser enforcado, arrastado e esquartejado", registrou o grande contador literário de histórias Samuel Pepys no seu diário da vida londrina no século XVII, acrescentando com perspicácia que o próprio oficial (que teve o infortúnio de ficar do lado do Parlamento na guerra civil inglesa) "parecia tão alegre quanto possível a um homem naquela situação". Depois, Pepys levou os amigos "à taberna Sun e lhes de[u] algumas ostras". O prisioneiro foi forçado a ser espectador do próprio desmembramento depois de asfixiado na forca de modo apenas parcial, para estar consciente enquanto era arrastado e esquartejado (e pouparei o leitor de mais detalhes).

Mas, no final do século XVIII e durante o século XIX, a brutalidade começou a se afastar da vida cotidiana. A prática da pena de morte se reduziu na Inglaterra. Torturar os condenados até a morte ficou menos aceitável. Em 1814, foi decretado que o prisioneiro deveria ser enforcado até a morte antes de ser arrastado e esquartejado, e em 1870 até a mutilação do cadáver passou a ser considerada indecente, e a prática toda de arrastar e esquartejar foi proibida. As mulheres que matavam o marido não eram mais queimadas na fogueira. A escravidão foi abolida na América e nas colônias britânicas. Outras reformas humanitárias visaram ao trabalho e ao bem-estar de mulheres e crianças.

As revoluções Americana e Francesa anunciaram a nova preocupação com os direitos individuais. Juntamente com os direitos do homem, surgiu um conceito radical: o direito à felicidade. A novidade dessa ideia, pedra fundamental da cultura moderna, nos passa despercebida. Sem dúvida, em nenhum lugar da Bíblia Deus ordena ao homem que busque a felicidade; ao contrário, Adão e Eva são amaldiçoados com uma vida de espinhos. A maioria das outras religiões concorda com a Primeira Nobre Verdade de Buda, de que a vida é *dukkha* — sofrimento, pesar e dor (e não apenas uma dor qualquer, mas dor ardente, da raiz sânscrita *du*, "ser queimado ou consumido pelo fogo"). A aceitação do sofrimento é a principal tarefa dos fiéis (um princípio utilíssimo para os governos!).

Contudo, no eu moderno criado pelo movimento romântico a identidade deixou de nascer da ligação com Deus e com a comunidade e passou a brotar do individualismo, segundo o qual a felicidade valia mais do que o autossacrifício e a autotranscendência. E a felicidade pareceu cada vez mais possível quando a Revolução Industrial espalhou prosperidade, criando pela primeira vez uma grande classe média na Inglaterra e nos Estados Unidos. Todos começaram a ter esperanças de alívio da dor.

A concepção cristã da necessidade da dor foi atenuada pelo modelo darwinista (e depois freudiano) de natureza humana impelida pela busca do prazer e pela evitação da dor. Longe de serem um decreto divino, na teoria de Darwin a dor e o sofrimento simplesmente faziam parte do processo de evolução e dependiam do ambiente e da fisiologia. E o próprio cristianismo foi influenciado pelas correntes intelectuais da época. Num reflexo da tradição humanista que via o homem como essencialmente bom, o cristianismo vitoriano postulava um Deus mais benevolente do que o de épocas anteriores, um personagem paternal e amoroso que não infligiria *poena* aos Seus filhos — pelo menos não aos obedientes. Embora nos romances vitorianos os personagens bons morram, a sua morte é indolor, principalmente quando crianças (Helen Burns, de Charlotte Brontë, Eva St. Clare, de Harriet Beecher Stowe). Dickens enalteceu o cadáver da pequena Nell por ser "tão livre de vestígios de dor, tão belo de se olhar. Ela não parecia (...) alguém que tivesse vivido e sofrido a morte", como se a morte fosse uma provação à qual a virtude lhe permitira se submeter sem dor.

As farmácias ajudavam a aliviar a dor com a oferta imensa e barata de preparados de álcool e opiáceos sem regulamentação, como o Xarope Calmante da Sra. Winslow (Mrs. Winslow's Soothing Syrup), com o qual muitos vitorianos mantinham a si e os filhos constantemente calibrados. Ainda assim, os opiáceos eram insuficientes (a não ser em doses perigosas) para banir o sofrimento da cirurgia.

Com a vasta migração para as cidades, a medicina começou a se industrializar. Antes, os médicos eram líderes em quem a comunidade confiava, com conhecimento íntimo e prolongado dos pacientes e muitos meios de curar, poucos dos quais eram fisiológicos. A nova classe de médicos de hospital ou da clínica urbana só sabia perguntar "Onde dói?" e torcer para que a descrição da lesão nos tecidos indicasse uma causa mais profunda. É claro que frequentemente isso não acontecia. Mas o desenvolvimento da compreensão do *porquê* — e de todos os fenômenos dolorosos que desafiam esse modelo, como as modas vitorianas gêmeas do mesmerismo (alívio da dor sem nenhum mecanismo fisiológico aparente) e da histeria (dor sem nenhuma causa fisiológica aparente) — levaria mais um século. Embora o mecanismo da anestesia não fosse compreendido (e até hoje, curiosamente, continue pouco entendido), a simplicidade do efeito fez a própria dor parecer simples e, de forma emocionante e momentânea, derrotável.

A ARTE E OS SEUS TERRORES

"A nossa arte, de uma vez por todas, foi roubada dos seus terrores", anunciou o dr. Henry Bigelow em 16 de outubro de 1846, ao levantar-se surpreso na plateia depois da primeira demonstração bem-sucedida de anestesia cirúrgica com o uso de vapores de éter.

Como antes era terrível a cirurgia, "ensanguentada como um matadouro, o ar rasgado pelos guinchos das pobres vítimas que tremiam sob o bisturi", outro cirurgião recordou depois. As cirurgias, assim como as execuções, eram espetáculos públicos em que a multidão se reunia em teatros de operação para assistir ao cirurgião, que, como descreveu o anatomista escocês John Hunter, parecia "um selvagem armado que tenta obter pela força o que um homem civilizado obteria com estratagemas".

Nenhum estratagema seria possível enquanto a integridade do corpo fosse tão bem-guardada pela dor. O campo da cirurgia chegara a um impasse. Antes da anestesia, a superfície do corpo se mantinha impenetrável, com os vislumbres rápidos e borrados permitidos pelo bisturi. A anestesia permitiu aos cirurgiões estudar com cuidado o interior do corpo vivo e corrigir meticulosamente os seus problemas. Os cirurgiões sabiam realizar operações delicadas, como remover estômagos e pulmões, no cadáver de seres humanos e animais. Mas a diferença, como explicou um cirurgião da época, entre "a carne móvel que sangra e uma carcaça passiva" fazia com que não conseguissem realizar essas operações com os pacientes gritando e se debatendo. Embora costumassem vendar e amordaçar os pacientes, e embora alguns livros

AS CRÔNICAS DA DOR

de medicina recomendassem um certo número de ajudantes com boa forma física necessários para segurar os pacientes (quatro, na maioria dos casos), era impossível imobilizar por completo uma pessoa consciente.

A rapidez era fator fundamental do talento do cirurgião; Langeback, cirurgião napoleônico, se gabava de conseguir "amputar um ombro no tempo necessário para cheirar uma pitada de rapé". É revelador que, originalmente, os cirurgiões pertencessem à guilda dos barbeiros (na Inglaterra, a Companhia de Cirurgiões-Barbeiros), como se cortar cachos e pernas exigisse o mesmo talento. A regra eram as operações malfeitas: em 1834, um cirurgião gerou controvérsia quando, segundo disseram, afirmou ingenuamente que, antes que pudesse realizar cirurgias de catarata bem-sucedidas, o médico teria de "estragar um bom número de olhos". Mas era verdade. Cerca de um terço dos pacientes morria nessas cirurgias.

A invenção da anestesia (juntamente com a adoção, mais ou menos na mesma época, de técnicas de assepsia, como a esterilização dos instrumentos para evitar infecções) teve um efeito espantoso sobre a mortalidade dos pacientes. Como parte da cruzada para conquistar a aceitação social da prática, o obstetra escocês sir James Young Simpson compilou estatísticas que mostravam que a anestesia reduzia a mortalidade na amputação da coxa — operação especialmente perigosa — de um em cada dois pacientes para um em cada três.

"Quantas vezes temi que algum puxão infeliz do paciente desviasse um pouco a faca do curso adequado", escreveu o famoso cirurgião Valentine Mott, da Universidade de Colúmbia, sobre a sua prática antes do uso da anestesia, "e que eu, que de bom grado seria o salvador, me tornasse involuntariamente o carrasco, vendo o meu paciente perecer nas minhas mãos na forma mais aterradora de morte!". Não raro alguma artéria era cortada por acidente, fazendo o paciente sangrar na mesa até a morte.

Antes do século XIX, os cirurgiões costumavam vir da classe baixa; as ocupações que envolviam tortura não pareciam adequadas a cavalheiros e, na verdade, inspiravam repulsa nas almas bondosas de todas as classes. Na verdade, foi a violência da cirurgia que ajudou Charles Darwin a desistir de optar pela carreira médica. Enquanto estava na escola de medicina de Edimburgo, na década de 1820, ele assistiu a duas operações no anfiteatro — uma delas numa criança — e saiu correndo da sala, horrorizado. A lembrança, escreveu mais tarde, "perseguiu-me fielmente durante muitos e longos anos".

A tolerância a provocar dor era exigida dos cirurgiões. O cirurgião precisava ter a mente "resoluta e impiedosa", declarou Ambroise Paré no século XVI, para que "não seja levado a se apressar mais do que a coisa exige, ou a cortar menos do que o necessário, mas faça tudo como se não fosse afetado pelos gritos". Mas Paré, cirurgião de quatro reis franceses, reconhecia a importância do relacionamento entre médico e paciente. Ele escreveu, de forma persuasiva, que "os indícios do estado mental, da determinação e da força do paciente devem ter precedência sobre tudo o mais. Se for fraco ou estiver aterrorizado, é necessário renunciar a todo o resto para lhe ser útil. Se falta ao paciente a força de vontade necessária, as operações devem, se possível, ser adiadas. Nada se pode ganhar com a cirurgia se o paciente não se dispõe a enfrentar o sofrimento".

Como? Como alguém tinha força de vontade para enfrentar tal sofrimento quando, por exemplo, o cirurgião chegava na véspera para desenhar no corpo do paciente o diagrama das incisões futuras, deixando-o contemplando o mapa do próprio desmembramento?

Os prontuários dos cirurgiões lamentavam o grande número de pacientes que preferiam morrer, sucumbindo a infecções como a gangrena, em vez de sofrer a amputação, por saberem que muitos que se submetiam à agonia das operações morriam de qualquer maneira. O medo da dor costumava vencer o medo da morte. Das muitas experiências da vida pré--moderna que hoje nos são inacessíveis no mundo desenvolvido, poucas parecem mais distantes do que a cirurgia antes dos anestésicos (embora seja chocante que, na China e na África e durante as guerras, essas cirurgias às vezes ainda aconteçam). No Ocidente, existem pouquíssimas patografias (relatos de pacientes) contando a experiência da cirurgia pré-moderna. Os estudos sobre os prontuários dos cirurgiões do século XIX raramente incluem menções à dor do paciente; as poucas alusões que existem limitam--se a comentários como, a respeito de uma amputação em 1832, "durante a operação o paciente não demonstrou sofrer muito"! Que pouco sofrimento poderia haver em serrar os dois ossos do antebraço para amputar um braço acima do cotovelo?

As crônicas da dor

Os cirurgiões faziam questão de contar histórias de pacientes que evitavam sobrecarregá-los com a sua dor, como o que tentou adular um menino de 7 anos: "Suponho, meu pequeno, que não farás objeção a remover este joelho que tanto te causou dor e te deixou tão doente." O menino respondeu: "Ah, não, porque mamãe me disse que é preciso."

Pode-se imaginar que esses pacientes suportavam a agonia "desligando-se" pelo choque ou por algum mecanismo que os deixava indiferentes ao sofrimento. Entretanto, na verdade a dor intensa cria uma consciência claríssima do ambiente; ao sentir perigo mortal, o indivíduo fica hiperalerta e fixa os detalhes na memória. O tempo parece se retardar (sensação conhecida de quem já sofreu acidentes de carro). E, como atestam os ascetas, a dor intensa também pode criar uma sensação de dissociação na qual meramente se observa a própria agonia. Por exemplo, longe de ser distraído pela dor da amputação do testículo, um paciente do dr. Robert Keate prestou atenção, com aguda consciência, à atitude dos assistentes do cirurgião e observou quando um deles parou durante a operação para limpar uma mancha de sangue nas calças brancas. Embora pretendesse dar ao assistente uma gorjeta de vinte guinéus, o paciente disse depois ao dr. Keate que, como o sujeito "considerou a pureza das suas calças mais importante do que o meu sofrimento, não lhe darei nenhum tostão"!

Embora os detalhes do ambiente que cerca quem sente dor permaneçam gravados na memória, a sensação real da dor é difícil não só de descrever, como até de recordar, já que a ruptura que cria *no* eu não pode se integrar à lembrança *do* eu. A descrição que George Wilson faz da amputação do próprio pé em 1842 (apenas quatro anos antes da invenção da anestesia) esclarece a relação entre dor, memória e linguagem — como disse ele, "nos extremos da experiência humana, só conseguimos observar certo tipo de silêncio". Mas, embora a característica sensorial da dor desapareça da memória, as emoções que a cercam não somem.

Na época, Wilson era um estudante de medicina de 24 anos em Edimburgo, e seu tornozelo infeccionara. "Durante a operação, apesar da dor provocada, os meus sentidos ficaram sobrenaturalmente agudos", escreveu ele numa carta a sir James Young Simpson. "Observei tudo o que os cirurgiões faziam com intensidade fascinada. Da agonia que ocasionou, nada direi. Sofrimento tão grande como o que passei não se pode exprimir com palavras e portanto, felizmente, não pode ser recordado. O tormento específico agora está esquecido; mas o redemoinho negro das emoções, o horror da grande escuridão e a sensação de abandono por Deus e pelos homens, bem próxima do desespero, que passaram pela minha mente e dominaram o meu coração nunca conseguirei esquecer, por mais contente que ficaria em fazê-lo."

UM TERROR ALÉM DE QUALQUER DESCRIÇÃO

Uma das pouquíssimas tentativas de recordar e exprimir "tormentos específicos" encontra-se numa carta de 1812 da romancista e memorialista inglesa Fanny Burney à irmã, em que descreve a mastectomia que sofreu em Paris no ano anterior. A carta de Fanny Burney é considerada um dos textos mais vívidos de todos os tempos sobre a dor física.

Um abscesso doloroso surgira no seio direito de Fanny fazia quase vinte anos. Ela jejuara, tomara leite de jumenta e repousara, e o abscesso sumira. Em 1810, a dor voltou. A sua "condenação" foi proferida por três médicos: ela foi "formalmente condenada a uma operação". Ficou "tão espantada quanto desapontada", pois "o pobre seio não estava nada descolorido, nem muito maior que o vizinho saudável". A própria Fanny talvez fosse a única a saber disso, pois é bem provável que os hábitos da época levassem os médicos a não *examinar* realmente o seio. Na verdade, é quase certo que a primeira vez que o tocaram tenha sido com os bisturis. Mas Fanny foi poupada de saber que, na opinião de historiadores posteriores, na verdade ela não tinha um tumor maligno (senão não sobreviveria com ele durante duas décadas antes e três depois), mas sim um problema inflamatório que não exigiria mastectomia.

Como esposa de um nobre francês, Fanny foi operada pelo principal cirurgião de Napoleão, o barão Dominique-Jean Larrey, que por acaso (felizmente ou não) na época estava entre guerras. Essa trégua deu tempo para que o barão operasse meticulosamente. Ao contrário, na batalha de Borodino, na Rússia, como registrou nas suas memórias, ele fez cerca de duzentas amputações num período de 24 horas! Fanny escreveu sobre a operação como se fosse uma peça moralista medieval na qual a dor é o mal que os médicos têm de exorcizar; na verdade, ela "sentia que o mal era profundo, tão profundo que muitas vezes achei que, se não pudesse ser dissolvido, só com vida seria extirpado". A carta de Fanny confirma a importância, antes da anestesia, de uma forte relação entre cirurgião e paciente, na qual o paciente pudesse compensar a experiência sensorial da tortura da cirurgia com a crença na benevolência do médico. Considerar a dor um mal exigia transformar o dr. Larrey em salvador. Mas a natureza extremada da experiência faz ajuda e dano se fundirem e se separarem, assim como as imagens do médico como salvador, santo, curador e torturador, açougueiro, carrasco competem e se tornam confusas e unidas. Ela escreveu que "o bom dr. Larrey (...) tinha então lágrimas nos olhos", mas a descrição que faz da operação lembra um ataque, um estupro e uma execução.

O dr. Larrey se recusou a dizer a Fanny em que dia fariam a operação e a permitir que ela se preparasse e lhe prometeu apenas quatro horas de antecedência (estratégia que os cirurgiões usavam para impedir que os pacientes se suicidassem na véspera da operação). "Depois de assim passada a sentença, fiquei de hora em hora na expectativa de ser chamada para a execução", escreveu. "Julgue, então, a minha surpresa ao ser forçada a passar três semanas inteiras no mesmo estado!" Então, certa manhã, deixaram ao lado do leito uma carta do dr. Larrey que a informava de que ele logo chegaria. Ela inventou um pretexto para forçar o marido a sair de casa, para poupar-lhe "a miséria infrutífera de assistir ao que devo passar". Estava sozinha quando a equipe de médicos e assistentes — "sete homens de preto" — chegou. Os médicos lhe disseram que "subisse na cama. Fiquei um momento suspensa, sem saber se devia ou não fugir de repente; olhei a porta, as janelas; fiquei desesperada".

A criada e uma das enfermeiras saíram correndo de terror. O médico começou a dar ordens, usando linguagem militar. Fanny foi obrigada a tirar a camisola comprida, que chegara a imaginar que poderia manter. Não se fez nenhuma tentativa de analgesia: numa época em que as mães que amamentavam esfregavam preparados de ópio nos mamilos para aquietar os bebês, o seio de Fanny foi cortado depois de lhe darem apenas um cordial de vinho.

Ela se entregou ao seu destino. Finalmente, "sem que me pedissem, subi na cama"; o médico estendeu um lenço de cambraia sobre o seu rosto. "Brilhante através da cambraia", ela vislumbrou "a cintilação do aço polido". Viu quando, sem tocá-la, o médico fez o sinal da cruz e um círculo com o dedo sobre o seio dela, "anunciando que o Todo seria retirado".

Ela tirou o lenço e protestou que o seio só doía num lugar. O médico cobriu o rosto dela novamente. Ela viu um médico fazer o gesto uma segunda vez e: "fechei mais uma vez os olhos, desistindo de toda observação, toda resistência, toda interferência e resolvida com tristeza a ficar completamente resignada".

Um livro de medicina de 1837 instruía que, no caso das mastectomias, "nenhuma meia medida servirá (...) a duração do procedimento não deve de modo algum ser considerada. Muitas operações podem ser feitas bem e rapidamente (...) esta não é uma delas".

A operação de Fanny foi tudo, menos rápida. Ela sentiu:

> um terror que ultrapassa toda descrição e a dor mais torturante (...) quando o aço pavoroso foi mergulhado no seio — cortando veias — artérias, carne, nervos (...) comecei um grito que durou intermitentemente durante todo o tempo da incisão, e quase me espanto de não tinir ainda em meus ouvidos! Tão excruciante foi a agonia (...) Quando a ferida foi feita e o instrumento, retirado, a dor pareceu não diminuir, pois o ar que de repente entrou naquelas partes delicadas parecia uma massa de punhais minúsculos mas afiados que rasgavam as beiradas da ferida — mas, quando novamente senti o instrumento, descrevendo uma curva, cortando contra o veio (...) enquanto a carne resistia de maneira tão forçosa para se opor e cansar a mão (...) então, realmente, achei que devia ter expirado.

Ela perdeu a consciência duas vezes durante a operação. Mesmo quando ninguém a tocava, ela "literalmente *sentia*" o dedo do médico "elevado sobre a ferida (...) tão indescritível a sensibilidade daquele ponto". A operação durou vinte minutos completos. Ela escreve que tentou suportar o mais corajosamente possível e "nunca me movi nem os impedi, não resisti nem reclamei, nem falei", a não ser para agradecer piedosamente aos médicos pela atenção. Quando abriu os olhos, viu que o "bom dr. Larrey estava quase tão pálido quanto eu, o rosto manchado de sangue, e a expressão revelando pesar, apreensão e quase horror".

Mais tarde, "não durante dias nem semanas, mas durante meses, não consegui falar dessa coisa terrível sem quase voltar a passar por ela! (...) Estou com dor de cabeça por continuar com essa descrição! E essa miserável descrição, que comecei há pelo menos três meses, não ouso rever nem ler, a recordação ainda é muito dolorosa".

POÇÕES DO SONO

Na época da operação de Fanny Burney, muitas técnicas para mitigar a dor durante a cirurgia tinham sido experimentadas no decorrer dos séculos, mas todas eram perigosas, insuficientes ou as duas coisas. Nas suas memórias de 1812, Dominique-Jean Larrey, o cirurgião de Fanny Burney, contou um caso em que operou um coronel durante a batalha lhe dando um soco no queixo. O dr. Larrey também escreveu sobre o uso de "anestesia por refrigeração" (neve ou gelo), notando que o clima frígido do campo de batalha russo aliviava a dor nas operações. Mas, embora o frio interfira na transmissão nervosa, é difícil cortar a carne congelada, e o paciente corre o risco de sofrer lesão por congelamento e depois infecção. O ideal seria um "xarope do sono" que fizesse o paciente dormir durante a cirurgia, mas que elixir permitiria que o paciente fosse "cortado sem nada sentir, como se estivesse morto" (como se gabou, no século XIII, o alquimista e médico catalão Arnaldo de Villanova sobre a sua poção), sem *estar* morto?

Como Villanova, é claro que muitos curadores alardeavam esse poder, mas todos eram suficientemente sábios para manter a receita em segredo. Sem dúvida, o ingrediente secreto mais poderoso era o placebo. É interessante imaginar como seria a história da medicina sem o efeito placebo: em certo sentido, talvez não *existisse* a história da medicina antes da era moderna sem o efeito placebo, porque seria óbvio que a maioria dos tratamentos não adiantava nada. A doença poderia ter sido relegada, como os terremotos e vulcões, ao terreno da religião, como algo que não podia ser manipulado com segurança (ainda que se pudesse implorar aos deuses que a curassem). Embora a tendência da doença à cura talvez fosse confundida às vezes com a eficácia da intervenção médica, só o efeito placebo dava aos curadores um poder misterioso.

O alívio da dor é a tarefa em que o efeito placebo é mais eficaz. Ao contrário dos médicos modernos, que se concentram em curar a doença, os curadores antigos ficavam famosos principalmente pelos seus anódinos. E, quando os curadores conseguiam reduzir a dor, a sua fama aumentava, o que poderia causar um efeito placebo mais forte no paciente seguinte, que por sua vez aumentaria ainda mais a fama do médico, mantendo uma espiral de feedback positivo.

Quais eram as substâncias medicinais do mundo antigo? De todos os anódinos vegetais, apenas poucos eram analgésicos de verdade: o ópio das papoulas, o álcool, a cocaína da coca, o meimendro, a mandrágora, a beladona, a maconha e o ácido salicílico (semelhante à aspirina) encontrado na casca de salgueiro e nas folhas secas de murta.

A casca de salgueiro era recomendada por Hipócrates para reduzir a febre e a dor do parto. O antigo remédio foi redescoberto em certa noite de 1758 quando o reverendo Edmund Stone passeava num prado em Chipping Norton, na Inglaterra. Stone acreditava na "máxima geral de que muitas moléstias naturais trazem consigo a sua cura, ou que os remédios para elas não se distanciam da sua causa", como escreveu mais tarde à Royal Society. Como o salgueiro crescia em solo úmido, amplamente considerado causador de doenças, Stone supôs que o salgueiro poderia ser um antídoto. Ao quebrar um pedacinho da casca, descobriu que o sabor amargo lhe recordava um remédio caro e importado feito com casca de quina da América do Sul, que continha quinino e, segundo se descobrira, tinha efeito extraordinário sobre uma febre específica, a malária.

Essa série insensata de pensamentos levou a uma descoberta real. Stone colheu e secou a casca de salgueiro e moeu-a para fazer um pó que testou em cinquenta de seus paroquianos. E descobriu que era eficaz não só contra a febre, mas também como anódino geral contra todo tipo de dor. Daí para a frente, os remédios de casca de salgueiro — amassada, pulverizada e misturada com álcool — causaram tamanha febre na Inglaterra

AS CRÔNICAS DA DOR

que o número de árvores se reduziu até surgir uma lei contra arrancar a sua casca. (No fim da época vitoriana, a aspirina, forma sintética de ácido salicílico, se tornou o primeiro medicamento popular a ser sintetizado e deu início à indústria farmacêutica moderna.)

Ainda assim, embora pudesse mitigar a inflamação que se seguia à cirurgia, a aspirina não conseguia reduzir a dor da cirurgia propriamente dita. Os componentes de muitas plantas são levemente soporíferos, mas apenas o meimendro, a mandrágora e o ópio permitiam criar uma poção do sono suficientemente forte para uma cirurgia. O meimendro e a mandrágora eram perigosos demais: ambos são intimamente ligados a venenos. Embora também fosse venenosa, a beladona, combinada ao ópio, produzia um sono crepuscular que confundia a lembrança da dor. (Podem ter sido esses os ingredientes do nepente, a poção de vinho de Helena de Troia que trazia o esquecimento da dor e da tristeza.)

O ópio é a substância medicinal mais antiga e importante, cuja descoberta é considerada anterior até à do álcool. Como o ópio tem vários efeitos (semelhantemente ao álcool, seu efeito a princípio é estimulante e mais tarde se transforma em sonolência), podia ser usado para provocar bravura na batalha e em comemorações, ritos sagrados, adivinhações, e para induzir sonhos proféticos. Em algumas sociedades, o uso do ópio estava restrito a pajés e sacerdotes. Na época vitoriana, o Infants' Quietness (Tranquilidade do bebê) e outros "xaropes calmantes" de ópio dissolvido em álcool — cada um deles com o seu próprio toque especial, de esperma de rã a hamamélis — eram receitados para todo tipo de dor, do nascimento dos dentes à neurastenia, moléstia da moda entre as vitorianas. Como o álcool, os opiáceos deprimem a respiração e eram úteis para acalmar a tosse angustiante da tuberculose. Também conseguiam interromper diarreias potencialmente fatais, reduzindo as contrações do intestino, e aliviar a dor crônica da desnutrição, reduzindo o apetite.

Ao induzir sensações de bem-estar, os xaropes podiam aliviar as preocupações das classes alta e baixa. Também serviam de babás; embora amarelassem a pele das crianças, as tornavam dóceis. O romance *Mary Barton*, de Elizabeth Gaskell, que trata dos pobres de Manchester, na Inglaterra, louvava o ópio como "misericórdia das mães", pela capacidade de acalmar as dores das crianças famintas. "Muitos centavos que pouco adiantariam para comprar aveia ou batata compraram ópio para acalmar os pequenos famintos e fazê-los esquecer a inquietude num sono profundamente perturbado." Entretanto, no final do século XIX, na Inglaterra, e no início do século XX, nos Estados Unidos, a preocupação (entre outras coisas) com o número de criancinhas que morriam dormindo depois de uma dose desses eficazes "calmantes de bebês" acabou levando à primeira regulamentação de opiáceos.

O analgésico mais potente do ópio foi isolado no início do século XIX por um químico alemão que lhe deu o nome de *morfina* devido à palavra grega que significa "*forma*". (É comum acreditar erroneamente que aluda a Morfeu, o deus dos sonhos; na verdade, a princípio o químico batizou a substância de "forma dos sonhos", abreviada para "forma", ou morfina). Mas o seu funcionamento continuava um mistério. No século IV a.C., o médico grego Diocles de Caristo meditou sobre a "flor maravilhosa" que se recusava a "ceder os seus segredos". Por que ela "acalma alguns mas lança outros na melancolia"? Por que o efeito era imediato em alguns e retardado em outros? Por que tinha um estranho efeito em que, "mesmo quando não elimina a dor, a dor não se alimenta mais da mente"?

Só em 1972, com a descoberta do receptor de opiáceos, é que a flor começou a ceder os seus segredos. A crença de que o ópio era o "remédio de Deus" acabou se revelando uma verdade biológica: os opiáceos funcionam imitando as substâncias químicas do sistema de modulação da dor do próprio corpo. A estrutura química dos opiáceos é tão parecida que eles se ligam ao mesmo receptor dos neurônios do cérebro e da medula espinhal, onde alteram o funcionamento desses neurônios e interferem na transmissão dos sinais de dor pela medula.

O efeito dos opiáceos é diferente do efeito de agentes anestésicos como o éter, que tornam o indivíduo totalmente inconsciente. Uma pessoa sob o efeito dos opiáceos tem a sensação de manter todos os sentidos — ainda consegue correr uma maratona e chorará de dor caso caia e se machuque —, mas a relação com a dor fica estranhamente alterada. Além de bloquear a transmissão dos sinais dolorosos, os opiáceos, como observou Diocles de Caristo, mudam a relação com a dor, de modo que ela não se alimenta mais da mente. Talvez esse efeito mais complicado se deva à maneira como os opiáceos aumentam o nível de dopamina no cérebro, criando uma sensação de prazer e até de euforia.

Mas, apesar das propriedades maravilhosas, o ópio era um analgésico perigoso em cirurgias. Como há receptores de opiáceos distribuídos por muitas partes do corpo, essas substâncias afetam vários sistemas além daquele que modula a dor, como os que controlam a respiração, os batimentos cardíacos, os vasos sanguíneos e o reflexo da tosse. O ópio aumenta a hemorragia ao dilatar os vasos sanguíneos, o que contrabalança o modo como o corpo reage adaptativamente às lesões, contraindo os vasos sanguíneos e dirigindo o sangue para os órgãos vitais. O ópio traz os mesmos perigos do álcool. Ambos provocam náusea, e o paciente corre o risco de vomitar o ácido do estômago sobre o revestimento delicado do pulmão, provocando asfixia fatal. O mais perigoso, como alertava um texto médico do século XVI, é que o ópio deprime a respiração e "causa sono profundo e fatal".

De todos os remédios antigos, só a cocaína era adequada para cirurgias. Além do efeito psicotrópico com o qual a associamos hoje, a cocaína é um anestésico tópico que age sobre os nervos periféricos (inibindo a transmissão de impulsos nociceptivos entre as células) e causa dormência localizada. Os antigos incas usavam as folhas da planta sagrada da coca para realizar operações como a trepanação. Quando abriam furos no crânio dos pacientes para que os demônios causadores de doenças pudessem escapar, os pajés mascavam folhas de coca para que a cocaína se dissolvesse na saliva e depois a cuspiam nos ferimentos — um perfeito tratamento duplo, já que a cocaína inspirava os pajés a se concentrarem e amortecia os nervos periféricos das vítimas. Embora as trepanações europeias do século XVIII e do início do século XIX costumassem resultar na morte dos pacientes, os indícios arqueológicos revelam um nível elevado e surpreendente de sobrevivência depois das antigas trepanações peruanas (um estudo verificou que a maioria dos crânios trepanados mostrava sinais de cura). Acredita-se que o sucesso das trepanações pré-históricas vinha do efeito esterilizador da cocaína.

Os conquistadores descobriram que a cocaína seria um vício útil para os escravos: agia como estimulante e como supressor do apetite, revigorando os nativos famintos e estimulando o trabalho duro nas minas de ouro, pelo qual eram recompensados pelos conquistadores com mais cocaína. Mas, por razões obscuras, a planta não foi exportada e só chegou à Europa no final do século XIX, depois que a descoberta dos anestésicos gerais a tornou pouco relevante em termos médicos (embora fosse e ainda seja usada às vezes como anestésico local em cirurgias dos olhos e da garganta).

MESMERIZADA

Antes da anestesia, o tratamento mais eficaz da dor estava dentro da própria mente. Há muito se sabia que a crença religiosa podia aliviar a dor. Maomé diz aos fiéis: "Quem sofre de dor de dente que ponha o dedo no local dolorido e recite a sexta surata." Tomás de Aquino escreve que "o prazer abençoado que vem da contemplação das coisas divinas basta para reduzir a dor do corpo". Os iogues indianos cultivam a indiferença à dor e ao prazer. Há uma narrativa típica num livro de filosofia iogue que envolve o mestre que recusa anestésicos antes de uma operação e depois passa a expor calmamente a sua filosofia a todos os presentes durante o procedimento. Depois, quando o cirurgião atônito pergunta se sentiu dor, ele responde: "Como poderia? Estava ausente dessa parte do Universo onde os senhores estavam trabalhando. Estava presente nesta parte onde discuti filosofia."

A própria contemplação da filosofia (dizem os filósofos) também pode bastar. Em "Do poder da mente de dominar sentimentos mórbidos pela pura resolução", Immanuel Kant escreve que, certa noite, acordado pela dor da gota nos dedos inchados, "logo recorri ao meu remédio estoico de fixar o pensamento à força em algum objeto neutro que escolhi ao acaso (por exemplo, o nome Cícero, que contém muitas ideias associadas) e assim desviar a atenção daquela sensação. O resultado foi que a sensação se amorteceu até bem depressa e foi sobrepujada pela sonolência; e consigo repetir esse procedimento com resultados igualmente bons toda vez que voltam os ataques desse tipo".

128 A DOR COMO HISTÓRIA

Como uma pessoa comum obtém tamanho controle? Na época da cirurgia de Fanny Burney, já se demonstrara que um tipo de hipnotismo conhecido como *mesmerismo* ou magnetismo animal (cujo legado é o verbo *mesmerizar*) provocava analgesia, além de curar os pacientes de outros males. De todas as técnicas (ópio, álcool, congelamento, concussão induzida etc.) que poderiam ter sido usadas no quarto de Fanny, o mesmerismo seria a melhor — e, na verdade, foi usado com sucesso na França, em 1829, durante outra mastectomia. Depois do êxito indiscutível dessa operação, realizada pelo cirurgião Jules Cloquet diante de uma dúzia de testemunhas, o mesmerismo foi usado com bons resultados em várias centenas de cirurgias. Mas, infelizmente, nunca obteve aceitação na medicina oficial, e a maioria das cirurgias continuou a ser realizada sem ele — e sem nenhuma analgesia — até a descoberta da anestesia com éter.

Como um pajé, Franz Mesmer, médico alemão formado em Viena, usava vários aparelhos de aparência impressionante para provocar o transe nos seus pacientes, e depois os declarava curados. No entanto, em vez de crença religiosa, o seu método se envolvia numa camada de ciência iluminista. A ideia principal era a de um espírito vital ou uma força da vida que animava todos os seres (assim como os planetas e a Terra), um correlato biológico da alma que, segundo se acreditava (como na ideia oriental do *chi*), era bloqueado na doença. Depois da sua comercialização em meados do século XVIII, os ímãs e a sua força invisível atraíram interesse científico fora do comum. Mesmer acreditava que, assim como o ímã obrigava um pedaço de metal a se mover pelo espaço, a canalização do *fluidum* magnético poderia restaurar o fluxo de vitalidade no organismo e dissipar a doença.

Em 1774, Mesmer fez uma paciente engolir uma mistura que continha ferro e depois prendeu ímãs em várias partes do seu corpo. Ela relatou ter sentido "torrentes de fluido" correndo pelo corpo, o que aliviou a sua dor durante várias horas. No entanto, Mesmer logo descobriu que conseguia obter o mesmo efeito simplesmente tocando as pessoas e postulou que a cura resultava da transferência do seu magnetismo para o paciente. O interessante é que ele registrou duas condições necessárias para o sucesso da hipnose que são verdadeiras (e aplicáveis a placebos em geral): a primeira, que o paciente tenha o desejo de ser curado; a segunda, que o curador tenha uma relação pessoal com o paciente.

AS CRÔNICAS DA DOR

Assoberbado de pacientes, Mesmer passou a tratar as pessoas em grupos. Vestido de mágico, com uma túnica de seda violeta, ele presidia tinas de madeira que chamava de "banquetes", cheias d'água e barras de ferro, nas quais os doentes podiam ser magnetizados. Os pacientes entravam em transe e às vezes chegavam a ter alucinações ou convulsões, que Mesmer chamava de "crises". Depois, declarava os pacientes curados e tocava música numa harmônica de vidro. Ele foi convocado até pela rainha Maria Antonieta para magnetizar seu poodle, Marionette.

Quanto maior o sucesso popular, mais hostilidade o mesmerismo recebia da comunidade médica. No livro *Mesmerized: Powers of Mind in Victorian Britain* (Mesmerizados: o poder da mente na Grã-Bretanha vitoriana), Alison Winter argumenta que a concorrência com os mesmeristas foi o catalisador do desenvolvimento da anestesia por inalação. A extensão da concorrência entre médicos e mesmeristas fica evidente no famoso gracejo (embora talvez apócrifo) do cirurgião britânico Robert Liston quando, numa amputação, usou pela primeira vez a nova anestesia com éter vinda dos Estados Unidos. "Esse truque ianque derrota de vez o mesmerismo (...) Hurra! Alegrem-se! O mesmerismo e os seus professores levaram um duro golpe."

Para consternação dos médicos que viam a técnica como concorrência, o mesmerismo tomou conta da Europa e acabou chegando à Grã-Bretanha e aos Estados Unidos. Mesmer mudou-se de Viena para Paris, onde se esforçou para obter o endosso da comunidade científica francesa. A oportunidade de validação de Mesmer aconteceu em 1784, quando o rei Luís XVI nomeou um comitê investigativo composto de membros importantes da Faculdade de Medicina e da Real Academia de Ciências. O comitê não considerou o *efeito* da teoria de Mesmer sobre os pacientes, apenas a *teoria* com que ele o explicava, e esta foi rapidamente refutada. Afinal de contas, o século XVIII assistira a grandes avanços no estudo da anatomia, mas nenhum deles encontrara forças magnéticas nem fluidos vitais. Mesmer partiu de Paris pouco antes da Revolução Francesa, e o mesmerismo morreu com ele no exílio. Houve certo renascimento nas décadas de 1830 e 1840. As demonstrações públicas de mesmeristas ambulantes se tornaram populares na Inglaterra e nos Estados Unidos; eles punham alguém em transe (em geral, uma moça bonita) e depois mostravam que ela não reagia ao cheirar sais, ser espetada e até a ter ácido jogado na pele!

Ainda mais espantosas eram as notícias de quase trezentas cirurgias sem dor realizadas com o mesmerismo. Em 1842, um cirurgião de Nottinghamshire amputou a perna de um trabalhador rural. Um advogado cético chamado William Topham assistiu à operação. Topham viu quando o cirurgião enfiou a faca até o osso da coxa do trabalhador enquanto este continuava a dormir, às vezes gemendo baixinho. Topham ficou estupefato. "Vi" e "me convenci (...) Só poucos adversários, e dos mais intolerantes, negarão o seu poder", escreveu.

Mas negaram. Depois de discussões, a Royal Medical and Chirurgical Society (Real Sociedade Médica e Cirúrgica) declarou que o relato de Topham era uma "impostura" e o censurou. Um professor de medicina do hospital do University College defendeu o seu interesse pelo mesmerismo e escreveu: "Esses fenômenos, sei que são reais (...) independentes da imaginação (...) com o caráter mais interessante, mais extraordinário e importante." Ele foi ridicularizado como "bufão" e forçado a se demitir.

O Iluminismo produziu uma oposição binária entre a experiência subjetiva da cura pela magia e pela fé, de um lado, e, do outro, o ideal de tratamento médico objetivo com o mesmo efeito em todos os pacientes, quer acreditassem, quer não. Não se sabia que a crença e outros estados mentais subjetivos — e o papel que o curador poderia ter ao invocá-los — poderiam, *eles mesmos*, ser fenômenos objetivos, reais, mas também dependentes da imaginação.

Os estados de transe também eram considerados moralmente degradantes. Um artigo publicado em 1851 na *Blackwood's Edinburgh Magazine* condenava o mesmerismo por exigir "o pronto abandono da vontade", além de "todos os dons que tornam o homem *humano*", e concluía que ele era "uma condição nojenta que caracteriza apenas os espécimes mais abjetos da nossa espécie". Alguns cirurgiões experimentaram o mesmerismo, mas os pacientes não entraram em transe, ou o transe não durou e os pacientes acordaram aos berros no meio da cirurgia. Em geral, entrar em transe exige prática (e nem todo mundo consegue aprender). Além disso, os anfiteatros lotados nos quais em geral se faziam cirurgias na Europa não eram adequados para atingir esse estado. Horrivelmente surpresos, o médico e o paciente se uniam à oposição quando o mesmerismo falhava.

Com o desenvolvimento da anestesia, o mesmerismo foi permanentemente abandonado. No entanto, em meados do século XIX, o médico escocês James Braid (embora criticasse a "tendência imoral" do "poder irresistível dos (...) mesmerizadores") reviveu a prática de empregar o transe para tratar doenças, chamando-a de hipnotismo. Já se demonstrou que a auto-hipnose é útil durante procedimentos médicos e reduz a quantidade de anestesia necessária.

Embora o éter trouxesse mais riscos e efeitos colaterais do que o mesmerismo, ele era claramente um mecanismo superior para controlar a dor porque não exigia nenhum estado mental específico por parte do cirurgião nem do paciente. Mas, para os que tinham assistido a operações ou a demonstrações públicas do mesmerismo, o enigma permaneceu. Como o mesmerismo realmente funcionava? Como a faca mergulhara sem dor até o osso ou o ácido fora despejado sem dor na pele do demonstrante sonolento?

O enigma teria de esperar a invenção da neuroimagem cerebral para que se visse como o cérebro hipnotizado consegue bloquear (ou criar) dor e por que algumas pessoas são suscetíveis ao hipnotismo e outras não. O *fluidum* magnético de Mesmer talvez não exista, mas os fenômenos que ele observou são mesmo reais.

UMA QUIMERA NÃO PERMITIDA

O maior enigma da história da anestesia, sobre o qual todas as histórias da medicina especulam sem muito resultado, é por que ela não começou a ser usada antes. Na época da operação de Fanny Burney, em 1812, o efeito anestésico da inalação de éter e óxido nitroso já era conhecido havia bastante tempo pelos químicos britânicos. Mas décadas de cirurgias horrendas se passariam até que um dentista americano finalmente levasse os gases para a sala de operações.

No livro *Romance, Poetry and Surgical Sleep* (Romance, poesia e sono cirúrgico), o famoso anestesista E. M. Papper teoriza que a anestesia só poderia ter sido inventada nos Estados Unidos, porque o seu desenvolvimento dependia de uma sociedade democrática na qual a dor e o sofrimento das massas tivessem importância. Mas muitos americanos viviam na miséria e, seja como for, não há dúvida de que o sofrimento de alguns ingleses era importante na mente britânica. Então por que a elite não exigiu a anestesia?

Parece que parte da resposta tem a ver com a oposição dos cirurgiões. Em toda a história médica britânica, a dor e a cirurgia estiveram ligadas e, assim, para muitos a tentativa de separá-las parecia impossível, antinatural e perigosa. A profissão exigia gente disposta a causar dor intensa em outros e que, depois de passar pela experiência, passou a ver aquela dor como apropriada. A dor é "necessária à nossa existência", argumentou em 1806 o cirurgião escocês sir Charles Bell. "Imaginar a ausência de dor não é apenas imaginar um novo estado do ser, mas uma mudança da Terra e de tudo o que há sobre ela."

A ideia dessa mudança assustava. "Fugir à dor nas operações cirúrgicas é uma quimera que hoje não vale a pena perseguir", declarou o grande cirurgião francês Alfred Velpeau em 1839. "Na cirurgia, bisturi e dor são duas palavras sempre inseparáveis na mente dos pacientes, e essa associação necessária tem de ser admitida."

Vale a pena ponderar sobre o que Velpeau quer dizer com *quimera*. A cirurgia sem dor é uma quimera no sentido de criatura mítica que não existe, por mais que quiséssemos que existisse, ou uma quimera no sentido de criatura monstruosa que não *deveria* existir, um bode com cabeça de leão cuja própria existência é uma subversão da ordem natural? Depois de expulsos do Jardim do Éden, não *deveríamos* sofrer com a dor?

Todo cirurgião tinha familiaridade com o momento em que os pacientes ficavam estranhamente quietos. Como a inconsciência costuma anteceder a morte (imitando-a e pressagiando-a), gritar era considerado sinal de saúde, manifestação do espírito vital. Além disso, a consciência era considerada emanação da alma; extinguir a consciência era brincar de Deus e matar temporariamente o paciente.

Muito depois de disponíveis os meios para obter a anestesia, inúmeros cientistas não entenderam a sua aplicação potencial ou não conseguiram convencer os outros, de modo que a história do desenvolvimento da anestesia costuma ser contada como alegoria da dificuldade do progresso, da tenacidade do sofrimento e do conflito entre ciência e religião. Sir Humphry Davy descobriu as propriedades anestésicas do óxido nitroso (que chamou de "gás hilariante") no início do século XIX, quando trabalhava no Instituto Pneumático, clínica que tentava tratar doenças como a tuberculose e a asma usando óxido nitroso e outros gases. Certo dia, sofrendo uma terrível dor de dente, Davy experimentou o gás em si mesmo. De repente, para a sua surpresa, a dor ficou bastante divertida. No livro *Nitrous Oxide* (Óxido nitroso), Davy escreveu que, como o gás "parece capaz de destruir a dor física, talvez possa ser usado com proveito em operações cirúrgicas nas quais não ocorra grande efusão de sangue". Michael Faraday, seu aprendiz, chegou a conclusões semelhantes com relação ao éter. Mas, quando a medicina pneumática foi desacreditada e a clínica, fechada, Davy se desinteressou do óxido nitroso e recebeu o título de cavalheiro por outras descobertas.

Os gases se tornaram populares junto aos poetas românticos, como Samuel Taylor Coleridge e Robert Southey, que escreveram sobre o óxido nitroso como "o ar do paraíso, esse gás do prazer que faz maravilhas". As brincadeiras com éter viraram moda; espetáculos ambulantes demonstravam o efeito do gás e convidavam a plateia a participar. Como no caso do álcool, o efeito dos gases tem dois estágios. A princípio, eles criam excitação e euforia, seguidas por sono profundo. O primeiro estágio parecia inadequado para as cirurgias. Que lugar teria uma brincadeira de salão na sala de operações? As doses ministradas em espetáculos costumavam ser suficientes para provocar vertigens, mas não para levar os indivíduos à fase de sono condizente com as cirurgias.

POR QUEM A DOR DA CIRURGIA
FOI EVITADA E ANULADA

"Na ciência, o crédito vai para quem convence o mundo, não para quem tem a ideia pela primeira vez", observou o botânico Francis Darwin, filho de Charles Darwin. A lápide de William T. G. Morton diz: "Inventor e Revelador da Inalação Anestésica. Antes de Quem, em Todos os Tempos, Cirurgia era Agonia. Por Quem a Dor da Cirurgia Foi Evitada e Anulada. Desde Quem a Ciência tem o Controle da Dor." O dr. Morton não descobriu nenhum agente novo, mas quando convenceu a comunidade médica da utilidade do éter durante uma operação no Massachusetts General Hospital (Hospital Geral de Massachusetts), em 16 de outubro de 1846, dividiu para sempre a história da medicina.

Na década de 1840, pelo menos três americanos faziam experiências com éter e óxido nitroso: dois dentistas da Nova Inglaterra e um médico rural do Sul. O fato de um dos dois dentistas ter afinal prevalecido já foi atribuído algumas vezes ao aspecto econômico da odontologia; ao contrário da maioria das cirurgias, o tratamento dentário costumava ser eletivo, e o medo da dor afastava os pacientes. (Mas, assim como a ideia de que a anestesia só poderia ter sido inventada nos Estados Unidos, essa teoria soa esquisita. Afinal de contas, ainda que toda a comunidade cirúrgica tivesse uma tendência cultural contrária à anestesia, bastaria um único cirurgião para desempenhar o papel de Morton.)

Acredita-se que o primeiro dos três foi um médico da Geórgia que, depois de frequentar festinhas de éter quando estudava medicina, experimentou usar o gás na cirurgia de um paciente em 1842. Mas, temendo que outros médicos considerassem a técnica imprópria, para seu eterno arrependimento, ele só publicou os seus achados depois que Morton já tinha reivindicado o crédito pela descoberta do éter.

Três anos depois, numa demonstração científica popular, um dentista de Connecticut chamado Horace Wells notou que um dos voluntários não percebeu que cortara acidentalmente a perna enquanto pulava pela sala sob a influência do gás hilariante. No dia seguinte, mandou um colega dentista lhe extrair um dos molares enquanto inalava óxido nitroso e descobriu que não sentia dor nenhuma. O dr. Wells fez a experiência com outros pacientes e foi bem-sucedido (ele também usou éter em alguns, mas concluiu que o óxido nitroso era mais seguro, porque o éter pode provocar vômito e também é muito inflamável). Finalmente, convenceu o eminente cirurgião dr. John Collins Warren, fundador do Massachusetts General Hospital e da revista que se tornaria *The New England Journal of Medicine*, a permitir uma demonstração durante uma das cirurgias de Warren no anfiteatro com cúpula de vidro do hospital (hoje conhecido como *ether dome*, a cúpula do éter).

A demonstração foi um fracasso: o paciente uivou com o primeiro corte e a plateia lotada de cirurgiões e alunos de medicina zombou: "Fraude!" (O dr. Wells pode ter dado ao paciente quantidade insuficiente de óxido nitroso; mais tarde, o paciente disse que só sentiu um pouco de dor, mas que se assustara com o procedimento.)

Um ano depois, o dr. Morton, ex-colega do dr. Wells, convenceu o dr. Warren a deixá-lo demonstrar a anestesia com gás, usando éter em vez de óxido nitroso, num rapaz que teria de remover um tumor da mandíbula. Os relatos do incidente são muito realistas: a plateia à espera, o rapaz trêmulo amarrado na cadeira cirúrgica no palco do anfiteatro, o cirurgião a declarar com impaciência: "Como o dr. Morton ainda não chegou, suponho que tenha outro compromisso", e o dr. Morton entrando finalmente às pressas, explicando que se atrasara porque o aparelho feito por encomenda para soltar o vapor de uma esponja embebida em éter não ficara pronto. O paciente inalou os vapores da esponja, perdeu a consciência e só acordou quando o dr. Warren terminou de lavar o sangue do corte. Quando interrogado sobre a dor, o paciente respondeu que só sentira uns arranhões esquisitos na bochecha, como um ancinho varrendo um campo.

AS CRÔNICAS DA DOR

"Cavalheiros, isso não é fraude", anunciou o dr. Warren à multidão silenciosa. Mais tarde, ele escreveu: "O estudante que (...) numa era distante visitar este lugar o verá com mais interesse ao recordar que aqui foi demonstrada pela primeira vez uma das verdades mais gloriosas da ciência." Logo se espalhou pelo mundo a notícia de que, como explicou um cirurgião alemão, "o sonho maravilhoso de que a dor nos foi tirada se tornou realidade. A dor (...) tem de curvar-se agora diante do poder da mente humana, diante do poder do vapor de éter".

Angustiado de inveja com o sucesso do dr. Morton, o dr. Wells sofreu um colapso nervoso depois de tentar em vão apresentar petições a vários conselhos para que o seu papel na descoberta fosse reconhecido. Na busca de um agente melhor do que o óxido nitroso, ele acabou se viciando em clorofórmio. Atacou duas prostitutas quando estava sob a influência da substância e se suicidou pouco antes da chegada de uma carta da Sociedade Médica de Paris declarando que ele "merecia todas as honras" pela descoberta.

Na verdade, ele não precisava ter inveja do antigo amigo. Embora o dr. Morton tivesse recebido o crédito pela descoberta da "maior dádiva que já se fez à humanidade sofredora", o alívio da dor do gênero humano cobrou um preço pessoal. O dr. Morton passou o resto da vida tentando inutilmente patentear o éter para lucrar com o seu uso (não conseguiu, porque não o inventara). A sua esperança era disfarçar o cheiro já bastante conhecido do éter misturando-o a óleos com aroma de laranja e outras fragrâncias e chamando-o de Letheon, devido ao Letes, o rio grego do esquecimento, mas o ingrediente era óbvio. Ele morreu na amargura e na pobreza.

A ESCRAVATURA DA ETERIZAÇÃO

Num canto do Jardim Público de Boston há um monumento incomum que não faz homenagem a heróis nem a batalhas, mas a uma conquista da medicina: "À descoberta de que inalar éter causa insensibilidade à dor, provada ao Mundo pela primeira vez no Mass General Hospital, em Boston." O obelisco de 12 metros, de granito e mármore rajado de rosa e erguido em 1868, é a única homenagem desse tipo no mundo. Parece que a invenção de outros medicamentos revolucionários, como os antibióticos, não exige o tributo visual de um monumento; tais descobertas são comemoradas, pode-se dizer, a cada vida que salvam.

A encomenda do monumento ao éter na época causou controvérsia, e as superfícies complexas deixam claro o seu verdadeiro propósito: não só marcar uma conquista, mas também abordar a fonte da controvérsia que a cercou tentando conciliar os pontos de vista divergentes da ciência e da religião sobre a anestesia. Para isso, o monumento interpretou a descoberta não como triunfo da ciência sobre a religião, mas como *cumprimento* de uma profecia do livro do Apocalipse, inscrita no baixo-relevo do lado leste: "Não haverá mais pranto, nem lamento, nem dor." Acima dessas palavras, o anjo da misericórdia desce sobre um sofredor enquanto as faces sul e norte do monumento ilustram operações realizadas com anestesia. No lado oeste do monumento, há uma personificação feminina alegórica da Ciência sentada num trono de equipamento de laboratório, e uma inscrição do livro de Isaías insiste: "Até isso procede do Senhor dos exércitos..."

Mas os críticos da anestesia ressaltaram que o Apocalipse profetiza que *Deus*, e não a ciência, "enxugará toda lágrima de seus olhos". E consideraram a anestesia uma "coisa do demônio" que ridicularizava deliberadamente a maldição de Adão. Hoje, o benefício da anestesia é tão absurdamente óbvio que, para nós, é difícil acreditar que já tenha sido controvertido, mas, na época, alguns médicos só viam "mal" na anestesia. Ela era "uma tentativa questionável de revogar uma das condições gerais do homem", pois causava "a destruição da consciência". (Os defensores contra-argumentavam que o sono comum é uma destruição noturna da consciência.)

O éter, na opinião de muitos, era uma droga de salão levada para a arena mais séria de todas para induzir a um estado que, na fase de euforia, lembrava, de forma muito suspeita, a embriaguez. "Ainda que os relatos de pessoas que não sentiram dor durante operações fossem dignos de crédito, isso não mereceria ser considerado por médicos sérios", declarou um cirurgião importante. Depois de passados 17 anos inteiros da descoberta, Valentine Mott, cirurgião de Nova York, escreveu uma defesa apaixonada da anestesia, argumentando que "*a insensibilidade* do paciente é de *grande conveniência para o cirurgião*" (grifos de Mott).

Mas alguns cirurgiões só viam inconveniência em dividir a sala de operação com um novo médico especialista, o anestesista, que poderia transformá-los em "meros operadores, subordinados, em vez do chefe que, sob todas as circunstâncias, mantém o supremo comando", como reclamou um cirurgião de Edimburgo. A anestesia chegava ao ponto de representar "a degradação da cirurgia, contra a qual os cirurgiões deveriam se proteger com todas as forças".

Além disso, muitos cirurgiões consideravam o éter "um remédio de segurança duvidosa", um veneno que causava hemorragia desnecessária, sufocação, tuberculose, depressão, insanidade e, por vezes, a morte. Acreditava-se que, de certa forma, a experiência da dor conduzia à cura. "Na maioria dos casos, a dor durante as operações é até desejável; em geral, a sua prevenção ou aniquilação é arriscada para o paciente", escreveu um médico britânico. Não surpreende que os cirurgiões militares fossem os mais relutantes. "O choque do bisturi é um estimulante poderoso", escreveu um deles; "é melhor ouvir um homem vociferar com vigor" devido à dor do que "afundar em silêncio para o túmulo".

Considerava-se que, ao anestesiar os pacientes, o médico os "matava" temporariamente e lhes impunha a "escravatura da eterização". Talvez pudesse até cometer contra eles crimes como o estupro. Achava-se que, como a embriaguez, a anestesia provocava sonhos lascivos em pacientes do sexo feminino. Depois de louvar a descoberta, o próprio Henry Bigelow, cirurgião de Boston, alertou com sobriedade, em discurso perante a Boston Society for Medical Improvement (Sociedade pelo Aprimoramento da Medicina) da cidade, em 9 de novembro de 1846, que "se pode abusar dela e aplicá-la facilmente com fins nefandos". Assustados com a descrição desses perigos, às vezes até os próprios pacientes recusavam a anestesia.

O éter exigia paciência; os cirurgiões tinham de aguardar que fizesse efeito. Não funcionava em todos os pacientes e, mesmo quando funcionava, em doses mais leves criava um estado de semiconsciência em que os pacientes, de forma alarmante, falavam ou cantavam. Podia provocar vômitos e, ainda mais perigoso, era altamente inflamável. Não se sabia direito como dosar o produto para evitar a euforia e provocar o sono. Os diversos tipos de inalador produziam resultados diferentes. Como observou um artigo de 1847 da revista *The Lancet*, "em alguns casos há insensibilidade perfeita à dor", mas "há casos em que o éter não age de modo algum ou parece agir como violento estímulo".

Naquele mesmo ano, sir James Young Simpson foi o pioneiro no uso do clorofórmio, que provocava inconsciência sem euforia. O produto logo substituiu o éter; na verdade, o seu uso se tornou tão universal que os adversários da anestesia foram apelidados, em geral, de *"anti-chloroformers"*, os "anticloroformistas". Os arquivos dos hospitais da época nos mostram que muitos cirurgiões trabalhavam sem nenhuma anestesia, enquanto outros usavam clorofórmio para o corte inicial e faziam o resto da operação sem ele ou limitavam o seu uso às operações maiores. James Syme, cirurgião escocês que amputou o pé do pobre George Wilson, disse que só usaria anestesia "se o paciente tivesse pavor imenso da dor"! Fatores como sexo, idade e etnia eram levados em conta nas decisões relativas a quem merecia anestesia e quando.

Muitas igrejas cristãs se opunham terminantemente ao uso da anestesia no parto por contradizer a ordem direta de Deus a Eva. Com base nisso, a cidade de Zurique proibiu os anestésicos. "A dor é a segurança da mãe;

sua ausência, a sua destruição", escreveu um obstetra. "Mas há os que são ousados a ponto de ministrar o vapor do éter mesmo nessa importantíssima conjuntura, esquecendo que foi ordenado que 'em dor darás à luz'."

Sir James Young Simpson argumentou que as palavras do Gênesis, na verdade, eram dar à luz com "esforço", não com "dor" (a palavra hebraica usada para a dor de Eva tem mesmo ambos os significados). E, continuou o dr. Simpson, sem dúvida o parto com anestesia exigia esforço. Em 1853, o clorofórmio recebeu o imprimátur definitivo quando a rainha Vitória quis usá-lo para facilitar o parto do oitavo filho, levando multidões de mulheres a exigir a "anestesia *à la Reine*".

No final do século XIX, quase cem anos depois de Michael Faraday sugerir que o óxido nitroso poderia aliviar a dor da cirurgia, a aceitação da anestesia era praticamente universal, e com essa aceitação o significado da dor na cultura ocidental se alterou para sempre. Afinal, se a anestesia roubara da arte da cirurgia os seus terrores, como disse Henry Bigelow, também furtou da dor parte da abundância de antigos significados.

Fazia muito tempo que as tensões entre as concepções secular e sagrada da medicina existiam, mas sempre houve esforços para conciliar as duas. Ambroise Paré, por exemplo, ficou famoso por encerrar as suas descrições de casos com a frase "Eu tratei, Deus curou". Desde a antiguidade, os sofredores dormiam no templo dos deuses da cura *e também* tomavam ópio e casca de salgueiro, e, na maioria dos casos, esses atos não eram considerados incompatíveis. No século XIX, quando a teoria de Darwin trouxe um arcabouço biológico para o entendimento da dor, e a descoberta da anestesia permitiu o seu controle, a aliança médica entre os pontos de vista científico e religioso finalmente se desfez.

Em 1887, H. Cameron Gillies escreveu na revista *The Lancet* uma série de artigos afirmando que "a dor nunca vem quando não pode servir a bom propósito", porque a dor é a maneira de Deus de proteger o corpo. Em resposta, W. J. Collins argumentou que nem toda dor é protetora: "É este o triste conforto que ele (Gillies) levaria a uma mulher sofredora, torturada lentamente até a morte por um tumor maligno e devorador no seio, ou a um homem tornado quase inumano e que morre aos poucos com a devastação lenta mas certa de uma úlcera corrosiva?"

A comunidade médica rejeitou Gillies. No final da época vitoriana, o debate subjacente se resolvera de forma conclusiva: não havia significado na dor. A dor não era uma metáfora; era o subproduto biológico da doença. O corpo fora declarado domínio da ciência; o paciente, despossuído. A dor não era paixão, alquimia nem punição; na disputa cosmológica entre demônios e divindades, fora o homem quem vencera. Milhares de anos de pensamento sobre a dor foram descartados quando o paradigma biológico da dor substituiu o religioso. Foi dada a notícia: assim como os consumptivos desceram da montanha, a dor cirúrgica aguda podia ser controlada pela anestesia. Agora a ciência médica poderia se dedicar à dor crônica, e certamente ela também seria logo dominada.

Certamente.

Diário da dor:

Recebo um diagnóstico

— Vou pedir ressonâncias da coluna cervical e do ombro direito — disse o médico. — É bom ir ao fundo do problema antes que se torne crônico.

— Quanto tempo leva para se tornar crônico? — perguntei.

— Há quanto tempo você sente dor? — foi a resposta.

A VIDA INTEIRA E O DESTINO

— Espero que o resultado seja bom — dissera Kurt, com certa ansiedade, na véspera da ressonância, ansioso por mim, mas não só por mim. Pude sentir sua vontade de não ter uma namorada com problemas de saúde. *Um bom resultado* — eu devia me concentrar na esperança de um bom resultado. Mas qual seria? Em geral, não havia resultado nenhum, e o exame se provava inútil.

No subsolo do hospital, tirei brincos, anéis, blusa e sutiã e fiquei parada, como num sarcófago, enquanto a máquina de ressonância magnética iluminava não só as vértebras, como também os tendões, as cartilagens e os discos da minha coluna. A coluna: o caule do corpo, a trepadeira a partir da qual tudo floresce. Eu sentia dor até ali, como uma corrente elétrica branca no pescoço que corria rapidamente pelo ombro direito e chiava na mão — uma dor que eu passara a conhecer tão bem.

Tentei me acalmar com o princípio da Ciência Cristã que a minha avó me ensinou: "Não há vida, verdade, inteligência nem substância na matéria. Tudo é a Mente infinita e as suas infinitas manifestações, pois Deus é Tudo em tudo." O maior medo dos pacientes com dor, às vezes dizem os médicos, é o de que "tudo esteja na cabeça". Enquanto estava ali deitada, percebi que é infinitamente mais assustadora a ideia de não estar na cabeça. Sabia que a máquina via o meu corpo de um jeito diferente e o que fosse registrado seria irrefutável. A minha dor não seria mais uma árvore caindo na floresta sem que ninguém (a não ser eu) ouvisse. Entre sentimentos e pensamentos, fingimentos e negativas, esperança e desespero, a máquina sabia: a árvore que caía, as varetas da barraca se quebrando, o leproso que ria: a verdade.

"Há situações na vida em que o corpo é todo o nosso eu e todo o nosso destino. Eu era o meu corpo e nada mais", escreveu o filósofo francês Jean Améry sobre a sua estada em Auschwitz. Quando li o seu relato na faculdade, a anos de distância da dor, pensei: *Que esse tempo nunca chegue. Que o meu corpo nunca seja o meu destino.*

Na semana seguinte, quando teria de voltar ao médico, conheceria o meu destino: isto é, saberia se o meu corpo seria o meu destino.

— Ah, sim, os filmes e o laudo do radiologista — disse o médico. Ele prendeu os filmes numa tela iluminada instalada na parede ao lado de um modelo de esqueleto de plástico amarelo, em tamanho natural. Passou o dedo sobre os filmes, mostrando periodicamente a estrutura do esqueleto quando começou a explicar. Quanto mais falava, mais animado ficava. Dava para ver que ele gostava de explicar; conhecia o assunto, sentia-se confiante.

Imaginei o meu corpo como um esqueleto numa aula na faculdade de medicina.

Eis um exemplo de espondilose cervical, explicava o médico a um mar de estudantes ansiosos por aprender. *A espondilose cervical é um tipo de osteoartrite. Se examinarmos essas vértebras com atenção, veremos a formação de osteófitos na sua superfície. Quando os discos se degeneram, as vértebras desprotegidas entram em atrito e criam depósitos de cálcio, também conhecidos como esporões ósseos. Os esporões pressionam as raízes nervosas, provocando dor e fraqueza. Observem que a abertura do canal medular também é anormalmente estreita, um problema congênito chamado estenose, que, neste caso, agravou a espondilose.*

Esse esqueleto pertenceu a uma mulher de 33 anos. Ela se queixava de dor e fraqueza do lado direito. Quando observamos o esqueleto e as ressonâncias, vemos que, de fato, a degeneração era maior do lado direito.

Além disso, aqui podemos ver um problema no ombro direito. Em algumas pessoas, o espaço entre a superfície inferior do acrômio, o osso do alto do ombro, e o topo da cabeça do úmero é estreito. Essa passagem estreita espreme o manguito rotador — os tendões que ligam o ombro ao braço e permitem que ele gire —, provocando a chamada "síndrome do impacto", com a qual essa paciente foi diagnosticada.

A única coisa incomum nesse esqueleto é a idade da paciente. Os sintomas de espondilose cervical costumam surgir entre os 40 e os 60 anos, embora tenham sido encontrados casos em pessoas de até 30 anos. Normalmente, a osteo-artrite está ligada ao envelhecimento, mas, em casos de desgaste prematuro como esse, presume-se que a origem seja genética, possivelmente agravada por traumas.

Não se sabe se algum trauma específico provocou a situação, mas o histórico da paciente revela que ela se descrevia como dada a acidentes e que quebrou este braço, além de ter sofrido outras lesões que podem ter contribuído para a evolução do problema.

Qual é o tratamento?

Primariamente, sintomático: fisioterapia, controle da dor. A doença é mais devastadora quando começa cedo, como nesse caso. Com o tempo, conforme a estenose continua a estreitar a passagem vertebral, pode começar a pressionar a própria medula, numa situação de emergência que exige cirurgia imediata para abrir o espaço intravertebral e tentar preservar a medula. Os pacientes devem ficar atentos a sinais de impacto na medula, como perda de capacidade motora.

Casada ou solteira?

Solteira.

Percebi que o relacionamento com Kurt — o relacionamento longo e falso — acabara. É claro, é claro, é claro. Eu me iludira com o relacionamento, assim como me iludira com a dor. Os dois pareciam tão confusos, tão confusos e confundidos... Mas agora tudo estava claro. A dor não era uma manifestação de problemas pessoais, espirituais ou românticos e não poderia ser aliviada se pensasse nela assim; era um problema biológico, fácil de ser visto por um estranho.

— Perguntas? — indagou o médico, afável, e sentou-se à escrivaninha. — Vamos lá. O que foi que eu disse que você não entendeu?

— Vai melhorar com o tempo?

— É degenerativo.

— Pode ser corrigido?

— Não, é estrutural. Entende? — Ele fez uma pausa. — Você precisaria de uma coluna nova. — E sorriu.

Quase perguntei se, quanto mais degenerasse, mais dor eu sentiria, mas tive medo demais da resposta.

Terminei meu relacionamento com Kurt naquela noite.

III

TERRÍVEL ALQUIMIA:

A dor como doença

UMA CELA PARTICULAR NO INFERNO

Numa antiga ilustração do inferno que vi certa vez, cada condenado tinha uma cela própria equipada com instrumentos de tortura específicos que visavam a se adequar — ou melhor, no caso, a não se adequar — aos habitantes, do balcão de estiramento para a mulher baixinha até o leito de Procusto para alguém gigantesco. Era uma pintura engenhosa, uma seção vertical, como os quartos cortados de uma casa de boneca. Paredes grossas e úmidas separavam os nichos, de modo que, ainda que os condenados conseguissem escutar, o grito dos outros soaria fraco e distante; além disso, quem consegue escutar com os ouvidos cheios dos próprios gritos? Ninguém vinha, ninguém ia. Parecia que até os demônios tinham abandonado o lugar, deixando que a dor fizesse o seu trabalho perpétuo. Ou talvez os demônios fossem a própria dor: o agente invisível da agonia inscrita no rosto de cada habitante.

A dor é estranhamente comum. Uma estimativa consensual, muito usada no setor, é a de que um em cada cinco americanos sofrem de dor crônica. A dor custa bilhões de dólares à sociedade como um todo sob a forma de pensões por invalidez e perda de produtividade. O perfil demográfico mudou com o envelhecimento da geração da década de 1950, de modo que uma parte cada vez maior da população corre o risco de sofrer de doenças que levam à dor crônica. A expectativa de vida continua a aumentar, mas quem vai querer que a vida dure 120 anos se o último terço for passado com dor diária?

Embora a dor seja um dos principais sintomas que levam a população a buscar assistência médica nos Estados Unidos, há apenas 2.500 especialistas em dor certificados pelo Conselho de Medicina americano — cerca de um médico para cada 25 mil pacientes com dor crônica. De acordo com uma pesquisa de 2006, apenas 5% dos pacientes com dor crônica chegam a consultar um especialista em dor. Em consequência, o tratamento da dor fica primariamente nas mãos dos médicos comuns, a maioria dos quais pouco sabe sobre a dor e não quer nem procura saber mais. As escolas e livros de medicina dão pouca atenção ao tema. Como especialidade, a medicina da dor só passou a existir depois da Segunda Guerra Mundial, quando o dr. John J. Bonica, anestesista que tratara de soldados feridos, escreveu, em 1953, o primeiro livro abrangente sobre o manejo da dor e promoveu a criação da International Association for the Study of Pain (Associação Internacional para o Estudo da Dor), primeira entidade médica dedicada a isso.

No século XVI, Ambroise Paré definiu a tarefa da medicina como "curar às vezes, aliviar com frequência, consolar sempre". Como é que a dor se desviou desse imperativo tão cativante?

A razão de a dor propriamente dita só ter se tornado alvo de pesquisas há pouco tempo é o fato de sempre ter sido compreendida como sintoma de alguma doença. Segundo essa teoria, o remédio era simples: trate-se a doença, e a dor se curará sozinha. Especializar-se em medicina da dor parecia tão absurdo quanto se especializar em febre; era como pôr o carro na frente dos bois. Mas a experiência real dos pacientes costumava contrariar o pressuposto de que a dor era um mero sintoma, pois muitas vezes a dor crônica sobrevive às causas originais, piora com o tempo e assume uma surpreendente vida própria.

Acontece que a ideia de que a dor tem vida própria não é metáfora, mas realidade biológica. Há cada vez mais indícios de que, com o passar do tempo, a dor não tratada acaba por reconfigurar o sistema nervoso central, causando mudanças patológicas no cérebro e na medula espinhal, e essas, por sua vez, causam dor ainda maior. É ainda mais perturbador que achados recentes indiquem que a dor prolongada realmente prejudica partes do cérebro, inclusive aquelas envolvidas na cognição.

Um modo de explicar essa mudança é dizer que hoje o diagnóstico pode ser a própria dor. "Noventa e oito por cento dos médicos ainda afir-

AS CRÔNICAS DA DOR

mam que a dor é um sintoma e não uma doença", me explicou Scott Fishman. O dr. Fishman é chefe da Divisão de Medicina da Dor no campus de Davis da Universidade da Califórnia, presidente da American Pain Foundation (Fundação Americana da Dor), importante grupo de defesa dos pacientes, e autor de *The War on Pain* (A guerra à dor), livro de autoajuda que realmente ajuda (ah, se eu tivesse lido esse livro quando comecei a sentir dor!). "Pois é, a dor costuma ser uma doença secundária que se origina de um problema subjacente, assim como a cegueira pode ser causada pela diabetes. Mas isso não significa que não seja real e não precise de tratamento. E, com o tempo, ela costuma se tornar a doença principal."

À primeira vista, a distinção entre diagnóstico e sintoma pode parecer meramente semântica. Mas, no contexto médico, já foi demonstrado que a semântica tem grande importância. Conseguir que a depressão fosse reconhecida como doença representou metade da luta para encontrar tratamento e torná-lo acessível aos pacientes. A verdadeira pergunta, portanto, é prática: qual é o valor de considerar a dor uma doença? Quais os resultados de agir assim ou não?

Classificar a dor como doença confere destaque à gravidade da ameaça que ela representa. "A dor pode matar" é o lema do novo campo da medicina da dor, lema que de hipérbole não tem nada. Longe de ser mera experiência desagradável que todos deveriam suportar de lábios apertados, na verdade a dor prolongada prejudica o organismo ao provocar uma cascata de mudanças hormonais e neuroquímicas que podem afetar de forma prejudicial a cura, a imunidade e a função renal.

Os indícios mostram que os pacientes tratados com doses adequadas de opiáceos saram mais depressa da cirurgia. A dor mantém a pessoa na cama depois da operação e aumenta o risco de problemas como coágulos sanguíneos. As lesões pulmonares e torácicas estão ligadas a um grande número de mortes porque a dor que provocam leva os pacientes a respirarem de modo mais superficial. O ar fica estagnado no pulmão e permite que micróbios normalmente inofensivos se instalem e provoquem doenças como a pneumonia, exigindo o uso do pulmão artificial — que, por sua vez, traz mais risco de infecção.

O tratamento adequado da dor pode ser importante para a saúde como um todo e para a cura das doenças. Muitos hormônios que regulam o processamento da dor no cérebro também são fundamentais para regular a função imunológica. Os hormônios do estresse, como o cortisol, aumentam com a dor e prejudicam a imunidade. Tanto a dor quanto a imunidade são reguladas por endorfinas e mediadores locais de inflamações.

Pode-se perguntar: como o tratamento da dor pode ser controvertido? Por que a dor não deveria ser tratada? Quem são os *adversários* do alívio? Pouquíssimos médicos declarariam não acreditar que a dor crônica exista e, embora alguns possam alegar ignorância, poucos diriam que não se dispõem a tratar a dor crônica. Do mesmo modo, poucos indivíduos do público defenderiam o sofrimento (ainda mais se for o deles). Mas as concepções de dor, assim como as de prazer, estão profundamente entranhadas, em termos culturais, sociais e psicológicos. A dor crônica é uma doença que resiste à mensuração, e é fácil desprezar os relatos pessoais dos pacientes ou não acreditar neles. A evolução cultural do entendimento da depressão pode servir de modelo para o caso da dor. A depressão já foi tratada com negação (como se não fosse um problema real e clínico), desdém (como emoção irracional) e estigmatização (como algo vergonhoso que devesse ser superado). Finalmente, essas atitudes deram lugar ao reconhecimento da depressão como doença com base orgânica e potencialmente fatal, com componentes psicológicos e subjetivos e outros fisiológicos e objetivos.

Se chegar a um novo entendimento médico da dor já foi um processo difícil e prolongado, mais complicado ainda será disseminar esse conhecimento. Embora haja consenso científico sobre a realidade da doença, ela ainda não obteve aceitação generalizada fora do pequeno círculo de especialistas em dor.

"Os meus pacientes consultaram em média cinco médicos por causa da doença antes de chegarem a mim; alguns visitaram uma dúzia e receberam diagnósticos complicados e contraditórios; mas, para a maioria, a dor não foi tratada *do modo mais óbvio*", disse o dr. Fishman. Depois de decisões na Justiça, como a indenização de um milhão e meio de dólares cobrada em 2001 de um clínico-geral da região de São Francisco por não ter tratado de forma adequada a dor de um paciente terminal, a Califórnia e outros estados americanos impuseram a educação continuada em manejo da dor como exigência para renovar a licença dos médicos. Naquele processo, a equipe de defesa do médico argumentou que ele não recebera treinamento específico sobre manejo da dor e que tratara o paciente da melhor maneira possível — o que, provavelmente, era verdade.

Jim Mickle, médico de família da região rural da Pensilvânia (e marido da minha amiga Cynthia), descreveu a desconfiança dos médicos comuns em relação ao tratamento da dor: "É dor objetiva ou subjetiva? Como saber que não estamos sendo enganados ou que não é um truque para obter narcóticos? Em geral, os pacientes com dor crônica são um pé no saco. A reação da maioria dos médicos ao paciente com dor crônica é tentar encaminhá-los a alguém mais compreensivo. Ou apenas se livrar deles."

O que torna um médico solidário com a dor? Jim pensou no assunto. "Alguém que também sinta dor", disse ele. "Ou que tenha interesse intelectual, que não esteja interessado em resultado imediato, não queira ganhar dinheiro, tenha muitos diplomas. Tivemos alguns assim nesta área, mas então todos os pacientes com dor são encaminhados para eles, e eles acabam não aguentando mais e param."

O CAMALEÃO

Todos os pacientes com dor comprovam o perigo da abordagem conservadora de esperar a dor passar, como demonstraram as semanas em que observei o tratamento numa clínica da dor. Dentro da torre de cimento da clínica da dor no centro de Boston, todas as imagens e os sons da vizinhança — os cisnes do Parque Público, as lanternas de Chinatown — sumiram, se desintegraram num consultoriozinho no qual só havia a seguinte tríade: médico, paciente e dor. Dos três, como deixou claro o desfile diário de desespero e diagnóstico, a presença da dor é que predominava.

O que a maioria dos médicos vê no paciente com dor crônica é uma ruína incômoda e avassaladora: um corpo e uma vida arruinados. "A dor crônica é como o dano que a água provoca nas casas", me disse Daniel B. Carr, na época diretor clínico do New England Medical Center Pain Management Center (Centro de Manejo da Dor do Centro Médico da Nova Inglaterra). "Se durar muito tempo, a casa cai." O seu serviço é salvar lá de dentro a pessoa esmagada, localizar a fonte original da dor — o vazamento, a instabilidade estrutural — e começar a reconstrução em termos psíquicos, psicológicos e sociais.

— Alguns pacientes meus estão na fronteira da vida humana. — Ele suspirou. — O erro que os médicos cometem com os pacientes com dor crônica é supor que, se não conseguem dar jeito em quase todos os problemas dos pacientes, não conseguem dar jeito em nada. Ficam assoberbados demais para encontrar o que pode ser tratado.

O interesse do dr. Carr pela dor começou pelo lado intelectual. Depois de se formar como clínico geral e endocrinologista, publicou, em 1981, aquele estudo de referência sobre corredores que demonstrou que o exercício estimula a produção de betaendorfinas. Ele levantou a hipótese de que o aumento das endorfinas levaria ao "barato do corredor", que o anestesia temporariamente — a analgesia induzida pelo estresse dos nossos ancestrais que fugiam do tigre. O dr. Carr começou a pensar: se o barato do corredor é um exemplo de como o organismo saudável modula a dor, que anormalidade levará à dor crônica? Uma forma de pensar na dor é vê-la como a presença de uma doença — o sistema nervoso que entra em parafuso —, mas outra maneira é vê-la como ausência de saúde: uma falha dos controles normais que conseguem modular a dor comum.

O dr. Carr decidiu fazer uma terceira residência em anestesia e medicina da dor, e se tornou o fundador do centro multidisciplinar da dor do Massachusetts General Hospital e diretor da American Pain Society (Sociedade Americana da Dor). As clínicas da dor são escassas: a natureza prolongada do tratamento e a falta de procedimentos para ganhar dinheiro rápido, nos quais se baseiam os sistemas de planos de saúde, fazem com que essas clínicas tendam a dar prejuízo e a manter uma existência precária.

Eu já sentia dor havia alguns anos quando, por acaso, uma revista me contratou para escrever uma reportagem sobre dor crônica. Tinham me oferecido várias opções de reportagem: falência pessoal, um assassinato, o perfil de alguém famoso que fingi conhecer. O editor e eu estávamos num restaurante japonês no centro da cidade; eu cutucava o meu sushi, pensando com saudade na fome que sempre sentia antes da dor e em como costumava adorar convites para almoçar e pedir vários pratos. Através do brilho vidrado do sofrimento, ouvi a ideia do editor. "Dor?", disse eu, acordando. "O tratamento da dor funciona?"

Depois que afinal recebi o diagnóstico, experimentei alguns tratamentos que mitigaram mas, decididamente, não conseguiram curar a minha dor. Não tinha confiança em nenhum método de tratamento porque não entendia como podiam funcionar, e não queria entender; só queria ser curada. Mas, pela primeira vez, na clínica do dr. Carr, observando o tratamento dos outros pacientes, comecei a ponderar sobre a própria natureza da dor.

Antes de ir à clínica toda manhã para observar o dr. Carr para a reportagem, vestia-me cuidadosamente, de saia e sapatos de bico fino, para que os pacientes não percebessem que eu era um deles. Ainda assim, me surpreendi quando nenhum deles viu o *D* escarlate bem no meu peito. Sorria amarelo quando os olhos dos pacientes cruzavam com os meus.

"Que horror!", eu dizia quando me presenteavam com as suas histórias. "Espero que você melhore!" — *Eu não melhorei*. "Obrigada por me deixar observar!"

"Se para alguma doença se propõem muitos remédios diferentes, isso significa que a doença é incurável", graceja um personagem numa peça de Tchecov — uma verdade certamente exemplificada pelo campo do manejo da dor. A maleta do médico da dor contém muitas ferramentas. Há remédios como antidepressivos, anticonvulsivos, anti-inflamatórios, opiáceos e opioides. (*Opioide* é o termo geral que engloba tanto os opiáceos naturais derivados da papoula do ópio quanto os similares sintéticos, como a metadona e o OxyContin, embora a palavra *opiáceo* seja muito usada, de forma incorreta, para se referir a ambos.) Também há fisioterapia, tração (para reduzir a pressão na coluna), manipulação quiroprática, injeções de esteroides e outras, cirurgia, tratamentos psicológicos e técnicas como hipnose, manejo do estresse, biofeedback, acupuntura, meditação e massagem.

Raramente alguma delas traz a cura, mas podem ajudar a modular a dor, dando aos pacientes um "ponto de apoio" para que consigam sair da síndrome dolorosa crônica — para os médicos, síndrome álgica crônica — ou, como disse o dr. Carr, "pelo menos retardar a queda". Sem intervenção, a descida pode ser muito íngreme. A maioria dos que sofrem de dor crônica dorme mal (problema exacerbado pelos opioides, que fracionam o sono). Com o tempo, a falta de sono — forma de tortura comprovada há muito tempo — pode criar sintomas de doença mental. Mas a insônia pode ser tratada com medicamentos como a trazodona (que, ao contrário de muitos soníferos, não causa dependência física e cujos efeitos, em geral, não diminuem com o tempo). Muitas síndromes dolorosas provocam o descondicionamento e a proteção da área afligida, o que pode levar à atrofia muscular, que reduz ainda mais a mobilidade e provoca mais dor; a fisioterapia pode intervir nesse ciclo. A dor causa depressão, que por sua vez causa mais dor, mas muitas vezes a depressão pode ser tratada.

Os pacientes do dr. Carr adquiriram a dor com doenças e acidentes de todos os tipos. Sofrem de enxaqueca, esclerose múltipla, artrite reumatoide, osteoartrite e fibromialgia. E muita gente que sofre de dor crônica não tem nenhum diagnóstico específico. A dor nas costas, por exemplo, é uma das razões mais comuns para se ir ao médico, mas os estudos indicam que, em até 85% dos casos, não se consegue dar um diagnóstico definido. Pessoas cujas costas parecem normais nos exames podem sentir dores fora do normal e outras cujos exames revelam problemas costumam se sentir bem. As costas são interligadas demais e não é possível distinguir a dor nevrálgica da articular e da muscular. Isso traz muita infelicidade aos pacientes. No entanto, o que eles não percebem é que para melhorar não é necessário ter um diagnóstico definido; as opções de tratamento são suficientemente limitadas para que um paciente possa trabalhar sistematicamente com todas.

De todos os pacientes do dr. Carr cujo tratamento observei, talvez Lee Burke, a última paciente de certo dia, tenha sido a que me deu uma ideia melhor do estado atual do manejo contemporâneo da dor, porque o seu diagnóstico e o seu tratamento foram muito simples, enquanto as falácias que agiram para que o diagnóstico não fosse feito mais cedo foram muito numerosas e reveladoras dos problemas do tratamento da dor.

Sete anos antes, como contou ao dr. Carr, Lee descobriu que tinha, aninhada atrás da orelha esquerda, uma variedade de tumor no cérebro que oferecia muita probabilidade de sobrevivência conhecida como neurinoma do acústico. O tumor era benigno, mas os seus efeitos não: quando cresceu, ameaçou esmagar partes úteis do cérebro. O período de recuperação da cirurgia feita para removê-lo deveria durar apenas sete semanas. Em vez disso, ela disse que acordou da cirurgia com um problema imprevisto: dores de cabeça — lancinantes, ardentes como o relâmpago — que a derrubavam durante períodos que iam de quatro horas a quatro dias. Ela perdeu o emprego de vice-presidente de recursos humanos de uma imobiliária. Mulher de 56 anos, de traços delicados, com um suéter de algodão azul que refletia o azul dos seus olhos e o grisalho dos cabelos, ela chorou ao contar ao dr. Carr que a dor se intrometeu entre ela e o marido quando as dores de cabeça a deixaram de cama. Ela largou o esposo, e o dinheiro, e a propriedade de um milhão de dólares num condomínio no centro de Boston.

"Foi mais fácil ficar sozinha com a dor", disse ela. Como o animal ferido que, instintivamente, se separa do rebanho, muitos pacientes com dor crônica ficam sozinhos. "Não conseguia segurar ninguém", me explicou outra mulher, que sofria com o ombro paralisado. "As minhas mãos estavam cheias de dor."

Como a cabeça é o lar exclusivo de quatro dos cinco sentidos pelos quais o cérebro é informado do mundo exterior, ela é proporcionalmente bem-protegida por nervos sensoriais. Na verdade, com exceção das mãos, o cérebro dedica mais espaço para processar as informações sensoriais da cabeça do que de todo o resto do corpo. Assim, as lesões dos nervos faciais têm a capacidade de causar grande sofrimento.

O dr. Carr pediu a Lee que descrevesse as dores de cabeça. Como a maioria dos cerca de cem pacientes que observei tentando descrever o seu sofrimento em várias clínicas da dor, Lee pareceu aturdida com a pergunta. Elaine Scarry descreve a dor não só como experiência *não* linguística, mas como experiência que destrói a linguagem. "O que quer que a dor consiga, consegue, em parte, devido à impossibilidade de ser compartilhada, e assegura essa impossibilidade de ser compartilhada através da resistência à linguagem", escreve ela, citando a famosa observação de Virginia Woolf de que "o inglês, que consegue exprimir os pensamentos de Hamlet e a tragédia de *O Rei Lear*, não tem palavras para o calafrio e a dor de cabeça (...) (D)eixe o sofredor tentar descrever a dor na cabeça a um médico e, na mesma hora, a linguagem seca".

Parte da maldição da dor é que ela *soa* inverídica para quem não sente dor. Os pacientes procuram metáforas que parecem lugares-comuns melodramáticos e exagerados. "Uma dor ardente, em pancadas, como um furador de gelo", foi como um sem-teto descreveu a neuropatia diabética que lhe escalda as coxas e os pés enquanto os nervos menores morrem, privados de oxigênio pela doença. "Ela esquenta e depois gruda, sem parar", disse ele ao dr. Carr. "Segura os meus pés no fogo." Ele se interrompeu, o rosto se contorcendo na mesma perplexidade chocada que observei no rosto dos pacientes que vi descreverem o sofrimento em várias clínicas da dor: *O que está me atormentando, e por quê?*

"É como ser jogada numa parede e totalmente destruída", disse Lee. "Ela faz a gente querer arrancar todos os fios de cabelo. Não posso fazer nada para me defender. É como se facas entrassem nos meus olhos." Ela começou a chorar de novo.

Senti necessidade de interromper, de contradizer ou consolar. Mas o dr. Carr ficou ali sentado calmamente enquanto ela obscurecia a expressão, a concentração fixa, as mãos cruzadas tranquilas no colo, com a gentileza equânime e impessoal de um padre ou um policial. Durante aquele dia longo, quase todos os pacientes choraram durante as consultas. Talvez porque a vida deles reflita o caos da criação operária católica do filho de um barman irlandês alcoólatra, o médico não se alarma quando os pacientes gritam com ele. Não é indiferente à emoção nem se distrai com ela; o tempo todo, ele se concentra no culpado — a dor, esse camaleão.

O dr. Carr pediu a Lee que fechasse os olhos e bateu na cabeça dela com o canto duro de uma embalagem fechada de algodão com álcool. Em poucos minutos, ele descobriu o padrão claro de dormência que indica que um dos principais nervos do rosto, o nervo occipital, foi cortado durante a cirurgia. Era óbvio, pela diferença de expressão do rosto, que o dr. Carr considerava isso uma revelação — a desmistificação da dor — e que Lee não entendia por quê.

Senti a perplexidade dela: *qual era a ligação entre bater com um pote plástico e a tristeza infinita da sua vida?*

A voz de Lee se encolheu quando ela perguntou:

"Se o nervo foi cortado, como pode causar dor?"

A IMORTALIDADE DOS NERVOS MORTOS

P ois é, como?

Só recentemente esse fenômeno foi compreendido. Os médicos costumavam ter certeza absoluta de que nervos cortados não poderiam transmitir dor — *estão cortados*! No século XIX e na primeira metade do século XX, o corte dos nervos chegou a ser visto como solução para muitas síndromes dolorosas, num tratamento semelhante à antiga prática europeia de cauterizar feridas com óleo fervente (esse era o padrão até que, certo dia, Ambroise Paré ficou sem óleo no campo de batalha e, na manhã seguinte, notou que os pacientes que não cauterizara estavam em melhor situação do que aqueles cujos membros tinham sido caridosamente escaldados com óleo fervente).

Rotineiramente, os americanos aprendem muita coisa na escola, mas o funcionamento interno do organismo continua a ser mais inacessível do que o giro dos planetas. Sem dúvida, eu não tinha na cabeça nenhum modelo do sistema nervoso. Sabia que o corte dos nervos na medula espinhal provoca paralisia. Mas não sabia que há tipos diferentes de nervos e que o movimento é possibilitado pelos neurônios motores, enquanto a dor é transmitida por neurônios sensoriais. Talvez os nervos sensoriais lesionados ou cortados provoquem apenas insensibilidade, mas também podem voltar a crescer de forma irregular e começar a mandar sinais espontaneamente, produzindo pontadas, sensações perfurantes e choques elétricos. Destruir os nervos sensoriais como tratamento da dor só costuma fazer sentido no caso de pacientes terminais que morrerão antes de os nervos começarem a se regenerar.

"Os nervos sensoriais podem voltar", explicou o dr. Scott Fishman, "e, quando isso acontece, voltam zangados."

Na verdade, hoje se compreende que a lesão dos nervos é a causa de muitas síndromes dolorosas crônicas. A imortalidade dos nervos mortos está no centro do mistério da dor crônica, o fantasma que toca o sino da igreja na torre vazia, assinalando a destruição da terra. Hoje se compreende que muitas dores crônicas são neuropáticas — patologias do sistema nervoso que se originam em lesões do sistema nervoso central do cérebro e da medula espinhal ou em lesões dos nervos sensoriais periféricos.

Eu fazia anotações sobre ciência, estudos e termos médicos num caderno espiral cor-de-rosa, que (ao contrário do caderno verde de "entrevistas com pacientes" e do amarelo de "representações da dor na arte, na literatura e na religião") achei que seria o mais chato. Na verdade, dei à ciência a minha cor predileta para afastar o esperado tédio. Mas, quanto mais pesquisava a ciência da dor crônica, menos seca e mais ameaçadora ela ficava.

A dor física muda o corpo do mesmo modo que a perda emocional causa marcas indeléveis na alma. O sistema de dor do corpo não é rígido, mas flexível (os neurocientistas dizem "plástico"), e, numa má adaptação, pode ser moldado pela dor e aumentar a sua sensibilidade. Normalmente, pensamos na neuroplasticidade como característica positiva: quando o cérebro se adapta às circunstâncias e aprende coisas novas, criam-se novas vias nervosas e desaparecem as vias antigas, assim como uma floresta recupera os caminhos não trilhados. Mas, no caso da dor persistente, a neuroplasticidade é negativa. Os nervos da medula espinhal ficam hiperexcitados, começam a mandar sinais espontaneamente e a recrutar novos nervos para o seu serviço, e o sistema todo se acelera e reage cada vez mais à dor, num fenômeno descoberto pelo pesquisador Clifford Woolf e chamado de *sensibilização periférica* (quando a hipersensibilidade ocorre na periferia do corpo) ou *sensibilização central* (quando a hipersensibilidade acontece no sistema nervoso central).

Embora o limiar que liga os neurônios sensoriais que percebem lesões (nociceptores) seja normalmente determinado pela evolução num nível mais ou menos fixo para todos os membros de uma espécie, a sensibilização periférica e central baixa esse limiar, de modo que estímulos comuns se tornam dolorosos. Depois de uma lesão qualquer, a sensibilização central e periférica costuma acontecer de forma leve e rotineira para proteger a área. Por exemplo, uma hora depois de alguém se queimar, surge um círculo de vermelhidão em torno da queimadura, os nervos feridos transmitem mensagens aos nervos vizinhos e a área inteira passa a apresentar sensibilidade anormal. Essa sensibilidade exacerbada atende à função adaptativa de desencorajar o contato com o tecido lesado. Quando tomamos banho, a água morna, agradável na maior parte do corpo, fará a área queimada arder de repente. Para quem teve o sistema nervoso sensibilizado pela enxaqueca, barulhos ou luzes fortes causam dor.

Normalmente, o ferimento começa a sarar e a sensibilização desaparece. Mas, em algumas síndromes dolorosas crônicas, a sensibilidade se prolonga. Estímulos inofensivos, como pressão ou toque leve, se tornam dolorosos, num fenômeno chamado *alodinia*. Em geral, os toques leves são transmitidos por nervos diferentes daqueles que registram a dor. Entretanto, na alodinia os nervos dos toques leves mudam e passam a funcionar como nervos da dor. Em quem sofre de alodinia (que pode afligir vítimas de síndromes dolorosas como nevralgia do trigêmeo, nevralgia pós-herpética, fibromialgia e neuropatia periférica causada por lesões ou doenças como diabetes), as lágrimas podem queimar, uma carícia pode parecer um golpe, e a leve pressão das meias pode ser como os sapatos de ferro em brasa com que a rainha má de Branca de Neve foi forçada a dançar até morrer. Os pacientes ficam literalmente com medo de se mexer.

Enquanto na alodinia os estímulos inofensivos são erroneamente percebidos como dor, os que têm dor crônica também podem sofrer de sensibilidade exacerbada a estímulos dolorosos, num processo chamado *hiperalgesia*, que envolve a amplificação dos sinais de dor (na periferia, na medula espinhal ou no próprio cérebro). A hiperalgesia pode perdurar muito tempo depois de passada a função protetora inicial.

A dor gera a dor. Quanto mais transmitem mensagens dolorosas, mais eficientes se tornam as vias da dor, causando a transmissão de dores maiores, do mesmo modo que um curso d'água cria um caminho na terra e, com o tempo, vai correndo mais depressa e se transforma em rio. A pesquisa de Allan Basbaum, do campus de São Francisco da Universidade da

Califórnia, demonstrou que, no caso de lesões prolongadas, níveis cada vez mais profundos de células da dor são ativados na medula espinhal.

A hiperalgesia é uma característica de muitas síndromes dolorosas. A neuropatia diabética, por exemplo, pode prejudicar os nervos de um dos pés, provocando dor e dormência locais. Mas, como todo o sistema nervoso do paciente muda com a dor no decorrer do tempo, o outro pé também pode ficar hiperalgésico, ainda que os nervos daquele pé pareçam normais. Assim como os enxames de demônios que se multiplicavam e se esgueiravam pelas aberturas desprotegidas do corpo dos antigos para beber o sangue e se banquetear com os órgãos, a dor gerada pela dor é ainda mais maligna.

Em resumo, rabisquei na capa do caderno rosa: *"Péssimas notícias."*

SÍNDROMES NEUROPÁTICAS DOLOROSAS

Entender a dor crônica como doença do sistema nervoso central lança luz sobre o enigma da dor crônica e resolve a questão de por quê, em muitas síndromes dolorosas, não há causa clara e por quê, mesmo nas síndromes dolorosas em que há uma causa nítida da dor, esta não tem relação nenhuma com a intensidade da dor. Casos terríveis de osteoartrite podem ser acompanhados de dor leve (ou ser indolores), enquanto mudanças osteoartríticas degenerativas leves podem provocar agonia lancinante.

Em algumas pessoas, doenças comuns causam dores extraordinárias. As ressonâncias magnéticas só mostram ossos e tecidos; os médicos olham o exame do paciente e dizem: "As suas costas estão boas, a inflamação acabou", ou "O osso está curado", e concluem que não há razão para o paciente continuar sofrendo. Um estudo indicou que um terço dos discos lesionados parecia normal na ressonância; outro estudo indicou que quase metade dos pacientes com menos de 60 anos que tinham discos visivelmente degenerados na ressonância se sentiam normais. O problema nem sempre está no tecido e nos ossos; pode estar na invisível hidra dos nervos que, muitas vezes, as ressonâncias não conseguem perceber.

Nem toda dor crônica é neuropática. Há também dor muscular, dor nociceptiva (dor que nasce de lesões ou inflamações do tecido) e dor psicogênica (dor física causada, aumentada ou prolongada por fatores emocionais). As doenças que causam dor costumam envolver vários tipos de dor.

AS CRÔNICAS DA DOR

No entanto, hoje se acredita que muitos sintomas de dor crônica que já foram considerados totalmente musculoesqueletais, como a dor nas costas, têm um componente neuropático oculto. Com o tempo, a dor neuropática leva à dor musculoesqueletal. A nevralgia provoca espasmos musculares que, por sua vez, interferem no uso normal da área, o que causa fraqueza e, finalmente, atrofia. As mudanças de humor e sono e, finalmente, as mudanças de personalidade se instalam, e o problema original — a lesão nervosa — fica mais difícil de perceber.

"Há uma ignorância tremenda sobre a dor neuropática", comentou o dr. Clifford Woolf, professor de Harvard que é um dos maiores pesquisadores de dor neuropática do mundo. "A maioria dos médicos não sabe procurá-la."

Muitas síndromes dolorosas crônicas inexplicáveis que não parecem ligadas a nenhuma lesão nervosa podem resultar da amplificação neurobiológica dos sinais de dor que leva à sensibilização central e à hiperalgesia. Por exemplo, no caso da síndrome do intestino irritável, que provoca mal-estar intestinal inexplicável, a anormalidade pode não se originar no próprio intestino, mas no sistema nervoso central.

Outro bom exemplo é a fibromialgia, uma síndrome desconcertante que afeta desproporcionalmente as mulheres e cujos sintomas são dor muscular crônica, fadiga, depressão e sensibilidade exacerbada ao toque. As pacientes sentem que "levaram uma surra", como disse uma delas, ou ficam com o corpo doído como numa gripe que nunca acaba. Parece que o distúrbio não reside nos músculos, mas no sistema nervoso. Já se demonstrou que os pacientes com fibromialgia têm baixo limiar da dor e alterações químicas na medula espinhal e nas partes do cérebro envolvidas na regulação da dor. Também sofrem de desajuste do neurotransmissor dopamina (que participa intimamente das sensações de bem-estar) e dos neurotransmissores serotonina e norepinefrina (ligados à depressão e à modulação da dor). É provável que a tendência a desenvolver fibromialgia seja genética.

Embora a fibromialgia seja estudada desde o século XVII, só foi formalmente reconhecida como doença em 1987, e muitos médicos continuam a acreditar que é um transtorno psicológico. Das dezenas de mulheres que sofrem de fibromialgia que encontrei nas clínicas da dor durante a minha pesquisa, todas tinham passado pela experiência de sofrer descrédito e de lhes perguntarem coisas como "Está com problemas conjugais?" com voz insinuante, como se fosse essa a causa da dor. (E muitas estavam; doenças crônicas costumam provocar problemas conjugais.)

O dr. Richard Gracely e o dr. Daniel Clauw examinaram pacientes com fibromialgia e outros com dor lombar sem causa identificada. Num estudo, prenderam na base da unha do polegar dos participantes um aparelhinho que aplicava pressão pulsante em vários níveis, do inócuo ao doloroso. Os pesquisadores descobriram que os participantes com fibromialgia e dor nas costas disseram ter sentido a pressão leve como dolorosa, enquanto os participantes saudáveis de controle sentiram a pressão como apenas um pouco desagradável.

Esses pacientes, como gostam de dizer os médicos britânicos, seriam apenas reclamões? Antes da invenção dos exames de neuroimagem funcional do cérebro (técnica que permite aos pesquisadores fazer um tipo de vídeo ou filme tridimensional do cérebro quando ele reage à dor), seria impossível responder a essa pergunta. A impressão dos médicos sobre a credibilidade dos pacientes seria, principalmente, um reflexo da sua personalidade e da tendência a acreditar ou não nos pacientes. Mas, no estudo de Gracely e Clauw, a neuroimagem funcional pôde mostrar que os pacientes descreviam fielmente o que sentiam enquanto os aparelhos documentavam a ativação das áreas de processamento da dor no cérebro — ativação só vista no cérebro dos participantes de controle quando a pressão no polegar aumentava muito.

Como era o circuito de processamento da dor do meu cérebro? Foi o que eu quis saber quando li a respeito do estudo. Haveria algum estudo de neuroimagem do cérebro no qual eu pudesse ser voluntária?

SÍNDROMES DOLOROSAS CIRÚRGICAS

Os cirurgiões previnem os pacientes de muitos riscos remotos, desde coágulos até a possibilidade de a anestesia provocar uma reação fatal, mas não costumam mencionar (e talvez nem tenham consciência dela) a possibilidade muito mais provável de desenvolverem dor neuropática crônica. Um dos pacientes do dr. Carr era um homem rico cuja vida se arruinou quando um nervo foi cortado durante uma plástica para corrigir as orelhas de abano. Outro paciente ficou com dor crônica no peito depois de um pneumotórax tratado no hospital, onde lhe inseriram um tubo no peito, uma das áreas do corpo mais ricas em nervos. Uma categoria pungente de pacientes das clínicas da dor é a dos que fizeram cirurgias especificamente para *tratar* a dor crônica, mas cuja cirurgia piorou a dor, resultado do qual afirmam não terem sido avisados. A dor depois da laminectomia, cirurgia bastante comum das costas (que remove parte do osso das vértebras e, às vezes, também os ligamentos e músculos circundantes), é tão habitual que já tem nome (*síndrome pós-laminectomia*).

O método clássico de realizar toracotomias (incisão no peito que corta as costelas para dar acesso ao coração, ao pulmão e a outros órgãos) causa risco elevado de dor duradoura. Num estudo, 30% dos pacientes se queixavam de dor quatro anos depois da cirurgia. "Quando falamos com cirurgiões torácicos", disse o dr. Woolf, "eles dizem que são situações graves, que ameaçam a vida — cirurgia cardíaca ou câncer. O fato de o paciente sentir dor pelo resto da vida não é importante; eles pensam: 'Salvei a sua vida, o que mais você queria?' A dor não é considerada uma ameaça à vida. E até os pacientes sentirem dor, não conseguem imaginar como é — o jeito como fica lá o tempo todo e acaba com a vida da gente."

Um percentual significativo de sobreviventes de câncer sofre de dor crônica, originária diretamente dos tumores ou do tratamento (a radiação e a quimioterapia podem lesionar os nervos tanto quanto as cirurgias). Além disso, costuma ser difícil para os sobreviventes encontrar médicos dispostos a receitar opioides quando a dor não goza mais da santificação social conferida pelo câncer.

Um estudo memorável da Universidade de Toronto, feito em 1997 pela dra. Anna Taddio e outros, teve consequências preocupantes sobre o impacto da dor em bebês e crianças. O estudo comparou a reação à dor de grupos de bebês não circuncidados, circuncidados com um creme anestésico ou circuncidados sem anestesia. De quatro a seis meses depois, o grupo circuncidado sem anestesia tinha o limiar de dor mais baixo, chorava mais e exibiu sinais de dor mais visíveis ao tomar a primeira vacina, comprovando que há uma memória celular e duradoura da dor causada num sistema nervoso imaturo.

UM ERRO CLÁSSICO DE INTERPRETAÇÃO

Em certo nível, todos os médicos conhecem a sensibilização central, porque sabem que o paciente que vai ao consultório com vinte anos de dor nas costas tem probabilidade de não melhorar mais de vinte vezes maior do que quem aparece com apenas seis semanas de dor (fato que eu gostaria de ter levado em conta quando a minha dor se instalou).

"Na nossa clínica, tentamos desfazer milênios de história da dor, com problemas que começaram na Era Mesozoica", comentou o dr. Carr. "A única cura real da dor crônica é a prevenção. Mas tudo, desde a ignorância de médicos e pacientes até a política de assistência médica gerenciada de *retardar*, *adiar* e *negar*, faz com que já seja tarde quando o paciente chega à clínica da dor. Às vezes fico com vontade de mandá-los de volta aos médicos anteriores e dizer: 'Não estão vendo o que vai acontecer com essa pessoa se continuarem empurrando com a barriga?'"

Lee Burke se queixou de dor durante mais de um ano depois da cirurgia do tumor de cérebro até ser encaminhada a um anestesista e especialista em dor oncológica de quem ela gostou muito. A ficha dela sequer revela se o nervo occipital foi cortado, e (como o risco de dor crônica é um problema que os cirurgiões não costumam levar em conta) o cirurgião talvez nem tenha notado o nervo, da grossura de um fio dental. De qualquer modo, o Médico Bonzinho, que era a imagem que Lee tinha dele, não investigou o nervo; para ele, os fortes espasmos musculares na cabeça, no pescoço e nos ombros é que eram visíveis.

Foi erro clássico de interpretação da dor. Ele se apegou à dor muscular como se fosse o problema primário, o gerador da dor, e não um sintoma secundário, e o diagnóstico foi cefaleia (dor de cabeça) de tensão. Ele lhe injetou Botox na testa — esse preparado, quando injetado em doses minúsculas, paralisa essencialmente os músculos e, assim, evita espasmos por alguns meses. Embora seja mais conhecido como tratamento cosmético para reduzir rugas, o Botox vem sendo cada vez mais usado para tratar vários problemas clínicos, como dores de cabeça e até enxaquecas.

Ele também receitou remédios para enxaqueca e antidepressivos tricíclicos (tipo de antidepressivo mais antigo, considerado mais eficaz contra a dor crônica do que os mais recentes inibidores seletivos da recaptação de serotonina [ISRS], como Prozac e Zoloft, mas que tem efeitos colaterais mais incômodos). Ela experimentou fisioterapia para aumentar a amplitude do movimento, cursos de redução do estresse, tratamento psiquiátrico, ioga e meditação. Também tomava uma dúzia de xícaras de café por dia, tratamento nada aconselhável para enxaquecas (uma quantidade pequena de cafeína reduz a dor de cabeça; a grande quantidade provoca dependência e pode criar cefaleias de rebote). O Médico Bonzinho a afastou dos opioides com avisos contra a sua característica viciante. Em vez disso, ela tomou uma quantidade enorme e perigosa de ibuprofeno e Tylenol.

Mais tarde, o Médico Bonzinho me explicou que se sentia à vontade com os anti-inflamatórios e nada à vontade com os opioides. Mas, embora às vezes sejam necessárias grandes doses de anti-inflamatórios para tratar inflamações, quando o uso é a longo prazo, os opioides, ao contrário da opinião popular, podem ser analgésicos mais seguros e eficazes. Sem dúvida, quando eu tomava doses cavalares de Tylenol, Advil, Motrin, aspirina e Aleve, ficaria espantada se me dissessem isso. Tudo o que era comprado sem receita parecia benéfico, e eu acreditava na retórica de que os opioides são uma "droga de entrada" que transforma pessoas comuns em estatísticas trágicas.

Os anti-inflamatórios são mais eficazes para reduzir a dor — *surpresa* — das inflamações causadas por lesões ou doenças inflamatórias como a artrite reumatoide. O Tylenol, cujo mecanismo de ação não é conhecido, na verdade não é classificado como anti-inflamatório. (O efeito do seu componente químico básico foi descoberto quando o erro de um farmacêutico fez com que fosse ministrado por engano a um paciente cuja febre caiu de forma extraordinária.) Ele chegou ao mercado na década de 1950 e fez um sucesso enorme, reduzindo o domínio da aspirina no mercado. Embora o Tylenol não crie problemas estomacais, tomar a dose máxima recomendada por um prazo maior que os poucos dias aconselhados pelo fabricante pode causar toxicidade do fígado, falência hepática e até morte (risco que aumenta muito quando o medicamento é consumido com álcool, como eu costumava fazer). A causa mais comum de falência aguda do fígado no mundo ocidental é a toxicidade do acetaminofeno (ingrediente do Tylenol). Geralmente fatal, a falência hepática afeta 2 mil pessoas por ano nos Estados Unidos. De acordo com um estudo de 2002, embora a maioria dos pacientes tivesse ultrapassado a dose máxima diária recomendada, em quase um quinto deles isso não aconteceu. Três quartos dos pacientes eram mulheres, embora não se saiba se é inato nas mulheres serem mais suscetíveis à falência hepática ou se elas tendem simplesmente a tomar mais remédios sem receita médica.

Aleve, aspirina, Motrin e outros medicamentos anti-inflamatórios não esteroides (AINEs) são um problema ainda maior e causam úlcera estomacal em até um quarto dos pacientes que os usam a longo prazo. Todo ano, 6 a 7 mil americanos morrem de hemorragia gastrointestinal e complicações semelhantes relacionadas ao uso de AINEs.

"DÁ MUITO TRABALHO SE COMPORTAR COMO PACIENTE DIGNO DE CRÉDITO"

Embora pusessem a vida dela em perigo, as doses maciças de Tylenol e aspirina não conseguiram reduzir a dor de Lee Burke a um nível suportável. Sete anos se passaram — um período bíblico —, durante os quais ela ficou cada vez mais incapacitada. Foi de especialista em especialista — especialistas em dor de cabeça, em equilíbrio e em medicina comportamental da dor —, e a piora era vista com ceticismo, desprezo, irritação, desapontamento e piedade.

As mulheres se queixam de dores mais frequentes e com maior intensidade e duração do que os homens. De maneira desproporcional, sofrem de moléstias que provocam dor, como doenças autoimunes, enxaqueca, cefaleia, dor musculoesquelético e abdominal. Além disso, têm maior propensão do que os homens a procurar tratamento para a dor e, quando o procuram, apresentam — ou são vistas como se apresentassem — mais sintomas psicológicos. No decorrer dos séculos, o arquétipo de "paciente problemático" na literatura médica é uma mulher. Portanto, a mulher que entra no consultório de um médico do sexo masculino pode descobrir que, sem querer, se envolveu em uma situação social complexa e altamente codificada cuja natureza talvez ela não compreenda e que pode não lhe ser útil.

Um fascinante estudo norueguês feito em 2003 pela socióloga dra. Anne Werner e pela médica e pesquisadora dra. Kirsti Malterud concentrou-se na dinâmica sexual entre as mulheres com dor crônica e os seus médicos. Intitulado "It's Hard Work Behaving as a Credible Patient" (Dá muito trabalho se comportar como paciente digna de crédito), o estudo detalhava o modo como as mulheres com sintomas de dor crônica tentam perceber e seguir as regras ocultas do enfrentamento com o médico para obter a ajuda de que precisam. As mulheres descreveram a luta para apresentar a dor da maneira que os outros considerassem "certa": para tornar os sintomas "socialmente visíveis, reais e físicos" e obter "um equilíbrio sutil para não parecer forte demais nem fraca demais, saudável demais nem doente demais".

O equilíbrio se mostra fugidio. Como em muitos outros estudos, as mulheres descreveram como eram "recebidas com ceticismo e falta de compreensão, sentiam-se rejeitadas, ignoradas e apequenadas", e continuamente "testadas" e "avaliadas" em busca de fatores psicológicos. "Até que ponto um paciente pode ser veemente sem parecer forte demais para que o considerem... doente?", perguntavam-se as mulheres. Embora sentissem que tinham de ser veementes para obter encaminhamentos, medicamentos contra a dor, licença médica e tratamento, algumas se esforçavam para demonstrar uma "capitulação apropriada" e parecer que seguiam as recomendações do médico. Em vez de confrontar o médico com necessidades não atendidas, costumavam abandoná-lo sem dizer por que e pagar o tratamento com outro profissional. "É preciso pisar com muito cuidado", explicou uma mulher, "porque quando os contrariamos não se sabe se teremos algo a ganhar."

As mulheres também se esforçavam para obter uma "aparência adequada", porque sentiam, como nos casos de estupro, que as roupas e a aparência eram usadas para avaliar a sua credibilidade. "Comentários como 'Você não parece doente...' ou 'Você é tão jovem...' as deixavam irritadas, tristes e desapontadas, e não lisonjeadas." Elas tentavam não usar roupas muito atraentes. Tinham medo de se exercitar, achando que assim ninguém acreditaria na doença. Uma mulher achou que tinha se esforçado demais num exame de força muscular e, assim, foi considerada mais saudável do que outros pacientes que não se esforçaram tanto. Outra descobriu que tomar sol lhe dera uma cor saudável demais quando o doutor a saudou dizendo: "Você não está doente!" Ela o fitou com um silêncio perplexo, e ele mudou a frase para "Você não parece mesmo doente!". As moças ouviram que eram jovens demais para ter dor crônica; as de meia-idade, que aqueles eram meros sintomas da menopausa.

* * *

O dr. Carr deu a Lee um novo medicamento — Neurontin —, que se mostrou eficaz especificamente contra a dor neuropática. Inventado como anticonvulsivante, o Neurontin aquieta os nervos que disparam quando não devem e são responsáveis pela dor neuropática. Também lhe disse que substituísse o Tylenol e a aspirina por Darvocet (um opioide) e Soma (um relaxante muscular).

Quando liguei para Lee, quatro meses depois da consulta com o dr. Carr, ela me disse que se sentia 50% melhor com a combinação de Neurontin, Darvocet, Soma e outros medicamentos. Os espasmos musculares — tão rígidos que o Médico Bonzinho os comparava a trilhos de trem — tinham sumido. Ela não precisava mais do tubo de respiração na natação diária, porque conseguia mover a cabeça de um lado para o outro. Como no caso dos opioides, os efeitos colaterais de doses grandes de Neurontin podem ser consideráveis. Mas, embora às vezes as dores de cabeça exigissem tanto Neurontin que ela ficava tonta demais para andar, Lee ficou mais satisfeita assistindo à televisão sentada do que quando simplesmente se deitava em agonia.

"O dr. Carr é o meu salvador", disse ela. Recordei o jeito como ela saiu da consulta, agarrando a mão dele como se quisesse beijá-la e olhando-o com uma esperança tão intensa que era desagradável observar.

O PARADOXO DA SATISFAÇÃO DO PACIENTE COM O TRATAMENTO INADEQUADO DA DOR

"O resultado do tratamento da dor é raramente mensurado", comentou o dr. Woolf. "É claro que o médico torce para o paciente melhorar, mas com muita frequência os pacientes simplesmente desanimam e vão embora."

Ele recordou um cirurgião que deu uma palestra sobre o sucesso do estimulador da coluna vertebral — um aparelho eletrônico implantado na medula espinhal com a alegação de que interfere na transmissão dos sinais de dor (tratamento que pensei em fazer). O dr. Woolf descobriu que a impressão do cirurgião era contrária à de um dos seus residentes que realmente entrara em contato com os pacientes. Acontece que o aparelho era um sucesso *cirúrgico* (era adequadamente implantado; os pacientes não sofriam infecção nem coágulos sanguíneos etc.). Só que não reduzia a dor dos pacientes — ou, pelo menos, não o suficiente para compensar a sensação que eles descrevem como ter uma abelha zumbindo presa debaixo da pele. Às vezes os pacientes (como um que conheci, mineiro de carvão do oeste da Virgínia com dor nas costas) preferem que o estimulador da coluna vertebral seja removido, mas não necessariamente pelo mesmo médico.

Quando representa fracasso para um médico, a maioria dos pacientes evita voltar a ele, para não serem obrigados a enfrentar não só o médico, como também a sua própria raiva e o seu desapontamento. Obedecendo ao padrão, nunca expliquei ao ortopedista que não sofri um acidente de bicicleta. Sempre que pensava nisso, me imaginava começando a gritar: *Eu nem tenho bicicleta!*, e talvez até caindo em lágrimas, e quem quer dar um telefonema assim? Depois que o dr. Carr adotou com Lee Burke um novo protocolo, ela nunca mais falou com o Médico Bonzinho, e só restou a ele supor que ela estava satisfeita com o tratamento e que não o procurara mais simplesmente porque não precisava.

Mas, quando consultou o dr. Carr, já fazia sete anos que Lee se tratava com o Médico Bonzinho. Por que ficou com ele tanto tempo se não melhorava?

Muitos estudos documentam que a maioria dos pacientes não recebe bom tratamento para a dor. Uma pesquisa feita em 2005 pela Universidade de Stanford verificou que, das vítimas de dor crônica que chegaram a ir ao médico, menos da metade recebeu tratamento adequado para a dor, enquanto a American Pain Society descobriu que o mesmo acontece com os pacientes de câncer. Uma pesquisa feita em 2008 por pesquisadores da Universidade da Pensilvânia e pelo National Cancer Institute (Instituto Nacional do Câncer) dos Estados Unidos verificou que mais de um terço das pacientes com câncer de mama que se queixavam de dor não usava medicação para controlá-la. A principal razão citada pelas pacientes: o responsável pela assistência médica não recomendava medicamentos contra a dor. (Essa razão foi seguida pelo medo do vício e pela falta de recursos para comprar remédios.)

Por que os pacientes não exigem tratamento adequado contra a dor? Um estudo de 2002 do U.S. Cancer Pain Relief Committee (Comitê Norte-Americano de Alívio da Dor do Câncer) examinou uma barreira ainda mais desconcertante, que chamou de "paradoxo da satisfação do paciente com o tratamento inadequado da dor". Embora 43% dos pacientes dissessem ter sentido dor moderada ou forte nos três dias anteriores, somente 14% afirmaram estar insatisfeitos com o manejo da dor, e 77% se declararam satisfeitos ou muito satisfeitos com o modo como a dor era tratada em geral! Observação estarrecedora do estudo: "A intensidade recente da dor não foi um previsor significativo da satisfação com o manejo da dor oferecido pelo médico."

Os pacientes exprimiram resignação à dor (comentando que não eram de "tomar comprimidos", que "conseguiam aguentar a dor", que "detestavam incomodar os outros", que "têm de conviver com isso", que "se acostumaram com a dor", que "sentem dor há muito tempo"). Muitos acreditavam que o médico se dedicava ao máximo ("os médicos já fizeram todo o possível"). "Os pacientes também exprimiram aceitação da dor porque ela era crônica, endossando implicitamente a incapacidade dos médicos de tratar esse tipo de dor com as suas avaliações positivas máximas", observaram os autores. A disposição de tomar opioides aumentava muito quando o médico ou enfermeira explicava que, quando usados corretamente, não viciam.

Já se demonstrou que o fator mais importante no sucesso do tratamento da dor crônica é a confiança em quem conduz o tratamento. Esse estudo verificou que, quando o clínico geral ou a enfermeira *diziam* ao paciente que reduzir a dor era uma meta importante, *isso permitia prever uma satisfação tão grande quanto a do paciente que realmente obtinha alívio duradouro durante o ano anterior.* Em resumo, "o manejo inadequado da dor no contexto de uma relação boa ou atenciosa com o médico pode levar a uma expectativa inadequadamente baixa do paciente em relação ao combate à dor", concluiu o estudo — conclusão refletida na experiência de Lee Burke. Ela disse nunca ter questionado o tratamento do Médico Bonzinho porque ele demonstrava muita empatia.

Quando viu a melhora da mulher depois do tratamento com o dr. Carr, o ex-marido de Lee, advogado especializado em negligência profissional, sugeriu que processassem o Médico Bonzinho. "Eu nunca faria isso", disse ela. "Houve vezes em que fiquei com lágrimas de tanta dor, e ele chorou comigo."

Alguns dos medicamentos que acabaram ajudando Lee — Neurontin, Darvocet e um relaxante muscular — são extremamente comuns. Fora os opioides, o Neurontin é um dos remédios mais usados para tratar dores, popular não só entre especialistas em dor, mas também entre clínicos gerais, por não haver risco de o paciente se viciar. O que impediu o Médico Bonzinho de pensar nessas opções?

Meu coração disparou quando teclei o número do Médico Bonzinho.

Concordei com Lee que ele era bonzinho. Ele falou da preocupação com Lee e da frustração com a dificuldade de tratar a doença dela. Também defendeu a importância do entendimento mecanicista da dor e perguntou se eu conhecia o trabalho de Clifford Woolf, seu colega de Harvard. Mas, ao contrário das teorias do dr. Woolf, o Médico Bonzinho acreditava que a dor de todos os pacientes com o tipo de tumor de Lee deveria ser semelhante, e, na sua experiência, a maioria dos pacientes realmente "reagia a terapias mais simples e holísticas". Ele estava convencido de que Lee sofria cefaleias de tensão, porque tinha contrações musculares tão fortes que até um leve toque a fazia se encolher de dor.

Embora o dr. Woolf e outros tivessem insistido que a maioria dos médicos não leva em conta a dor neuropática, me pareceu comovente que até um médico da dor, diante de um caso em que havia uma causa muito clara para suspeitar de lesão nos nervos, ainda conseguisse errar o diagnóstico de dor neuropática por se concentrar em sintomas secundários, como as contrações musculares.

Como não vira a dor de Lee como neuropática, o Médico Bonzinho não pensou no Neurontin, além de temer os opioides.

"Nem sempre ajudamos os pacientes quando receitamos *narcóticos em dose elevada*", disse ele com voz de censura, usando a entonação específica que se costuma empregar quando se toma emprestada a linguagem da guerra às drogas. "Quando alguém está morrendo de câncer, não temos medo de receitar nada. Mas, quando o paciente está deprimido ou ansioso, é bom ter cautela com os narcóticos", disse ele. "No caso de Lee, tenho de dizer que estava sendo cauteloso."

A voz dele mudou — ficou mais suave e tranquila — quando chegou ao ponto da questão:

"Tive medo."

Lee recordou que, sempre que o Médico Bonzinho a encaminhava a outros especialistas, ela desmoronava de dor e frustração durante as consultas.

"Todos ficavam achando que eu era um caso perdido", disse ela. "E era mesmo. Eu era um caso perdido."

Um estudo de 2004 da Escola de Medicina da Universidade de Milão pediu que 151 médicos contassem "um episódio da sua experiência profis-

AS CRÔNICAS DA DOR

sional em que o senhor se viu em dificuldades diante de um paciente que sentia dor". O artigo identificava três modos de discurso usados pelos médicos para falar sobre os pacientes: o ponto de vista biológico, o profissional e o pessoal. Muitos médicos não usavam exclusivamente um desses modos e flutuavam entre eles ao discutirem pacientes diferentes ou até um único paciente.

O ponto de vista biológico envolve a "despersonalização" da dor: a doença é separada da pessoa que sofre. O médico que assume o ponto de vista biológico vê o paciente pelo prisma da patofisiologia. Mas esse modo se desintegrava sempre que um modelo biológico simples não conseguia explicar a dor do paciente — como acontecia com frequência. No ponto de vista pessoal, o médico se identifica profundamente com o sofrimento do paciente. Mas esse ponto de vista tem os seus riscos: ele pode idealizar o paciente e transformá-lo em "paciente herói". E quando o médico deixa de ser o herói que cura a dor, pode se transformar em "curador ferido" e se distanciar do paciente como forma de defesa, ficando nervoso e se sentindo sobrecarregado e até culpando o paciente por não melhorar. Só o terceiro ponto de vista, o profissional, pode conciliar a ciência com a compaixão, de modo que a dor do paciente seja vista como fenômeno biológico, mas que ocorre no contexto da vida de uma pessoa da qual a biologia é apenas uma parte.

O Médico Bonzinho parecia sentir empatia por Lee, mas de maneira excessivamente pessoal, que nublava em vez de tornar mais nítida a avaliação clínica. Ele se concentrou demais no sofrimento psíquico, tentando explicar a dor sob esse prisma:

"A dor de Lee parecia melhorar quando ela ficava mais feliz, formava novos relacionamentos ou ajudava os outros", disse ele. "E embora estivesse motivada e se esforçasse muito para reduzir o estresse, o fato *é* que ela é uma pessoa tensa."

A HIPÓTESE DA CICATRIZ

A causa da dor de Lee seria a ansiedade, a depressão ou outro problema psíquico? Ou seria a dor que a fazia se sentir tão mal?

Em geral se estima que entre um terço e metade dos que sofrem de dor crônica também sofre de transtorno depressivo maior. Do mesmo modo, a dor é sintoma frequente na clínica psiquiátrica: um estudo da Universidade de Stanford sobre depressão maior verificou que quase metade dos deprimidos também sofre de dor crônica. Mas acontece que a relação entre dor e depressão não é uma daquelas perguntas inúteis sobre o ovo ou a galinha.

Um estudo de revisão encabeçado pelo dr. David A. Fishbain, da Escola de Medicina Leonard M. Miller da Universidade de Miami, examinou 83 estudos que investigaram a relação entre qualidade e extensão da dor e a profundidade da depressão em pacientes que sofriam de várias doenças dolorosas (cefaleia, lesão da medula espinhal, câncer, angina, dor nas costas etc.).

A maioria dos estudos que testou o que ele chama de *hipótese antecedente* — a ideia de que a depressão precede a dor — descobriu que ela não era verdadeira, enquanto todos os estudos que testaram a *hipótese consequente* de que a depressão segue a dor descobriram que esta, sim, era verdadeira. Além disso, quanto mais forte a dor, maior a depressão. Em pacientes que sofriam de dor intermitente, os períodos de depressão reproduziam os períodos de dor. O mesmo acontecia com o suicídio: as ideias suicidas, as tentativas e os suicídios consumados aconteceram com frequência muito maior entre os que sentiam dor do que na população em geral e aumentavam em proporção direta à intensidade da dor.

É claro, diríamos: a dor é deprimente, desalentadora, desanimadora. Quem precisa de estudos para entender isso? Mas acontece que a dor e a depressão estão ligadas com uma intensidade muito maior do que se pensa: são doenças biologicamente entrelaçadas, com uma patofisiologia semelhante oriunda de uma vulnerabilidade genética comum.

Quem sofre de dor crônica tem mais probabilidade de ter passado por um episódio depressivo no passado e a reagir ao surgimento da dor com recaída da depressão. O dr. Fishbain analisou estudos que examinaram o que ele chama de *hipótese da cicatriz*: a predisposição genética à depressão recorrente está relacionada à predisposição à dor crônica. Sabe-se que a depressão tem um forte componente genético: suas vítimas costumam ter familiares ou parentes que também são ou foram deprimidos. E sabe-se que a dor e a depressão envolvem circuitos neuronais superpostos. A neuroimagem do cérebro revela perturbações semelhantes da química cerebral tanto na dor crônica quanto na depressão.

Há cada vez mais indícios de que ambas as doenças envolvem anormalidades dos neurotransmissores serotonina e norepinefrina, que atuam não só nos transtornos do humor, mas também no mecanismo das comportas que controlam a dor. O aumento da serotonina em ratos causa o alívio da dor, enquanto a redução da serotonina aumenta a reação dolorosa a choques elétricos. A dor reduz a serotonina disponível (por aumentar o nível de absorção), o que enfraquece o sistema de modulação da dor, gera mais dor e cria depressão. Portanto, podemos ver que a ansiedade e a depressão não são reações meramente cognitivas ou afetivas à dor; *elas são as suas consequências fisiológicas*.

É tão certo que a dor causa depressão quanto a dificuldade de respirar provoca pânico. Portanto, a decisão do Médico Bonzinho de não receitar opioides a Lee porque ela parecia "tensa" faz tanto sentido quanto "não salvar alguém que esteja se afogando porque a pessoa está tendo um ataque de pânico!", exclamou o dr. William Breitbart, chefe do serviço de psiquiatria do Memorial Sloan-Kettering Cancer Center (Centro Memorial Sloan-Kettering de Câncer). "A serotonina facilita a analgesia descendente" (capacidade do cérebro de modular a dor na medula espinhal interrompendo a chegada de mensagens de dor), "e a dor crônica esgota a serotonina, como um carro cuja gasolina está acabando. Se a dor persistir por tempo suficiente, todos ficam sem gasolina."

Naturalmente, os acontecimentos estressantes aumentam a dor de quem tem predisposição biológica. "Se começarmos a pôr açúcar na água, isso vai afetar primeiro os diabéticos; os pacientes com dor reagem ao estresse com mais dor", explicou o dr. Scott Fishman, que estudou psiquiatria, além de ser especialista em dor. Mas transformar a redução do estresse em estratégia primária do tratamento da dor é como aconselhar quem está se afogando a relaxar.

"O dr. Carr finalmente me jogou uma corda", disse Lee.

VÍCIO EM OPIOIDES E PSEUDOVÍCIO

Os mal-entendidos que cercam os opioides fizeram os médicos relutar cada vez mais em receitá-los. Em boa parte da China e da África, os opioides são proibidos ou indisponíveis. Eles também são estigmatizados no mundo muçulmano por razões teológicas; como o álcool, costumam ser considerados toxinas, proibidas pelo Corão. Os opiáceos baratos, como a morfina, não mais protegidos por patentes, estão entre os poucos medicamentos eficazes que todo país pode comprar. Mas a aceitação cultural da dor é tamanha que poucos usam esses remédios. A maioria dos habitantes da África subsaariana, por exemplo, não tem acesso ao tratamento do câncer (não há quimioterapia, radioterapia nem cirurgia), mas, se tivessem opioides, pelo menos as vítimas do câncer poderiam morrer sem dor. E, até em países com altos níveis de mortalidade infantil e complicações obstétricas, as mulheres poderiam ter acesso a analgésicos.

Na China, os tabus culturais proíbem os opioides e o reconhecimento da sua necessidade. Com desprezo por um país de viciados, Mao proibiu o ópio (embora fizesse vista grossa ao cultivo e à venda de ópio para financiar o seu exército); hoje, a proibição cultural de opiáceos na China continua tão forte que o seu uso se restringe à elite, mesmo no caso da dor pós-cirúrgica. Na China, às vezes ainda se realizam cirurgias usando-se apenas acupuntura, que às vezes controla a dor, às vezes não. O dr. Carr recorda ter assistido a cirurgias assustadoras em que os pacientes gritavam de dor. Mas, quando os visitou depois no hospital, eles lhe garantiam que não tinham

186 A DOR COMO DOENÇA

sofrido dor excessiva durante nem depois da operação. (Às vezes, recebiam cetamina, medicamento que afeta a memória, inclusive a lembrança da dor.)

Os opiáceos costumam ser retratados como gênios maus, como trapaceiros que se oferecem para atender ao nosso desejo só para nos escravizar à sua vontade. Baudelaire lamentou que o ópio fosse como a mulher — "e, como todas as amantes, ai de mim!, pródigo em carícias e traições". Mas, na verdade, os opioides não são a Serpente do Jardim nem o Leite do Paraíso. Por várias razões, que serão discutidas adiante, os remédios fazem mais mal do que bem para muita gente com dor crônica. São muito menos eficazes contra a dor neuropática do que contra a dor aguda. Um estudo de 2003 encabeçado pela dra. Kathleen Foley, do Sloan-Kettering Cancer Center, em Nova York, verificou uma redução de apenas 36% da dor em pacientes com dor neuropática crônica que recebiam terapia com altas doses de opioides e de apenas 21% nos que recebiam dose baixa.

Mas, embora na dor crônica os opioides sejam menos eficazes do que se costuma acreditar, também causam menos dependência. Os estudos da dependência de opioides variam, mas uma análise recente publicada na revista *Pain Medicine*, baseada em 24 estudos que envolveram mais de 2.500 pacientes com dor crônica não ligada ao câncer que recebiam terapia de longo prazo com opioides, calculou o risco médio de dependência em pouco mais de 3%. Mas, no caso de pacientes com dor crônica sem histórico de dependência, o nível foi baixíssimo (0,19%).

A doença da dependência química costuma se manifestar cedo, quando os indivíduos são expostos pela primeira vez a substâncias viciantes. É improvável que pacientes sem histórico de uso excessivo de drogas ou de álcool se tornem dependentes de analgésicos, ainda mais se forem idosos. Entretanto, é inegável que, se os médicos começassem a receitar mais opioides, haveria mais abuso deles, porque alguns pacientes esconderiam o histórico de dependência ou fingiriam ter dor para obter a droga e revendê-la. Um nível de 3% de abuso de um medicamento amplamente receitado se traduz em muitos viciados. Portanto, para a sociedade a questão não é *tratar a dor aumenta o risco de alimentar o vício?* (porque é claro que aumenta), mas *até que ponto esse risco deve influenciar o tratamento da dor?* Quais são

AS CRÔNICAS DA DOR

as consequências morais de negar os opioides a pacientes que provavelmente se beneficiariam com eles?

"Vamos mesmo admitir a existência de viciados em drogas para negar aos outros os medicamentos contra a dor?", pergunta o dr. Daniel Carr. "Vamos proibir o álcool por causa dos bêbados que dirigem ou racionar a comida porque algumas pessoas são obesas?" Em *The Culture of Pain*, David Morris defende que negar medicamentos contra a dor é quase um equivalente moral de causar dor.

"Vivemos numa sociedade médica que prefere impedir o surgimento de um viciado a tratar o sofrimento de cem", observa o dr. Scott Fishman. "A guerra às drogas prejudica a guerra à dor." Mas a erradicação da dor é uma causa com mais probabilidade de vitória.

O dr. Russell K. Portenoy, presidente do Departament of Pain Medicine and Palliative Care (Departamento de Medicina da Dor e Tratamento Paliativo) do Centro Médico Beth Israel, em Nova York, foi o pioneiro do uso de opioides para tratar a dor não oncológica. Ele recorda que, quando era bolsista e estudava o tratamento da dor, era amplamente aceitável tratar pacientes com câncer com doses elevadas de opioides, mas os pacientes que não tinham câncer e eram igualmente incapacitados pela dor crônica só recebiam opioides depois que muitos outros tratamentos fracassavam. "Por que esse tratamento é tão aceito num tipo de dor e não nos outros?", foi o que se perguntou.

Uma fonte de confusão difusa sobre os opioides é a diferença entre dependência e vício. Todos os que tomam opioides se tornam fisicamente dependentes, de modo que a interrupção repentina produz sintomas de abstinência como tremores, dor de cabeça, suores e náusea. Mas, em geral, é possível evitar os sintomas da abstinência com a redução gradativa das doses. Entretanto, quem sofre do vício, ou doença da adicção, se sente incapaz de reduzir o uso da droga, não devido aos efeitos colaterais desagradáveis da abstinência, mas por causa da vontade avassaladora de usá-la. Essa ânsia difere dos sintomas comuns de abstinência não só em intensidade, como também em caráter, e vem de fatores psicológicos, sociais e genéticos ainda não totalmente compreendidos.

Além disso, é preciso um médico experiente para distinguir a adicção da pseudoadicção, ou do pseudovício. Os pacientes que recebem opioides inadequados para tratar a sua dor podem exigir, implorar e até tentar obter clandestinamente mais medicamentos de tal maneira que despertam nos seus médicos o medo da adicção. Às vezes, esse comportamento faz com que o paciente deixe de receber o medicamento, quando na verdade bastaria dar uma receita diferente ou uma dose maior.

Raramente se receitam opioides a pacientes que relatam histórico de adicção. Mas o uso abusivo de drogas como álcool, maconha e até opioides pode ser uma forma equivocada de automedicação ou uma manifestação principalmente de adicção, mas ainda assim impelida pela tensão ou pelo desconforto associados à dor. O dr. Portenoy conta a história de um alcoólatra a quem deu o benefício da dúvida. Tomou a decisão certa, pois "acontece que era a dor do paciente que o levava a beber", e, quando a dor foi tratada, ele largou a bebida. Mas tratar viciados exige um acompanhamento mais atento; para o médico, além de mais trabalhoso, é mais arriscado. No clima político atual, em que os médicos têm razões para temer repercussões caso um paciente abuse de medicamentos, são cada vez mais numerosos os que não se dispõem a tentar.

Talvez o aspecto mais arriscado dos opioides seja que não há dose fixa apropriada. Em pessoas diferentes, o efeito dos opioides apresenta uma variação extraordinária. O dr. Portenoy explica que, embora a maioria que recebe terapia crônica com opioides tome uma dose diária de menos de 180mg de morfina ou similar (como 120mg de OxyContin), ele e outros especialistas em dor têm pacientes que precisam do equivalente a mais de 1.000mg de morfina por dia!

O dr. Portenoy diz que muitos pacientes que tomam opioides têm longos períodos de dosagem estável, mas de vez em quando sofrem uma exacerbação da dor que justifica o aumento da dose para manter o controle (a expressão médica para isso é *titulação pelo efeito*). Ele argumenta que, enquanto for favorável o equilíbrio entre redução da dor e efeitos colaterais, a nova dose deve ser mantida. Num período mais longo, esses casos podem fazer com que a dose vá aumentando aos poucos até atingir níveis muito altos. O dr. Portenoy se lembra de um programa de entrevistas do qual participou em que pediu a algumas pacientes idosas que fossem com ele; elas explicaram alegremente ao público que tomavam doses de opioides que asfixiariam um jogador de futebol. "Não existe dose máxima no caso dos opioides", diz o dr. Portenoy, um conceito que até muitos médicos acham difícil entender.

Depois que se torna tolerante ao efeito perigoso de um opioide, principalmente a depressão respiratória, a pessoa pode tomar doses altas com segurança. (Nesse aspecto, os efeitos colaterais dos opioides são diferentes de outros medicamentos, como o Tylenol, em que o fígado nunca se torna tolerante a doses elevadas.) Se fosse dada a alguém "virgem", a dose elevada de opioides causaria a sua morte (daí o grande número de óbitos por overdose acidental de opioides de uso recreativo, como a heroína).

Em 2007, foram publicadas no estado de Washington, nos Estados Unidos, diretrizes para clínicos gerais alertando-os a não receitar doses mais elevadas do que 80mg de oxicodona ou OxyContin para a dor crônica. Supostamente, os pacientes que precisassem de doses mais altas (como seria o caso da maioria dos que têm dor crônica) seriam encaminhados a especialistas em dor. Mas o mesmo órgão do governo divulga uma lista com apenas 15 desses especialistas. E, como indicam recentes processos na Justiça americana, os médicos que discordam têm muito a temer.

PROCESSOS CONTRA OS QUE RECEITAM

A reação contrária aos opioides começou no final da década de 1990, quando o aumento das receitas de OxyContin levou ao crescimento do seu uso abusivo, principalmente nas cidades pequenas dos estados americanos de Maine e Massachusetts e na região central dos Apalaches, onde era difícil obter outras drogas recreativas. O OxyContin é um novo preparado de um opioide antigo, a oxicodona (também usada no Percocet), reformulada com um mecanismo de liberação lenta para que os pacientes possam evitar os pontos altos e baixos típicos do combate à dor com opioides, que escravizavam as atividades dos pacientes aos períodos de eficiência máxima dos medicamentos. A Purdue Pharma, fabricante do OxyContin, divulgou o remédio agressivamente junto aos médicos comuns afirmando que ele era menos sujeito ao uso abusivo do que outros medicamentos opiáceos. Mas não era verdade: os viciados logo descobriram que só precisavam esmagar os comprimidos para destruir o mecanismo de liberação lenta e depois inspirar ou injetar o pó.

Durante o governo de George W. Bush, a Drug Enforcement Administration, (Superintendência de Controle de Drogas) ampliou a guerra às drogas criando um plano de ação contra o OxyContin. A Purdue foi processada, a empresa e os altos executivos se declararam culpados de apresentar informações erradas sobre o produto e induzir os médicos a erro, e a pena foi de mais de 600 milhões de dólares em multas. Para a DEA, os viciados — muitas vezes, filhos que furtavam comprimidos do armário de

AS CRÔNICAS DA DOR

remédios dos pais — eram café pequeno. Mas os médicos que receitavam não; quando um médico é indiciado criminalmente, a DEA e os investigadores locais podem confiscar o patrimônio do profissional (sob a alegação de que são lucros advindos do tráfico de drogas). Além disso, os viciados podem ser compensados pela colaboração: se um médico é condenado num processo criminal, os pacientes podem entrar com um processo civil (com exigência menor de provas) contra o médico por alimentar o seu vício!

Bastam alguns processos — ou apenas a ameaça de supervisão e regulamentação da DEA — para exercer um efeito assustador sobre as receitas médicas. "Os médicos se sentem condenados se receitarem e condenados se não receitarem", comentou o dr. Scott Fishman. Algum dia, a neuroimagem do cérebro pode se modernizar a ponto de documentar de forma objetiva a dor de cada paciente. Mas, por enquanto, o médico sempre pode ser enganado pelo paciente que finge sentir dor para usar o medicamento com fins impróprios. "É preciso se dispor a cometer erros", disse o dr. Carr, "e aceitar que alguns pacientes se aproveitarão de nós, e que vão ferir os nossos sentimentos."

Sentimentos feridos são uma coisa; ameaça de prisão é outra bem diferente. É claro que sempre houve médicos que *são mesmo* traficantes de drogas, que vendem receitas em troca de dinheiro ou sexo e são alvos adequados de processos criminais. Mas os médicos nunca tinham sido responsabilizados por um uso abusivo de drogas do qual não sabiam e com o qual não lucravam.

O caso do dr. Ronald McIver, especialista em dor de 65 anos, da Carolina do Sul, condenado em 2005 a mais de trinta anos de prisão por tráfico de drogas, é um dos mais espantosos. O governo baseou o processo em alguns pacientes que fingiram dor para receber a receita porque eram viciados ou queriam revender o medicamento. O dr. McIver tomou a precaução de exigir que os pacientes assinassem um contrato sobre opioides que afirmava, entre outras restrições, que não pediriam novas receitas antes do prazo e que levariam os comprimidos em todas as consultas para mostrar que ainda tinham o número certo. Ele desconfiou de dois pacientes seus (um dos quais deixou de tratar depois que o paciente alterou a receita para comprar o medicamento antes do prazo) e escreveu uma carta ao Escritório de Controle de Drogas do Estado pedindo que investigassem. Em vez disso, a DEA usou a carta mais tarde como prova de que ele sabia do desvio dos comprimidos que receitara!

Depois do veredito, numa reportagem da *New York Times Magazine*, Tina Rosenberg entrevistou jurados que lhe disseram que tinham achado altas demais as doses receitadas. Um deles achava que a cunhada se viciara em analgésicos; outro disse que já recebera opioides para um pequeno mal-estar e, assim, acreditava que sabia qual era a dose padrão, e que a dose do dr. McIver era muito elevada. Parecia que nenhum dos jurados compreendia que não existe dose máxima de opioides. Mas ficaram chocados ao descobrir que o dr. McIver fora condenado a trinta anos de prisão (já que não participaram da determinação da pena).

Como o dr. McIver não lucrou com as drogas traficadas pelos pacientes, os promotores tiveram de inventar um motivo para provar a tese de que ele receitara medicamentos intencionalmente, sabendo que não seriam usados no tratamento da dor. Sugeriram que ele receitara o remédio para que os pacientes fossem ao consultório; então, poderia lhes cobrar outros tratamentos, como injeções e ajustes quiropráticos. O fato de que a renda do dr. McIver era baixa demais para um médico (na verdade, o consultório anterior falira), porque os procedimentos que realizava na verdade não eram lucrativos e porque ele costumava passar uma hora ou mais com cada paciente, não abalou o júri.

O dr. McIver afirmou que o seu objetivo era reduzir a dor dos pacientes a 2, numa escala de 0 a 10 (em que 10 representava a pior dor que o paciente conseguisse imaginar), de modo que os pacientes pudessem voltar ao nível de atividade anterior. O especialista em dor que serviu de perito do governo no julgamento do dr. McIver afirmou que acreditava pessoalmente que 5 seria uma meta mais sensata. Fico me perguntando se o perito revelou aos próprios pacientes que se satisfaria em deixá-los com metade *da pior dor que conseguissem imaginar*. Será que o perito já sentiu dor? Será que gostaria de ser tratado por um médico que tivesse a mesma filosofia?

Muitos pacientes do dr. McIver depuseram no julgamento e falaram do sucesso do tratamento, como um fazendeiro e criador de gado que, sob os cuidados do dr. McIver, conseguiu voltar a trabalhar tomando 1.600mg de OxyContin por dia. Depois da prisão do dr. McIver, o médico de família do fazendeiro reduziu a dose para um sexto disso: 240mg. Ele disse a

AS CRÔNICAS DA DOR

Tina Rosenberg que agora dorme três horas por noite e não aguenta ficar em pé mais de meia hora. Vendeu o gado e parou de trabalhar, voltando à antiga identidade de paciente com dor crônica em horário integral.

O dr. McIver também teve sucesso no tratamento de uma mulher que sofria de síndrome dolorosa complexa regional (SDCR, também conhecida como síndrome de distrofia simpático-reflexa, doença incomum e terrível do sistema nervoso autônomo) e que, até recentemente, fora viciada em crack. Sob os cuidados do dr. McIver, ela não se tornou viciada em opioides e a dor melhorou. Mas o processo apresentou a tentativa de tratar uma pessoa dessas como exemplo da imprudência do dr. McIver.

Além da pena de vinte anos de prisão por distribuição de drogas, o dr. McIver também recebeu outra de 13 anos por ministrar medicamentos que resultaram na morte de um paciente. Mas o paciente que morreu sofria de insuficiência cardíaca congestiva avançada, e não havia provas conclusivas de que a dose estável de OxyContin que tomava havia vários meses tivesse contribuído para a morte por falência respiratória. (Os especialistas em dor dizem ser extremamente improvável que uma dose que antes era bem tolerada provocasse falência respiratória.) Além disso, é a dor, não o tratamento da dor, que afeta negativamente o coração.

Nem todas as investigações e prisões de médicos feitas pela DEA são falsas: em alguns casos, parece que os médicos agiam claramente como traficantes e davam receitas a pacientes que nem conheciam. Mas, nos últimos anos, houve centenas de investigações e dezenas de prisões, e muitos casos parecem ser iguais ao do dr. McIver. No caso dele, os recursos foram negados.

A HIERARQUIA INVISÍVEL DO SENTIMENTO

Embora pacientes ricos e instruídos sejam capazes de encontrar médicos dispostos a tratar a sua dor, isso é algo que os membros mais vulneráveis da sociedade não conseguem. "A dor é boa para revelar o nosso humanismo", diz o dr. Daniel Carr. "Para dar valor ao sofrimento de alguém, é preciso valorizar esse alguém como pessoa. Não surpreende que os membros menos valorizados da sociedade recebam menos alívio da dor. As dificuldades se amontoam cada vez mais contra cuidar da dor quando algo no perfil do paciente indica que o tratamento pode ser problemático. Quem é pobre tem mais probabilidade de revender remédios. Muitos médicos pensam: "Por que me arriscar?"

Sexo, raça e classe social influenciam negativamente o tratamento da dor. Muitos pacientes do dr. Carr teriam — e tiveram — dificuldade para encontrar outro médico que lhes receitasse remédios contra a dor porque têm alguma desvantagem social. Muitos pertencem a minorias, são mulheres, recebem ajuda pública ou indenização trabalhista, são pacientes com doenças mentais ou histórico de uso de drogas ou se encaixam em várias dessas categorias.

É comum observar que homens e mulheres que se queixam de dor são tratados de maneira diferente. Os homens têm mais probabilidade de receber opioides, cirurgia e exames completos, enquanto as mulheres recebem psicotrópicos para tratar depressão e ansiedade. (Uma pesquisa verificou que, em mulheres com sintomas e diagnóstico idênticos aos dos homens, a probabilidade era 82% maior de receber antidepressivos e 37% maior de receber medicação contra a ansiedade.) As mulheres tendem a ser menos agressivas ao exigir tratamento para a dor e, quando são agressivas, agem de uma forma que é tratada como mera histeria. O dr. William Breitbart fez um estudo com mulheres portadoras do HIV que constatou que, no caso delas, a probabilidade de não tratarem direito a dor é o dobro da dos homens. Ele verificou que o medo das mulheres de serem consideradas importunas por solicitar remédio para a dor, assim como a sua sensibilidade maior à desaprovação, faz com que hesitem e não se queixem de dor aos médicos. Ele decidiu criar um curso para explicar a mulheres com aids como transmitir melhor as suas necessidades aos médicos, e ("juro que é verdade", diz ele) alguns médicos que conheceu quando dava palestras sobre o assunto reagiram com medo de que o curso "ensinasse um monte de viciadas a se dar bem".

Muitos estudos verificaram que os negros têm probabilidade maior do que os brancos de receber tratamento inadequado da dor e de lhes negarem analgésicos opiáceos. Os estudos encabeçados pelo dr. Richard Payne, na época diretor do serviço de tratamento paliativo da dor no Centro Sloan-Kettering, mostraram que as minorias têm probabilidade três vezes maior de ter a dor subtratada e de seus pedidos de medicamentos serem interpretados como "tentativa de obter drogas". Um estudo de 2005, feito em 12 centros médicos acadêmicos em ambiente de assistência primária, constatou que, embora os negros tivessem pontuação de dor bem mais alta, a probabilidade maior era a de que os brancos recebessem analgésicos opioides (apesar de não haver diferenças socioeconômicas significativas entre as duas populações em termos de invalidez, desemprego, renda ou uso de substâncias ilícitas). As diferenças raciais ficaram ainda mais acentuadas na probabilidade comparativa entre os grupos de receber opioides mais fortes e de ação prolongada. O estudo concluiu que o racismo — "fenômenos sistemáticos de desconfiança, tendenciosidade ou estereotipia" e "desconfiança ou barreiras culturais à comunicação" — pode levar os médicos a desprezar a dor relatada pelos negros. Outros estudos verificaram que os médicos viam os negros como menos obedientes e documentaram tratamento desigual de minorias em ambiente hospitalar. As farmácias de bairros de minorias exacerbam o problema por não terem estoque adequado de opioides.

Em termos históricos, o tratamento desigual foi justificado pelas teorias da sensibilidade à dor, segundo as quais alguns grupos sentiriam menos dor do que outros. Acreditava-se que essa hierarquia invisível da sensibilidade à dor ia dos animais selvagens às lindas donzelas e se organizava segundo atributos como sexo, raça, condição social, educação, idade, personalidade, obesidade e até cor dos olhos e do cabelo. Condessas e criminosos, santos e soldados, escravos e "selvagens" reagiam à dor de acordo com a sua natureza fixa e verdadeira. Hoje, algumas dessas teorias ainda influenciam o tratamento da dor.

Galeno, médico grego do século II cujas teorias configuraram a medicina até o final do Renascimento, vinculava a personalidade a características físicas como a sensibilidade à dor ou a vulnerabilidade a doenças. Ele descobriu que, dos quatro "humores" (tipos de temperamento), os gorduchos, contentes e fleumáticos tinham mais tolerância à dor do que os magros, irascíveis e coléricos. Com o amor vitoriano pelos sistemas classificatórios, as teorias da sensibilidade à dor ficaram ainda mais elaboradas no século XIX. Essas teorias predominaram até meados do século XX e ainda não estão totalmente extintas.

Um extravagante best-seller internacional sobre a história da anestesia, *O triunfo sobre a dor*, do escritor alemão René Fülöp-Miller, reflete muitos preconceitos da época, afirmando que a sensibilidade à dor é "uma questão subjetiva que depende de características pessoais e resulta da hereditariedade, do ambiente, das circunstâncias raciais e sociais, e varia com o sexo, a profissão, a idade, o clima e o temperamento individual". O camponês é "menos sensível do que o morador das cidades, e os trabalhadores intelectuais, mais sensíveis do que os braçais". Os velhos são menos sensíveis do que os jovens porque "a sensibilidade à dor diminui com a idade avançada, como provaram pesquisadores britânicos e franceses". O europeu é "pelo menos duas vezes mais sensível do que o selvagem", e algumas "raças" europeias são mais sensíveis do que outras.

As teorias populares da sensibilidade à dor valorizavam com astúcia o sofrimento da elite e desprezavam o dos outros não só como desimportante, mas também como inexistente. "No processo de nos civilizarmos, suspeito de que conquistamos uma capacidade intensificada de sofrer", lamentou-se o dr. Silas Weir Mitchell, pioneiro da neurologia que documentou o efeito prolongado das lesões nervosas nos soldados da Guerra Civil americana. "O selvagem não sente dor como nós", concluiu, repetindo a crença dos teóricos da dor no decorrer dos tempos: *eles* não sofrem — não podem sofrer — como *nós*.

Embora a força demonstrada por soldados e outros bravos fosse uma virtude, não havia bravura nem tolerância por parte dos que, supostamente, não tinham capacidade de sentir intensamente a dor. A pobreza era um grande anestésico, assim como a falta de moral do criminoso. O criminologista italiano Cesare Lombroso defendia que, na insensibilidade à dor, "os criminosos se parecem bastante não com os loucos, mas com os selvagens. Todos os viajantes sabem que, entre os negros e os selvagens da América, a sensibilidade à dor é tão limitada que os primeiros riem ao mutilar as mãos para fugir ao trabalho, enquanto os outros cantam louvores à sua tribo quando morrem na fogueira".

A natureza animal dos escravos amortecia a dor, assim como a suposta espessura da sua pele negra (embora o acréscimo de sangue branco tornasse os mulatos mais sensíveis). "As negras", afirmou objetivamente o editor de uma revista médica britânica em 1826, "suportam cortes com quase a mesma, se não maior, impunidade de cães e coelhos", enquanto em 1856 um artigo da revista *Southern Medical and Surgical Journal* assegurava aos donos de escravos que "o negro (...) tem maior insensibilidade à dor" e "sofre profundamente, mas não de forma duradoura, de aflição". Também se acreditava que a falta de civilização imunizaria os "selvagens" contra a dor. "Os selvagens (...) suportam, com comparativa indiferença, castigos que, para a maioria dos indivíduos das raças superiores, seriam terríveis", escreveu o cirurgião e patologista britânico sir James Paget.

As teorias da sensibilidade à dor determinaram a expectativa social em relação à cirurgia, à tortura e à punição corporal e foram usadas até para justificar os testes de cirurgias e experiências médicas lancinantes em criminosos e escravos. O dr. J. Marion Sims, famoso "pai da ginecologia" e um dos médicos mais renomados do seu tempo (cuja estátua pode ser vista hoje no Central Park, em Nova York), aprimorou a sua técnica em escravas. Uma das suas maiores realizações foi inventar a correção cirúrgica das fístulas — fissuras na parede vaginal causadas por partos difíceis. As fístulas permitiam que a urina da bexiga vazasse na vagina, levando a incontinência e outros problemas, transformando essas mulheres em párias. Sims obteve no Alabama várias escravas que tinham desenvolvido fístulas e as manteve num pequeno hospital para praticar nelas, durante quatro anos e sem anestesia, os seus procedimentos. Só em junho de 1849, durante a *trigésima operação* em Anarcha, uma das escravas, é que teve sucesso com a correção. Além disso, durante os dois últimos destes anos, já havia anestesia disponível!

Em geral, a falta de sensibilidade dos "selvagens" era vista de modo muito mais favorável do que a dos escravos. Embora as culturas nativas da América dessem valor elevado à resistência à dor (muitos ritos de puberdade dos nativos, por exemplo, envolviam mutilação física), os brancos não atribuíam essa resistência ao condicionamento cultural, mas a um caráter inato. Embora esse mito ajudasse a justificar a tortura e o massacre, também provocou uma certa admiração pelos índios. Embora vistos às vezes como meio brutos, os índios também eram considerados inocentes. De acordo com a teoria do nobre selvagem, os povos indígenas não eram incomodados pela dor porque, como animais, tinham provado menos do fruto que exilara os cristãos do mundo natural. Sem o conhecimento do bem e do mal (sem sequer vergonha para cobrir adequadamente o corpo), escaparam à maldição e ao legado de Adão: a dor.

As crianças brancas eram alvo de debate parecido. Uma linha vitoriana de pensamento achava que, por ainda não serem totalmente civilizadas, faltava às crianças a capacidade desenvolvida de sofrer. Outra linha de pensamento via as crianças como criaturas delicadas, mais parecidas com mulheres do que com animais, que exigiam proteção especial da dor. A predominância crescente desta última crença contribuiu para o declínio das punições corporais e do trabalho infantil no decorrer do século. Como se acreditava que o desenvolvimento do intelecto gerava mais sensibilidade à dor, temia-se até que a própria educação pudesse tornar as crianças excessivamente sensíveis, caso em que deveria ser restringida, ainda mais em relação às meninas.

No entanto, de todas as criaturas vitorianas civilizadas e sensíveis, achava-se que a mais sensível de todas era a dama de classe alta, loura e de pele branca. Desde tempos antigos se acreditava que o mesmo físico forte que transformava os homens em caçadores e guerreiros também os protegia da dor dos ferimentos, proteção que o sexo mais frágil não tinha. A crença na delicadeza da sensibilidade feminina à dor chegou ao ponto máximo no século XIX. Como criaturas espirituais, esperava-se que as mulheres sofressem com a sua corporificação terrena; na verdade, o sofrimento era considerado uma prova concreta da sua espiritualidade.

"Com o seu exaltado espiritualismo", a mulher "está mais forçosamente sob o controle da matéria; as suas sensações são mais vivas e agudas, a sua empatia, mais irresistível", escreveu, em 1848, o cirurgião britânico John Gideon Millingen. Os ideais masculino e feminino em relação à dor não só eram diferentes, como também opostos: os homens eram admirados pelo estoicismo e pela bravura, enquanto as mulheres deveriam *cultivar* a hiperalgesia (sensibilidade à dor anormalmente elevada). Mesmo numa época cuja obra inspiradora de Darwin *A origem das espécies por meio da seleção natural*, a sociedade vitoriana preferia as mulheres que parecessem mais inadequadas para a vida corporal, principalmente em relação à reprodução.

Os textos médicos tratavam a menstruação das mulheres de boa família como algo que exigia repouso no leito. O parto era considerado "demasiado doloroso (...) principalmente nas classes superiores". As mulheres urbanas eram tidas como mais sensíveis do que as do campo, as de cabelo louro mais do que as morenas e, naturalmente, a pele branca superava todas as outras pigmentações. Até sir James Young Simpson, médico que descobriu o clorofórmio e foi o primeiro obstetra a usar anestesia em partos, estava convencido de que "as mulheres em estado selvagem (...) gozam de um tipo de anestesia natural durante o parto"!

A sensibilidade à dor era considerada um reflexo tão confiável da condição social que passava por prova de status, ideia expressa com muita clareza no conto de fadas "A princesa e a ervilha", de Hans Christian Andersen, com variações encontradas na cultura clássica da Índia, da Ásia oriental e em outras. Na verdade, a história tem formas suficientes para que um sistema padronizado de classificação da mitologia e do folclore as rotule como do tipo "Princesa e ervilha". Numa versão italiana, "A mais sensível das mulheres", três damas excepcionalmente delicadas disputam a mão do príncipe. Uma sofre ao dormir num lençol amassado, a outra quando o pente puxa um fio de cabelo, e a terceira, a mais sensível de todas, se machuca quando uma pétala de jasmim cai sobre o seu pé delicado.

Na versão de Andersen de "A princesa e a ervilha", de 1835, a rainha põe uma ervilha debaixo de vinte colchões e vinte edredons para verificar se a moça perdida que chegou ao castelo numa noite tempestuosa é uma princesa de verdade. O resultado: pela manhã, a princesa se declara muito machucada, provando assim a sua aptidão (embora não no sentido darwiniano!) para ser a companheira do príncipe.

O fato antes indiscutível da sensibilidade feminina à dor passou a ser debatido no final do século quando alguns teóricos sugeriram que, na verdade, as mulheres aguentavam *mais* dor do que os homens, questão que defendiam sob o ponto de vista evolucionário. "As mulheres, às quais a natureza impõe a tarefa árdua e dolorosa de ter filhos, podem, em geral, suportar a dor melhor do que os homens", afirmava *O triunfo sobre a dor*.

LIMIAR DA DOR E TOLERÂNCIA À DOR

A confusão a respeito da sensibilidade à dor continua, e muitos desses mitos ainda têm influência perniciosa sobre a assistência aos pacientes e justificam o tratamento discriminatório. Haverá mesmo uma hierarquia invisível do sentimento? Ou a maldição de *'etsev* e *'itstsabown* aflige igualmente todos os mortais?

A sensibilidade à dor é medida de três maneiras. A primeira é no nível celular, no qual o *limiar nociceptivo* marca o ponto em que basta um estímulo térmico (queimar ou congelar), mecânico (beliscar ou puxar) ou químico (venenoso ou ácido) para estimular os nervos periféricos (nociceptores) projetados para perceber danos celulares. Por ser determinado pela evolução, o limiar nociceptivo é comum a todos os indivíduos de uma espécie e só pode ser alterado por enfermidades, como lepra e diabetes, que destroem os nervos periféricos e criam áreas locais de insensibilidade (chamadas de neuropatias periféricas).

Uma segunda forma de medir a sensibilidade à dor chama-se, simplesmente, *limiar da dor.* O limiar da dor é uma função da consciência; é o ponto em que o cérebro processa as informações dos nociceptores e percebe um estímulo doloroso; por exemplo, a sensação de pressão se transforma em sensação de dor por esmagamento, ou a sensação de calor se transforma em sensação de queimadura. Embora em cada espécie ele não seja tão uniforme quanto o limiar nociceptivo, o limiar da dor de indivíduo para indivíduo também é bastante parecido.

A terceira forma de medir a sensibilidade à dor — a *tolerância à dor* — tem a ver com a variabilidade do que conseguimos aguentar. A tolerância à dor em experiências, por exemplo, costuma ser medida como o ponto em que um indivíduo declara que um estímulo doloroso é insuportável e pede que seja interrompido. A tolerância à dor depende não só do temperamento do indivíduo, como também das circunstâncias da dor. Não surpreende que os participantes de estudos sobre a dor não sintam nenhuma motivação específica para sofrer pelo bem da experiência, de modo que a sua tolerância tende a ser baixa; já os realizadores do estudo se sentem muito motivados a se sacrificar pelo seu trabalho e, portanto, tendem a descobrir que o seu limiar da dor é alto.

Mas esses mesmos participantes que, no laboratório, logo acham insuportável um leve estímulo térmico reagiriam de modo bem diferente se tivessem alguma razão forte (ou, aliás, qualquer razão) para suportá-lo — digamos, se estivessem salvando seu gato de um incêndio, andando em brasas num ritual hinduísta ou participando de um exercício ocidental de formação de equipes. Até no contexto experimental, a tolerância à dor varia conforme as circunstâncias; os indivíduos a quem se pede que mantenham a mão em água gelada aguentarão o dobro do tempo se não estiverem sozinhos.

A tolerância à dor é afetada por sexo, raça, idade, etnia, peso ou nível de instrução? Os brancos são mais sensíveis do que os negros, as mulheres mais do que os homens, os magros mais do que os robustos, os louros mais do que os morenos, os jovens mais do que os velhos, os instruídos mais do que os ignorantes? Claramente, culturas diferentes reagem à dor de forma diferente. Um estudo famoso feito com donas de casa no final da década de 1960 constatou que, nos Estados Unidos, as "ianques", como se dizia na época (protestantes brancas de ascendência britânica), tinham tolerância mais alta, seguidas por irlandesas de primeira geração, judias e, finalmente, entre as participantes estudadas, as italianas. (É interessante que outro estudo tenha verificado que a tolerância à dor aumentava de forma marcante entre indivíduos judeus quando o pesquisador presente não era judeu.)

Mas talvez as italianas estudadas simplesmente exprimissem mais dor porque a sua cultura permite uma expressividade maior, e, como exprimir a dor pode aliviá-la, talvez até sofressem menos. Na verdade, num estudo

AS CRÔNICAS DA DOR

recente, pesquisadores britânicos pediram aos voluntários que mantivessem as mãos em água dolorosamente gelada; um grupo podia xingar o tempo todo o palavrão que escolhesse enquanto o outro tinha de repetir um mantra que não era um xingamento. Os que puderam xingar conseguiram manter as mãos na água por mais tempo e a acharam menos dolorosa. Os pesquisadores teorizaram que xingar provocava uma reação de "luta ou fuga" (liberação de hormônios do estresse) que reduzia o medo da dor e, portanto, a percepção da dor.

Um estudo de referência da Universidade de Stanford, realizado em 1972 pelo dr. Kenneth M. Woodrow com mais de 40 mil pacientes de uma grande HMO — Health Maintenance Organization, ou Organização para a Manutenção da Saúde, um tipo de plano de saúde existente nos Estados Unidos —, verificou que idade, sexo e raça realmente modificam a tolerância à dor. A tolerância à dor dos homens mais velhos variava de dois terços a três quartos da tolerância dos rapazes mais jovens. No entanto, nas mulheres o declínio era menos acentuado, e até os homens mais velhos tinham, em média, tolerância à dor mais alta do que as mulheres mais jovens. Em geral, a tolerância à dor variava menos nas mulheres do que nos homens. Os brancos demonstraram mais tolerância à dor do que os negros e estes, mais do que os americanos de origem asiática. Outro estudo constatou que os hispânicos eram mais sensíveis à dor do que os brancos não hispânicos.

O estudo de Woodrow não afirmou se as diferenças de tolerância à dor entre grupos étnicos seriam cultural ou biologicamente determinadas. Mas quanto mais se estudam as diferenças subjetivas da sensibilidade à dor, mais frequentemente elas parecem ter base biológica. Embora os dados sejam complicados e discutidos, numerosos estudos indicam (de modo irritante) que a natureza pode mesmo ser sexista e que as mulheres simplesmente têm menos tolerância à dor do que os homens. Talvez como reação adaptativa à função masculina de guerreiro e caçador que fazia com que os homens sofressem mais lesões agudas do que as mulheres, parece haver diferença entre o sistema masculino e o feminino de modulação da dor — os homens teriam uma modulação mais robusta. Os hormônios femininos são um possível mediador da diferença sexual na sensibilidade à dor. Algumas fases do ciclo menstrual estão ligadas a um limiar da dor mais baixo.

Há diferenças interessantes nos receptores de opioides de homens e mulheres. (As diferenças também estão presentes em ratos machos e fêmeas.) Há três tipos de receptores de opioides, mais notadamente os *mu* e os *kappa*; a maioria das substâncias opioides, como a morfina, visam aos receptores mu. Desenvolveram-se poucos medicamentos dirigidos aos receptores kappa porque, nos primeiros estudos, eles foram considerados ineficazes. No entanto, a pesquisa foi realizada principalmente em homens, e as mulheres são mais receptivas aos medicamentos que usam o receptor kappa. Um estudo sobre o uso de nalbufina — analgésico do receptor kappa usado para a dor pós-operatória e raramente receitado — realizado com homens e mulheres cujo siso foi extraído constatou que o medicamento teve efeito oposto sobre os sexos, aliviando a dor feminina e exacerbando a masculina. Os estudos com camundongos indicam que a diferença sexual no efeito analgésico dos opioides kappa pode ser atribuída a um gene conhecido como receptor de melanocortina-1, ou MC1R.

Ao contrário, os analgésicos comuns que agem no receptor mu são menos eficazes em mulheres do que em homens (e menos eficazes nos ratos fêmeas do que nos ratos machos). Um estudo de 2003 feito pela dra. M. Soledad Cepeda e pelo dr. Daniel Carr sobre a dor pós-cirúrgica após a anestesia geral verificou que "as mulheres sentem dor mais intensa e exigem 30% mais morfina (em relação ao peso) do que os homens para obter grau semelhante de analgesia". O estudo aconselha os clínicos a "prever as diferenças de necessidade de opioides para evitar o tratamento insuficiente da dor em mulheres". Assim, embora a probabilidade de receitarem opioides para as mulheres seja menor, na verdade elas precisam de mais. Também há indícios limitados de que as mulheres reagem de forma diferente aos medicamentos anti-inflamatórios não esteroides (AINEs): embora esses medicamentos ajam da mesma forma sobre as inflamações de ambos os sexos, os homens obtêm com eles uma ação analgésica mais intensa do que as mulheres (descoberta que pode ajudar a entender por que as mulheres sofrem mais de doenças inflamatórias crônicas).

Acontece que até a absurda noção vitoriana de que a cor do cabelo afeta a sensibilidade à dor tem uma pitada de verdade no caso das ruivas de pele clara. Verificou-se que um certo tipo de analgésico opioide que age sobre os receptores kappa (a pentazocina) funciona muitíssimo melhor em

AS CRÔNICAS DA DOR

ruivas; o fato é que o mesmo gene MC1R que explica a reação feminina aos opioides kappa também é responsável pela pigmentação do cabelo ruivo e da pele clara. O interessante é que os opioides comuns funcionam menos em ruivas. Em média, as ruivas precisam de 20% mais anestesia geral do que as morenas. Também obtêm menos efeito analgésico com a novocaína e têm mais probabilidade de evitar a ida ao dentista.

O estranho é que os estudos anteriores ao do dr. Woodrow reforçavam a noção vitoriana de que os velhos são menos sensíveis à dor do que os jovens. Mas esses estudos usaram a dor térmica (estímulos quentes ou frios aplicados à pele), enquanto o de Woodrow usou a pressão mecânica no tendão de Aquiles (que produz uma dor profunda). Acontece que o envelhecimento tem efeito contraditório sobre a dor: a sensibilidade à dor cutânea *diminui*, mas a sensibilidade à dor profunda *aumenta* (em termos clínicos, esta é mais relevante, por se parecer mais com a dor produzida por lesões e enfermidades do que os estímulos superficiais). Essa descoberta pode ser de grande valia no desenvolvimento de analgésicos para a população idosa.

Embora Galeno acreditasse que os tipos gordos e fleumáticos tinham menos sensibilidade à dor, parece que o contrário é que é verdade. Não surpreende que a obesidade provoque doenças dolorosas, como a proporção maior de artrite degenerativa, devido ao peso extra que as articulações têm de aguentar. (A artrite degenerativa, também chamada de osteoartrite ou artrite hipertrófica, envolve a deterioração da cartilagem que protege os ossos nas articulações, o que resulta em dor, enrijecimento e inflamação.) Mas os obesos também teriam menos tolerância à dor? Os estímulos dolorosos realmente os atingem mais?

Muitos estudos mostraram que os obesos *declaram* mais dor em estudos de tolerância à dor em laboratório. Mas isso refletiria uma diferença da sensibilidade inata à dor no corpo? Um estudo realizado em 2006 pela Universidade do Estado de Ohio tentou responder a essa pergunta medindo a reação muscular ao estímulo elétrico de um nervo da perna de pacientes que sofriam de osteoartrite no joelho. Os pacientes obesos não se queixaram de dor mais do que os não obesos (e classificaram a dor de forma semelhante nos questionários). Mas os tornozelos revelaram um reflexo muscular maior à dor. Quando todos os voluntários participaram de uma sessão de tolerância à dor que incluía um exercício de relaxamento muscular progressivo, ambos os grupos relataram menos dor e exibiram menos reatividade à dor. Mas os obesos continuaram a ter mais sensibilidade à dor.

A opinião de que as crianças não eram sensíveis à dor perdurou durante a primeira metade do século XX. Na classe médica, muitos defendiam que os bebês não sentiam dor nenhuma e que as crianças pequenas simplesmente não tinham se desenvolvido o suficiente para sofrer. Até o final da *década de 1970* (não é um erro tipográfico), a maioria das cirurgias em bebês, nos Estados Unidos e no resto do mundo, era realizada com anestesia insuficiente ou inadequada (embora as crianças fossem paralisadas com um bloqueador neuromuscular), porque se acreditava que a anestesia geral seria um risco desnecessário. Também não se dava medicação analgésica a bebês e crianças pequenas durante a recuperação de cirurgias, câncer e até queimaduras graves.

Mesmo depois que a prática foi considerada prejudicial, os anestesistas e hospitais resistiram à mudança. Em 1987, um editorial da revista *The New England Journal of Medicine* ainda considerava necessário defender que os indícios eram "tão avassaladores que os médicos não podiam mais agir como se todos os bebês fossem indiferentes à dor". Finalmente, um estudo demonstrou de forma conclusiva que os bebês operados sem anestesia tinham maior probabilidade de morrer! Por outro lado, os que recebiam anestesia se recuperavam mais depressa da cirurgia e sofriam menos complicações.

Embora em bebês e crianças pequenas a dor gere reações *emocionais* menos duradouras do que em crianças maiores e adultos (e por isso as crianças podem dar gritos de dor horripilantes e rir um minuto depois), em termos *fisiológicos* as crianças pequenas são afetadas pela dor de forma muito mais prejudicial, porque as vias nervosas que conduzem a dor se desenvolvem antes da capacidade do cérebro de modular a dor. Enquanto os assírios antigos se preocupavam com a dor a ponto de asfixiar os bebês meninos até ficarem inconscientes antes da circuncisão, hoje muitos bebês continuam a ser circuncidados sem anestesia, muito embora esteja comprovado que a prática causa efeitos prejudiciais duradouros.

Um médico que trabalhou com a Douleurs Sans Frontières (Dores sem fronteiras), instituição francesa de tratamento da dor, verificou que era preciso ensinar os médicos da África a reconhecer a dor. Por exemplo, o pediatra de um bom hospital de Moçambique garantiu ao médico francês que nenhum dos pacientes sentia dor e o levou à enfermaria pediátrica para provar. "Está vendo?", perguntou. "Nenhuma das crianças está chorando nem se queixando. Estão deitadas quietinhas nos seus leitos." O médico francês teve de explicar que, para as crianças, o natural é chorar e se mexer, e que *não* chorar pode ser sinal de dor fortíssima. Daniel Carr recordou um artigo apresentado à revista médica *Pain*, editada por ele, em que um médico chinês afirmava que as crianças da China que se recuperavam de cirurgias abdominais não recebiam nem pediam medicamentos contra a dor e concluía que as crianças ocidentais eram manhosas.

Os vitorianos também acertaram ao achar que a raça afeta a sensibilidade à dor, só que no sentido contrário do que acreditavam. Os afro-americanos são mais tolhidos pela dor crônica; queixam-se de ficar mais incapacitados e de sentir dor mais intensa em várias enfermidades que causam dor. Além disso, esse fenômeno se verifica em várias populações e faixas etárias, inclusive em crianças pequenas.

Hoje se acredita que uma das razões são as diferenças étnicas do sistema de modulação da dor. Embora tenha sido extensamente documentado, em estudos de laboratório, que os afro-americanos têm menos tolerância à dor do que os brancos, a importância desse achado não é clara. A maioria dos estudos baseava-se em voluntários saudáveis, muitas vezes em estudantes universitários. Sabe-se que a dor aguda e a dor crônica envolvem mecanismos fisiológicos diferentes: o sistema nervoso de quem é saudável pode ser profundamente diferente do de quem sofre de dor crônica. Além disso, a experiência psicológica de sofrer dor crônica é totalmente diferente dos testes de dor aguda em laboratório, nos quais se assegura várias vezes e explicitamente aos participantes que eles não serão feridos (e as diretrizes éticas exigem que os testes sejam interrompidos antes de haver lesão nos tecidos, mesmo que o participante não peça).

Um estudo de 2001 encabeçado pelo dr. Robert R. Edwards, da Johns Hopkins Medical School, verificou a tolerância à dor numa população de negros e brancos com dor crônica. A equipe testou 337 pacientes usando um torniquete doloroso no braço. Os afro-americanos exibiram tolerância à dor no braço extraordinariamente menor (os brancos aguentaram a dor durante quase nove minutos, em média, e os afro-americanos, durante cinco minutos), *e* se constatou que o aumento da sensibilidade estava ligado aos relatos de nível mais alto de dor crônica e de maior invalidez devida à dor.

Por quê? Outro estudo verificou que um subgrupo de afro-americanos, na reação ao estresse, apresentava um nível significativamente mais baixo de betaendorfinas, o que reduzia a capacidade de modular a dor. Uma explicação alternativa pode envolver diferenças entre o sistema nervoso central de brancos e o de negros em relação à reação cardiovascular e hormonal ao estresse. A dor provoca a liberação de adrenalina (epinefrina), hormônio do estresse que causa vários efeitos, aumenta a pressão arterial e a taxa de batimentos cardíacos e intensifica a sensação de dor; já se demonstrou que os afro-americanos têm reação vascular e hormonal ao estresse mais intensa do que os brancos, o que pode criar mais dor. Além disso, os afro-americanos sofrem nível maior de estresse cotidiano, o que pode levar a um nível mais alto de dor diária. Um estudo de 2005, realizado no campus de Chapel Hill da Universidade da Carolina do Norte, encontrou mudanças no mecanismo regulador da dor de afro-americanos, envolvendo a pressão arterial e os hormônios do estresse cortisol e noradrenalina.

As consequências farmacológicas das diferenças genéticas entre os grupos étnicos é uma área de pesquisa que vem crescendo, já que, tradicionalmente, os medicamentos foram testados exclusivamente em populações ocidentais. A pesquisa feita com amostras genéticas da Universidade de Tel Aviv, por exemplo, descobriu há pouco tempo que muitos judeus etíopes têm uma variação genética que faz com que metabolizem opioides e outros medicamentos comuns com mais rapidez do que os outros judeus, deixando-os assim com risco maior de efeitos colaterais mais graves.

Embora os vitorianos tenham errado mais do que acertado na *sequência* dos elos da sua grande cadeia — e Anarcha, a escrava em quem J. Marion Sims aprimorou a sua técnica cirúrgica, talvez fosse mais sensível à dor do que ele —, parece que o conceito de uma série contínua de sensibilidade à dor não é totalmente enganoso. Mas é claro que eram falsos as implicações sociais e morais da metáfora da cadeia e o algoritmo usado no cálculo do sofrimento: embora a diferença de sensibilidade à dor de uma linda donzela e de um animal selvagem seja significativa, ainda assim o animal selvagem sente dor e sofre com ela, e, entre os seres humanos, as diferenças são modestas. Com relação à dor, os homens são mais parecidos do que diferentes — e precisam de tratamento.

SENSIBILIDADE INDIVIDUAL À DOR

Se certos grupos têm mais probabilidade de apresentar dor crônica, o que dizer de certos indivíduos? A maioria das dores não se transforma em dor crônica; por que isso acontece com algumas delas? Será que, geneticamente, algumas pessoas correm mais risco de sentir dor, do mesmo jeito que alguns correm mais risco de ter câncer ou obesidade? Se assim for, como identificá-las e prevenir o surgimento da síndrome da dor crônica?

Um artigo do dr. Robert R. Edwards levanta a hipótese de que as diferenças individuais de sensibilidade à dor e de modulação da dor submetem os indivíduos a vários riscos de sofrer dor aguda grave depois de uma lesão e também de sofrer dor crônica. Embora a maioria dos estudos se concentre na sensibilidade à dor, outro fator importante é até que ponto o sistema nervoso do indivíduo modula a dor. Quando são ministrados estímulos dolorosos repetidos num pequeno período, o efeito se soma: cada choque sucessivo dói mais do que o anterior, conforme o sistema nervoso fica cada vez mais sensível. Mas esse efeito é evitado pela capacidade do corpo de modular a dor: a força da analgesia descendente (faculdade do cérebro de usar temporariamente mecanismos que inibem a dor). Nos pacientes com dor crônica, essa capacidade se reduz. Por exemplo, nos pacientes com fibromialgia, a dor causada por uma sequência de estímulos nocivos aumenta com muito mais rapidez do que em indivíduos normais. E, embora a alta sensibilidade à dor e a capacidade reduzida de modulação aumentem o risco de o indivíduo sofrer de dor aguda e crônica, parece que a modulação da dor é o fator mais significativo.

A sensibilidade inata à dor não só torna mais provável o desenvolvimento de síndromes dolorosas, como também reduz a eficácia dos analgésicos opioides para minorar as síndromes (tanto em camundongos quanto em seres humanos). Os pacientes que sofrem de nevralgia pós-herpética (herpes recorrente que provoca comichão e dor ardente) também têm baixo limiar da dor em áreas do corpo não afetadas pela nevralgia, e foi constatado que têm menos alívio analgésico com opioides do que os indivíduos com limiar normal da dor. Além disso, os tratamentos que não envolvem medicação (fisioterapia, terapia da fala, meditação etc.) também têm menos sucesso em pessoas sensíveis à dor.

A sensibilidade à dor pode refletir a influência de incontáveis fatores, que variam do treinamento cultural à história pessoal. A neuroimagem do cérebro mostrou que a tendência psicológica ao "catastrofismo" — reforçar a dor com medo e ansiedade — resulta numa atividade maior do sistema nervoso central e em mais dor e ansiedade. Já se demonstrou que a exposição precoce à dor reduz o limiar da dor porque prejudica o sistema nervoso ainda não desenvolvido. Também já se demonstrou que os traumas emocionais afetam a sensibilidade à dor: as vítimas de abuso sexual na infância, por exemplo, têm nível mais alto de dor pélvica crônica quando adultas porque parece que o trauma altera a maneira como as sensações pélvicas são processadas.

Parece que as variações de sensibilidade à dor também têm uma base genética importante, ainda que bastante desconhecida. Além dos genes de receptores de opioides, há uma pesquisa promissora sobre um gene menos conhecido que codifica uma enzima (a catecolamina-O-metiltransferase, ou COMT) que parece modular a dor. Um estudo de 2005, publicado na revista *Human Molecular Genetics*, identificou três variantes do gene COMT associadas, em laboratório, a graus diferentes de sensibilidade à dor e que permitem prever a probabilidade de mulheres saudáveis apresentarem disfunção miogênica da articulação temporomandibular (problema musculoesqueletal comum que envolve dor e inflamação da articulação que liga a mandíbula ao crânio, comumente chamada de DTM).

Outro estudo recente tratou de um gene chamado SCN9A, que está ligado ao funcionamento dos neurônios nociceptivos. Sabe-se que mutações graves do SCN9A produzem tanto síndromes dolorosas extremadas (quando aumentam a atividade neuronal) quanto, em outros casos, analgesia congênita completa (quando a bloqueiam), mas o novo estudo demonstrou que mutações muito menores e mais comuns permitiam prever a classificação da dor de pacientes com osteoartrite, dor ciática e dor do membro fantasma e até afetavam a sensibilidade à dor de mulheres saudáveis submetidas a estímulos térmicos em ambiente de laboratório.

Se fosse possível identificar com exames genéticos os indivíduos com risco elevado de dor crônica, muitas síndromes dolorosas poderiam ser prevenidas com intervenção precoce e agressiva. Por exemplo, é mais provável que os indivíduos mais sensíveis sintam dor muito forte no surgimento da herpes-zóster. Por sua vez, já foi demonstrado que o nível de dor mais alto permite prever o desenvolvimento, muitos anos mais tarde, da nevralgia pós-herpética. Mas o tratamento imediato da herpes-zóster com antivirais pode impedir o desenvolvimento da síndrome.

O conhecimento da vulnerabilidade genética à dor crônica poderia influenciar a escolha de cirurgias. Em certas operações, existem técnicas que poupam os nervos, embora nem sempre sejam praticadas. Em outras cirurgias, como as plásticas, saber que há probabilidade de dor crônica pode fazer os riscos superarem os benefícios. Pode-se empregar mais analgesia pré ou pós-operatória ou fazer um acompanhamento posterior mais intenso.

Uma das cirurgias gerais mais comuns é uma técnica de correção de hérnia que envolve o corte do nervo ilioinguinal na virilha. O cirurgião realiza o procedimento e declara que foi um sucesso; o paciente vai para casa e o cirurgião nunca mais o vê. Mas uma grande revisão dinamarquesa de estudos científicos anteriores verificou que 10% dos pacientes desenvolveram dor crônica moderada a intensa depois da operação e até um quarto dos pacientes disse que a dor restringia a sua atividade cotidiana. Um estudo britânico constatou que 30% dos homens se queixaram de dor crônica que persistiu durante mais de três meses depois da operação. Há técnicas cirúrgicas alternativas que preservam o nervo, mas os médicos não entendem a importância de usá-las, e os pacientes não sabem pedi-las.

O SEGREDO CELULAR DO
CICLO DA DOR CRÔNICA

"A lacuna entre o que acontece no laboratório e entre os médicos é enorme", comentou o dr. Clifford Woolf, com o seu jeito tranquilo. "Hoje, o manejo da dor está no nível que já foi ocupado pelo tratamento da tuberculose: conduzido pelo desespero do paciente e do clínico." Emigrante sul-africano formado em neurologia, ele é alto, de ossos delgados, cabeça raspada, modos gentis e um ar vagamente melancólico. Dá a impressão de estar afinado com o sofrimento. Embora não faça trabalho clínico, quando fala de pacientes com dor transmite uma ideia de profundo sentimento. Ele encolheu os ombros dentro da jaqueta de couro preto, por causa da chuva, enquanto caminhávamos na direção do laboratório de neuroplasticidade do qual é diretor no Massachusetts General Hospital, estranhamente localizado no Arsenal da Marinha de Charlestown.

"Essa é a nova fronteira da medicina. O que estamos descobrindo é que a dor crônica não é apenas um estado sensorial, afetivo ou cognitivo. Ela é uma doença biológica que aflige milhões de pessoas. Não estamos prestes a curar o câncer ou a doença cardíaca, mas estamos avançando sobre a dor. Acredito que logo haverá tratamento eficaz da dor, porque, pela primeira vez na história, estamos juntando ferramentas para entendê-la e tratá-la."

No porto, ainda flutuam relíquias volumosas das batalhas de antigamente, mas dentro do laboratório há uma vasta paisagem de tubos de ensaio contendo DNA de ratos e máquinas delicadas para interpretá-lo. As ferramentas mais importantes da pesquisa moderna da dor são a sofisticação cada vez maior das técnicas de neuroimagem funcional (ressonâncias magnéticas funcionais) para gravar imagens da atividade cerebral, o término do projeto do genoma humano e uma nova tecnologia, derivada da informática, de "chips genéticos" — detetores plásticos codificados com uma série de sequências de DNA que podem perceber quais genes são ativados quando os neurônios reagem a estímulos dolorosos. "Nos últimos trinta anos de pesquisa, procuramos genes ligados à dor, um de cada vez, e encontramos sessenta", disse o dr. Woolf. "No ano passado, com a tecnologia de chips genéticos, encontramos 1.500." Ele pareceu mais alegre. "Estamos inundados de informações novas. Agora só precisamos interpretar isso tudo: para priorizar, para encontrar o gene mais importante, o interruptor geral que lidera os outros."

"O elemento psicológico das clínicas da dor — ensinar a lidar com a dor — é a confissão de como as opções de tratamento são ruins. Embora saibamos que dor crônica é uma doença, hoje ainda não há diagnóstico nem protocolos de tratamento para essa doença." Entre os médicos, acrescenta ele, "há a noção amorfa de que dor é uma coisa única e de que pode ser tratada como um problema único". No caso da maioria dos problemas, como a dor lombar, não é possível dizer se a dor é de natureza neuropática, artrítica ou musculoesqueletal. "A dor é 25% periférica, 25% central, 25% inflamatória e 25% muscular? Ou as articulações estão doentes, mas os nervos, normais? Só há tratamento sintomático e não mecanicista, mas os sintomas todos se sobrepõem."

Ele mencionou um triste truísmo da pesquisa da analgesia conhecido como "regra dos 30": os medicamentos existentes para a dor costumam reduzir 30% dela em 30% dos indivíduos — "e, antes de começar o tratamento, não temos a mínima ideia de quem vai reagir ou não". A meta é "insistir na ideia de que há geradores de dor distintos e precisamos identificá-los em cada paciente, encontrar a impressão digital do mecanismo neurogenético subjacente de cada paciente, para ver qual deles está realmente em ação. Qual é a lesão do sistema nervoso central e como corrigi-la? Quais são as vias nervosas? Que genes são ligados e desligados?".

A descrição da qualidade da dor, como "ardente" ou "contínua", na verdade não revela a neuropatologia: parece que a dor ardente de um pa-

As crônicas da dor

ciente não tem o mesmo mecanismo da dor ardente de outro e, necessariamente, não reage ao mesmo tratamento. "Agora, só podemos deduzir de trás para a frente quem sofre, e de quê, ao ver como as pessoas reagem ao tratamento", diz ele, "quando encontramos um tratamento ao qual reagem." Em geral, os pacientes com dor experimentam muitos remédios até encontrar um que funcione, se é que encontram.

Em boa parte do trabalho de laboratório, usam-se ratos para identificar os mecanismos celulares da dor neuropática. No dia da minha visita, um estudante de pós-graduação media as reações à dor de uma criatura branca e gorducha sobre a mesa. Primeiro, aplicou um choque elétrico às fibras sensoriais da pata do rato, e a reação provocada nos neurônios da medula espinhal foi medida. Depois, causou uma queimadura em outro ponto da pata. Quando o mesmo estímulo elétrico foi aplicado aos nervos sensoriais originais, a resposta neural foi muito maior. Além disso, a outra pata do rato também ficou mais reativa aos estímulos dolorosos. O sistema nervoso do rato sofreu uma sensibilização central, como diz o dr. Woolf. Os nervos da medula espinhal ficaram hiperexcitáveis e começaram a mandar sinais espontaneamente. Esse estado de hiperexcitabilidade provoca a morte dos neurônios, fenômeno chamado de *excitotoxicidade*. Acontece que, depois que um nervo periférico sofre uma lesão grave, *um quarto das células na medula espinhal morre por excitotoxicidade*: não só os neurônios lesionados morrem, como também os seus vizinhos. O dr. Woolf acredita que a excitotoxicidade é uma característica fundamental da dor neuropática, porque, por azar, muitos neurônios que morrem são os *inibidores*, cuja função é amortecer a dor.

"A perda dos freios normais do sistema nervoso, que inibem os sinais de dor, cria a desinibição, ou seja, uma amplificação persistente da dor", disse ele. "Se conseguíssemos identificar os sinais inibidores que faltam, talvez pudéssemos introduzi-los com medicamentos."

O aterrorizante é que não só a medula espinhal como também o cérebro podem ser patologicamente reorganizados pela dor. O dr. Woolf criou uma linhagem específica de ratos com tendência a ter sensibilidade à dor. Depois, lesionou o nervo ciático dos ratos. Dez dias depois, quando abriu o cérebro dos animais, conseguiu discernir a marca típica da lesão dos nervos: mudanças mal-adaptativas correspondentes do modo como o cérebro dos ratos processa e gera a dor. "Em modelos animais, sempre que um ramo nervoso importante sofre uma lesão, acontece essa reorganização cortical horrível", disse ele.

E nos seres humanos? O trabalho do dr. A. Vania Apkarian na Northwestern University constatou que a dor crônica provoca degeneração de partes do cérebro humano de uma forma, segundo ele, devida à "atrofia por excesso de uso" — a morte dos neurônios causada pela excitotoxicidade e por agentes inflamatórios (como se verificou anteriormente na medula espinhal). Ele também descobriu que a dor crônica parece reduzir a capacidade cognitiva e interfere em setores do cérebro (áreas do córtex pré-frontal, especificamente) ligados a avaliações emocionais, como a tomada de decisões e o controle do comportamento social.

Um dos estudos do dr. Apkarian comparou imagens cerebrais de indivíduos normais com as de 26 pacientes que sofriam de dor crônica e constante nas costas havia mais de um ano (sendo que o paciente típico já sentia dor havia cinco anos). A dor nas costas é a síndrome dolorosa mais comum depois da dor de cabeça: um quarto ou mais dos americanos afirma ter sentido dor nas costas nos últimos três meses e, para um quarto deles, a dor se torna intensa e crônica. Os exames revelaram que a dor crônica *reduziu drasticamente a substância cinzenta do cérebro dos pacientes*. (A quantidade de substância cinzenta em determinadas áreas do cérebro está ligada à inteligência; ela contém neurônios que processam informações e armazenam lembranças.) Embora o envelhecimento normal faça a substância cinzenta se atrofiar cerca de 0,5% ao ano, a substância cinzenta dos pacientes com dor crônica se atrofia muitíssimo mais depressa: esses pacientes mostraram perdas de 5% a 11%, *que equivalem a dez a vinte anos de envelhecimento.*

O processo normal de envelhecimento difere do processo associado à dor crônica de um modo bastante perturbador. Enquanto o envelhecimento provoca atrofia em muitas regiões do cérebro, a dor crônica atrofia especificamente as partes do cérebro cuja função é modular a dor (o tálamo e

AS CRÔNICAS DA DOR

partes do córtex pré-frontal). Tanto a dor neuropática quanto a inflamatória foram associadas à redução da densidade da substância cinzenta, mas a
dor neuropática causou no cérebro um impacto distinto e muito maior. A
perda de densidade cerebral parece ligada à duração da dor, com 1,3cm³ de
substância cinzenta perdido a cada ano de dor crônica. Quando interrogado, o dr. Apkarian estimou que os pacientes com dor crônica perderiam
por ano mais ou menos o dobro de substância cinzenta dos indivíduos
normais.

Finalmente percebi que aqui está o segredo do ciclo da dor crônica,
por que ele piora com o tempo sem lesões dos nervos nem dos tecidos: *a
dor provoca mudanças no cérebro que diminuem as partes encarregadas de
modular a dor, o que resulta em aumento da dor, que atrofia ainda mais o
cérebro...* e assim por diante. "Conforme a atrofia dos elementos do circuito (do cérebro) progride, a doença da dor se torna mais irreversível e reage
menos à terapia", é a sinistra conclusão do artigo.

Se o meu cérebro perdeu 1,3cm³ de substância cinzenta a cada ano de
dor, então perdi... que percentagem até agora? Quantos anos a mais a dor
fez o meu cérebro envelhecer? O tálamo e o córtex pré-frontal, as partes do
meu cérebro que deveriam modular a dor, as partes do meu cérebro com as
quais eu tentava entender a dor...

Não aguentei completar o cálculo.

O SONHO MARAVILHOSO DE QUE A DOR NOS FOI TIRADA

Como prevenir uma síndrome dessas? O dr. Woolf tem algumas ideias sobre agentes moleculares que, segundo acredita, podem estar envolvidos de forma fundamental no estímulo ou na manutenção da dor neuropática. Por exemplo, ele disse que, em modelos animais, há alguns canais anormais do íon sódio que só surgem e se ativam nos neurônios sensoriais lesados. Na dor inflamatória, também há canais de sódio, que ajudam a determinar a excitabilidade das fibras nervosas ou fibras da dor na vizinhança da lesão do tecido. Se os componentes moleculares fundamentais de diversos tipos de dor crônica puderem ser identificados, talvez se consiga encontrar um antagonista e usá-lo como medicamento.

Então "o sonho maravilhoso de que a dor nos foi tirada", proclamado na invenção da anestesia, finalmente se realizaria? Esse medicamento ajudaria todos os que já sentem essa dor ou só impediria que outros a desenvolvessem? A reorganização cortical pode ser reorganizada; a substância cinzenta, desatrofiada; a lesão do sistema nervoso central, corrigida? Afinal de contas, os medicamentos neuroprotetores não podem proteger neurônios que já morreram, e os neurônios não podem se regenerar. E Lee Burke, e os bebês circuncidados sem anestesia? E eu?

O dr. Woolf me olhou e hesitou, como se ponderasse até que ponto a notícia seria mal-recebida. "Não sabemos", disse, com tato. Outra pausa. "Não no estado atual." Mas ele ressaltou que, mesmo que o dano não possa ser desfeito, o tratamento ainda pode ajudar a suprimir a sensibilidade anormal. "Mas é óbvio que será muito mais fácil prevenir o surgimento dos canais anormais do que tratar os que já existem." Ele apoiou a cabeça na mão. "É óbvio."

Olhei pela janela e tentei perceber as formas dos navios no porto através da chuva. Mas exatamente neste momento a dor se irradiou pelo meu ombro até a mão, tão depressa que deixei a caneta cair na mesa. Pensei no Sofredor Virtuoso.

A dor de cabeça jorrou sobre mim vinda do seio do inferno...
O demônio se vestiu com o meu corpo como roupa...

Perguntei sobre a relação entre dor e significado.

O dr. Woolf piscou, surpreso, depois franziu o rosto ao recordar a palestra realizada na Escola de Medicina de Harvard pela Escola de Teologia sobre o significado religioso da dor.

— Imagine como esse ponto de vista me era estranho — disse ele, balançando a cabeça com desaprovação ao lembrar.

— Mas a dor parece ter algum significado — sugeri, timidamente, —, como uma charada ou um sonho.

— Isso é maluquice — disse ele, com vigor. — É como os mitos sobre a tuberculose de que estávamos falando. A dor crônica não é nenhum... — ele procurou a palavra certa — *código*. É uma experiência sensorial terrível e anormal, uma atividade patológica do sistema nervoso.

Esses termos científicos, ainda tão estranhos na minha boca, poderiam se tornar meus? O demônio que se vestira com o meu corpo poderia se transformar em excitotoxicidade e atrofia por excesso de uso? Espondilose cervical, estenose espinhal, síndrome do impacto — se eu acreditasse mesmo que era isso e só isso — seriam muito menos alarmantes do que uma maldição, um castigo, uma tristeza particular, um sintoma de solidão, uma praga inexplicável ou qualquer uma da miríade de maneiras pelas quais eu entendia, vivenciava e exprimia a minha doença.

Seria também menos doloroso?

Sete anos depois, o dr. Woolf, recém-nomeado diretor do programa de neurobiologia do Boston Children's Hospital (Hospital Infantil de Boston), estava cheio de boas notícias. O seu grupo descobrira recentemente uma combinação de medicamentos em que estava trabalhando para transformá-la em anestésico local específico da dor — isto é, um anestésico que agisse somente nos nervos da dor, sem afetar os nervos motores e autônomos, como fazem os analgésicos atuais. Esse anestésico, por exemplo, poderia permitir que alguém fosse ao dentista e comesse alguma coisa depois, porque os músculos da boca não seriam afetados, ou permitir que a mulher não sentisse dor durante o parto, mas registrasse as outras sensações do útero e mantivesse o controle dos músculos necessários para se concentrar em empurrar.

A lidocaína, anestésico local comum, funciona deprimindo a atividade geral de todos os neurônios. Mas, ao combinar um derivado de lidocaína com a capsaicina (substância que faz a pimenta arder na boca ao se ligar aos receptores da dor que percebem a ardência), o dr. Woolf conseguiu conduzir o derivado de lidocaína até os neurônios da dor pelo canal aberto pela capsaicina, deixando intactos os outros neurônios. O trabalho foi feito em roedores, mas ele cedeu a licença a uma empresa farmacêutica que está se preparando para começar os estudos em seres humanos.

No entanto, nos últimos anos a maior parte do trabalho de laboratório do dr. Woolf se concentrou na decodificação da genética da dor neuropática. "É óbvio que a dor é uma doença complexa que envolve muitos genes. Conseguimos identificar vários atores importantes", disse ele, parecendo, a seu modo discreto, bem satisfeito. "Parece que uns 50% da variação da sensibilidade à dor neuropática são herdados."

Algumas pesquisas sobre a dor têm se concentrado em genes obscuros relacionados à dor, olhando para famílias inter-relacionadas da Arábia Saudita e do Paquistão. Esse trabalho levou à identificação das mutações genéticas responsáveis pela doença rara e estranhíssima da *insensibilidade congênita à dor*, caracterizada pela incapacidade de sentir dor física. Em vez disso, o grupo do dr. Woolf se concentrou nos genes comuns encontrados na população com diversas variações. Recentemente, ele identificou um gene que produz a enzima chamada GCH1 (GTP ciclo-hidrolase), moduladora importantíssima da sensibilidade à dor; uma variação desse gene produz uma proteção bem maior contra o surgimento da dor neuropática.

A ação da variante do gene que protege da dor poderia ser copiada e usada como medicamento para os que não têm essa variante? (Podem me inscrever nesse estudo!) A variante do gene inibe a produção excessiva de uma substância chamada BH4 (tetra-hidrobiopterina), que tem papel fundamental na sensibilidade à e na persistência da dor, sendo que uma quantidade maior de BH4 provoca mais sensibilidade à dor. Quinze por cento da população têm a sorte de possuir a variante do gene que mais limita a produção de BH4 e torna as pessoas menos suscetíveis a desenvolver dor neuropática persistente — e deixa os seres humanos saudáveis bem menos sensíveis à dor aguda em experiências de laboratório.

O dr. Woolf identificou um substituto do gene — um agente que inibe a produção de BH4 —, o qual está tentando transformar em medicamento. É claro que a estrada entre descobrir uma substância que faz o serviço em nível molecular, por assim dizer, e transformá-la em remédio pode ser bem longa (a substância pode ser instável ou venenosa, ou se dissolver depressa demais no corpo, ou alguém talvez já detenha a propriedade intelectual!). Mas o primeiro passo foi dado.

Diário da dor:

Tento entender a ciência

MÁS NOTÍCIAS
nocicepção
gene da sensibilidade à dor
hiperalgesia, alodinia
sensibilização central, centralização periférica
excitotoxicidade, atrofia por excesso de uso
memória celular da dor
reorganização cortical
redução da substância cinzenta, perda neuronal, atrofia do circuito
a dor que a dor gera é cada vez mais maligna

BOAS NOTÍCIAS
desenvolvimento de analgesia específica para os nervos da dor
gene que protege da dor
agente que imita a ação do gene que protege da dor
esperança de que o agente possa se transformar em remédio
o sonho maravilhoso de que a dor nos foi tirada

IV

TENTO ENCONTRAR UMA VOZ:

A dor como narrativa

ENCONTRAR UMA VOZ

"A dor física não tem voz, mas quando finalmente encontra uma voz ela começa a contar uma história", escreve Scarry, exprimindo o paradoxo entre doença e a narrativa em que a dor inevitavelmente se transforma. A dor não tem voz. Então, por que parece falar?

Quando Hipócrates ensinou os médicos a tratar o paciente e não a doença, foi porque os médicos não entendiam a doença. Agora que a ciência mostrou que a dor é uma doença biológica, tratá-la de outra maneira seria prestar um desserviço ao sofredor: personalizá-la, vê-la como um estado do ser (que é o que ela parece) em vez de um estado do sistema nervoso.

Mas, como experiência vivida, a doença da dor se transforma no sofrimento individual da doença, cujo entendimento exige que, além da doença, também se estude o paciente. Recordemos a formulação elegante de Foucault de que a medicina moderna começou quando o médico parou de pedir uma narrativa da doença — "Qual é o seu problema?" — para fazer a pergunta médica "Onde dói?". É uma pena que essa noção não esclareça a dor de forma definitiva nem perfeita. Para o bem e para o mal, a natureza de quem sente dor diz respeito à natureza da própria dor.

Então, que história a dor conta?

INSPIRAÇÃO

Naquela manhã, o especialista em dor quase temia a primeira consulta no hospital. Tão *horrível.* O paciente era um maquinista de trem de meia-idade que sofria de esclerose múltipla. Certo dia ele caiu do trem (a esclerose múltipla afeta o equilíbrio) e sofreu lesões tão graves que as pernas e um dos braços tiveram de ser amputados. Agora, sofria com o surgimento da dor do membro fantasma.

"E ainda tem esclerose múltipla?", perguntei sem pensar quando o médico, mais tarde, me contou a história, como se o universo, depois de roubar três membros do paciente, devesse pelo menos reconstituir a mielina das suas células nervosas aberrantes.

O médico recordou que, quando entrou no consultório, o paciente estava deitado na cama, lendo. "Oi, doutor, já leu este livro?", disse ele, mostrando-lhe *Histórias que curam*, de Rachel Naomi Remen, um livro de histórias médicas. "Algumas pessoas aqui... as coisas por que passaram, o jeito como se aguentaram... é incrível."

O médico levou um susto. O paciente, *segurando o livro com o único membro que lhe restava*, se sentia inspirado pelos personagens cujas desgraças médicas eram na maioria menos graves do que a dele. O paciente não fazia ideia de que essa capacidade de se inspirar inspiraria o médico, que, anos depois, me contaria a história, e eu também sentiria uma certa animação (embora tivesse lido *Histórias que curam* e só me sentisse alienada pelas histórias de doenças enobrecedoras).

"Sempre penso nisso", me disse o médico. "Por quê? Por que algumas pessoas aguentam tão bem problemas com dor impossíveis de tratar enquanto outras desmoronam com problemas comuns? Tive pacientes com dor inespecífica nas costas que desistiram, se aposentaram por invalidez, ficaram deprimidos, se transformaram em pacientes com dor crônica em tempo integral, enquanto outros, com doenças mais graves, resistem."

"Essas palestras..." Ele fez um gesto de desdém com a mão para a palestra a que ele e eu tínhamos acabado de assistir sobre um gene que poderia ou não desempenhar algum papel num tipo de dor.

O mistério da resistência será questão de genética, caráter, temperamento, vontade, sorte?, ponderou ele. Como o médico (não o padre, nem o mágico) pode ajudar pacientes alquebrados pela metamorfose da dor a se transformarem no maquinista de trem cuja empatia com o sofrimento dos outros é tão grande que, por um instante, ele esquece o seu?

"Se soubéssemos responder a isso", disse ele, "saberíamos verdadeiramente como curar."

SOFRIMENTO

Nocicepção
Dor
Invalidez
Sofrimento
Comportamento doloroso

Se a dor funcionasse do jeito que deveria, essas coisas viriam sempre em sequência: a nocicepção (os impulsos transmitidos pelos neurônios que percebem lesões nos tecidos) causaria dor. A dor causaria invalidez. A invalidez causaria sofrimento. Previsivelmente, o sofrimento causaria determinado comportamento doloroso, de modo que seria possível avaliar com exatidão por palavras e ações quanto alguém sofre.

Mas nada disso é verdade. A nocicepção pode provocar dor ou não. Sem dúvida, a qualidade da dor não tem uma relação clara com o estímulo nociceptivo. A dor pode causar invalidez ou não. Mas a relação mais enganosa é entre dor e sofrimento: há os que parecem sofrer muito com uma dor modesta e os que parecem sofrer muito menos com dores intensas. Não se pode supor que o comportamento doloroso seja um guia exato da experiência interior de sofrimento. O maquinista de trem, balançando o livro de histórias inspiradoras com sua única mão, ilustra de forma impressionante que nocicepção, dor e invalidez extraordinárias não provocam necessariamente sofrimento extraordinário ou comportamento doloroso que demonstre tal sofrimento.

Os sofredores vivenciam o sofrimento como se viesse de algo externo a eles, escreve o dr. Eric J. Cassell em *The Nature of Suffering and the Goals of Medicine* (A natureza do sofrimento e as metas da medicina). Mas "os fatores que convertem até dor intensa em sofrimento dependem da natureza específica do indivíduo (...) (A) dor é a dor que existe, e, em parte, o sofrimento assume a forma que assume devido à contribuição dos significados do paciente. Mesma doença, paciente diferente: doença, dor e sofrimento diferentes".

Eu mesma já vi isso num paciente atrás do outro. A reportagem que tive de escrever sobre dor crônica poderia ter levado um mês ou dois, se eu fosse preguiçosa. Não tinham me pedido que *escrevesse uma dissertação*. Mas, sete meses depois, eu ainda visitava clínicas da dor pelo país, seguia o diretor de cada uma delas e observava a sua interação com os pacientes. Acabei observando várias centenas de pacientes.

Em 2001, depois que meu artigo foi publicado, decidi escrever um livro, porque queria responder a algo importantíssimo: *por que algumas pessoas melhoram?* Como o resultado se ajustava às previsões originais dos médicos? Haveria uma receita de cura, e, caso houvesse, poderia usá-la em mim? Por que um lenhador do oeste da Virgínia que conheci, que não pode mais trabalhar devido a uma lesão nas costas, quer se matar? Mas Holly Wilson, paralisada por uma lesão na medula espinhal, não parece nem um pouco deprimida. A causa da sua paralisia é de uma ironia cruel: sem querer, o cirurgião lesionou a sua medula durante uma pequena cirurgia para remover um abaulamento de disco no pescoço.

"Eu tinha aquela dor na nuca que irradiava pelo braço", explicou ela sobre a doença original. "Achava que era a pior coisa do mundo! Vivia me queixando e mal podia esperar pela cirurgia. Não fazia ideia de como era uma dor impossível de tratar." Hoje, ela sofre de dor intratável, comum em lesões da medula espinhal, que vivencia como vinda do corpo paralisado, que ela chama de sua "sombra". Ela detesta tomar opioides na dose necessária para controlar a dor. "Gosto de sentir a mente clara. Para mim, isso é mais importante do que a ausência de dor." Ela tentou um estimulador da medula, mas a dor piorou. E me contou que o processo na Justiça resultou numa indenização insuficiente para cobrir uma vida inteira de despesas médicas. Agora, dez anos depois, ela teme ficar sem dinheiro.

Fiquei com ela horas e horas, entrevistando-a, observando o seu rosto, o modo como ri, o modo como sustenta a cabeça. Mas, por trás de todas as perguntas que fiz, havia uma só: *Por que você não se desesperou?* Sente dor; está inválida; descreve com intensidade a dor e a invalidez. Por que isso não lhe causa um sofrimento maior?

Parte da resposta é a relação dela com o marido. "Ele está sempre ao meu lado", disse ela. "Tenho certeza, 99% de certeza, de que ele nunca vai me deixar." Outra parte da resposta parece ser a relação dela com o médico, Scott Fishman. Embora ele ainda não tivesse conseguido controlar direito a dor, não parava de tentar; sempre tinha um plano de tratamento possível com seis meses de antecedência. Quando ouvia falar de tratamentos experimentais, procurava descobrir se eram adequados para ela.

"Eu ligaria para o mundo inteiro por causa de Holly", foi o que ele me disse. O carinho do dr. Fishman por ela e a crença de Holly de que ele sempre pensava nela ajudaram a aliviar a cicatriz psíquica deixada pelo cirurgião que nunca lhe pediu desculpas pessoalmente nem a visitou no hospital depois da cirurgia. Mas Lee Burke tinha uma boa relação com o Médico Bonzinho; na verdade, a empatia dele a cegou para o fracasso do tratamento.

"Não sei direito", disse Holly quando lhe perguntei diretamente como ela combate o desespero. "Não vou dizer que nunca pensei em dar fim à vida, porque já pensei e seria bem mais fácil, mas nunca faria isso com a minha família. Sei que nunca conseguiria fazer isso com a minha família, porque foi o que o meu pai fez."

DOR INTEGRATIVA E DESINTEGRATIVA

"A dor transtorna e destrói a natureza de quem a sente." A frase de Aristóteles parece a pura verdade: a dor preenche a consciência, ocultando os componentes que formam o eu. Mas a relação da dor com o significado é tão peculiar que essa perda pode assumir significados espantosamente diferentes e até opostos.

Às vezes o sofrimento é descrito como um estado que ameaça a identidade. Embora algumas dores sejam uma ameaça grave, outras, paradoxalmente, fortalecem a noção de eu. A dor voluntária — a dor do parto, uma tatuagem, uma façanha atlética, um ato de bravura no campo de batalha — pode ser *integrativa* e fortalecer a integridade. Para os devotos religiosos e os participantes de ritos fúnebres e de passagem comuns à maioria das culturas, o deslocamento do eu devido à dor é valorizado como meio de reconfigurar aquele eu de acordo com os ideais religiosos da comunidade. Num contexto secular, os rituais impostos a calouros ou novatos usam a dor para criar "irmãos" e não discórdia. A dor dos sadomasoquistas satisfaz profundos desejos eróticos. A dor da automutilação pode aliviar uma dor psíquica maior ou a sensação de vazio ou de entorpecimento.

A dor voluntária integrativa difere profundamente da dor involuntária e *desintegrativa*: dor impossível de conciliar com a noção de eu e que a solapa e destrói, assim como a dor da cirurgia difere da dor da doença, mesmo quando resultam na mesma lesão aos tecidos. A dor da cirurgia pode ser integrativa porque atende à meta da sobrevivência, enquanto a dor do progresso de uma doença nos deixa mais perto da dissolução do eu. A dor do parto difere da dor do aborto. Hoje, algumas mulheres preferem abrir mão da anestesia no parto e dizem ter ficado satisfeitas com isso.

"Uma palavra nos liberta de todos os fardos e todas as dores da vida: essa palavra é amor", escreveu Sófocles no século V a.C. Sean Mackey, chefe da Divisão de Manejo da Dor e diretor do Laboratório de Dor e Neurociência da Universidade de Stanford, mostrou recentemente que a dor de que Sófocles falava pode incluir a dor física. O dr. Mackey se surpreendeu com o paralelo entre a experiência do início do amor romântico e a experiência da adicção. O início do amor romântico envolve dependência emocional, um desejo avassalador pelo ser amado, pensamento obsessivo, sensação de energia, euforia, atenção intensamente concentrada e pontadas agudas com a abstinência. Ele se perguntou se tanto o vício em analgésicos opioides quanto o amor romântico ativariam sistemas cerebrais semelhantes. Se assim fosse, o amor romântico causaria analgesia?

Ele e os colegas recrutaram alunos de Stanford que declararam estar nos primeiros nove meses de um relacionamento romântico apaixonado. Foi pedido aos alunos que levassem fotografias da pessoa amada e de algum conhecido ou conhecida igualmente atraente. Então, os alunos receberam um estímulo quente e doloroso enquanto o cérebro era examinado, e mandaram que se concentrassem na fotografia da pessoa amada ou na do conhecido. O amor minorou a dor. Quando os alunos receberam um estímulo doloroso de intensidade moderada, olhar a foto da pessoa amada provocou uma redução 46% maior da dor do que olhar a foto da pessoa conhecida.

No entanto, na competição com um estímulo doloroso de alta intensidade, o poder do amor começou a se esvair e só reduziu a dor dos alunos em 13%. Mas, quanto mais apaixonados estavam, maior o benefício analgésico que os alunos receberam. Os que disseram passar mais de metade do dia pensando no parceiro tiveram mais do que o triplo do benefício analgésico dos menos preocupados com os parceiros. A neuroimagem revelou que a fotografia da pessoa amada ativava regiões do cérebro envolvidas com os opioides e também as envolvidas com a dopamina. (As regiões da dopamina também são ativadas em viciados.)

O estudo parece levantar uma questão intrigante: será que o efeito do amor poderia ser anulado se o indivíduo recebesse um medicamento que

AS CRÔNICAS DA DOR

bloqueia os opioides, como a naloxona? A naloxona seria o antídoto romântico que fecharia a ferida da flecha de Cupido, doença cujas pontadas atormentaram amantes platônicos desde a aurora do tempo?

Além do amor, a comunidade também atenua a dor. Pesquisadores da Universidade de Oxford descobriram recentemente que os remadores que treinavam juntos conseguiam aguentar duas vezes mais dor do que os remadores que treinavam sozinhos. Os atletas fizeram uma sessão de treinamento individual e outra em equipe; depois de cada sessão, o limiar da dor foi medido para ver até onde conseguiam aguentar um manguito de medidor de pressão que lhes apertava o braço. Em geral, o limiar da dor dos homens subiu depois dos exercícios, mas subiu muito mais depois das sessões de treinamento em grupo do que após as sessões individuais, indicando que, no caso dos seres humanos, não é só fugir do tigre que produz a onda de endorfinas da analgesia descendente, mas também as atividades coletivas (fenômeno que pode lançar luz sobre a aceitação da dor em ritos religiosos).

No livro *Disease, Pain and Sacrifice* (Doença, dor e sacrifício), o psicólogo David Bakan se refere à dor integrativa como *centralizadora télica*: a dor é interpretada como coerente com o *télos*, ou noção de finalidade, de propósito do indivíduo. A dor sagrada é centralizadora télica; a dor secular é *descentralizadora télica*. A tortura mutila a noção de eu da vítima; portanto, "quem foi torturado fica torturado" depois que as feridas saram, como escreveu Jean Améry a respeito da tortura que sofreu nas mãos dos nazistas. Eles o prenderam e torturaram, pendurando-o pelas mãos, e depois o mandaram para Auschwitz. Ele sobreviveu à tortura, mas não à lembrança, e acabou se suicidando.

A tortura envolve a criação deliberada de sofrimento, que pode ou não envolver dor física. O afogamento simulado, preferido pela Inquisição espanhola, pelo Khmer Vermelho e pelo governo Bush, leva à criação de um desespero alucinado para fazer a tortura parar, que é a marca característica de toda tortura. A confusão entre lesão do tecido, dor e sofrimento está por trás do argumento do Ministério da Justiça americano de que, "na nossa opinião, o afogamento simulado, que não causa dor nem dano real algum, não provoca 'dor ou sofrimento graves'".

O estupro é tortura, muito embora não provoque necessariamente dano significativo ou duradouro aos tecidos. A tortura da fome só de vez em quando causa a dor da fome. A tortura da privação prolongada de sono ou da privação sensorial (usada pelos britânicos em presos do IRA até que a técnica se tornou ilegal) não provoca nenhuma lesão aos tecidos, mas pode causar psicose e dano psicológico a longo prazo. As lobotomias forçadas da União Soviética e dos Estados Unidos, na primeira metade do século XX, envolviam pouca dor. E, é claro, a tortura psicológica — como a de saber que um ente querido está sendo torturado — não exige nenhuma dor física.

O contexto cunha a dor feito uma moeda. O que é tortura num contexto pode fazer parte de uma ocasião de júbilo em outro. Certa vez, assisti a uma palestra sobre dor e sofrimento em que o palestrante mostrou a fotografia de um devoto hinduísta no festival de Thaipusam, com ganchos pendurados na carne das costas e presos a cordas nas quais os fiéis *davam puxões* como nas rédeas de um cavalo (festival a que, mais tarde, eu assistiria). "Estão vendo? O rosto do homem está em repouso", comentou o palestrante. "Os puxões não lhe causam sofrimento porque fortalecem em vez de enfraquecer a noção de eu e o vínculo com a comunidade." Se o devoto sentir dor, essa dor será centralizadora télica.

Mas para um ocidental (como eu), para quem o prazer e o bem-estar são fundamentais, a dor física será inevitavelmente desintegrativa e descentralizadora télica? Hoje a fé tem algum papel na configuração da experiência da dor?

O RISCO DA CRENÇA RELIGIOSA

Nos últimos anos, vários estudos tentaram quantificar o efeito da crença religiosa sobre a dor, a saúde, a invalidez, a depressão e a mortalidade no contexto da doença crônica, com resultados surpreendentes. Um estudo de 2005, encabeçado pelo dr. M. Ojinga Harrison, do Centro Médico da Universidade Duke, examinou o papel da religião na modulação da dor em pacientes afro-americanos com anemia falciforme.

Como um grupo, os afro-americanos são muitíssimo religiosos: em termos históricos, a igreja teve papel fundamental ao ajudar os fiéis a suportar as dificuldades, e uma grande proporção de afro-americanos continua a frequentar os cultos e descreve a fé como centrais na sua vida. A anemia falciforme não tem cura. Apesar de avanços recentes, a vida dos que sofrem dela é marcada por episódios incapacitantes de dor intensa que dura de algumas horas a vários dias e costuma exigir hospitalização e medicação por via intravenosa. Mas os estudos da anemia falciforme verificaram que a frequência das crises de dor não está ligada à gravidade da doença, e sim ao estado emocional do paciente — à depressão, à ansiedade e a outras emoções negativas relacionadas com mais dor. Foi constatado que quem frequentava a igreja uma ou mais vezes por semana tinha menos transtornos psiquiátricos e a pontuação mais baixa na mensuração da dor.

Estudos maiores verificaram que, por razões ainda pouco claras, quem frequenta cultos religiosos vive mais e, em geral, tem mais saúde, menos

236 A DOR COMO NARRATIVA

depressão e menos probabilidade de invalidez. Uma famosa análise feita durante nove anos com mais de 20 mil adultos nos Estados Unidos, encabeçada por Robert A. Hummer no campus de Austin da Universidade do Texas, encontrou uma correlação estatística fortíssima entre mortalidade e frequência à igreja. Os cristãos que iam à igreja uma vez por semana viviam, em média, seis anos mais do que os que não iam, enquanto os que iam mais de uma vez por semana viviam, em média, sete anos mais. Até a hora da morte parece ser influenciada pela religião: os devotos têm menos probabilidade de morrer antes de festas religiosas importantes. Os cristãos afro-americanos que iam à igreja uma vez por semana viviam oito anos mais, e os que iam mais de uma vez por semana viviam 14 anos mais!

E o devoto que não vai à igreja? Estranhamente, a "religiosidade privada" (oração, estudo da Bíblia ou "religiosidade intrínseca" descrita pela própria pessoa) parece não gerar nenhum dos benefícios surpreendentes da frequência à igreja. Na verdade, a religiosidade privada está ligada a resultados de saúde positivos e negativos e pode tanto piorar quanto aliviar a dor e a depressão.

Parece que o conceito de religiosidade privada é amplo demais, e, do ponto de vista da saúde, há formas úteis e prejudiciais de fé. Acredita-se que alguns benefícios de se frequentar a igreja advenham da *reconfiguração cognitiva* — a capacidade de reinterpretar a dor e a doença como se, potencialmente, promovessem a saúde espiritual, ainda que ameacem a saúde física. Mas, embora alguns acreditem que a doença os aproxima de Deus, outros podem interpretá-la como punição ou abandono de Deus ou começar a questionar a própria existência de Deus.

Um estudo interessante publicado em 2005 pela revista *Journal of Behavioral Medicine* tentou distinguir a "forma religiosa positiva de encarar os problemas" (fortalecendo a fé) da "forma religiosa negativa de encarar os problemas" (lutando com a fé) em 213 pacientes com mieloma múltiplo avançado, numa conjuntura especialmente complicada — pouco antes de começar um regime de tratamento doloroso, debilitante e arriscado (dose elevada de quimioterapia e transplante de células-tronco). Os pacientes se descreveram como possuidores de nível elevado de fé religiosa e disseram basear-se muito na fé para lidar com a crise da doença. Mas o estudo verificou que os pacientes que empregaram "estratégias religiosas negativas" para encarar a situação tiveram significativamente mais dor, depressão, angústia e fadiga, enquanto (ao contrário dos achados de outros estudos) a forma religiosa positiva de encarar a situação trouxe pouco ou nenhum benefício em comparação com os que não eram religiosos.

No entanto, o fundamental é que não se sabe se o conflito religioso causa problemas de saúde ou se a falta de saúde cria o conflito religioso. Ou, talvez, os dois infelizmente se alimentem um do outro quando a dor e o sofrimento criam dúvidas e as dúvidas promovem mais dor e sofrimento.

A FÊNIX

"Se ocorre sofrimento quando há alguma ameaça à integridade do indivíduo ou perda de parte dele, o sofrimento continuará se a pessoa não conseguir se tornar íntegra outra vez", escreve Eric J. Cassell. A dor crônica é um desafio específico, pois "na doença aguda a ameaça é percebida como distinta e limitada, enquanto na doença crônica a ameaça é constante, prolongada, global (abrange todos os aspectos da vida do indivíduo) e sem solução direta".

Como restaurar a integridade?

"Muitos médicos não estão à altura da tarefa da dor crônica", me disse John Keltner. Preparar-se para a tarefa tem sido um processo de duração extraordinária, no qual o dr. Keltner, com 40 e tantos anos, ainda está mergulhado. Abençoado com uma esposa paciente, ele começou como médico-residente em anestesia e medicina da dor no campus de São Francisco da Universidade da Califórnia (depois de obter um ph.D. em física), onde estudou principalmente as intervenções anestésicas peridurais — injeções etc. Frustrado com as limitações, decidiu se concentrar em entender a dor no cérebro e mudou-se com a família para a Inglaterra, a fim de trabalhar com neuroimagem funcional do cérebro na Universidade de Oxford. Dois anos depois, decidiu que queria levar algumas ideias acadêmicas para a prática médica e, apesar da falta de uma bolsa para cobrir duas décadas de formação e educação superior, começou outra residência em psiquiatria no campus de San Diego da Universidade da Califórnia.

"Queremos aproveitar todas as ferramentas físicas que tratam o corpo, mas a parte da patologia da dor que continua pouco compreendida é a parte da mente. A dor crônica é uma doença e um diagnóstico devastadores. A maioria, inclusive a maioria dos médicos, formados em medicina física, se prende ao paradigma de que o aspecto físico da dor é o mais importante. O nosso entendimento da mente, da percepção, da cognição, da crença, não vai muito longe."

O dr. Keltner ressaltou que a mente é um campo novo. A psiquiatria tem pouco mais de um século, e a neurologia, no sentido contemporâneo, meio século apenas.

"Tenho fé, e por enquanto é apenas fé", disse ele, "em que, no fim das contas, as terapias mentais terão o potencial de ser intervenções mais fortes do que as físicas. O meu instinto me diz que, em última análise, há mais poder em tratar a mente, ensinar à mente, curar a mente."

"Em sua maioria, os médicos são pessoas normais que lidam com pessoas cuja vida foi estilhaçada. O meu paciente não diz *Tenho síndrome do impacto repetitivo*, ele diz *A minha vida acabou*. É um açougueiro que não consegue mais cortar peças de carne. Tenho uma anestesista cuja dor se irradia pelo braço e que não consegue mais trabalhar. Pegamos uma história e medimos o nível de dor, mas o que os pacientes realmente dizem é *Estou perdendo o noivo, estou perdendo a casa, estou perdendo tudo*, e isso nós ignoramos. Precisamos tratar também todas essas outras coisas: ajudá-los a descobrir um jeito de ser, de abordar a experiência humana total de ser inválido. Como criar um Alcoólicos Anônimos para a dor?"

Embora a maioria dos médicos fale em estilo rápido e eficiente, o dr. Keltner costuma fazer longas pausas no meio da conversa, como se voltasse a lutar com as questões. Vestido com roupas amassadas de estudante, tem um olhar intenso, olhos azuis brilhantes e o ar de vitalidade física de um menino.

"Como todas as doenças crônicas, a dor crônica envolve uma bifurcação", disse ele. "Há o estado normal em que o indivíduo costumava viver e ao qual está condicionado. Então surge uma circunstância debilitante que dura meses ou anos. Quando está nesse segundo estado, o indivíduo se agarra a expectativas daquela primeira vida: chora a morte dela, a quer de volta, e a quer um milhão de vezes mais. Mas todos têm de se deixar morrer e de perder as expectativas antigas. Se as deixarem morrer, podem se reerguer das cinzas como uma fênix e ter uma nova vida. O médico tem de ajudá-los a morrer e renascer com uma vida rica e vigorosa."

O EU TEMIDO, O EU REAL E O EU ESPERADO

As correntes de sentimentos ocultos complicam as relações entre médico e paciente em todos os campos da medicina, mas aquelas entre o médico da dor e o seu paciente são especialmente tensas. Ao observar as consultas dos pacientes em uma dúzia de clínicas da dor em todos os Estados Unidos, fiquei surpresa com a intimidade intensa, com os pacientes semidespidos (em geral, mulheres) aguardando com esperança imensa, oferecendo o corpo doído ao estranho (em geral, homens) que, como salvador, está investido do poder de mitigar o sofrimento — ou fracassar.

Os médicos da dor que observei eram excelentes. Eu os escolhi porque queria ver até que ponto o tratamento da dor poderia ser eficaz; pelo histórico dos pacientes, tinha muitas informações de como podia fracassar. Com o passar dos anos, nas várias centenas de consultas que observei, nunca vi um médico desconcertado com algum caso. Não só os pacientes não tinham tentado tudo — nem os que já haviam consultado dúzias de médicos —, como também era comum que não tivessem tentado os tratamentos mais óbvios. O médico concluía a consulta satisfeito. Havia protocolos a experimentar, razões para ter esperança. Quando o médico saía do consultório, eu ficava para conversar e me espantava ao ver como era comum que o ponto de vista do paciente fosse outro.

Havia duas perguntas específicas que eu sempre fazia. A primeira era: "Que diagnóstico você acha que vai receber?" A segunda era: "Acha que o médico quer que você fique bom?" O mais comum era essas perguntas revelarem que a consulta, num sentido fundamental, fora um fracasso. O paciente não entendia o diagnóstico. Não acreditava no diagnóstico. Não tinha certeza de que a sua melhora tinha importância para o médico; com essa falta de certeza, era como se tudo afundasse.

Tive de resistir ao impulso de sair correndo para trazer o médico de volta ao consultório. Em todas as consultas, escutei o médico explicar o diagnóstico, explicar o plano de tratamento e depois, como de costume, perguntar se o paciente tinha alguma dúvida. Mas as emoções intensas que a dor provoca interferem na capacidade dos pacientes de absorver explicações biomecânicas e até de se interessar por elas. (Antes de me pedirem que escrevesse sobre a dor, eu nunca me informara, nem mesmo procurando os meus sintomas na internet, porque passava todos os minutos tentando — e não conseguindo — não pensar na dor.)

Os pacientes só têm uma pergunta na cabeça, às vezes feita em voz alta, às vezes não.

"O senhor acha que vou ficar boa?", perguntou Elena ao médico da dor. Ela desenvolvera uma síndrome dolorosa regional complexa (também conhecida como síndrome da distrofia simpática reflexa), disfunção enigmática do sistema nervoso autônomo que aflige um dos membros como uma maldição de conto de fadas, fazendo com que murche lentamente.

A síndrome costuma começar num dos membros com algum tipo de lesão, mas essa lesão pode ser grande como uma cirurgia ou pequena como uma injeção. Por razões desconhecidas (talvez causadas por alguma vulnerabilidade genética), o sistema nervoso autônomo, que controla a temperatura, o fluxo sanguíneo, o crescimento do cabelo e o suor, enlouquece. A pobre vítima sente pontadas e ardência; o membro fica inchado e se torna pálido, roxo ou rosado, e a pele, dolorida demais para ser tocada. O cabelo cresce depressa ou para de crescer; o suor aumenta ou some; as unhas ficam desfiguradas, rachadas e quebradiças; a pele fica seca ou com um brilho estranho; as articulações se enrijecem; os músculos têm espasmos. Na forma mais grave, as mudanças se tornam irreversíveis, os ossos amolecem e se afinam, os músculos se atrofiam, e o membro se fixa numa posição dobrada, inútil como uma relíquia. Às vezes, a doença atinge também o membro oposto ou se espalha para outras partes do corpo. A evolução é imprevisível. Às vezes, o avanço pode ser interrompido pelo tratamento precoce, embora outras vezes desapareça sem tratamento nenhum e em outras todos os tratamentos fracassem.

O médico era daqueles que se orgulham da sua franqueza, ao contrário do que via como exibicionismo e promessas vazias da falsa medicina. Ele me contara que ficava enraivecido quando via anúncios de produtos ou serviços que prometiam "curar" a síndrome, porque eram todos inúteis ou perigosos. Elena lhe perguntou a respeito do mais perigoso, um que pode curar ou matar: o coma induzido. Os pacientes recebem doses tão grandes de cetamina, um anestésico e alucinógeno (cujo nome nas ruas é Special K), que entram em coma durante cinco dias, durante os quais costumam ser atormentados por alucinações. O tratamento não foi aprovado nos Estados Unidos, mas os pacientes vão fazê-lo na Alemanha ou no México.

A cetamina bloqueia os receptores da dor; a dose maciça do medicamento desliga o sistema nervoso, que às vezes, por razões desconhecidas, quando volta a se ligar funciona normalmente, num processo análogo a reiniciar o computador. Mas há quem acorde e descubra que, embora não sinta mais dor, também não sabe mais andar e falar. Em 2008, uma mulher de Nova Jersey foi à Alemanha se submeter ao tratamento e saiu dele paralisada do pescoço para baixo. O marido contou a um repórter que a dor que ela sentia era tão terrível que, se tivessem de voltar atrás, provavelmente fariam o tratamento outra vez.

Numa só frase, o médico rejeitou a ideia, dizendo que era perigoso.

— Vamos tentar resolver o seu problema — disse ele calmamente a Elena.

Ela o olhou inquieta. Era uma mulher de meia-idade, mãe de cinco filhos, sem nenhum problema de saúde anterior, e a síndrome começara cinco meses antes, quando uma das filhas batera a porta na mão dela. Mas, em vez de sarar, a lesão se transformara, de modo que ela não podia continuar trabalhando como auxiliar administrativa. Precisava ter a mão de volta. *Ele tentaria resolver o meu problema?* Ela ergueu a mão para dar ênfase: estava inchada e manchada, como um porquinho-da-índia moribundo.

— *Acha* que vai resolver? — perguntou, o nível de ansiedade subindo na voz.

Para mim, ficou claro que a pergunta não era clínica, mas pessoal. Ela não queria uma análise das probabilidades; queria que o médico mostrasse que investia pessoalmente nela e que se dispunha, por assim dizer, a apostar verbalmente nela. Ela queria saber que ele considerava *errada* a doença que lhe roubava a mão, que podia imaginá-la do jeito que era antes e que acreditava que ela poderia voltar a ser daquele jeito. Ao perguntar sobre o coma de cetamina, ela queria dizer que a doença matava o seu antigo eu e que ela se dispunha a arriscar a vida para recuperá-lo.

Já se disse que a dor fragmenta a noção de eu do sofredor e cria um eu temido, um eu real e um eu esperado, e o médico precisa se dirigir aos três. Depois de passar algumas semanas acompanhando esse médico, soube que se interessava pessoalmente pelo tratamento de todos os pacientes. Mas, além da tendência ao discurso clínico, ele era tímido. A sua cordialidade pareceu desaparecer por trás da barba quando ele lhe disse:

— Não sabemos quem reagirá ao tratamento nem por quê. O único fator fundamental que identificamos até agora para limitar a doença é manter o membro imobilizado.

Ele continuou falando sobre bloqueio dos nervos (injeções de anestesia local que bloqueiam a dor temporariamente). Disse que os bloqueios não tratam diretamente a doença, mas a suspensão temporária da dor criada por eles permite que o paciente consiga suportar a fisioterapia — e, sozinha, a fisioterapia às vezes consegue impedir a atrofia irreversível...

Mas ela parara de escutar. Embora tivesse agendado uma consulta de revisão, era visível que ela não voltaria. Não fez a fisioterapia. Ela me disse que queria tentar o coma de cetamina, mas não tinha os 50 mil dólares que custaria. Em vez disso, buscou um tratamento holístico que não conseguiu deter o avanço da doença. O importantíssimo período inicial se passou, e a mão se transformou numa garra murcha que nunca mais pôde ser usada. Ela perdeu o emprego e, com ele, o plano de saúde da família. O eu temido se tornou o eu real.

Pensei na história dela por um bom tempo. Parecia uma parábola do fracasso da medicina da dor, cujas lições não me eram muito claras. Com muita frequência, eu sentia que o tratamento fracassava porque o paciente não o "comprava". Mas, nesse caso, havia algo que o médico pudesse fazer? O que ele tinha para vender (um tratamento que talvez não funcionasse) não era muito atraente, e ele foi franco quanto a isso. Será que foi franco demais? Ou o problema foi que não conseguiu usar o seu poder (a força da personalidade, o encanto, a empatia, o conhecimento ou a autoridade) para convencê-la de que, por mais inadequado que fosse, *aquele tratamento era a única esperança*? Pensei nos terapeutas alternativos que observara. Fiquei espantada ao ver como tinham pouco a oferecer em termos de tratamento comprovado, mas todos possuíam algum tipo de poder pessoal; sabiam provocar a crença, e os pacientes realmente punham em prática as suas sugestões.

Na última vez que tentei obter notícias de Elena, o marido me disse que ela não queria falar ao telefone.

O FARFALHAR DE ESTRANHAS ASAS

Uma pesquisa da Universidade de Stanford feita em 2005 verificou que quem sentia dor classificava a oração e os remédios com receita médica como os tratamentos mais eficazes. Fiquei perplexa com essa combinação quando dei com ela. Oração? *Oração?* A maioria dos que usavam a oração confiava nela combinada aos remédios e classificava os dois na mesma posição.

Acrescentei a oração às perguntas que tinha o hábito de fazer aos pacientes depois de observar as consultas. Gostariam que o médico rezasse com eles ou por eles?

A maioria dos pacientes disse que sim. A reação dos médicos foi diferente e quase cômica. "É sério?", perguntaram vários médicos. Um cirurgião ortopédico recordou que, certa vez, quando o anestesista estava prestes a adormecer a paciente para começar uma laminectomia, a mulher pediu que parassem e rezassem com ela. Os três homens — equilibrados, concentrados e revigorados para realizar a tarefa que estudaram tanto tempo para dominar, cortando as camadas de tecidos moles para extirpar a lâmina de osso — ficaram paralisados. Entreolharam-se pouco à vontade.

Poderiam fechar os olhos por um instante, superficialmente, mas o fantasma de outro reino se intrometeu entre eles de forma perturbadora. É claro que não acreditavam que orações afetassem cirurgias (afinal de contas, era presumível que ela tivesse rezado para que Deus curasse a dor sem cirurgia). Mas e se, inexplicavelmente, dessa vez a oração funcionasse? E se, durante a operação, um anjo entrasse flutuando na sala e lá ficasse brilhando? E se ficassem paralisados de espanto, mexendo nos bisturis, e deixassem a paciente perecer? Ou seriam capazes de ignorar o farfalhar de estranhas asas?

"Finalmente, o anestesista murmurou: 'Acho que podemos fazer um momento de silêncio'", recordou o cirurgião. "Então a paciente rezou em voz alta! Durante uns *seis minutos*, com todos nós em pé ali na sala de cirurgia, esperando para fazer o serviço. Rezei para recuperar a concentração."

Ele me lançou um olhar ansioso.

"Você não ia querer que o seu médico rezasse com você, ia?", perguntou ele.

Assegurei-lhe que não. E me imaginei desconfiada de que o médico transferia a sua responsabilidade para o tipo de Deus interveniente em que eu não acreditava (e me sentia aliviada por não acreditar, imaginem se ele se zangasse por não conseguir me curar e, assim, acentuasse a minha dor com a *religiosidade negativa*). Mas por quê, me perguntei, para mim era tão importante sentir que o meu médico *queria mesmo* que eu ficasse boa?

Recordei a interação que tive certa vez com um médico que consultei por causa de um problema clínico sem relação com a dor. O médico fizera um pequeno gesto, que sem dúvida esqueceu minutos depois, mas que para mim teve grande importância.

Eu fora ao consultório mais cedo, pela manhã, para fazer um exame que revelaria se o tratamento que fizera com aquele médico fora bem-sucedido. Um técnico fez o exame. Quando estava saindo da clínica, avistei o médico atrás do balcão da recepção, do outro lado da sala. Ele ergueu a mão, cruzando os dedos. Estava me desejando sorte, me recordando de que o tratamento acabara, de que o meu destino estava entregue à sorte, já que, por mais que, para mim, ele fosse poderoso, o poder dele não era do tipo que determina o resultado de exames de laboratório. Mas também estava me dizendo que torcia para o acaso estar do meu lado.

Antes, já me tratara com outros médicos; toda vez que o tratamento dava errado, trocava de médico. No final da primeira consulta com um deles, perguntei se via o meu caso com otimismo ou pessimismo. "Pessimismo", respondeu na mesma hora. "Você vai precisar de sorte." O modo como disse isso deixou claro que achava improvável. Afinal de contas, se eu tivesse sorte, não estaria ali no consultório dele. Como o tratamento não funcionou, associei a minha falta de sorte ao pessimismo dele e fui novamente procurar outro médico.

Pedi à enfermeira que deixasse o resultado na minha secretária eletrônica, para que eu pudesse ouvi-lo sozinha. O tratamento fracassara de novo. Deitei-me na cama, desapontada demais para chorar. Fechei os olhos, e a imagem dos dedos cruzados me veio à mente — um apoio contra as trevas. Sofri de várias maneiras com aquele fracasso, mas não sofri com a perda da fé no médico.

O FANTASMA DE UM SIGNIFICADO MÉDICO

Quando explica à paciente o que está errado, o médico imagina que ela é uma lousa em branco, perplexa com a dor e à espera de uma explicação que aceitará com todo o coração, já que ele, e não ela, tem a informação correta. Se antes ela já tinha alguma interpretação da dor, é natural que a abandone de imediato diante de conhecimento tão superior.

Mas, na hora em que chega ao consultório, a paciente já tem uma relação antiga e íntima com a dor, desenvolvida em meses ou anos. O seu ponto de vista — a vivência pessoal e radicalmente subjetiva da dor — não tem relação nenhuma com o ponto de vista científico, com a visão objetiva e biomecânica. Ela e o médico não falam a mesma língua. A paciente conhece a dor de forma íntima — o seu gosto, a sua textura, a sua qualidade — e, em certo sentido, ela é a única pessoa que pode conhecê-la. Mas, do ponto de vista do médico, ela nada sabe a respeito.

Um dos médicos que observei tinha no consultório um esqueleto de plástico amarelo. Enquanto explicava aos pacientes, com toda a seriedade, os seus problemas, apontava o esqueleto para ajudar. Os pacientes o olhavam com o mesmo horror desconcertado que me lembro de ter sentido quando percebiam que ele achava que havia uma analogia entre *aquilo* e *eles*.

Embora o médico use a ciência médica para entender a dor, o paciente construiu uma narrativa pessoal, que entrelaça elementos religiosos, míticos e psicológicos com fragmentos científicos, como uma teia de aranha que mantém o paciente suspenso acima do abismo. Algumas dessas narrativas aliviam o sofrimento; outras o aumentam.

Em *Out of Joint* (Desconjuntada), as suas memórias da artrite reumatoide, Mary Felstiner escreve sobre a fantasia do Anjo da Anatomia que desceu sobre ela depois do nascimento da amada filha Sarah, poupando a filha e optando por ela. A fantasia foi inspirada por algo que lera certa vez que afirmava que, após o parto, há uma incidência maior de artrite reumatoide. A fantasia parece positiva por transformar a doença (que não lhe dava escolha) na consequência necessária de uma escolha feliz — o preço de ter um filho. Ela também imagina que o Anjo da Anatomia vai poupá-la de outras doenças, uma vez que, ao ter artrite reumatoide, ela já fez a sua parte.

Mas, na maioria, as fantasias médicas não são positivas. Olive, que foi a uma clínica da dor que eu visitava, desenvolvera dor crônica ardente no peito depois de uma mastectomia. Ao conversar com ela mais tarde, pude ver que ela e o médico tinham interpretações muito diferentes dessa dor. Aos 47 anos, executiva de uma financeira, ela estava acostumada a tomar decisões com base em dados. No entanto, em relação ao corpo pegara o fantasma de um fato médico e o pervertera para se torturar com ele.

Ela lera que as mulheres com filhos tinham risco reduzido de câncer de mama. Quando mais nova, ela interrompera duas gestações. E raciocinou que, se tivesse deixado o bebê nascer em vez de abortar, não sofreria de câncer. (Na verdade, ela fizera os abortos com 30 e poucos anos, e a redução drástica do câncer de mama só acontece em mulheres que tiveram bebês antes dos 20; ter filhos depois dos trinta na verdade *aumenta* o risco.) Mas, no fim das contas, o câncer não foi uma punição duradoura; entrou em remissão. Porém, ela ficou com um castigo eterno: a dor. A dor era a punição pelos abortos. Se não fosse uma punição pessoal, por que ela, especificamente, sentia dor depois da mastectomia, e as outras mulheres não?

Se ela e o médico se comunicassem bem a ponto de ele lhe arrancar essa ideia, ele também poderia ter lhe dado a explicação médica. Na verdade, era significativo o percentual de mulheres que se queixavam de dor crônica depois de mastectomias radicais. A dor costumava ser interpretada como fenômeno psicológico: só estavam "com saudade" dos seios. Mas, no início da década de 1980, a dra. Kathleen Foley, do Memorial Sloan-Kettering

Cancer Center em Nova York, identificou a dor como causada pelo corte de um importante nervo torácico durante a cirurgia. Hoje, a técnica costuma ser realizada de modo a poupar o nervo, mas no caso de Olive o nervo fora lesado. E parece que Olive pertencia àquela parte da população com predisposição genética para desenvolver dor neuropática crônica.

Mas aquela conversa com o médico nunca aconteceu. Embora mitigasse a dor, o medicamento que ele receitou não aliviou o sofrimento nascido do entendimento errôneo da paciente.

O PACIENTE DIFÍCIL

Quando tentava decidir que especialista viria a ser, Sean Mackey, diretor da clínica de manejo da dor de Stanford, notou como os outros médicos viviam reclamando dos pacientes com dor crônica. Os pacientes ameaçavam se suicidar, usavam os opiáceos de forma errada, tratavam o médico com desconfiança, não seguiam os planos de tratamento e depois culpavam o médico porque nada dava certo. Por sua vez, os médicos se sentiam irritados, defensivos e frustrados e preferiam lavar as mãos nesses casos.

"Mas, quanto mais ouvia, mais percebia que a dificuldade dos pacientes difíceis não estava nos pacientes", disse o dr. Mackey, "e sim nos sentimentos que provocavam nos médicos e na falta de treinamento dos médicos para lidar com esses sentimentos." Ele decidiu se especializar em medicina da dor.

O dr. Mackey é uma daquelas pessoas que nos fazem refletir sobre como a natureza é injusta na distribuição da energia e do otimismo, pois ele, que irradia bem-estar no turno da manhã, parece ter ficado com a maior parte. Alto e de aparência robusta, está perdendo o cabelo louro arruivado, tem sardas e uma relação alegre e gozadora com os residentes. Tem ph.D. em engenharia, além do doutorado em medicina (sabe-se lá como conseguiu obter ambos simultaneamente, em programas separados), e leva aos contatos médicos a abordagem racional e baseada em dados do engenheiro, junto com um ar de bondade franca. Em termos emocionais e físicos, achei exaustivo acompanhar o seu horário na clínica; de vez em quando, pedia licença e ia até a lanchonete tomar um chá, mas principalmente para me afastar dos pacientes e do seu sofrimento.

Certa vez, li um artigo intitulado "Dealing with Difficult Patients in Your Pain Practice" ("Como lidar com pacientes difíceis no atendimento à dor"), que dá conselhos aos médicos. O artigo cita um grande estudo numa clínica de atendimento primário que tratava pacientes com problemas variados. O estudo verificou que os médicos consideravam "difíceis" mais de 15% dos pacientes e tinham dificuldade de trabalhar com eles. Quanto menos empático o médico (avaliado por testes de empatia), mais provável que considerasse difíceis as consultas.

Esses problemas se ampliam muitíssimo no caso específico dos pacientes com dor crônica, porque a dor causa psicopatologia, que, por sua vez, atrapalha o tratamento eficaz da dor. Dos pacientes com dor crônica, 30% a 50% sofrem de algum tipo de psicopatologia, como depressão, ansiedade, transtornos da personalidade e transtornos de abuso de drogas (que a maioria desenvolve *depois* da dor). Esses problemas podem condenar o tratamento ao fracasso: já se constatou que a psicopatologia não tratada ou tratada de forma insuficiente é *o fator mais importante* dos tratamentos malsucedidos da dor. Esses pacientes não só se queixam de mais dor e sofrem de maior invalidez do que os outros, como também se beneficiam menos de intervenções como medicamentos, bloqueio dos nervos e fisioterapia. Eles se descrevem como "alquebrados" pela dor e se sentem atormentados, desvalorizados, isolados e incapazes de lidar com o problema.

Em reação a isso, o dr. Mackey desenvolveu com colegas o que chamaram de Stanford Five, os Cinco de Stanford, uma lista de questões que os residentes e estagiários foram treinados para conferir com cada paciente.

1. A crença do paciente sobre a causa da dor (câncer, contusão muscular etc.)
2. Significado da dor do ponto de vista do paciente (associação da dor com lesão constante dos tecidos, ideias sinistras sobre patologia)
3. Impacto da dor do ponto de vista do paciente (ela abalou as atividades sociais, profissionais, recreativas?)

4. As metas do paciente (ser mais feliz, ficar menos deprimido, voltar a trabalhar ou a estudar)
5. A noção do paciente de tratamento adequado (inclusive se o paciente quer ser encaminhado a outros especialistas)

A princípio, essas questões me pareceram bastante prosaicas, mas, no decorrer das semanas em que observei as consultas na clínica do dr. Mackey — as dele e as dos residentes que faziam estágio com ele —, concluí que eram geniais. Se o médico não sabe o que o paciente pensa do problema, não pode tentar convencê-lo de outra explicação. Se não sabe qual é o impacto da dor, não pode ajudar a minimizá-lo nem formular metas funcionais para o paciente. Se não sabe que tipo de tratamento o paciente procura, não consegue oferecê-lo nem explicar por que não o oferece. Os pacientes que chegam querendo remédios ou injeções provavelmente não farão fisioterapia, a menos que o médico se esforce muito para convencê--los de que ela é necessária. Do mesmo modo, os pacientes que querem exames de ressonância ou encaminhamento a outros especialistas ficarão insatisfeitos com o tratamento a menos que os obtenham.

Finalmente, é essencial discernir o significado da dor do ponto de vista do paciente; especificamente, o dr. Mackey se concentra na interpretação que o paciente dá à dor e procura saber se o paciente alimenta o que ele chama de "ideias sinistras sobre patologia". O paciente que acredita que a dor significa uma doença terrível que provoca lesões constantes nos tecidos vai sentir uma dor pior do que o paciente que entende que, embora a dor crônica pareça um sinal de alarme, muitas vezes o alarme é falso e só significa que o sistema de alarme está quebrado.

Ed, um jovem gerente de telemarketing, foi a Stanford se queixando de dor nos testículos depois de uma operação de hérnia. A dor era tão forte que ele mal conseguia se sentar, mas recusava medicamentos contra a dor. O residente sondou as razões disso e descobriu que Ed acreditava que os medicamentos "mascarariam" a dor e que, depois, a dor pioraria sem que ele soubesse. O residente explicou que a dor é uma percepção e que não pode piorar em segredo sem ser notada. Por sua vez, se o medicamento mitigasse a dor, ele não seria iludido pelo remédio; teria genuinamente menos dor.

— Não quero encobrir a dor. Quero curar o problema — disse Ed com rispidez.

— O problema é a dor — retrucou o residente. — O nervo foi lesado ou cortado durante a cirurgia de hérnia. O único sintoma é a dor, portanto o único tratamento é o tratamento da dor.

Quando o residente saiu da sala, Ed me disse:

— O médico não entende o meu problema.

George era outro paciente de Stanford que resistia ao tratamento com base no entendimento errado da natureza da dor. Ele contou ao residente que quebrara o pescoço dez anos antes, num jogo recreativo de futebol americano. Embora tivesse tido a sorte de escapar da paralisia, sofria de uma dor crônica no pescoço que interferia na sua concentração no trabalho como engenheiro. Os opioides o deixavam meio aéreo. Ele pensava em largar o emprego e pedir pensão por invalidez. O residente lhe disse que ficasse no emprego, explicando que "os estudos mostram que a dor piora em vez de melhorar quando as pessoas largam o emprego por causa dela". E sugeriu acrescentar ao regime de tratamento um antidepressivo, o Cymbalta, primeiro medicamento aprovado especificamente para tratar um tipo de dor neuropática (neuropatia periférica diabética).

— Não estou deprimido! Estou com uma *dor do caralho*! — disse George. — É *normal* ficar deprimido quando a gente sente uma dor do caralho. O que quer que eu faça? Festa?

— Você não vai tomar o antidepressivo por causa do humor, e sim por causa do efeito analgésico — contrapôs o residente.

George se mostrou cético. Quando o residente saiu da sala, perguntei se faria diferença saber que há indícios de que os antidepressivos mitigam a dor em ratos e seres humanos.

— Ratos! — disse ele, parecendo impressionado. Quando o residente voltou, ele pediu a receita. Para ele, não bastava dizer que os antidepressivos realmente mitigam a dor em seres humanos, porque ele acreditava que funcionavam do jeito errado. Mas funcionar num rato... Isso é que era funcionar.

QUANDO OS ANALGÉSICOS CRIAM A DOR

Se pelo menos a solução para o tratamento da dor fosse tão simples quanto receitar opioides para todos os pacientes: remover os preconceitos sociais que impedem os médicos de receitá-los para determinados grupos, os mitos que levaram a más políticas públicas a respeito deles e os tabus que impedem os pacientes de pedi-los. Mas, na verdade, os opioides são receitados demais e de menos, e no decorrer da minha pesquisa observei pacientes que foram auxiliados por eles e outros que foram prejudicados.

Não há fórmula simples que determine para quem a terapia crônica com opioides é recomendável. Na verdade, o medicamento tem de ser cuidadosamente examinado para se verificar que papel representa com o tempo no curso complexo da vida do indivíduo. O padrão clínico da terapia crônica com opioides não é avaliar se o remédio reduz a dor do paciente, mas se torna a pessoa mais *funcional*. Portanto, essa terapia é considerada inadequada para quem diz que a dor melhorou, mas passa o dia todo sentado e meio tonto, e bem-sucedida caso lhe permita voltar ao trabalho. O grau de alívio que o medicamento provoca em cada indivíduo tem de compensar o prejuízo dos efeitos colaterais.

Muitos pacientes que observei nas clínicas da dor sofriam tamanha agonia que a interferência do medicamento na vida normal não era problema, porque eles não tinham mais vida normal. Mas e quem não está em situação tão desesperadora?

AS CRÔNICAS DA DOR

"Quando a casa pega fogo, é preciso jogar água, mesmo que danifique a mobília", disse Ari, artista israelense de 37 anos e professor em Chicago. "E se a dor não for um incêndio e você não quiser arruinar a sua vida para tratá-la?"

Sete anos antes, Ari começou a tomar metadona porque decidiu: "A minha vida não está boa, e preciso fazer alguma mudança fundamental. Simplesmente não consigo fazer isso com dor." Ari fazia tratamento para a depressão desde os 17 anos. O curioso é que a angústia emocional sempre fora acompanhada de dor física inexplicável. Quando tentou descrever a sua "doença" ao psiquiatra, disse que sentia a pele "tão sensível que o ar doía". O médico lhe garantiu enfaticamente que a dor era uma manifestação de bloqueios emocionais e que se resolveria naturalmente quando ele os rompesse.

Com 30 e poucos anos, ele sentiu que atingira muitas metas da psicoterapia, mas a dor continuava.

"Comecei a dizer a mim mesmo: é foda. Trabalhei tanto na terapia e fiz tanto progresso, mas não importa se estou deprimido ou empolgado, se estou frustrado e sozinho ou na cama com a mulher que desejo, não importa, ainda assim me sinto uma merda", disse ele. "Fiquei cada vez mais consciente do desconforto como *incorporado*, como físico, concreto."

"A dor é uma presença imensa. A gente tenta ignorar, mas ela está sempre ali, arrancando a gente daquele momento", acrescentou, a expressão mais sombria com a lembrança. Ele tem olhos grandes, lúcidos e cor de mel, cabelos escuros e curtos, a barba tão curta que devia estar sendo negligenciada e o tipo de corpo alto e esguio que faz as calças escorregarem do quadril quando fica em pé. Ele evita fazer contato visual, com frequência desviando os olhos distraído ou mexendo no seu iPhone.

Ari consultou um neurologista que diagnosticou enxaqueca e fibromialgia, com base na dor muscular difusa, no cansaço e na depressão. O médico receitou metadona. Embora ela deva ser tomada em dose constante, Ari, talvez por se ressentir da dependência, a tomava aleatoriamente.

"A metadona realmente mudou a maneira como eu pensava sobre isso de mente e corpo", disse ele. "Eu começava a ter ideias depressivas clássicas, como *a minha vida é horrível*, sem consciência de que vinham do meu estado físico. Aí, percebia que estava duas ou três horas atrasado para tomar o comprimido, e o meu corpo se sentia uma bosta." Vinte minutos depois de tomar um comprimido de 2,5mg, ele sentia as garras da dor se afrouxarem e o corpo e o humor relaxarem.

A princípio, achou "revelador" estar de volta ao mundo sem dor. Ia a uma festa e se espantava por conseguir se envolver totalmente nas conversas. Mas, depois de seis anos de metadona, começou a reavaliar a situação. "Percebi que perdera o acesso a partes de mim que eram valiosas. Os opiáceos enrolam um cobertor quentinho em volta da gente quando queremos nos proteger dos elementos. E quando enfrentar esses elementos se torna necessário?" Aconchegado numa névoa agradável, confusa e sem dor, ele sentia que não conseguiria se tornar o artista que queria ser. Também começou a se perguntar se o remédio contribuía para a depressão clínica e a sensação constante de fadiga. (Provavelmente, sim. Os opioides podem provocar depressão. Também interferem na arquitetura do sono e o tornam menos reparador.) Mas, como o corpo se acostumara ao medicamento, quando finalmente parou de tomá-lo ele foi atormentado pela insônia que ainda o incomodava um ano depois, na época em que conversamos.

Em geral, só se recorre à terapia constante com opioides quando as opções mais benignas fracassaram. Mas Ari nunca tentara sistematicamente os tratamentos principais para enxaqueca ou fibromialgia. A fibromialgia se caracteriza pela distribuição de "pontos dolorosos" — nós musculares que irradiam dor quando tocados e podem ser tratados com injeções nos pontos de gatilho (nos quais se inserem agulhas secas ou contendo esteroides ou anestésico local para aliviar os espasmos). Ele não tentara exercícios aeróbicos diários nem mesmo o tratamento simples mas eficaz de tomar duas chuveiradas bem quentes de vinte minutos por dia e se alongar debaixo da água corrente.

"O médico nunca me sugeriu nada disso", disse Ari. Quando perguntei por que ele mesmo, intelectual e professor universitário, não assumira o próprio tratamento médico, nem a ponto de pesquisar os efeitos colaterais da metadona, ele parou e fitou a distância. "A minha energia se dividiu entre esses tipos radicalmente diferentes de curar e de abordar os problemas humanos."

Às vezes ele se convencia de que a dor era simplesmente uma manifestação dos seus problemas íntimos, "um desconforto básico no mundo", que tentou tratar com várias abordagens: a tradicional terapia da fala, a abordagem psicofarmacêutica, a da meditação e da plena atenção, a da acupuntura, da quiropraxia e do trabalho corporal com "liberação de energia", a de tentar encontrar mais satisfação no trabalho e no amor etc. etc.

— Tenho um problema de fé no caso da medicina ocidental — disse ele, pesaroso. — Alterno entre "fodam-se todos" e "tudo bem, preciso de ajuda". Talvez, se tivesse mais fé, o esforço trouxesse benefícios, eu conseguisse me dedicar mais, tudo funcionasse melhor e eu fosse mais saudável... Você acredita na medicina? — perguntou, de repente.

— Estou tentando — decidi.

Ari é extremamente afinado com o seu estado psicológico e podia ver que, embora a princípio o ajudasse, o remédio passou a atrapalhar a sua vida. Mas muitos não percebem os danos que os narcóticos causam.

Marc, de 68 anos e proprietário de uma fazenda de criação de cavalos na Virgínia, sofreu durante 11 anos com uma dor abrasadora nas pernas e nos pés. O diagnóstico foi neuropatia periférica idiopática, que significa simplesmente "patologia dos nervos sem origem conhecida". Ele não entendia que os nervos motores e sensoriais são diferentes e que um problema de dor como a neuropatia pertence aos nervos sensoriais e não afeta a função motora, e passou a ser perseguido pelo medo de que a dor lhe prejudicasse as pernas e o deixasse aleijado ou até paralisado, como Christopher Reeve. Começou a tomar OxyContin. Notou que se sentia mais revigorado quando tomava o medicamento, o que pareceu confirmar a hipótese de que era a dor que o enfraquecia (em vez do simples fato de que, como sabiam os guerreiros gregos que tomavam ópio antes das batalhas, a substância pode ser estimulante).

O remédio também o tornou desinibido, impulsivo e meio maluco. Ele era um homem determinado e disciplinado que vencera na vida sozinho, e com o desaparecimento dessas qualidades a vida que construíra foi junto. Ele destruiu alguns Lexus. Brigava com os outros e não conseguia se lembrar das brigas. Abandonou de repente a nova esposa, com quem fora muito feliz, divorciou-se rapidamente e então, também de repente, mudou de rumo e reatou com ela.

Trocou pela metadona (que muitos especialistas em dor consideram mais eficaz na dor neuropática), que teve os mesmos efeitos psicológicos.

"Perdi amigos, relacionamentos, oportunidades de negócio; perdi dez anos da minha vida", disse ele. Mas, como muitos outros, ele tivera com a dor experiências tão sofridas que desenvolvera horror a ela, e acreditava que a sua dor tinha de ser completamente erradicada com a medicação, fosse qual fosse o dano que isso causasse à sua vida.

Depois de passar mais de uma década sentindo dor, ele fez uma cirurgia no coração chamada de ablação cardíaca. Enquanto estava no hospital se recuperando de complicações, percebeu que a dor mudara. Estava acostumado ao momento exato de cada dia em que a medicação perdia o efeito e ele precisava de outro comprimido. Mas, dessa vez, esse momento não chegou; ele descobriu que podia reduzir as oito doses diárias de metadona para duas e aliviar o desconforto ainda existente. "Tão misteriosa como veio, ela se foi", disse ele com espanto. Foi como se acordasse de um sonho e voltasse a ser quem era antes. Ah, se aquela década pudesse lhe ser devolvida!

Qual era a ligação entre a operação cardíaca e a dor na perna? A ablação cardíaca tenta curar o ritmo cardíaco anormal destruindo a parte do tecido que faz o músculo cardíaco disparar sinais erradamente. Será que a operação também reconfigurou o sistema nervoso? Marc pediu aos médicos uma explicação, mas eles não tinham.

Foi como disse o Sofredor Virtuoso:

A minha doença logo se acabou, [os meus grilhões] se quebraram...
O fantasma incansável (...) retornou [à] sua morada.

Muita gente é incapaz de se livrar dos opioides, porque o sistema nervoso se acostuma com o medicamento. Assim que tentam reduzir a dose, essas pessoas sentem uma terrível dor de "rebote" (que não entendem como causada pelo remédio e que interpretam de forma errada, como sinal de que a dor crônica subjacente é insuportável). No entanto, em outras o simples uso de opioides provoca, com o tempo, mudanças neurológicas que pioram a dor.

José, superintendente de obras de 60 e poucos anos, foi procurar o médico porque a dor que sentia piorava sem parar. No ano anterior, sofrera uma lesão nas costas quando instalava um condicionador de ar. Procurou o clínico geral, que lhe receitou Percocet (oxicodona com acetaminofeno) e depois, quando o remédio não controlou mais a dor, OxyContin. Mas a dor, que antes se localizava na base da espinha, começou a se espalhar, até que todo o tronco foi afetado. O médico aumentou a dose; a dor aumentou também. O médico subiu a dose mais uma vez, mas não adiantou, e finalmente o encaminhou ao especialista em dor que José ia consultar naquele dia.

Há indícios crescentes da existência de uma doença há muito suspeitada, conhecida como *hiperalgesia induzida por opioides*, na qual alguns pacientes (e animais em estudos de laboratório) que tomam opioides de forma crônica se tornam drasticamente mais sensíveis a estímulos dolorosos (hiperalgesia) ou sentem dor com estímulos comuns (alodinia). Esse aumento da sensibilidade à dor induzida pelos opioides parece distinto do problema original dos pacientes; costuma se localizar em outra parte do corpo e tem características diferentes. Em resumo, para esses pacientes os opioides aumentam o mesmo tipo de sensibilidade patológica à dor que dá origem a tantas dores crônicas.

José não queria ouvir que precisava abandonar a medicação. Assim que o médico começou a falar em reduzir a dose aos poucos, ele se levantou, cruzou os braços grossos sobre o peito e murmurou: "Dói ficar sentado por muito tempo." O médico continuou a falar. José passava o peso de uma perna para a outra, de um jeito que significava que queria ir embora.

Vi que o médico hesitava. Deveria tentar convencê-lo? Provavelmente o paciente seguinte já estava esperando. Ele o deixou ir.

IDEIAS SINISTRAS SOBRE PATOLOGIA

Estudos indicam que um dos melhores fatores preditivos de que o paciente seguirá o plano de tratamento é o relacionamento dele com o médico. Num bom relacionamento, o médico e o paciente colaboram para criar uma narrativa de bem-estar: uma história que o paciente pode usar para melhorar.

"Estou muito cansada de me sentir péssima, presa num corpo ruim", disse Danielle Parker ao dr. Russell Portenoy, chefe do serviço de medicina da dor no Centro Médico Beth Israel, em Nova York. "Venho me sentindo uma vítima há muito tempo." Ela cruzou as pernas, apoiou nelas o cotovelo e pousou o queixo na mão, de modo que os fios do cabelo louro e brilhante caíram sobre os ombros. Usava jeans pretos justos e uma blusa pequena e brilhante que expunha os ossos delicados do colo.

Naquela época, já se consultava com o dr. Portenoy havia um ano. Mais tarde, ela me contou que a dor começara na academia quatro anos antes. Foi pouco depois do aniversário de 30 anos; ela morava no Upper East Side, trabalhava como redatora autônoma e tinha uma saúde excelente. Adorava esportes: tênis, *parasailing*, corrida, ioga. Certo dia, quando terminava a série com pesos na academia, um professor se aproximou dela e perguntou se podia ajudar em alguma coisa. Era um ex-militar da América do Sul, grande, musculoso, de 113 quilos, e ela, uma mulher miúda de 45 quilos. Ele lhe pediu que se deitasse num colchonete para ajudá-la a se alongar. Primeiro, ela se deitou de costas, e ele lhe alongou as pernas. Depois, ele pediu que ela se virasse de bruços. Mas, em vez do alongamento de sempre, ele segurou o tronco dela e, sem explicação nem permissão, fez um tipo de manobra quiroprática na parte superior das costas. Ela ouviu um estalo e gritou de dor. "Meu Deus, o que você fez?", ela gritou.

"Foi um momento horrível e traumático. Numa fração de segundo, a minha vida mudou", ela me contou mais tarde. "De pessoa saudável passei a ser doente."

Quando ela estava com 25 anos, a mãe foi assassinada no Arizona. A lesão "foi como a manifestação física do que sofri quando perdi a minha mãe. Primeiro, alguém me tirou a minha mãe; depois, outra pessoa me tirou a saúde".

A lesão herniara um disco na nuca e desestabilizara a espinha. A hérnia de disco acontece quando há um rompimento do anel fibroso externo do disco que faz o material interno mole sair. Isso provoca dor de várias maneiras. O material interno do disco, por si só, irrita os nervos e provoca inflamações. O material também pode ser pressionado contra uma raiz nervosa, provocando compressão que resulta em dor e dormência (se for um nervo sensorial) ou perda de mobilidade (se for um nervo motor).

Ela ficou acordada na noite seguinte à lesão, insone de dor e medo. Toda a parte superior do corpo estava paralisada por espasmos musculares, de modo que ficara incapaz de virar o pescoço e o tronco. Embora tenha recuperado a mobilidade depois de três meses de fisioterapia, a dor permaneceu. Ela sofrera muitas lesões no passado — nos esportes, na ginástica, na dança — e todas tinham sarado. Mas não aquela. "Desenvolvi a doença da dor", diz ela. "O meu cérebro vê dor constantemente."

Dani começou uma peregrinação em que consultaria 85 médicos e gastaria uma quantia de seis dígitos. Finalmente, quando, depois de anos como redatora autônoma, ela conseguiu um bom emprego em tempo integral numa revista, descobriu que não conseguia ficar sentada durante as horas suficientes para cumprir os seus deveres. Continuou a trabalhar como autônoma quando se sentia bem, marcando períodos para se deitar no meio da jornada de trabalho. Embora o marido lhe desse apoio, ela se sentia isolada. Como a dor aumentava no decorrer do dia, parou de sair à noite. Parece que os amigos não entendiam a situação. Quando tentava explicar que "o meu pescoço está em brasa", eles respondiam: "Mas você parece normal." Ela sentia uma dor ardente, penetrante, comichante, como se "alguém acendesse uma fogueira no meu pescoço". Quando digitava, a dor descia pelo braço, fazendo os dedos formigarem, e tinha de parar e fazer compressas de gelo.

"É como estar numa guerra prolongada com o corpo. Fiquei desanimadíssima. Percebi, *meu Deus, a vida como eu a conhecia acabou.*" Quando o marido lhe perguntava o que faria naquele dia, a resposta mais frequente era: *Vou consultar o dr. Fulano.*

Como costuma acontecer com a dor nas costas, o problema original leva a outros novos quando a lesão distorce a postura e impede a realização de exercícios. Alguns anos depois do incidente, ela herniou dois discos na região lombar. A dor no pescoço "foi desligada, e a das costas, ligada". Ela redobrou o esforço para encontrar tratamento. Consultou quiropratas e acupunturistas. Como não havia como saber que tipo de dor sentia, ela tentou todas as categorias de medicamentos contra a dor. Experimentou OxyContin, que a deixou coberta de urticária e coceira. Tentou Celebrex, mas achou que a estava engordando e sentiu que já perdera o suficiente do corpo. A fisioterapia parecia chata e inútil, embora várias vezes ela tentasse começar. Consultou o dr. Portenoy, que receitou Percocet e Klonopin, medicamento ansiolítico que também aquieta os nervos que disparam sem necessidade.

— Não estou tomando opiáceos demais? — perguntou ela ao dr. Portenoy, olhando-o intensamente. — Será que estou viciada?

— Você não está viciada; está com dependência física — disse ele para tranquilizá-la. — É totalmente diferente.

O marido lhe tocou a coxa. Senti uma pontada de inveja e me perguntei como seria ter um parceiro que fosse às consultas médicas. Notei que os pés dela estavam calçados com botas pretas da moda, de salto alto, um símbolo do seu eu anterior: a jovem despreocupada que não precisava de sapatos confortáveis. Fiquei me perguntando se ela percebia como eles distorciam a postura, de modo que usá-los reduzia a probabilidade de recuperar aquele antigo eu.

O dr. Portenoy a encaminhara ao psicólogo da clínica, como fazia com a maioria dos pacientes, mas ela disse que parara de ir.

— Não quero falar sobre dor o tempo todo — disse ela. — Quero uma trégua.

— Tudo bem se for uma trégua, mas você precisa voltar — disse ele.

— O senhor sempre enfatiza o lado psicológico — disse ela, acusadora, e deu uma olhada no marido, um executivo de boa aparência da indústria musical.

— Acho que Dani deveria voltar ao psicólogo — disse ele, olhando diretamente para o dr. Portenoy.

O médico insistiu que ela tomasse Wellbutrin, antidepressivo às vezes usado em pacientes com dor por haver indícios de que pode aliviar a dor dos nervos e não costuma provocar sonolência nem fadiga. Ao contrário de Zoloft e Prozac, o Wellbutrin não age apenas no sistema da serotonina, mas também no da norepinefrina, sendo que ambos têm papel fundamental no sistema cerebral de modulação da dor.

— Não gosto do rótulo de antidepressivo — disse ela. — Não me sinto à vontade com a ideia de tomar esse tipo de remédio.

— Você vai usá-lo por causa do efeito analgésico — disse o dr. Portenoy, mas não tentou explicar como funcionava.

— O senhor adora se concentrar no aspecto psicológico — disse ela outra vez.

— As minhas anotações dizem que a sua dor é multideterminada: neuropática, musculoesqueletal e psicológica — respondeu ele. Mas, ao atribuir três grandes categorias de causas à dor dela sem dar peso a nenhuma delas, parecia que ele simplesmente não sabia.

— Posso sentir o meu corpo inchando!

— Não vejo inchaço nem calores. Você tem sensações sobre o seu corpo que são só suas. Isso pode levar a concepções erradas que podem assustá-la.

A voz do dr. Portenoy era clínica; não acusatória, mas também não calorosa. Ele tentava desfazer (como descreve Sean Mackey) as ideias sinistras sobre patologia. Mas a mensagem não a tranquilizava.

— O senhor acha que a minha doença agora é dor crônica — disse ela, sem rodeios.

— Exatamente — disse ele, soando satisfeito por ela ter entendido. — Na última vez que a examinei, conversamos sobre várias estratégias. O que você quer fazer?

— Ando fazendo uma maravilhosa pesquisa do mercado médico — disse ela, com um suspiro. — Já tenho 18 opiniões diferentes.

— Ninguém pode lhe dizer que é hora de parar de procurar — disse o dr. Portenoy —, mas acho que parar só lhe faria bem.

Ela perguntou sobre injeções de esteroides, mas o dr. Portenoy disse que não recomendaria; naquele estágio, a dor era difusa demais para saber onde aplicar. Recomendou um novo anti-inflamatório, uma dose baixa de antidepressivo e a volta à fisioterapia e ao psicólogo. Mas Dani não parecia sentir muita vontade de fazer nada disso. A consulta chegara a um impasse.

— Você parece bem melhor — concluiu ele. A beleza dela era fresca, íntegra, de moça comum; apesar da roupa escura e sofisticada de nova-iorquina, parecia bastante jovial. A invisibilidade da dor parecia deixá-la lisonjeada e incomodada ao mesmo tempo. Ela juntou os lábios e sorriu, um sorriso desconfiado e meio perplexo. — Mas — acrescentou ele, mostrando a sua experiência clínica — isso não quer dizer que você não esteja sofrendo.

"Às vezes acho que o meu marido e o dr. Portenoy estão juntos contra mim", disse ela mais tarde. "Fico me sentindo assim: *Alguém aí consegue mesmo escutar o que estou dizendo? Não estou pirando, estou sentindo dor. Por favor, alguém me ajude...*"

ESSA MALDIÇÃO EM QUE VIVO

O neurocirurgião John Loeser diz que, se o médico não acredita no paciente, a consulta será necessariamente um fracasso.

O dr. Portenoy era agnóstico com relação à dor de Dani. "Não sei de onde vem a dor dela", me disse ele no fim do dia com a sua voz neutra e bem-modulada quando saímos do hospital. De estatura e compleição modestas, ele tem cabelos cor de ferrugem já ficando grisalhos, usa barba, óculos grandes e adota o comportamento sério, impassível e atento de um psiquiatra. "Ela tem hérnias de disco, mas muita gente tem hérnias de disco. Parte da dor pode ser neuropática. Ou pode ser principalmente muscular. Ou pode ser primariamente psicológica, com a depressão e a ansiedade alimentando a dor muscular. Se você me perguntar se um único incidente pode causar dor crônica pelo resto da vida, direi que sim, sem dúvida alguma. Se é o caso de Dani, não sei."

Dani processou a academia e o treinador, e o processo ainda está em andamento. Às vezes, ressaltou o dr. Portenoy, os pacientes com dor crônica só melhoram depois que o processo se encerra, porque a necessidade de provar a dor, consciente ou inconscientemente, desincentiva a melhora. Mas ganhar na Justiça nem sempre traz a satisfação imaginada. Daniel Carr recordou um paciente cuja região lombar foi esmagada devido a um defeito na instalação do banco do carro novo. Durante os anos em que o processo correu na Justiça, ele suportou a dor com fantasias sobre a indenização: a lei cairia em cima da fábrica de automóveis e o compensaria pelo sofrimento. Mas, quando o supercheque finalmente chegou e ele realmente entendeu que não podia comprar a única coisa de que precisava — o corpo antigo —, ele se suicidou.

Três anos depois, quando busquei notícias de Dani, ela estava pior. Ainda tentava várias terapias. Recebeu injeções de Demerol, morfina e Valium na região lombar. Tomou Klonopin e Vicodin. O Vicodin reduziu a dor, o Klonopin a ajudou a dormir, mas nada resolvia de verdade. Ela emagrecera e se sentia fraca e deprimida. "Sinto que estou deteriorando", disse.

Embora me dissesse que o processo contra a academia terminara a seu favor, isso não lhe dera a esperada catarse. "Fiquei me sentindo vitimizada por não ir ao tribunal para lhes contar o que aquele canalha fez comigo", disse ela, mas o advogado fora contra, porque os jurados, principalmente depois do 11 de Setembro, nem sempre eram solidários com a dor crônica. Pelo menos, o dinheiro da indenização ajudaria a pagar o tratamento.

"Há cura para doenças muito mais graves", disse ela, melancólica. "Imagino que muitos pacientes com dor morrem deprimidos e solitários, incapazes de levar a vida como antes." Ela perguntou sobre outros pacientes que entrevistei. "Aposto que você não vai encontrar ninguém que tenha melhorado", disse. Ela sentia intensamente o "efeito dominó causado na vida". "A gente perde os amigos; perde os colegas; perde tudo. Senti que me esfaqueavam o coração quando a minha mãe morreu. Agora estou sendo esfaqueada de outra maneira, presa à cama, gritando de dor, sendo furada várias vezes. A dor me matou. Havia outra Dani antes da lesão."

Ela sentia ter esgotado o repertório do dr. Portenoy, e recordou o dia em que foi até ele e disse: "Não consigo viver assim. Quando penso em passar os próximos cinquenta anos sentindo dor, não quero mais."

A distância que ela sentia nos modos clínicos dele deu lugar a tristeza e fracasso em comum. "Vi um vislumbre da humanidade dele. Dessa vez, pareceu que ele estava mesmo triste. Tinha lágrimas nos olhos." Mas ela sentiu que falavam de um paciente com alguma doença terminal, por quem nada mais se podia fazer — uma mensagem que outros médicos reforçaram. Ela procurou um cirurgião e implorou que a operasse, mas ele declarou que o problema dela era inoperável. (Em geral, as hérnias de disco não costumam precisar de cirurgia, porque o fluido acaba sendo reabsorvido pelo corpo.) Embora, por sorte, fosse um cirurgião honesto, já que as cirurgias das costas costumam piorar o problema original, ela entendeu que a palavra *inoperável* significava que o seu estado era desesperançado, e não simplesmente que a operação não era necessária.

"Disse ao cirurgião que queria muito ter filhos, mas que sinto tanta dor que não consigo me imaginar com um bebê no colo. Perguntei a ele se podia me encaminhar a alguém, e ele disse que não, que eu tinha tentado tudo. 'Você vai ter de aprender a conviver com a dor.' É nojento dizerem que a gente precisa conviver com a dor. Isso me dá nojo!", repetiu, como se tentasse se lembrar de rejeitar esse tipo de pensamento.

Ela se inscreveu num programa de tratamento do dr. John Sarno, o famoso guru da dor nas costas cujo livro li na casa de praia dos meus amigos muito tempo atrás. Mas ela viu com ceticismo a teoria da síndrome da miosite de tensão (SMT), segundo a qual as emoções negativas reprimidas provocam dor e tensão muscular e, quando se deixa a emoção sair, a dor desaparece. "É ridículo um médico dizer que está tudo na cabeça; a gente fica se sentindo maluco. Há uma raiz física. Além disso, ele convenceu o meu marido. Danielle sofreu um trauma, vamos botar a culpa disso no assassinato da mãe de Danielle."

A sensação de perda aumentou porque o crime não foi solucionado e Dani achou que precisava se envolver ativamente para chamar atenção para o caso. Todos os detalhes eram arrasadores. O último lugar onde a mãe fora vista com vida tinha sido uma loja de conveniência. O sistema de segurança da loja poderia ter filmado o assassino, mas ela me disse que o detetive encarregado do caso tirou folga no dia seguinte ao crime e a loja apagou a fita.

O simples vínculo causal que o dr. Sarno fazia entre a dor de Dani e o assassinato da mãe parecia ilógico; ela só desenvolvera a dor quatro anos depois. E sentia que a sua saúde mental frágil era causada pela dor, e não a causa da dor.

"Quando a gente sente essa maldita dor o tempo todo, é claro que isso acaba com a gente", disse ela.

O dr. Sarno recomendou que ela escrevesse um diário para examinar traumas da infância, mas ela não conseguiu se lembrar de nenhum; achava que a sua infância fora maravilhosa. Escreveu poemas sobre a perda da mãe que só a fizeram chorar. "Ao trazer de volta o assassinato, fiquei com mais dor. A negatividade faz parte da dor."

Dani se lembrou do modo como o dr. Sarno se irritou quando ela questionou os seus métodos, e ele insistiu que ela deveria abandonar a fisioterapia, que considerava prejudicial por se concentrar no corpo e não na mente, que, segundo ele, era a raiz da dor. Ela respondeu que tinha espasmos musculares e precisava do alívio que lhe dava a técnica de massagem usada pelo fisioterapeuta, mas ele disse: "Se não consegue seguir o programa, está fora." Ela se perguntou se fora assim que ele conseguira a proporção elevada de sucesso de que tanto se gabava: chutando do programa os seus fracassos.

"Tenho certeza de que há pacientes que realmente têm SMT e que melhoram", disse ela, "mas o programa me fez piorar."

Ao conversar comigo, Dani se esforçou para apresentar uma narrativa positiva, que conciliasse a dor com a imagem que tinha de si mesma. "Acredito que há muita gente que acaba doida. Mas sou uma lutadora, uma sobrevivente, e isso também faz parte da história. Tenho essa maldição e convivo com ela, mas estou aprendendo a conviver com algo que a maioria consideraria impossível." Ainda assim, ela acrescentou: "O meu maior desejo na vida é encontrar uma solução; rezo por isso todos os dias."

UM PARCEIRO NO BEM-ESTAR

O dr. Portenoy não tinha dúvidas de que consultar um médico atrás do outro não ajudava Dani. Mas, embora ela concordasse em parte com ele, a dor continuava a empurrá-la.

Oito anos depois da lesão inicial, ela e o marido estavam de férias em Aspen, no estado americano do Colorado, quando ela avistou, no saguão do St. Regis Resort, um cartaz do Aspen Back Institute, o Instituto das Costas de Aspen. "Já fui a 84 médicos", disse ela ao marido. "Talvez seja bom arredondar para 85." O site do instituto na internet o descrevia como "oásis único e não cirúrgico para costas e corpos feridos" e exibia depoimentos de celebridades, atletas e empresários que tinham voltado a jogar o seu golfe.

Clint Phillips, o fundador, se formara como quiroprata na África do Sul e fora para Aspen (que lugar!) devido à paixão pelo rúgbi. Com o seu olhar franco, o queixo cinzelado e os ombros largos, Clint parece capaz de inspirar os outros a trabalhar com ele por muitas razões. "A dor nas costas é muito mal compreendida", diz ele com o seu sedutor sotaque sul-africano, olhando diretamente para a câmera no vídeo do site na internet. "Vou lhe ensinar os segredos que os médicos não conhecem ou não querem lhe contar..."

Dani decidiu testar Clint e não lhe contar a história toda, para ver o que ele conseguiria descobrir. Quando ele apalpou as costas dela, conseguiu perceber os músculos que tinham espasmos e lhe mostrar que eram pontos de gatilho (nós musculares que doem ao ser apalpados e transmitem a dor para outras áreas). Ela se espantou; sentiu que a sua dor falava diretamente com ele. Muitos médicos da moda que consultara sequer tinham se dado o trabalho de examiná-la. E, quando trabalhava com fisioterapeutas, eles sempre se concentravam numa área de cada vez (talvez por razões financeiras) em vez de desenvolverem um programa abrangente de reabilitação.

Dani prolongou as férias para trabalhar com Clint durante três semanas seguidas. Ele criou um programa de alongamento e fortalecimento para manter os músculos livres de espasmos. Toda manhã, ele trabalhava e conversava com ela durante uma hora. Mostrou-lhe que o uso do salto alto desalinhava a postura e forçava os músculos das costas. Embora o relacionamento dela com Clint não seja místico nem romântico, a linguagem que ela emprega para descrevê-lo toma emprestadas palavras de ambos os campos para tentar transmitir a sua importância singular. "Acho que ele é um milagreiro. Bastou uma sessão para eu saber que Clint era perfeito para mim. Ele representava esperança e cura."

Embora soubesse que o dr. Portenoy se preocupava com ela, o modo como Clint se relacionava parecia muito diferente. O dr. Portenoy nunca insinuara que ela estava inventando a dor, mas também não a convencera de que acreditava nela. A fé de Clint, por outro lado, o seu entendimento do eu temido e do eu esperado, parecia tangível. Ele parecia um curandeiro, no sentido antigo da palavra: alguém investido do "potencial específico de assistir o sofrimento, uma autoridade carismática", como explica o sociólogo Arthur Frank. "Já conheci muitos médicos", disse Dani, "mas nunca conheci um curandeiro. Ele disse que ia tratar o corpo *e* a mente; me explicou o impacto emocional destrutivo da dor."

Dani achou o modo como Clint falava da importância da mente muito mais convincente do que o do dr. Sarno, porque a filosofia de Clint envolvia atenção ao corpo, e não a sua negação.

"Ele rompe o ciclo da dor e depois pergunta 'Como vamos nos livrar desses comportamentos dolorosos e mudar a sua forma de reagir à dor?'", contou ela. "Em vez de estender a mão para um comprimido, a gente sai para caminhar, passeia de bicicleta, faz exercícios." Ele lhe disse: "Você vai sentir desconforto. Quando tiver alguma sensação desagradável, não deixe a mente se concentrar nela." Ele não usou a palavra *dor*. "No passado, eu costumava entrar em pânico sempre que sentia uma pontada", disse ela. "Agora, tento me concentrar em outra coisa. Não falo mais a ninguém sobre a doença. Quando me perguntam 'Como vai?', digo 'Tudo bem', desvio a pergunta e pergunto sobre eles."

Depois de se encontrar com Clint pela manhã, ela trabalhava com os fisioterapeutas à tarde. Eles massageavam o seu pescoço e lhe ensinavam exercícios ergonômicos e isométricos para fortalecer a nuca e aumentar a força dos ombros. Insistiram na importância da postura. Clint explicou que a cabeça é como uma bola de boliche de três quilos e meio e, quando a jogamos para a frente, ela puxa todos os músculos do pescoço, provocando espasmos. Dani atribuiu o fato de conseguir ficar sentada sem dor ao fortalecimento dos músculos abdominais, que agora mantêm as costas no lugar.

À tarde, em todos os dias que passou no Colorado, ela saía para caminhar. Depois, fez o primeiro passeio de bicicleta em vários anos. Teve de caminhar em parte do caminho, mas no segundo dia percorreu todos os 5,5 quilômetros. Depois da lesão, ficara com medo de academias, mas logo passou a fazer uma hora de treinamento em circuito com Jade, a esposa de Clint. Ela recordou que Clint vivia dizendo: "Dani, você é jovem, tem um corpo bom." Ele chamava de *questões* e não de *problemas* o que havia no corpo dela. "Fizeram com que eu acreditasse que tinha uma coluna vertebral ruim, com defeito, com os discos defeituosos que as ressonâncias mostravam. Mas a coluna consegue se curar com postura e exercícios adequados", disse ela. Ele não parava de lhe dizer: "Você não está doente e pode levar uma vida normal."

Ele a estimulou a acreditar no seu corpo outra vez. Não mandou que parasse de tomar medicamentos contra a dor, mas sugeriu que, se ela conseguisse reduzir as doses, ficaria mais afinada com a reação do corpo, e que precisava ser capaz de sentir o corpo outra vez. Naquela época, ela tomava seis Vicodin ES por dia, uma dose substancial.

"Eu era tão dependente... Levava a caixinha de pílulas comigo o tempo todo. À uma e meia, se não tivesse tomado o meu Vicodin, começava a sentir ânsias", disse ela. "Não sei se a minha dor era real ou se o meu corpo gerava a dor porque ansiava pelo medicamento." Quando finalmente parou de tomar os comprimidos, percebeu que tinham afetado a sua capacidade cognitiva. No fim do dia, era comum ela assistir à tevê porque não tinha concentração para ler. Os seis comprimidos de Vicodin ES que tomava continham 4.500mg de acetaminofeno (ingrediente do Tylenol), que lhe embrulhavam o estômago e a punham em risco de ter doenças do fígado e do rim (mais de 4.000mg por dia, ou 2.000mg quando há consumo de álcool, podem levar a lesões potencialmente fatais do fígado).

"Vamos dar uma festa para queimar todos os livros sobre dor crônica e jogar os remédios no vaso sanitário", disse ela.

Embora o Aspen Back Institute seja caro, custou uma fração do que ela já gastara com tratamentos inúteis nos anos anteriores. Em apenas três semanas seguindo o programa, ela sentiu o começo de uma "nova identidade". Ela disse que a maior mudança foi, simplesmente, "perceber que sou uma pessoa normal, que não há nada errado no meu corpo". Mas "abandonar as emoções da dor é traumático. Quando a gente sente dor durante oito anos, se torna uma pessoa dolorosa. Ontem, dei uma volta de quase 20 quilômetros de bicicleta em Manhattan. Fiquei me sentindo ótima, como uma atleta em treinamento. A mente é uma coisa muito poderosa".

Ela sente que os médicos tradicionais se ligam aos pacientes na doença, enquanto "com Clint a gente sente que tem alguém dedicado ao nosso bem-estar. Clint olha a gente nos olhos. Ele está *junto* com a gente", disse ela. Quando partiu do Colorado, ela contou que Clint ficou com medo de que ela voltasse à cama e à tevê e marcou algumas conversas. Disse que ela não precisava de fisioterapia, que o rótulo só a faria se lembrar da doença (embora, naturalmente, o regime de exercícios que ele recomenda seja uma forma de fisioterapia). Ela decidiu voltar a frequentar uma academia normal.

Como o dr. Sarno, Clint usou a reconfiguração cognitiva, pregando uma mudança na narrativa: de pessoa doente para pessoa saudável. Mas, ao contrário do dr. Sarno, ele não insistiu na ideia de que bastava acreditar para a dor sumir. Em vez disso, a narrativa de Clint usava a crença para tornar a premissa verdadeira ao transformar o corpo em termos fisiológicos, além de psicológicos, por meio dos exercícios.

A fisioterapia é o tratamento mais eficaz para a maioria das dores nas costas. O fortalecimento dos músculos que estabilizam a coluna pode aliviar a pressão, e existe a hipótese de que, na verdade, o crescimento muscular estimula o crescimento dos nervos. O mais importante é que a fisioterapia intervém no ciclo da dor crônica. O corpo é projetado apenas para reagir à dor aguda. Os músculos se contraem rigidamente em torno da lesão para mantê-la no lugar e protegê-la de novos danos. Mas, quando a dor persiste depois que a lesão original sarou, esse mecanismo de proteção se torna mal-adaptado. Os músculos contraídos que pressionam os nervos provocam dor, se atrofiam com a falta de uso e acabam se tornando também outra fonte de dor.

Mas, para a maioria, a fisioterapia não é atraente. É chata, às vezes dói e costuma levar um tempo enorme para fazer efeito. Várias vezes observei os médicos recomendarem a fisioterapia e descobri, quando acompanhei os pacientes, que poucos se dedicavam a ela. (Novamente, até a minha primeira tentativa foi desanimada. Mas a sua, leitor, caso sinta dor, não deveria ser! É verdade. Se pretende aceitar algum conselho deste livro, que seja esse!)

Os pacientes com dor crônica têm baixo nível de reação aos placebos, porque esperam sentir dor. Sem a crença — e a onda inicial de analgesia criada pelo placebo —, é difícil investir num tratamento que exige muito esforço antes de trazer resultados. Clint usou o seu carisma para fazer Dani acreditar que o seu programa específico de reabilitação física funcionaria, de modo que ela se dedicou a ele como nunca fizera com a fisioterapia e passou a se exercitar constantemente. A rapidez da melhora inicial talvez se devesse às endorfinas do placebo e dos exercícios, mas esse sucesso deu a Clint uma aura de guru e a manteve dedicada ao programa quando o efeito placebo passou. A fé também permitiu que ele mudasse a percepção que Dani tinha da dor ao convencê-la de que a sensação constante nas costas poderia ser reconfigurada como desconforto.

"Tenho algumas pontadas de vez em quando", disse ela objetivamente, "mas é porque o meu corpo está acostumado a produzi-las. Vou seguir o meu programa de bem-estar como se fosse uma bíblia." Nesse momento, já estávamos conversando fazia várias horas num café no centro de

Manhattan. "Quero dar uma volta; já estamos sentadas há muito tempo", disse Dani. "Não é que eu esteja sentindo dor", acrescentou depressa, "só quero dar uma volta." Ela estava com vontade de atravessar a rua e ir até a Bloomingdale's para comprar a sua nova mania: roupas bonitas para se exercitar.

"Acho que fiquei um pouco confiante demais", disse ela quando conversamos alguns anos depois. Quando se sente melhor, ela fica tentada a abandonar a rotina de exercícios. "Acho que já estou melhor e que posso apenas viver a vida." E aí a dor volta. "Preciso respeitar o meu corpo com uma dedicação constante ao bem-estar, assim como alguns pacientes com câncer têm de tomar remédios a vida inteira."

Ela achou difícil abandonar totalmente o Vicodin; gostava da sensação de que, quando sentisse dor, haveria algo que pudesse fazer em vez de se sentir apenas como vítima. Mas também percebeu que voltava periodicamente a uma dependência que lhe desagrada. Achou ainda mais difícil abandonar o Klonopin. Quando, a conselho médico, simplesmente parou de tomá-lo, sofreu sintomas de abstinência tão fortes que acabou no pronto-socorro com o coração disparado e a pressão subindo. (A abstinência de benzodiazepinas como Klonopin, Ativan e Valium pode envolver ataques de pânico, ansiedade, alucinações e convulsões potencialmente fatais.) Ela gostaria que o médico que lhe receitou Klonopin pela primeira vez tivesse informado que as benzodiazepinas são mais viciantes do que os opiáceos e que prejudicam a memória e a capacidade cognitiva.

Ela não está mais totalmente convencida de que o seu corpo é normal, como diz Clint. Se fosse, por que desenvolveu uma dor tão excruciante e prolongada por causa de uma única lesão?

— Há pessoas com hérnias de disco que não sentem dor — disse ela, muito séria. Ela se pergunta se há algo no seu corpo e na sua estrutura genética que a torna vulnerável à dor crônica. — Essa é a peça que falta no quebra-cabeça. — Mas ela disse que conversar comigo a fez se lembrar de como se sentia mal. Agora, quando se queixa de reveses, é no contexto de algo maravilhoso. — Espero me sentir bem. E, quando não me sinto, em geral a culpa é minha por não seguir o meu programa.

— Isso é ótimo! — falei. — Você pode ser a estrela dos pacientes do meu livro, aquela que parou de ter dor crônica. Não são tantos quanto eu gostaria...

Sem dúvida, vi muitas melhoras com o passar dos anos. Em geral, os que não deram passos ativos para tratar a dor pioraram com o tempo, embora alguns tenham piorado apesar de todo o esforço e outros também tenham melhorado sem nenhuma iniciativa específica. Assim como a dor crônica aumenta, para alguns pacientes também pode haver uma redução com o passar do tempo. Mas não foram muitos os que se curaram.

— A não ser você — disse ela. — O seu livro inclui a história de como você se curou da dor?

— Não, não. Mas a minha dor melhorou... E desenvolvi uma boa compreensão da dor, que de certa forma a torna menos dolorosa por parecer menos sinistra.

— Mas você não tem uma história inspiradora?

— O meu livro não é desse tipo — disse eu, infeliz.

— Você precisa se concentrar em se curar!

Reduzi a minha dor, mas, basicamente, nunca mudei a minha narrativa. "Construa (...) uma narrativa da doença que faça sentido e dê valor à experiência", ordena o antropólogo e médico Arthur Kleinman. Quando recebi os primeiros resultados das ressonâncias magnéticas, resolvi assumir o controle da minha situação. Senti que, de repente, via tudo com clareza: a natureza da minha dor, a natureza do meu relacionamento com Kurt. Marquei uma série de consultas médicas, larguei Kurt e encomendei à Arthritis Foundation (Fundação de Artrite) um diário da dor especial para documentar a busca da cura. Adoro ler patografias — relatos de doenças na primeira pessoa. Talvez pudesse escrever a minha.

O diário da dor tinha um título animador impresso na capa lustrosa: *Rumo à vida saudável: um diário do bem-estar*, mas acrescentei um título próprio: *O progresso da dor*. Com 11 anos de idade, me encantei com o *Progresso do peregrino* e, durante mais ou menos um ano, vi a minha vida através daquela história. Talvez pudesse ser o meu modelo: a minha dor como o fardo nas costas do peregrino enquanto ele se esforçava para subir a Colina da Dificuldade ou descer até o Vale da Sombra da Morte. Logo eu também chegaria às Montanhas do Deleite.

Mas a minha história não estava ficando como a do peregrino. Eu detestava relê-la.

Diário da dor:

Quero melhorar mais

Rumo à vida saudável: um diário do bem-estar
Você comprou este diário porque quer assumir o controle da sua vida
(...) Conviver bem com a doença e a dor crônica começa com ações:
primeiro, aprender sobre o seu estado; depois, tomar providências (...)
Neste livro, você encontrará o saber de várias pessoas (...) Leia
estas palavras, mesmo que pareçam sem importância, e depois
acrescente as suas palavras de inspiração (...)

"Até pacientes comparativamente bem-ajustados podem pensar que o médico da dor seria capaz de eliminar toda a dor que sentem, e que não conseguir isso é o mesmo que recusar tratamento", avisa aos médicos o artigo "Dealing with Difficult Patients in Your Pain Practice" (Tratando pacientes difíceis na sua terapia da dor). "Uma das tarefas principais do médico da dor na busca da cura é promover expectativas realistas de sucesso do tratamento (...)"

A única coisa que eu queria dos médicos era a cura. Os sete primeiros médicos aos quais levei as ressonâncias não se dispuseram a oferecê-la, nem o oitavo, como percebi com dez minutos de consulta. Eu fora a um reumatologista (médico especializado em artrite, doenças autoimunes, transtornos de dor musculoesquelético e assemelhados) que me encaminhara ao Atleta, um fisiatra — outra especialidade de que nunca ouvira falar, que se concentra na reabilitação. O Atleta — era assim que eu o via (um baixote de 30 e poucos anos, modos agressivos e um estranho cabelo cortado a máquina, que, com desdém, rotulei como ex-jogador de hóquei) — me falava dos mesmos tratamentos que os outros médicos tinham sugerido: fisioterapia, injeções de esteroides, anti-inflamatórios, mais fisioterapia. Desliguei enquanto ele as detalhava, porque achei que, basicamente, falava do jeito errado.

Eu percebera recentemente que havia dois modos de discurso na medicina. Há o Modo da Cura, aquele em que sempre estive antes, no qual o médico diz coisas como: tome isso e me ligue se não melhorar, e aí lhe receito outra coisa. "Detesto ver isso se arrastar assim", dizia o meu clínico geral sobre uma tosse comum que durou um período que hoje vejo que foram poucas semanas, parecendo impaciente não comigo, mas com a tosse. Então, rabiscava uma receita que daria fim àquilo. Era assim que eu gostava de interagir com os médicos: problema, solução, gratidão.

Mas aí percebi que havia outro modo: o Modo do Tratamento. No Modo do Tratamento, as consultas eram longas e envolviam um número desconhecido de acompanhamentos e encaminhamentos a vários outros profissionais de assistência médica. As conversas se concentravam em *melhora*, *redução* e *manejo*, como em "o objetivo é reduzir a dor a um nível que se possa manejar".

Esse não era o meu objetivo! Entendia que a cura da minha dor talvez não fosse óbvia, senão os outros médicos a teriam encontrado, mas ainda achava que, se o Atleta percebesse que *eu só estava interessada na opção de cura*, conseguiria encontrar outra coisa. Eu não lhe pedia que pensasse fora dos padrões; só que o Modo de Tratamento não era o meu padrão.

— A cirurgia resolveria o meu problema? — Eu gostava dessa ideia: cortar fora a dor feito um tumor.

— Não com um problema em vários níveis. A cirurgia não pode consertar a degeneração da cartilagem, e você não pode passar por todos os níveis e remover todos os osteófitos. Além disso, não sabemos quais deles causam a dor. Agora, se a estenose avançar a ponto de pressionar a própria medula e você perder os movimentos, aí iremos até lá abrir o canal...

A velha imagem de mim como esqueleto surgiu na minha cabeça. *Eis um exemplo...*, dizia o médico aos jovens alunos ansiosos.

— Então, vai tentar a fisioterapia? — perguntou ele.

Olhei para ele com desdém.

— Já lhe disse, já tentei.

Eu dera uma passadinha no departamento de fisioterapia no subsolo do hospital depois de uma consulta anterior e não queria voltar lá. Havia velhos e jovens cujo corpo tinha envelhecido com a doença, tentando humildemente conseguir algum progresso — alongar, fortalecer ou desencolher. Não queria trabalhar *com* um corpo alquebrado, queria que o meu antigo corpo verdadeiro fosse restaurado. Ontem mesmo (tudo bem, há alguns anos) eu tinha um corpo bom — não muito forte, mas pelo menos elegante e em bom estado de funcionamento. Queria que o Atleta me garantisse que tínhamos o mesmo objetivo.

— Se eu fizer fisioterapia, poderei praticar canoagem?

— Hum... Temos de ver como o seu ombro progride — disse ele, e começou a discutir a doença do manguito rotador. — Canoagem é importante para você?

— Importantíssima — disse eu com muita ênfase. Apesar de nunca ter gostado de canoagem, de repente a noção de que nunca mais poderia mudar de ideia e me interessar por ela parecia tristíssima. — E caiaque — acrescentei, para garantir.

— Remar causa muito impacto no manguito rotador. Teremos de ver.

— Se eu fizer fisioterapia, quanto tempo vai levar?

— Você deve sentir melhoras em três ou quatro meses.

— Mas quando ficará normal? Quando poderei praticar canoagem? Ele desconversou.

— Quero marcar uma *data definida*. Não vou fazer fisioterapia sem uma data definida.

— Só posso lhe dizer que, na minha experiência, depois que essas coisas ficam crônicas raramente vão embora, *isso quando vão* — retorquiu ele.

Comecei a chorar. Quando saí, todos ficaram me olhando: a recepcionista, as enfermeiras e os outros pacientes na sala de espera. Fui ao banheiro e lavei o rosto com água fria, mas as lágrimas não paravam de borbulhar pelos meus olhos.

— Ele disse que não podia ser normal — me queixei ao reumatologista que me encaminhara ao Atleta.

— Foi mesmo? — respondeu o reumatologista.

Assenti com a cabeça, as lágrimas começando a surgir de novo com a lembrança da declaração.

— Fico muito surpreso. Não sei por que ele falaria assim com você.

— Ele parecia genuinamente perturbado. — Na verdade, vou ligar para ele e conversar sobre isso.

Funguei e concordei.

— Ele afirma que não foi isso que ele disse — me contou o médico quando desligou. — E disse que está otimista com o seu caso. — Ele acenou com otimismo. — E eu também.

E lá estava. Manipulei o médico mais velho para que criticasse o colega mais novo a fim de que o mais novo dissesse o que eu queria ouvir. De repente, o absurdo do Modo da Barganha ficou claro para mim.

— Sei que talvez eu não fique totalmente boa — disse eu, baixinho. — Só quero melhorar um pouco.

O reumatologista concordou com a cabeça.

— Isso mesmo. É claro que você pode melhorar. Vamos até a fisioterapia.

Enquanto andávamos, ele começou a explicar como o fortalecimento dos músculos pode estabilizar as articulações e compensar as lesões nervosas. É claro que eu já ouvira isso, mas dessa vez comecei a prestar atenção.

À DISPOSIÇÃO DO CORPO

Fiquei espantada ao ver como o reumatologista conversou com o fisioterapeuta — com respeito e deferência, como se o fisioterapeuta possuísse conhecimentos e talentos que ele não tinha. Há uma narrativa corporal, tentei dizer a mim mesma: o fisioterapeuta dirige a narrativa corporal, assim como o psicoterapeuta tenta melhorar a narrativa psicológica e o orientador religioso promove a espiritual. É preciso ter paciência com a narrativa corporal. É preciso tentar cada coisinha com atitude otimista e não desesperada, querendo que dê certo mas não se sentindo arrasado se não der. Dez tratamentos que resultem, cada um, em 5% de redução da dor podem provocar coletivamente uma redução de 50%... Esse tipo de atitude.

Enquanto eu fazia os exercícios e fortalecia os músculos, a imagem do esqueleto foi sumindo. Ainda não gostava da fisioterapia — queria punir o meu corpo por me ferir, não mimá-lo! —, mas fiz. Li *At the Will of the Body* (À disposição do corpo), memórias da doença de Arthur W. Frank, e tentei aceitar a ideia dele de que estamos à disposição do corpo e não em guerra com ele, mesmo que o corpo não seja do jeito que queremos. A doença é tão natural quanto a morte; o corpo não nos trai quando adoece.

Por indicação do reumatologista, passei a usar no pescoço um grande suporte almofadado branco, chamado de colar cervical, para mantê-lo ereto. Era extremamente visível. Quando me perguntavam "O que você fez com o seu pescoço?", não conseguia pensar numa resposta.

— Não fiz nada. — *Ele ficou ruim sozinho.*

— Você sofreu um acidente?

— Não. — O silêncio era esquisito. Tentei acrescentar: — É o tratamento para um tipo de artrite.

— Artrite? Mas você é tão jovem! Como pegou isso?

É uma punição pelos meus pecados.

— Azar, acho.

— Você sofreu um acidente?

— É congênito.

— É coisa de família?

— Não.

Queria tomar Vioxx ou Celebrex, medicamentos anti-inflamatórios conhecidos como "superaspirinas" que, ao contrário da aspirina e do Aleve, são projetados para proteger o estômago. Mas o plano de saúde não pagaria, e tomei Aleve até que o revestimento do meu estômago sumiu e passei a sentir náusea crônica. Desceram uma câmera pela minha garganta para fotografar a destruição e, depois de muito trabalho estomacal caro, aprovaram o Vioxx. Eis o que me espantou: o gênio dos seguros que erra nas contas. Já que um grande percentual de pessoas que tomam anti-inflamatórios acaba com problemas de estômago, por que a Oxford, meu plano de saúde, não pagou o Vioxx desde o princípio? O presidente da empresa planejava vender as ações antes que surgissem problemas no estômago de todos os segurados ou iria para outra empresa que pagasse pelo estômago dos clientes o tempo todo?

Então, em 2004, quem tomava Vioxx e corria risco de sofrer enfartes e derrames teve uma proporção maior deles, e o medicamento foi recolhido do mercado. A cobertura da mídia apresentou isso como coisa boa, o que me enfureceu. Eles estavam no grupo de risco! O meu remédio! Que merda. Liguei para a farmácia assim que acabei de ler a reportagem para ver se ainda conseguia comprar mais, mas o recolhimento já acontecera. Ainda me sobravam nove comprimidos. Liguei para uma amiga que tinha tomado o remédio e perguntei se lhe restava algum.

— Ah, não. Você não leu? — disse ela. — O Vioxx é perigoso.

— Você ainda tem?

— Eu não me sentiria bem dando-os a você — declarou ela, cheia de moral.

Troquei para o Celebrex, que era bom, mas não tão bom para aliviar a dor (e traz riscos cardiovasculares para a mesma população ameaçada pelo Vioxx). Além disso, embora os indícios não sejam conclusivos, um estudo constatou que tomar inibidores de COX-2 (categoria de medicamentos que inclui o Celebrex e o Vioxx) durante dois anos ou mais reduzia em 71% o risco de câncer de mama. E estou mesmo no grupo de risco do câncer de mama, não no dos enfartes e derrames.

Tentei um anti-inflamatório mais forte numa injeção de cortisona — um esteroide — nos tendões inflamados do meu ombro. Os esteroides, que reduzem a dor e a inflamação, são mais eficazes quando injetados diretamente perto dos nervos atingidos do que quando tomados por via oral para se espalhar pelo corpo. Depois, um especialista em dor recomendou uma injeção de esteroide diretamente no espaço intervertebral do pescoço. Infelizmente, esse espaço entre as vértebras é pequeno, e, quando fui tomar a injeção, a agulha, por acidente, perfurou a membrana que cerca a medula espinhal. Agradeci, peguei um táxi e marquei um encontro às cegas para dali a três dias — tempo que os esteroides deveriam levar para fazer efeito. Imaginei como ficaria mais bonita com a cabeça em cima de um pescoço sem dores.

Não sabia que a medula espinhal (assim como o cérebro) está sempre banhada em fluidos, contidos pela dura-máter. O fluido sobe pela coluna espinhal até o cérebro, onde protege o cérebro do crânio e o mantém sob uma certa pressão. Nos dias seguintes ao procedimento, o furinho oculto da minha dura-máter fez o fluido vazar lentamente, de modo que a pressão do meu crânio mudou e o meu cérebro não flutuava mais do jeito certo. Quando eu movia a cabeça, o meu cérebro se sacudia, provocando *dor excruciante*.

Foi a pior dor de cabeça que já tive ou imaginei: o tipo que faz a gente ansiar pela decapitação. Eu tinha de escrever uma reportagem sobre vampiros, mas em vez disso fiquei deitada perfeitamente imóvel na cama, com as cortinas roxas fechadas, fitando as sombras. Sempre que virava a cabeça, o meu cérebro batia de lado e eu desejava estar morta.

Dali a três dias, estava de volta ao hospital. Nunca me senti tão agradecida por ter fé num médico. O dr. Ngeow, um baixinho de etnia chinesa da Malásia que se formou em medicina na Inglaterra, tinha um tipo de presença grande e santificada na qual era impossível projetar maldade ou desleixo. (E, na verdade, a perfuração da dura-máter é apenas um risco do procedimento, e não falta de habilidade, mas sem aquela personalidade santificada tenho certeza de que não a consideraria assim.)

Ele propôs uma solução: um "remendo de sangue". Injetaria uma seringa do meu próprio sangue no furo da medula espinhal até que coagulasse e o fechasse. Nas horas que passamos esperando a aprovação do plano de saúde porque o médico da Oxford não retornou a ligação do dr. Ngeow, depois sumiu num almoço prolongado, depois foi para uma reunião ("um médico que obedece ao horário bancário", irritou-se o dr. Ngeow), conversamos sobre as traduções do Novo Testamento.

Quando a aprovação finalmente chegou, ele extraiu um pouco de sangue do meu braço e injetou-o no espaço da dura-máter (com uma pressão dilacerante, violadora, penetrante). Depois, fiquei prostrada num leito do hospital, me sentindo uma vampira revivida pelo sangue, a me erguer dos mortos. De hora em hora, vinha uma enfermeira e erguia alguns centímetros a cabeceira da cama enquanto o líquido se regenerava, levantando a coluna espinhal na direção do crânio, até que, no fim da tarde, eu estava sentada, o cérebro reanimado, as imagens do vampiro dissipadas e os pensamentos de volta ao normal.

Mas não continuaram normais, porque, nos meses seguintes, os esteroides se difundiram lentamente pelo organismo e me enlouqueceram. Tive um efeito colateral chamado desinibição, que era como estar bêbada de um jeito como nunca fiquei: agressivamente. Disse a um editor que a sua publicação não prestava. Disse a uma representante da American Airlines que ela era um lixo. Acordava no dia seguinte, me lembrava de fragmentos do que dissera na véspera e empalidecia de vergonha. Naquela época, adquiri o hábito de sair todas as noites. Enquanto estava doida, não queria ficar em casa; queria evitar ficar sozinha, evitar pensar no futuro e em como ficaria mais velha, ainda sozinha e com mais dor. Mas, toda vez que saía, agredia alguém.

Cheia de esteroides na cabeça, as ocasiões sociais me pareciam oportunidades para descarregar mágoas antigas, que eu conseguira guardar comigo mas que de repente me sentia obrigada a comentar com detalhes.

Quando fui jantar na casa de um ex-namorado e sua esposa, me lembrei do casamento deles anos antes, aonde não tinham me permitido que levasse Kurt, porque não acreditavam que eu me casaria com ele e não havia espaço para namorados passageiros. Por isso, fui sozinha, e familiares do noivo vieram me dizer:

— Isso deve ser *tão* estranho para você!

E tive de sorrir com alegria e dizer:

— Claro que não — em vez de: *Vocês é que estão tornando isso estranho.*

Tudo tinha acontecido havia anos e o noivo acertara: não me casei com Kurt, logo, se era esse o critério de seleção da lista de convidados, ele selecionara corretamente. E o casamento era deles, portanto cabia a eles escolher os convidados. Mas, sob a influência do medicamento, essas coisas só me irritavam mais. E, de repente, senti que era urgente lhes comunicar toda a amplitude daquela irritação.

Quando o efeito dos remédios passou, descobri que era impossível me retratar dessas conversas, porque os sentimentos que exprimi eram mesmo meus, só que não deveriam ter sido revelados.

Nos anos seguintes, tentei me afastar de intervenções invasivas e me concentrar em tratamentos que não tivessem efeitos colaterais. Eu me dava conselhos sobre pequenos Ajustes no Estilo de Vida dignos de reportagens alegrinhas de revistas femininas do tipo "seja a sua própria treinadora na vida", tais como substituir as minhas bolsas pesadas de couro Coach por bolsas falsas Prada de náilon de Chinatown. Era cautelosa com as despesas médicas e evitava tratamentos que o plano de saúde não cobrisse e médicos não credenciados, porque os custos sensatos e costumeiros que a Oxford cobria não eram sensatos nem mesmo costumeiros. Mas tinha duas contas de poupança: uma para juntar dinheiro e comprar um apartamento (meta de que nunca cheguei perto, porque as minhas economias cresciam aritmeticamente, e o preço dos imóveis de Nova York, exponencialmente) e outra para emergências.

Certo dia, me ocorreu que as minhas prioridades eram absurdas. *Aquela era uma emergência.* Era o meu corpo, a minha residência permanente! Desde que eu não me endividasse (ou, talvez, mesmo que eu me endividasse), deveria empregar todos os recursos para proteger a casa da minha alma, o único lugar onde residimos de verdade.

Comecei a fazer massagem toda semana e a praticar pilates para complementar a fisioterapia, e encontrei um osteopata que me disse que manipulava a minha espinha para colocá-la num lugar melhor e que ela ali ficaria. Ficaria mesmo? Quem sabe? O importante era continuar tentando e me manter positiva. Marcava o tempo no despertador e tomava banhos de chuveiro de vinte minutos, me alongando debaixo da água corrente. Usava terapia de calor com um produto engenhoso chamado ThermaCare, uns curativos que grudam no pescoço e nas costas e interagem com o ar de um jeito que os mantém quentes durante horas. Adoro ThermaCare. Comprava carrinhos cheios por medo de que, algum dia, a insensível Proctor and Gamble parasse de fabricá-los e só me restasse... o quê? Ah, um estoque para apenas poucos anos. Mas, às vezes, a profundidade do meu apego ao produto me deprimia, e eu pensava: *Como é que o meu bem-estar corporal (que, por acaso, é o mesmo que o meu bem-estar) passou a depender de ThermaCare?*

Todos os tratamentos eram tão modestos que eu achava que nenhum deles atacava a profundidade do meu desespero. Por me sentir grata a eles, percebia que estava admitindo (a mim, ao universo) que não havia cura. Às vezes, ouvia pacientes falarem de curas mágicas e insistirem para que eu experimentasse este curador, essa dieta, aquela técnica, mas não acreditava que pudessem me ajudar. Pensava na piada em que um paciente consulta o médico por causa de um problema.

— O que você pensa que sou? Mágico? — declara o médico, erguendo as mãos. Aí, o homem procura o mágico.

— O que você pensa que sou? — diz o mágico. — Médico?

Só porque a medicina ocidental estava falhando comigo, isso não significava que a medicina alternativa também falharia.

Mas não é bom se estender sobre o fracasso. Fiz exercícios para aprender a evitar o *catastrofismo* e o *profetismo* tirados de livros de autoajuda sobre reconfiguração cognitiva para quem tem dor crônica, e disse a mim mesma que fariam diferença. A voz do destino, por exemplo, que diz *Nunca vou melhorar* poderia ser reconfigurada como *Vejo o tratamento com otimismo*.

Otimismo até que ponto? Todo aniversário eu desejava que a dor sumisse, e todo ano esse desejo não se realizava. É claro que tinha outros desejos que envolviam amor e trabalho, mas todo ano, quando fitava as velas se derretendo e os comparava com a dor, não havia comparação. Concluí que quem passa a vida desejando coisas que não acontecem é digno de pena e deveria se mancar, e certo ano resolvi desejar algo que queria mas que, provavelmente, se realizaria; em resumo, algo que não fosse demais para a Fada dos Desejos. Escolhi vida longa para o meu gato, Cambraia.

No meu aniversário seguinte, acordei arrasada de dor, mas Cambraia estava saudável como sempre. Voltei a concentrar na minha aflição o meu desejo de aniversário.

OBTER MAIS MELHORAS

Os grilhões da minha dor se afrouxaram; o fantasma incansável retornou à sua morada. Quando recebi os primeiros resultados das ressonâncias, supus que estava condenada a dores cada vez piores. O diagnóstico pareceu muito devastador e definitivo, concretizado em filmes que revelavam a verdade do meu esqueleto adoecido sob a capa de carne. Mas me enganei. Embora eu tenha espondilose cervical, estenose da coluna e outras doenças degenerativas, agora entendo que a trajetória da dor crônica é imprevisível. Há pessoas cujas ressonâncias mostram problemas significativos mas que se sentem bem e outras cuja vida é sitiada pela dor mas que parecem normais no exame.

A minha dor estava melhorando. *Cada vez melhor*, eu me dizia. Eu estava ficando mais forte com a fisioterapia e conseguia abrir vidros e pegar coisas que antes eram impossíveis. Anotei outros pequenos marcos de progresso: como costumava morrer de dor quando pegava um táxi sacolejante ou fazia escova no cabeleireiro, com o cabelo sendo puxado com força e depois solto de um jeito que dava um tranco no meu pescoço e provocava uma sensaçãozinha cruel. Mas nenhum tratamento que tentei foi transformador como o de Dani, e, embora eu não parasse de melhorar, de certo modo era sempre possível obter mais melhoras. Eu não tinha consciência de sentir dor o tempo todo, mas, quando me perguntava sobre a dor, eu sempre a sentia. Havia momentos não dolorosos porque estava preocupada com outra coisa, alegre ou não, mas nunca conseguia "pegar" um momento sem dor e gozá-lo, o que significava que, em certo sentido, eu estava sempre com dor.

AS CRÔNICAS DA DOR

Embora o ombro melhorasse com a fisioterapia, o pescoço melhorou menos, e, com o tempo, surgiu outra dor do lado direito do rosto e da testa, como uma serpente que deslizava por trás das orelhas e me atacava entre os olhos. O diagnóstico foi nevralgia occipital, e descobri que isso significava um problema dos nervos que cobrem a área dos olhos para o qual não havia tratamento bom (a não ser uma grande cirurgia que tenta descomprimir os vasos sanguíneos que se amontoam atrás dos olhos e tem um nível baixo de sucesso e alto de complicações).

A nevralgia occipital causava espasmos musculares que provocavam enxaquecas, por isso passei a tomar injeções de Botox de três em três meses no New York Headache Center (Centro de Cefaleia de Nova York) para paralisar os músculos do rosto, além de tratar os espasmos do pescoço e dos ombros causados pelos problemas na coluna. Um estudo de 2005 verificou que três injeções de Botox reduziam em 50% ou mais a frequência de enxaquecas na maioria dos pacientes. Tentei me sentir grata porque o tratamento me ajudava, o que era verdade (e, ao contrário de outros medicamentos, não fazia mal), em vez de desapontada porque não estava entre os que se curavam com ele. Gostava de ir ao Headache Center. Gostava de Alexander Masukop, o neurologista; de Lynda Krasenbaum, a enfermeira; e da sala de espera, onde admirava as mulheres elegantes do Upper East Side que me olhavam como a saudável e preocupada, que é o que aspiro a ser.

Tinha inveja de todos os que não sentiam dor, o que, para mim, era todo mundo. Certo dia, numa loja de departamentos, todas as roupas que a minha amiga Amanda experimentou ficaram perfeitas no seu corpo voluptuoso, enquanto em mim, ainda muito magra de tanta náusea, pareciam farrapos frouxos. Mais tarde, tomando chá sentada diante dela, me lembrei de que, antes, eu sentiria inveja dos seus seios, mas agora só queria o pescoço dela. Tinha vontade de estender as mãos sobre a mesa, pegá-lo e colocar a minha cabeça em cima.

Mas o que eu faria com a cabeça de Amanda? Ela tinha as suas próprias tristezas; nem na imaginação eu me sentia bem em deixá-la com o meu pescoço. Parei, tentando pensar numa solução, até que ela me olhou com uma expressão questionadora — *Alôô-ô!* — e voltamos a analisar o resultado da liquidação pós-natalina.

CEM BÊNÇÃOS

omo não acredito num deus que devesse vir me ajudar nem numa deusa que devesse ter compaixão por mim, a dor não me fazia sofrer com religiosidade negativa. Ainda assim, estava cheia de pensamentos descentralizadores do *télos*.

Com o passar dos anos, a dor minou a noção de que eu era uma pessoa de sorte. Sempre dei muita ênfase à sorte: no meu *télos*, foi a sorte que substituiu a ideia de um criador interveniente. A rua sempre tinha dois lados: um ensolarado, o outro escuro; os abençoados e os malditos; o que possui, a quem tudo será dado, e aquele de quem tudo será tirado. Para mim, a sorte tinha o caráter aleatório de uma divindade antiga, uma proteção necessária que se poderia perder a qualquer momento.

A maioria das pessoas internaliza a sorte — ela se transforma *neles* — como algo que sentem merecer, como sempre merecemos ser nós mesmos. Mas, por ser a sorte, ela pode mudar a qualquer momento. De repente, nos vemos exilados no lado escuro da rua. A moeda caiu do meu lado várias vezes. Período histórico bom (comparado com a maioria). País bom (com restrições). Família de nascimento boa. Corpo bom: coração bom, rins bons, pulmões bons e então... A moeda foi desfavorável. No Livro da Vida, cometeu-se um pequeno erro genético. A passagem vertebral que mantinha a minha medula espinhal era estreita demais. A cartilagem, que costuma durar mais de um século, começou a se degenerar em apenas três décadas.

A resposta a *por que eu?* parecia clara: azar. E essa resposta achei arrasadora, porque não acredito no destino, mas acredito na sorte. Fiquei me sentindo arrasada e azarada, como se o destino efetivamente me atingisse. O nosso corpo é a paisagem onde a nossa vida acontece; agora, a dor era a minha paisagem. Era como se eu fosse o esquimó de uma charge, deitado no divã do analista se queixando: *Vivo com frio e não quero construir um iglu, fui feito para morar na Flórida.*

Uma amiga me falou do exercício de autoajuda que estava experimentando, no qual tinha de pensar em cem bênçãos que tivesse recebido no casamento recém-terminado.

— Havia cem bênçãos? — perguntei. *Afinal de contas, você está se divorciando.*

— Bem, essa é a tarefa — disse ela —, pensar em cem. É como se vivencia a bênção, pensando nela.

— Em quantas você já conseguiu pensar até agora?

— Em algumas — disse ela, erguendo um pouquinho o queixo. — Meia dúzia, pelo menos.

Embora conseguisse ver como é realmente abençoada a pessoa capaz de pensar em catástrofes como se fossem bênçãos, não consegui me lembrar de nenhuma bênção que estivesse associada à dor. Na vez seguinte que encontrei essa amiga, ela descobrira o verdadeiro amor e se regozijava com novas bênçãos, enquanto a minha dor continuava a mesma.

Bênçãos, bênçãos... A dor me deixaria mais solidária com quem tivesse problemas de saúde? Ou menos, por estar preocupada com os meus? Talvez a dor me inspirasse a cuidar melhor de mim, a menos que eu me sentisse miserável demais para me dar esse trabalho. Pensei na história zen de um menino que ganhou um cavalo. Que sorte a dele, disseram os aldeões. Veremos, disse o mestre zen. Aí o menino cai do cavalo e quebra a perna. Que azar o dele, disseram todos. Veremos, disse o mestre zen. Então vem a guerra, e os homens partem para morrer, e o menino fica para trás em segurança... Veremos, veremos, veremos.

Mas ver a dor como sorte ou até como *não azar* parecia uma traição à minha experiência sensorial — ou masoquismo. Impressa na primeira página do meu diário da dor estava a frase: "Assim que aprender a conviver com a artrite de modo a ver nela algo de bom, você terá começado a se curar."

Haveria algum modo de entender a dor que fosse ao mesmo tempo positivo e verdadeiro — ou, pelo menos, não efetivamente falso?

FORTUNA

Certo dia, perambulando por uma imensa loja Home Depot atrás de um certo tipo de prego, dei com um homem com o avental alaranjado do atendimento ao cliente e pedi ajuda. Ele tinha 20 e poucos anos e metade do rosto desfigurado, a pele marcada por cicatrizes.

"Vou lhe mostrar", disse ele. Eu o segui enquanto ele andava confiante pelo labirinto de corredores. "Sou legalmente cego e não posso pegar a caixa para você", disse ele, parando enfim diante de uma coluna, "mas deve estar bem aqui nessa prateleira."

Vi que os seus olhos castanhos tinham um jeito vidrado. Perguntei o que lhe acontecera, e ele me contou que, quando tinha 17 anos, servira de motorista para uma caçada em grupo. Um adolescente no banco de trás brincava com a espingarda e lhe deu um tiro à queima-roupa. Mas Deus o salvara, disse ele. Ele era doidão na época — bebia, batia à porta da morte —, mas Deus lhe dera uma segunda chance.

"Fui muito afortunado", disse ele muito sério. "O acidente salvou a minha vida."

Fitei-o para ver se estava brincando.

É isso o que querem dizer quando falam da beleza do espírito humano, pensei: pôr de lado um milhão de objeções e, mentalmente, virar o infortúnio pelo avesso. *Deus permitiu que eu levasse um tiro* se transforma em *Deus desviou a bala*, e *perdi metade do rosto por causa da estupidez de um adolescente* vira *O acidente salvou a minha vida.*

Se fosse *O progresso do peregrino*, esse momento me ofereceria a chave para fugir da prisão do Castelo da Dúvida. Eu não acreditava em intervenção divina, mas, como no caso das cem bênçãos, sabia que, se o homem acreditava que o acidente lhe salvara a vida e assim agia, essa crença se tornava verdade. Será que eu conseguiria inventar uma narrativa dessas para a minha dor?

"Dizemos que Deus e imaginação são um só", escreveu Wallace Stevens. "A que altura tão grande a vela mais alta ilumina a escuridão."

Uma Ideia Positiva conjurada pelo Poder da Imaginação reescreveu a minha dor. Uma Narrativa Inspiradora me salvou.

"Sou muito afortunado", reiterou o rapaz, dando um sorriso torto com toda a sua metade de rosto.

A RACHADURA POR ONDE ENTRA A LUZ

Decidi reler *Histórias que curam*, o livro que o maquinista de trem que perdeu três membros achou tão inspirador. É um título ousado, mas quando o li pela primeira vez me senti claramente excluída da cura.

Rachel Naomi Remen é médica e orienta pacientes que sofrem de doenças que põem a vida em risco, assim como seus cuidadores, e foi pioneira do movimento de saúde holística. Embora eu pudesse para ver que Remen, que lutou contra a doença de Crohn desde jovem, é uma heroína, o seu livro me irritou. A ideia central é que a doença pode ser uma dádiva. Usando judaísmo, cristianismo e budismo, Remen transforma histórias de doenças terríveis em contos edificantes com coincidências auspiciosas e lições aprendidas (ou, como me vi pensando, enfeita a tragédia com sentimentos, de modo a camuflar o tecido).

O incidente que mais me marcou no livro dizia respeito a um belo jogador universitário de beisebol cuja perna foi amputada acima do joelho quando surgiu um tumor. Ele se recusou a voltar à faculdade e passou a beber, usar drogas e rejeitar os amigos. O ex-treinador chamou a dra. Remen e lhe pediu que conversasse com ele. "Cheio de sentimentos de injustiça e pena de si mesmo", escreveu ela, "ele odiava todos os que estavam bem de saúde."

Durante a segunda sessão, ela lhe pediu que desenhasse o seu corpo. Ele desenhou um vaso com uma rachadura, repassando a rachadura várias vezes com um lápis de cera preto. A dra. Remen trabalhou dois anos com o rapaz, e nesse período ele passou a orientar jovens com doenças e lesões deformantes. A sua atitude mudou de queixoso a consolador. No hospital, ele alegrou uma moça que acabara de perder ambos os seios por causa de uma mastectomia preventiva e acabou se casando com ela. Durante a última sessão, a dra. Remen lhe mostrou o antigo desenho.

"Na verdade, não está terminado", disse ele, que pegou um lápis de cera e desenhou riscos amarelos se irradiando das rachaduras. "É por aqui que passa a luz", explicou.

Continuei buscando tratamento para a dor e aguardei a sensação de luz, se é que há luz, e me perguntei de onde ela poderia vir.

DOR FÍSICA E ROMÂNTICA

A dor física e a dor romântica não têm nada a ver uma com a outra, a não ser que as deixemos ter. Há muito tempo, fundir as duas no meu relacionamento com Kurt me impediu de ver cada uma delas, a romântica e a física, como o que realmente são. Mas, sempre que tentava atualizar o diário da dor, na mesma hora as duas começavam a se entrelaçar. No diário, o espaço dos Sintomas ficava ao lado do espaço dos Sentimentos. Nos Sintomas, eu me queixava da dor; nos Sentimentos, era inevitável que me voltasse para o meu descontentamento romântico.

Durante alguns anos, fiz fisioterapia periodicamente. Ia às sessões três vezes por semana durante alguns meses e fazia progresso; aí parava e continuava fielmente a praticar os exercícios todo dia durante seis meses ou um ano, dizendo a mim mesma que *a fisioterapia é a solução*. Mas o mantra acabava se desgastando e eu pulava do bonde. Primeiro faltava um dia, depois uma semana, e é claro que isso não fazia diferença, então eu relaxava cada vez mais até que, dali a alguns meses, eu percebia que tinha piorado e, cheia de culpa e com nova determinação de me dedicar, recomeçava outra vez. A princípio, fazia progressos tangíveis, mas depois de alguns meses chegava a um platô, e a motivação murchava. Mas, quando parava, tinha de enfrentar o fato frustrante de que, além de um certo ponto, a fisioterapia não reduzia a minha dor, mas a falta de fisioterapia a piorava.

Quando solteira, costumava marcar as sessões de fisioterapia no fim do dia e combinar um encontro para um drinque logo depois, bem quando a dor voltava depois do exercício. Sair com alguém e fazer fisioterapia me pareciam paralelos deprimentes: gestos pequenos e inúteis que exigem fé para acreditar que acabarão nos levando a algum lugar. A sensação de dor se manifestava mais ou menos ao mesmo tempo que a sensação de desapontamento com o encontro: o homem do outro lado da mesa entrava em foco e eu via que, apesar do enredo inicial, ele não fazia mesmo o meu tipo — de jeito nenhum, repetidas vezes. E, nas raras ocasiões em que imaginei outra coisa, a relação acabou mal, física e espiritualmente.

Às vezes, eu tinha a ilusão de que havia uma conspiração dos homens para atrapalhar as minhas tentativas de melhorar. Entrei numa briga de adolescente com o meu grande e ursino pai por causa de um carro e, para tentar arrancar da minha mão as chaves, ele torceu sem querer o meu braço ruim; a mancha roxa durou o verão todo e fiquei com vergonha de ir à fisioterapia. E, quando me recuperei, o relacionamento com o homem que namorava na época passou a me puxar para trás.

Namorei muitos homens cujo problema como parceiros, como acabei concluindo, vinha da falta de amor materno suficiente, falta que as mulheres da vida deles estavam condenadas a tentar compensar *para sempre*. Zach, entretanto, tinha uma mãe judia sardenta e adorável que o tratava como um príncipe; me apaixonei por ele quando conheci a sua mãe. Infelizmente, descobri que a convicção dele de que era um príncipe parecia libertá-lo do fardo de *se comportar* como um príncipe.

Na época, a minha sacola de livros, a da academia e a minha bolsa formavam um conjunto com estampa floral. *"Florzinhas?"*, dizia ele quando eu não aguentava o peso e tentava lhe passar alguma delas. Comprei várias bolsas e pastas pretas. Ele reclamou que levá-las o deixaria parecido com um sem-teto ou refugiado. "Não sou um *camelo*." O meu terapeuta me aconselhou a mostrar que eu reconhecia os sentimentos dele.

— Não quero que se sinta como um burro de carga — era como eu começava —, mas...

— Mas *o quê*? — retrucava ele. — Como está indo a fisioterapia?

— Muito bem.

— Você sempre diz isso.

— É sempre verdade.

A família de Zach possuía um enorme rancho no oeste. Mas acontece que ninguém da família gostava da vida ao ar livre. Todos tinham um medo doentio de ursos e o exercício predileto deles era ficar meia hora no carro para ir à cidade andar na esteira. Mas o seu lugar na paisagem era claro: os morros cobertos de verde-claro até onde os olhos alcançavam eram deles, enquanto o meu lugar, na propriedade e na família, era incerto. Vivia com medo de que um dia o pai de Zach o chamasse de lado e lhe dissesse com muito tato que eu era uma má semente, inadequada para ser uma companheira útil.

Certa tarde, fomos ajudar um rancheiro vizinho com o parto das ovelhas. A experiência, decididamente, não foi encantadora: os cordeiros eram criaturas enormes e cruéis que não viram nada de errado em torcer as articulações dos meus braços quando o rancheiro despreocupado me mandou segurá-los.

Quando voltamos para casa, eu estava tonta de dor. Íamos sair para jantar; eu tinha um vestido novo e caríssimo para a ocasião, que comprara porque Zach disse com aprovação que me deixava parecida com as meninas com quem estudara no internato. Deveria usar um ThermaCare também — o colar dos inválidos? Deveria tomar um Percocet e ficar meio vidrada, enquanto, de forma inexplicável, recusava o champanhe? Optei pelo champanhe, que me deixou vidrada de forma explicável. Decidi que era melhor parecer beberrona do que um espécime adoentado. Muitos rancheiros eram beberrões.

Depois que reformou o apartamento em Nova York, Zach guardou uma velha porta de carvalho maciço encostada na parede atrás da porta do quarto, firmando o conjunto com um calço. Ele a guardou assim durante anos, deixando a porta do quarto sempre aberta para segurar a porta antiga atrás. No entanto, durante os dois anos em que namoramos, ele nunca me avisou e assim, certa vez, enquanto ele falava alto ao telefone na sala, tirei o calço que prendia a porta do quarto e comecei a fechá-la atrás de mim. A porta antiga caiu e me fez desmaiar. Acordei um minuto depois com uma dor lancinante no pescoço.

No hospital, Zach preencheu os formulários sobre a natureza do acidente, riu do item que perguntava se a causa era "abuso" físico e recusou em meu nome a consulta com um orientador.

Na vez seguinte que fui ao seu apartamento, descobri que ele voltara a equilibrar a porta do mesmo jeito precário atrás da porta do quarto.

"Ora, você não vai fechar a porta do quarto duas vezes, não é?", disse ele. "Isso seria estupidez."

Eu me sentia estranhamente atraída por homens que pareciam possuir um estoque de conhecimentos especializados, como os antigos médicos-sacerdotes que conheciam as fórmulas mágicas para falar com os deuses da cura. Sem isso, era difícil que eu me sentisse seduzida, do mesmo modo que mulheres não se sentem atraídas por homens mais baixos ou mais franzinos do que elas. O tipo de conhecimento que sempre me atraiu foram as ciências humanas: literatura, artes plásticas, filosofia, psicanálise, cinema. Mas, numas férias, quando conheci um médico da dor, percebi que agora o campo da medicina tinha o mesmo poder de atração.

Fui seduzida pelo modo como o médico da dor parecia entender o meu corpo. Com a maioria dos homens, chegava uma hora em que eu tinha de dizer: *Por favor, não jogue os seus braços pesados sobre o meu ombro delicado*, ou então VOCÊ ESTÁ ESMAGANDO O MEU PESCOÇO. Tomei cuidado e não lhe pedi conselhos profissionais, porque já tinha notado que isso irritava os meus amigos médicos, mas as suas mãos encontravam instintivamente, no escuro, os lugares doloridos, e, às vezes, meio à toa, ele ajustava de leve a minha cabeça para que se encaixasse melhor sobre os ombros. Certa vez, na mesinha da calçada de um café, ele analisou os problemas musculoesqueletais de uma mulher que passou pela rua e tinha, como ele declarou, um "andar antálgico", que favorecia inconscientemente determinados movimentos para evitar a dor. Senti que ele via os seres humanos de um jeito diferente, de um jeito que eu ansiava por aprender.

Numa visita à sua cabana de pesca na Nova Escócia, fui tomar banho à noite e descobri um carrapato meio enterrado no meu abdome. Ele ficou estranhamente alarmado.

— Não pode simplesmente tirar? — perguntei.

— Não sei. Poderia machucar você.

— De um jeito erótico? — brinquei, e depois continuei: — Ora, *vamos*. Então você não fez estágio na cirurgia?

Ele tentou esquentar o carrapato com a chama da vela na esperança de que saísse sozinho. Como isso não aconteceu, esterilizou uma faca na chama e, segurando a vela para iluminar, começou a arrancá-lo. Fiquei deitada no sofá, com o short abaixado e ele ajoelhado na minha frente, segurando a vela. Brincamos, dizendo que se alguém passasse pela janela imaginaria que estava assistindo a uma cena sadomasoquista.

Naquela noite, na cama, lhe perguntei sobre a formação do rosto. Ele citou um por um os nomes dos 14 ossos da face, tocando o meu rosto de leve cada vez que dizia um, como Adão ao dar nome aos animais. "*Pescoço?*", perguntei, sonolenta, adormecendo quando ele tocou a primeira vértebra.

Pela manhã, encontrei-o no andar de baixo, encolhido numa cadeira, com aparência cansada e perturbada, acariciando os seus três gatos ariscos. Ficou horrorizado ao me ver; os gatos se espalharam e saíram correndo para debaixo do sofá. Ele me confidenciou que, depois que adormeci, teve uma fantasia que o aterrorizou e o obrigou a levantar-se e passar a noite sozinho ali sentado. Na fantasia, ele estava outra vez com a faca e a vela, e eu, deitada no sofá, enquanto ele abria o meu abdome.

Quando conheci Michael, esperei ter com ele a conversa sobre dor que tive com todos os homens que namorei. Ajustaria a voz num registro paciente e explicaria que (embora fosse difícil imaginar, como sempre é difícil imaginar estar no corpo dos outros, ainda mais para um homem grande e excepcionalmente robusto como Michael) na verdade eu não podia carregar aquelas bolsas de livros nem de compras, nem fazer outras coisas comuns. Temi que a conversa o levasse a perceber que era uma chatice ter uma parceira que, num sentido básico, não era *útil*. Naturalmente, haveria a parte moderna dele — a parte dominante, era o que eu esperava — que me amaria pela minha mente; mas talvez também houvesse um Caçador que queria uma Coletora.

Eu me preparei para lhe dizer que torcia para que ele não visse nada simbólico nisso; que eu mesma já vira a situação desse jeito, mas que rejeitara essa interpretação, e que os meus defeitos pessoais não estavam ligados aos físicos, e que esperava que ele entendesse isso direito. É claro que há um tipo de homem que acha esse simbolismo *atraente* — a Ervilha que comprova a Princesa. Mas eu sabia que o saudável Michael não se sentiria atraído pelo princesismo indefeso e que, na verdade, dava muito valor à competência, e eu gostava disso nele, embora também me preocupasse.

Só que essa conversa — aquela troca de palavras breve e pavorosa que passei a aguardar e de que tentava fugir, mas que, para mim, marcava o começo do fim dos relacionamentos — nunca aconteceu. Podia entregar as minhas bolsas a Michael sem explicações ou, como notei, se eu apenas esperasse, ele as pegava automaticamente. Sempre que me pedia que levasse alguma coisa — que segurasse a pasta dele, por exemplo, enquanto ele levava as quatro malas pesadas que continham um número excessivo de roupas e livros —, dizia, com voz neutra: "Consegue levar isso aí ou é pesado demais para você?", deixando espaço para a possibilidade de que fosse e tornando aceitável essa possibilidade. Como usava essa fórmula mesmo quando me pedia para segurar algo muito leve, era comum que eu ficasse na posição satisfatória de poder declarar que conseguia.

Não queria lhe agradecer porque temia que dizer qualquer coisa desse azar. Quando finalmente agradeci, ele disse: "Ora, nunca pensei nisso, que alguém pudesse se incomodar com isso."

Ele me contou que, certa vez, estava sozinho em casa quando o aquecimento parou de funcionar. Ele deixou um recado para o proprietário e continuou criando programas de computador enquanto a temperatura não parava de cair. Vestiu um suéter e fez um chá. Vestiu o segundo suéter. Tentou ler, mas descobriu que não conseguia se concentrar, porque parte do cérebro começara a entrar em pânico. *Vai ser sempre assim? Vai continuar a esfriar até eu morrer? Como voltar àquele modo de vida antigo e quente? Por que nunca apreciei o calor que tinha?*

— Fiquei pensando — disse ele. — É assim que é a dor para você? Fiquei sem fôlego.

— Não sabia que você já tinha tentado imaginar — respondi.

Certo dia, no nosso primeiro verão morando juntos, ele voltou do supermercado com o carro cheio de caixas de ThermaCare. "Estavam em promoção", explicou, e começou a guardá-las na garagem. "Qual é o problema? Você já não disse que era impossível ter ThermaCare demais?" Eu tinha sublocado o meu apartamento de Nova York para tentar morar com ele em Portland, no estado do Oregon, durante o verão. O verão ainda duraria seis semanas e havia trezentas caixas de ThermaCare. *Eu gostaria de me casar com essa pessoa*, pensei.

Quando eu e Cynthia fomos comprar o vestido de noiva, o meu único critério era que o vestido tivesse mangas compridas e gola alta para esconder as partes odiosas do meu corpo. "A senhora é ortodoxa?", perguntavam as vendedoras quando eu explicava o que queria.

"Por que quer cobrir ombros tão lindos?", perguntou uma vendedora da Kleinfeld com o seu sotaque de Long Island enquanto eu me olhava no espelho iluminado. Ela puxou o corpete um pouco mais para baixo. "A senhora tem um pescoço comprido e bonito como o de um cisne."

Acordei no dia do casamento do modo como sempre acordo, com a consciência que é a consciência da dor, como um passarinho batendo na janela. Não era um dia diferente dos outros, mas percebi que, de forma subliminar, esperava que fosse: não ia mudar de nome, mas ainda esperava relegar a dor à solteirice. Desde que rejeitara a ideia de que a dor romântica tinha algo a ver com a origem da dor, não havia por que o casamento curá--la, mas, como nada a curava, parte de mim ainda esperava que, de certa forma, isso acontecesse.

Não pude evitar a fantasia boba de que, certo dia, contaria a uma amiga, do ponto de vista de casada e mimada, talvez na casa de chá de algum museu: *É claro que não acredito em magia, mas foi muito estranho; embora a sentisse fazia muitos anos, quando me casei a dor desapareceu num passe de mágica...*

Com a desintegração da fantasia, senti uma pontada de ansiedade triste: o dia do meu casamento seria imperfeito? Gastara milhares de dólares no vestido sem mangas, mas dentro do seu brilho estaria o meu corpo antigo, secretamente contorcido de dor.

Era um dia frio, mas sem neve; um dia típico de janeiro. O clima não fizera uma exceção para o casamento e não se amenizara, mas não precisávamos disso. Tínhamos decidido fazer um casamento alegre no inverno, um casamento à luz de velas. Eu me alegraria com a vida nova no corpo antigo.

E foi o que aconteceu.

SÓ NÃO LHE MOSTRAR A MINHA DEVOÇÃO É DOLOROSO

Estávamos casados havia um ano e tudo era quase perfeito, mas eu ainda queria não sentir dor. No fundo da mente, estava a estranha mensagem dos peregrinos hinduístas no festival de Thaipusam, que mortificam a carne com alegria para o bem deste ou daquele deus, dançando com anzóis pendurados nos músculos peitorais enquanto equilibram na cabeça altares enormes.

Nessa época, eu entendia um pouco da fisiologia da dor aguda: lera que o cérebro consegue bloquear a dor temporariamente num estado de transe, como no caso dos mesmeristas do século XIX, ou com a liberação de endorfinas provocada por alguma ameaça à sobrevivência, como no caso dos soldados na batalha (fenômeno chamado *analgesia descendente induzida pelo estresse*). Mas não acreditava inteiramente em nada disso. Afinal, se fosse mesmo verdade, por que o *meu* cérebro não conseguia bloquear a *minha* dor? Sentia necessidade de provar que a serenidade dos peregrinos era inverídica: talvez um truque de salão, do jeito que ouvi dizer que dá para andar em brasas sem dor se as brasas forem cobertas por uma camada de cinzas e se o participante andar depressa e tiver a sola do pé bem grossa. E se os peregrinos fossem masoquistas, ou fumassem ópio, ou... quem sabe? Assim, embora quisesse ficar em casa e comemorar o nosso primeiro aniversário de casamento (as bodas de papel!), decidi assistir sozinha ao festival em Kuala Lumpur, um dos lugares onde a festa atrai grande número de participantes.

* * *

O festival comemora o aniversário do deus Senhor Murugan, o Emancipador, quando recebeu uma lança sagrada que usou para vencer um demônio que atormentava a humanidade. Essa lança divina, que representa o poder da mente sobre a matéria, é o poder que, segundo dizem, os peregrinos canalizam com a perfuração ritual do corpo durante o festival.

A dor autoinfligida me pareceu um jeito esquisito de comemorar que fomos libertados de um demônio. A dor não é o demônio que sempre nos atormenta e do qual ainda precisamos nos libertar?

— Quando se machuca — explicou Shree, um guru hinduísta que participou do festival, no meu primeiro dia lá —, a criança hinduísta não recebe montes de atenção nem é estimulada a ter medo da dor, como vocês fazem no Ocidente. — Quando pequeno, ele mexeu num cacto que lhe deixou na mão centenas de agulhas espinhosas. Não havia remédio senão tirá-las uma a uma. A mãe lhe deu uma estátua do Senhor Ganesha, o Removedor de Obstáculos, para que a olhasse enquanto ela trabalhava. Durante as horas da extração, Shree se concentrou no rosto contemplativo e elefantino de Ganesha e não na dor. — Depois disso, não tive mais medo da dor — concluiu.

Para mim, a história não fazia sentido. Em geral, a dor prova mais medo da dor, e não menos.

— Quando sentimos dor, nos sentimos perdidos e começamos a chorar, não por causa da dor, mas porque nos perdemos. A dor pode ser dominada e controlada pelo eu de cada um — disse ele.

— Acha mesmo?

Ele recordou um acidente de bicicleta na infância em que caiu e descobriu que o joelho machucado e coberto de sangue não doía.

— Subconscientemente, eu já acreditava ter vencido a dor. Rezei aos deuses: "Obrigado por permitir que eu acredite que venci a dor." — Outra vez, disse ele, um colega de escola furou inesperadamente a mão de Shree com um espeto. Assustado, ele sentiu dor e começou a sangrar profusamente, reforçando a crença de que o controle da dor era função da preparação mental. — Não conhece o efeito placebo? Para vocês, é placebo, mas o placebo foi inventado pelos cientistas. Para nós, temos a crença, que vem dos deuses.

Ele recordou que, certa vez, andando sobre brasas num templo na Índia, ele chegou à tigela refrescante de leite no fim da caminhada, diante da estátua do deus, e preferiu não pisar nela, apesar das solas chamuscadas, porque "queria mostrar ao deus: *para mim, agora a dor não é nada*. Para mim, só não lhe mostrar a minha devoção é doloroso".

Ele disse que esteve muitas vezes em Thaipusam e que nenhum dos rituais jamais o machucou. A capacidade de dominar a dor ritual faz os indianos (minoria sujeita à discriminação do governo da Malásia) se sentirem mais poderosos. Os membros menos poderosos da sociedade, os pobres e os não instruídos, se perfuram com mais frequência.

— Quem controla a dor não pensa que não pode controlar o governo — disse ele, estreitando os olhos.

KAVADI

Todo ano, pouco depois da meia-noite da primeira lua cheia do mês tâmil de Thai, um andor de madeira cravejado de pedras preciosas que leva uma estátua do deus Murugan é tirado do templo no centro de Kuala Lumpur. Descalços, os peregrinos carregam o andor por uns 13 quilômetros até as cavernas sagradas de Batu, nos arredores da cidade. Chegam ao amanhecer e levam o andor pelos 272 degraus até a caverna maior, onde põem a estátua em meio aos santuários decorados das outras divindades.

Centenas de outros devotos acorrem à caverna levando os seus próprios *kavadi* ("fardos") na forma de potes brilhantes de leite, piercings ou altares feitos em casa que descansam sobre a cabeça ou os ombros. Eles acreditam que, se levarem esses *kavadi* a Murugan, ele os libertará dos verdadeiros fardos da vida — pobreza, doença, infertilidade, infortúnios. Quanto maior, mais grotesco e espetacular for o *kavadi*, maior o alívio que se acredita que trará.

Os altares caseiros — enormes liteiras que pesam mais de 7 quilos, bordadas com penas de pavão e imagens do deus — são presos por arcos de madeira que os devotos levam ao ombro e por anzóis que perfuram o peito. Também há *kavadi* na forma de carros cerimoniais puxados por cordas enganchadas nas costas dos peregrinos, como os que vi em fotografias.

Na primeira manhã do festival, os devotos se reuniram num rio próximo para a lavagem ritual. Embora fosse cedo, o sol estava de rachar. O rio estagnado parecia tão imundo quanto as margens poeirentas. Os homens saíam da água com o corpo brilhando e se aprontavam para a perfuração e a colocação do *kavadi*. Tentei convencer a minha intérprete — uma indiana gorducha que trabalhava no jornal local de língua inglesa — a traduzir as perguntas que queria fazer a eles, mas ela não queria. Estava com calor e entediada. "Preciso de uma Coca-Cola", se queixava.

Perto de nós, um homem mais velho e grisalho perfurou as bochechas coradas com um espeto de metal cinzento que parecia perfeito para um churrasquinho. Uma onda de náusea estonteante tomou conta de mim. A filha adulta me explicou em inglês que o pai fora picado por uma cobra quando adolescente e que a mãe dele prometera ao Senhor Murugan que, caso curasse o filho, este perfuraria o rosto em todos os festivais de Thaipusam pelo resto da vida. Outra filha acrescentou que, depois de anos de casamento, ela ainda não tivera filhos; o pai pedira um neto a Murugan e, no ano seguinte, o desejo foi atendido. Naquele ano, o pai lhe pedia um segundo filho. Perguntei às filhas se elas se perfurariam; as moças riram timidamente e disseram que não, que o sacrifício do pai servia à família toda.

— Pergunte a ele se dói — pedi à intérprete.

— Não dói.

— Pergunte.

— Ele diz que o deus entra nele e que não sente dor — traduziu ela.

Lembrei que Shree dissera que achava que o entendimento da teologia hinduísta de muitos peregrinos não é elaborado. "Eles dizem que o deus entra neles, mas no hinduísmo tudo é deus", se queixou ele. "Sou deus, você é deus. Como algo que você já é pode entrar em você?" Shree disse que, em vez disso, o verdadeiro significado do festival é lembrar a todos o poder inato de cada um. "Quando nos perfuramos, usamos a divindade que já possuímos para controlar a consciência", disse.

Ali perto, um sacerdote espetou uma agulha do tamanho de uma agulha de crochê na língua de uma mulher mais velha de sári vermelho, tão despreocupado como se espetasse um manequim. Os olhos da mulher pareciam tristes, mas ela não se mexeu. A agulha comprida forçou a língua perfurada a ficar de fora, porque a agulha se prendia entre as bochechas. As mulheres não perfuram as costas nem os seios, porque seria indecente, como explicou a intérprete, mas perfurar a língua é bem-visto porque a língua feminina costuma ser solta. Na cabeça, as mulheres levam potes de leite como *kavadi*.

Um rapaz bonito com uma coroa de cachos negros subiu pela margem do rio e montou num tamborete diante de um sacerdote, com água pingando do peito nu. O sacerdote reuniu o material para fazer as perfurações. Quando tinha 11 anos, explicou o rapaz, os soldados do governo foram até a casa dele, a destruíram, surraram a família e lhe tomaram a terra. Ele recordou a imagem da mãe sangrando e como a dor dos seus próprios ferimentos sumira. "O que é mais doloroso do que ver aquilo?", disse ele. A dor daquela imagem é uma dor que nunca conseguirá esquecer. Com as perfurações, ele acredita melhorar o seu carma, enquanto o carma ruim do governo acabará fazendo com que caia. "Ver o povo indiano sofrer, é isso que me causa dor agora", completou.

Pedi à intérprete que lhe perguntasse sobre a dor dos anzóis.

— Ele estará em transe — disse ela com impaciência.

— Peça a ele que explique com as suas palavras.

Ela fez cara de enfado e falou com ele.

— Ele diz que a dor não lhe pertence mais. O deus o liberta da dor.

— Mas ele sentirá dor?

— O *vel*, a lança do Senhor Murugan, derrota a dor.

Outros se juntaram em torno do peregrino, repetindo *"vel, vel"* e tocando tambor enquanto o sacerdote começava a prender habilmente os anzóis nas costas do rapaz. Na ponta de cada anzol, o sacerdote pendurou uma lima. Os olhos do peregrino rolaram para trás, e a língua, tingida de vermelho vivo com uma pasta especial para se parecer com a língua do deus, caiu para a frente. Quando ele se levantou, as limas tremeram nas costas como os enfeites de uma pulseira. Ele bateu os pés no chão, jogou a cabeça para trás e urrou — um som imenso, aterrorizante. Depois, se ajoelhou, e o enorme *kavadi* foi içado sobre os seus ombros. Enquanto os seguidores davam vivas, ele começou a dançar.

"Viu, eu lhe disse, ele está em transe", disse a intérprete. "Normalmente, ele mal conseguiria levantar aquilo, mas agora consegue dançar."

Os turistas abriam caminho pelo círculo de fiéis e tiravam fotos do momento em que os anzóis perfuravam a pele, como se tentassem docu-

AS CRÔNICAS DA DOR

mentar o mundo de sonho em que tinham tropeçado nas férias: *Veja, veja* — veja como *parece não* doer. Fiquei meio temerosa de que os embasbacados quebrassem o feitiço e o devoto ficasse de repente tão inquieto — revoltado ou assustado — quanto nós e acordasse para a dor. Mas os adoradores pareciam indiferentes aos turistas, como se os olhássemos através de um espelho falso.

Se eu estivesse naquele espaço sagrado, ficaria livre da dor? Apesar de tudo à minha volta, conseguia sentir a dor adornando o meu corpo. Se pedisse ao sacerdote que enfiasse os anzóis na minha pele, a dor se transformaria numa oferenda para que eu pudesse pedir ao deus alguma coisa em troca?

Será que doeria muito?

— E não há infecção? — perguntei à intérprete.

— Ninguém se infecciona durante o Thaipusam.

— Pergunte ao sacerdote.

— Ele diz que o deus cuida disso — disse ela sem lhe perguntar.

Concluí que minha dor poderia ser o meu *kavadi* — invisível para os outros, mas talvez vista pelos deuses com os seus olhos a mais. Comprei uma guirlanda de flores amarelas numa das barraquinhas que ladeavam o caminho até a caverna e a levei no pescoço ao me juntar à multidão de milhares de pessoas que seguia em procissão dos dois lados dos degraus de pedra. Logo à minha frente, um casal levava uma criança numa rede cor de açafrão pendurada em varas de cana-de-açúcar apoiadas nos ombros dos pais. Tradicionalmente, as crianças concebidas depois de um pedido a Murugan são levadas ao Thaipusam para mostrar ao deus a sua obra. No centro dos degraus, separados da multidão por cordas, os peregrinos que levavam *kavadi* marchavam ao som de tambores e flautas. Nos lados protuberantes do penhasco, macaquinhos de rabo comprido corriam e gritavam. A minha intérprete, de mãos dadas com o namorado, foi ficando cada vez mais para trás.

Os degraus levavam a uma caverna cujo teto de pedra se arqueava a 100 metros de altura. As paredes de pedra lembravam cera de vela derretida. O santuário de Murugan ficava no alto da caverna, guardado por um sacerdote. Os peregrinos tiravam as sandálias e se aproximavam do deus descalços, em fila indiana, com oferendas de leite, flores e coco. Tirei os tênis, mas o sacerdote se aproximou e me deteve, perguntando em inglês britânico com sotaque indiano se eu estava menstruada.

Corei, espantada pelo fato de um homem estranho me perguntar sobre o funcionamento íntimo do meu corpo, e disse (felizmente) que não. Também lhe disse que levara a guirlanda do meu pescoço como oferenda.

— A senhora não pode dar isso — disse ele rispidamente.

— Por que não? — perguntei com timidez, esperando que ele me dissesse que eu não era hinduísta.

— Foi *usada*. Não se pode dar ao deus algo que já foi usado.

— Ah... Só estava usando para trazê-la pelo caminho... Entendo... Mesmo assim, posso pedir alguma coisa?

— Não é preciso subornar o deus — ele me repreendeu. — O que a senhora quer?

Hesitei.

— Não ser afligida pela dor. Ser aliviada desse fardo.

Ele resfolegou, ergueu as mãos para o alto e fez um gesto na direção da procissão de devotos que fluíam para as cavernas.

Lembrei que, quando os enormes *kavadi* eram colocados nos ombros dos peregrinos, os joelhos deles faziam um leve esforço quando se levantavam e davam os primeiros passos lentos montanha acima. Depois, enquanto os seguidores cantavam e davam vivas, eles começavam a dançar: as limas tilintando no corpo, as penas de pavão tremulando sobre a cabeça, o fardo, leve.

V

CURAR A MENTE:

A dor como percepção

O QUE É A DOR?

Afinal, o que é dor?

Dor é uma experiência da qual ninguém duvida quando a sente. É possível parar e perguntar: *Será que estou apaixonado?*, mas nunca *Será que estou sentindo dor?* Na verdade, a incerteza diante dessa pergunta já é uma resposta negativa. Como observa Wittgenstein, "se alguém disser: 'Não sei se o que tenho é dor ou outra coisa', pensaríamos algo assim: 'Ele não sabe o que significa a palavra dor'". Então por quê, à luz dessa clareza extraordinária, a dor é tão difícil de definir?

A dor é sensação, emoção ou ideia? É produto da biologia ou da cultura? Se for principalmente um fenômeno biológico, por que parece variar tanto de uma pessoa a outra e de uma cultura a outra? Se for principalmente cultural, por que parece ser tão universal? Afinal de contas, todas as línguas, antigas e modernas, têm um nome para a *dor de cabeça*. Quando o babilônio antigo descreve a dor de cabeça que o envolve como uma roupa, sabemos exatamente o que quer dizer.

Será que sabemos mesmo? Os devotos do Thaipusam possuem a mesma língua dos turistas, sensibilizada pelos mesmos nervos, mas parecem não sentir o que esperaríamos que sentissem quando a língua é perfurada. Ainda assim, os membros de uma cultura podem torturar com confiança alguém de outra, baseados na chamada linguagem universal da dor. Será que podem? Um mártir pode sentir essa tortura de modo bem diferente de outro tipo de vítima.

Definir a dor põe à prova o nosso entendimento da relação entre corpo e mente. Para Hipócrates, a dor era uma sensação física que surgia a partir de fenômenos físicos perceptíveis; para Aristóteles, a dor era o que hoje chamaríamos de emoção — uma reação visceral da mente a estímulos físicos ou metafísicos, mas que pode ser superada pelo domínio da razão sobre todas as outras funções da mente e do corpo.

Nenhuma dessas definições é suficiente. Se a dor é simplesmente uma sensação, então por que é tão perturbadora? Se é uma emoção, então por que parece envolver necessariamente uma fisicalidade não envolvida em nenhuma outra emoção desagradável? Pode-se sentir dor mental sem dor física (a "dor" da traição), mas o contrário não é verdadeiro. Parece que a dor física sempre traz agonia. (Na verdade, a confusão entre as duas se reflete na palavra que significa dor na maioria das línguas. Por exemplo, *douleur*, em francês, significa não apenas dor física, como também agonia e pesar, e deriva do latim *dolor*, que significa dor, sofrimento e pesar.) A dor que não evoca emoções negativas não pareceria dolorosa. (O masoquista pode "gostar" da sensação de dor, mas o frisson da aversão faz parte do que ele gosta.) Os dicionários são vergonhosamente circulares nesse tópico e definem dor como "sofrimento ou agonia", e depois definem agonia como "grande dor, angústia ou tristeza", e sofrimento como "dor ou agonia"!

No século XVII, o filósofo René Descartes propôs uma teoria da dor como sensação física simples provocada quando o fogo ou outras ameaças ao corpo são registrados por um "fio interno delicado" que manda uma mensagem ao cérebro, fazendo-o criar a dor, assim como puxar uma corda faz soar o sino. Descartes ilustrou a sua ideia com o desenho de um gracioso homem-menino cujo pé toca uma bola de fogo. Pelo corpo transparente do menino, pode-se ver uma corda se esticando do pé ao cérebro, no qual um sino toca no centro da dor.

Embora uma das principais contribuições intelectuais de Descartes tenha sido o modelo do corpo como máquina, ele via problemas no uso de um modelo mecanicista assim tão simples para explicar a dor. Ele escreveu sobre a relação desconcertante entre dor e emoção, observando que, "às vezes, podemos sentir dor com alegria e receber sensações excitantes que nos desagradam". Descartes era fascinado pela dor do membro fantasma, que para ele demonstrava que a percepção "às vezes deve ser falha e enganosa" e que "os sentidos serão enganados".

Ele ficou perplexo com o caso de uma menina cujo antebraço gangrenado fora amputado sem que ela soubesse. Depois da operação, a menina se queixou de dor nos dedos, cuja ausência física estava escondida dela debaixo das bandagens. Ele concluiu que "isso mostra claramente que a dor da mão não é sentida pela mente na medida em que está na mão, mas na medida em que está no cérebro".

Embora a parte dos textos de Descartes sobre dor que ficou mais conhecida tenha sido a metáfora da corda e do sino, segundo a qual o cérebro tem um papel passivo ao registrar a dor, pode-se dizer que o reconhecimento de que a dor da mão na verdade só existe no cérebro preparou o caminho do entendimento moderno da dor como percepção *gerada ativamente* pelo cérebro, como a fome e a sede.

Acontece que, em muitos aspectos, o modelo da dor como sino preso a cordas está errado. Não há cordas ligadas diretamente a um sino no cérebro que consigam comandar a dor de forma confiável. E, embora o sino não possa determinar se vai tocar alto ou baixo, o cérebro *realmente* determina como os sinais neurais se transformam em dor. Embora haja sinais neurais que indicam lesões dos tecidos e que chegam ao cérebro vindos da periferia, o cérebro pode ou não lhes dar atenção.

Uma analogia mais adequada pode ser a do vigia na torre, encarregado de examinar a paisagem do corpo e dar o alarme em caso de ataque. Em teoria, o vigia deveria tocar o sino baixinho no caso de uma incursão pequena ou com força máxima no caso de um grande ataque. Mas o vigia está longe de ser o funcionário ideal. É instável, preguiçoso, se confunde à toa, sente medo, não é bom em multitarefas e, às vezes, simplesmente se engana. Às vezes ele reage às ameaças de forma proveitosa, com um alarme doloroso proporcional. Mas outras vezes está preocupado com uma tarefa mais prioritária e nem chega a dar o alarme. Outras, ainda, imagina uma ameaça que não existe e toca o sino sem razão. E, no caso da dor crônica, toca o sino mais alto ainda, deixando todo mundo louco. Ou, em certos estados da mente, como durante os ritos religiosos, o vigia considera a invasão à integridade do corpo não como ameaça, mas como causa de comemoração.

É por isso que o cérebro pode gerar sensações de dor sem nenhuma nocicepção e não gerar dor quando há lesão nos tecidos. No caso do atentado de 1981 contra Ronald Reagan, o presidente americano não percebeu logo que levara um tiro no peito. Foi levado para o hospital porque tossia sangue (o pulmão fora perfurado) e foi lá que descobriram o ferimento a bala. "Nunca tinha levado um tiro, a não ser no cinema", comentou ele depois. "E nos filmes a gente sempre age como se doesse. Agora sei que nem sempre é assim." Talvez tivesse imaginado que seria uma dor *perfurante*. (Na verdade, dizem que levar um tiro é como uma pancada seguida por uma sensação de ardência.)

Mas o homem que acredita ter levado um tiro quando na verdade a bala passou direto pode começar a se contorcer de agonia. Depois de levar vários choques de um estímulo elétrico doloroso, o cérebro dos voluntários passa a gerar dor quando eles esperam que o estímulo volte a ser aplicado, mas *antes* que isso realmente aconteça. A expectativa da dor é dor.

Hoje, a dor não é entendida apenas como sensação ou emoção, mas como uma experiência baseada nas duas: a fugidia interseção de três círculos sobrepostos: cognição, sensação e emoção. Se faltar qualquer um desses elementos, não há dor. Não há como sentir dor sem saber. Não há como ter dor sem sentir a dor. E não há dor que não cause uma reação emocional considerável.

"A dor é qualquer coisa que a pessoa que a experimenta diz que é, e existe sempre que essa pessoa diz que existe", declarou Margo McCaffery, líder no campo da enfermagem de manejo da dor. Ao destacar a subjetividade radical da dor, essa definição (que tem sido amplamente usada pelos clínicos nas últimas décadas) indica que é inútil tentar caracterizar o tipo de coisa a que alguém se refere quando fala da dor. Em 1979, a International Association for the Study of Pain (Associação Internacional para o Estudo da Dor) elaborou a definição de dor mais aceita hoje em dia: "Experiência sensorial e emocional desagradável associada a danos reais ou potenciais aos tecidos ou descrita nos termos de tais danos."

Entre as suas virtudes, essa definição exprime a relação complexa da dor com as lesões dos tecidos: a dor é um sentimento que pode se distinguir de outros tipos de emoção e sensação pela maneira como, de forma exata ou não, *liga esse sentimento à sensação de lesão dos tecidos*. Mas a defi-

AS CRÔNICAS DA DOR

nição deixa explícito que a ligação entre a dor e a lesão aos tecidos é apenas de "associação". Uma nota que se segue à definição explica que a "atividade induzida nas (...) vias nociceptivas por um estímulo nocivo não é dor, que é sempre um estado psicológico". Em resumo, a dor não é a nocicepção, que informa fielmente ao cérebro as lesões do corpo, assim como um sismômetro informa ao cientista o movimento das placas tectônicas. A relação entre dor e lesão dos tecidos pode ser comparada à relação entre amor e sexo: pode existir ou não.

A dor é um aspecto da consciência corporal que envolve a ativação das áreas do cérebro que processam informações sensoriais e das que envolvem cultura, memória, emoção e associação (o sistema límbico). Acredita-se que a espessa superposição entre o sistema límbico e as outras partes do cérebro humano explique o aspecto mais desconcertante da dor: a extraordinária fluidez de significado, da agonia da tortura à dor extasiada de um rito sagrado.

O paradigma contemporâneo da dor concilia o antigo conceito da dor como significante espiritual com a concepção de função biológica do século XIX; de forma análoga, o entendimento atual do ato de sonhar concilia o conceito do sonho profundamente significativo (como mensagem dos deuses ou do inconsciente) com o de atividade cerebral aleatória. Ambas as conciliações decorrem do entendimento de que a atividade do cérebro se baseia nas suas partes criadoras de significados.

A mudança do paradigma da dor corresponde à mudança do tipo de tratamento. A visão mecânica da dor como corda e sino, segundo a qual há vias fixas da dor, racionalizou a prática ineficaz do século XIX e do início do século XX de cortar os nervos para destruir essas vias. O modelo contemporâneo pode ser descrito como aquele em que a dor é vista como percepção configurada por fatôres biológicos, psicológicos e sociológicos. Esse entendimento levou à invenção de tratamentos e programas multidisciplinares contra a dor que tentam intervir em todos os seus aspectos. Os tratamentos do futuro se concentrarão na percepção cerebral e na modulação da dor.

O DEMÔNIO NA MÁQUINA

Durante muitos anos, os pesquisadores buscaram o demônio na máquina — o "centro da dor" do cérebro — para exorcizá-lo. Mas acontece que não havia nenhum. Ao contrário de sentidos como visão e audição, que dependem da ativação de porções agrupadas do cérebro, a dor é uma rede de neurônios complexa e adaptativa (uma neuromatriz) que envolve cerca de meia dúzia de áreas do cérebro que transmitem informações entre si. Como a dor é uma das funções mais importantes da evolução, ela se distribui em muitas áreas diferentes, de modo que, se uma parte do cérebro for incapacitada por alguma lesão ou doença, o sistema possa continuar gerando dor.

Cada uma dessas regiões contribui para a sensação de dor. Os nociceptores que percebem as lesões dos tecidos mandam a mensagem da dor pela medula espinhal por meio de duas vias principais. A dor surda segue lentamente por uma delas, e a dor aguda corre depressa pela outra. O sinal prossegue pelo tronco cerebral, a parte primitiva do cérebro que controla o sistema nervoso autônomo e vários sistemas homeostáticos (como os que regulam a respiração, os batimentos cardíacos e o sono), e ativa a norepinefrina para criar a sensação de atenção e vigilância. Depois, ele vai para o tálamo, uma região do cérebro que serve de estação intermediária dos outros sentidos, como audição e visão. O tálamo transmite os sinais de dor para várias áreas: o sistema límbico, o córtex somatossensorial e o córtex pré-frontal. O sistema límbico (nome coletivo de um grupo de áreas do

AS CRÔNICAS DA DOR

cérebro ligadas a memória, emoção e atenção) produz sentimentos de tristeza e desagrado; o circuito comum ao tronco cerebral e ao sistema límbico é ativado para produzir a sensação de ansiedade. O córtex somatossensorial localiza a dor; os sinais originários do pé, por exemplo, são registrados na parte do homúnculo (o mapa interno do corpo no cérebro) que representa o pé. Finalmente, o córtex pré-frontal (área associada à consciência e à cognição) apura a causa da dor e formula uma estratégia para interrompê-la.

As lesões ou os processos doentios podem alterar ou interromper o fluxo de informações entre as partes. Quem sofre lesões no córtex somatossensorial ainda sente dor, mas não consegue mais identificar de onde ela vem. Os pacientes submetidos a cingulotomias — tratamento cirúrgico radical usado antigamente para tratar dores ou doenças mentais seccionando os nervos da parte do sistema límbico conhecida como córtex cingulado anterior rostral (CCAr) — diziam ainda ter consciência da dor, mas não se "importavam" tanto com ela. A reação emocional se reduzia e, assim, a dor diminuía. (Isso também acontecia com os pacientes submetidos ao tratamento mais antigo da lobotomia, procedimento parecido, porém mais extenso, no córtex pré-frontal.) Do mesmo modo, quando o CCAr de um rato é lesionado, ele para de evitar estímulos dolorosos; a dor não o incomoda mais. Hoje, as cingulotomias são realizadas raramente ou nunca, porque, entre outras razões, com o tempo o cérebro tende a refazer o circuito da dor contornando a parte lesionada, e a dor volta.

Na maioria das vezes, os danos ao circuito da dor resultam em mais dor. Por exemplo, uma das síndromes dolorosas mais terríveis e difíceis de tratar, a dor do membro fantasma, vem da reorganização neural do córtex somatossensorial. Em 1871, Silas Weir Mitchell, cirurgião da Guerra Civil americana, cunhou a expressão "membro fantasma" ao observar "milhares de membros espirituais a assombrar outros tantos bons soldados, e de vez em quanto a atormentá-los". A grande maioria dos amputados tem sensações no membro fantasma e muitas delas são lancinantes. O membro que falta (ou dentes, olhos, órgãos internos ou seios) pode parecer esmagado, torto, apertado ou, estranhamente, curto demais. (Na maioria das pessoas, a única experiência de sensação fantasma é o "lábio fantasma", a sensação peculiar causada pela anestesia local do dentista de que o lábio não só está dormente, como também de repente ficou desconfortavelmente gordo.)

A DOR COMO PERCEPÇÃO

Em termos históricos, acreditava-se que a dor do membro fantasma vinha dos neuromas — fibras nervosas lesionadas no alto do toco que crescem irregularmente e começam a enviar mensagens aberrantes que são traduzidas como dor. Mas, quando os cirurgiões tentavam encurtar o toco para remover os neuromas com uma segunda amputação, a dor só piorava. Cortar os nervos sensoriais onde eles se ligam à medula espinhal também não aliviava a dor. Além disso, a teoria do neuroma não explicava por que algumas pessoas sem membros devido a defeitos congênitos também sofrem de dor do membro fantasma. De forma ainda mais reveladora, quem fica paralisado por lesões na medula espinhal que impedem todos os sinais de dor de percorrer a medula até o cérebro pode sofrer dor fantasma, sentida como se viesse do corpo que a pessoa não pode mais sentir.

Nos últimos anos, a neuroimagem do cérebro mostrou que, embora os neuromas possam contribuir, a causa primária da dor fantasma são as mudanças patológicas da representação do corpo que forma o homúnculo. Quando se perde uma parte do corpo, as informações sensoriais normalmente transmitidas para a área neuronal correspondente do homúnculo cessam de repente. Embora não se compreenda por que isso causa dor, já se teorizou que os neurônios se alarmam com a ausência de informações normais, e esse alarme se traduz em dor.

Além disso, por razões desconhecidas, os neurônios das áreas adjacentes do homúnculo avançam sobre a área correspondente ao membro perdido. Por exemplo, uma das esquisitices do homúnculo é que as áreas do braço e da mão são adjacentes à área do rosto. Quando alguém perde o braço, os neurônios faciais do homúnculo começam a criar vias pela área do braço adjacente. Por causa disso, acariciar o rosto (especialmente os lábios) de um amputado que perdeu a mão pode provocar a sensação de carícia na mão fantasma. Não se sabe como essa fiação cruzada provoca dor, mas, quanto maior o grau de fiações cruzadas no homúnculo, mais forte a dor sentida pelo amputado.

PERCEPÇÃO E MODULAÇÃO DA DOR

Muita gente ainda pensa na dor do mesmo modo que Descartes, como se ela subisse do corpo para o cérebro. Talvez a revisão mais importante do modelo cartesiano no entendimento contemporâneo da dor seja que as vias da dor são *bidirecionais*: sobem para o cérebro *e* descem dele.

A rede de áreas de dor no cérebro inclui dois sistemas diferentes, um de percepção da dor e outro de modulação da dor, que envolvem estruturas cerebrais distintas e sobrepostas. O sistema modulador interage constantemente com o sistema de percepção da dor e pode inibir a sua atividade. Acredita-se que muitas dores crônicas envolvam a superatividade de um circuito de percepção da dor ou a falta de atividade de um circuito de modulação da dor.

O cérebro pode mandar sinais de "ligado" que amplificam os impulsos nervosos na medula espinhal, de modo que mais sinais penetram no cérebro e se transformam em dor, ou sinais de "desligado", que interrompem os impulsos. Por exemplo, no momento de um ferimento agudo, os sinais que viajam pela medula espinhal para o tronco cerebral e o cérebro provocam *contrassinais* que descem por ela e têm efeito analgésico ao inibir os sinais que estão chegando. No entanto, várias horas depois, o cérebro libera na medula espinhal neurotransmissores que, na verdade, amplificam os sinais que chegam, aumentando a dor. Assim, as lesões agudas sempre doem mais depois, característica que atende ao propósito adaptativo de permitir a fuga primeiro e depois forçar o repouso.

Embora as lesões agudas provoquem alguma modulação da dor, sob certas circunstâncias o sistema modulador é drasticamente ativado. Não há analgesia farmacológica prática que consiga rivalizar com o sistema cerebral inato de controle da dor. É ele o feitiço secreto que, às vezes, permite a soldados, atletas, mártires e peregrinos se envolver em batalhas, competições e atos de devoção sem se distrair com a dor das lesões. O estímulo elétrico das partes do cérebro envolvidas no sistema modulador (a substância cinzenta periaquedutal e o núcleo magno da rafe) não produz apenas alívio da dor, mas sim analgesia *completa* em animais e seres humanos.

Os circuitos modulador e da percepção são ativados por vários estados cognitivos e afetivos, dos quais os dois mais importantes são a *atenção* e a *expectativa*. Embora normalmente o cérebro fique bastante ocupado com as informações de vários sistemas sensoriais, o sistema límbico carimba a dor com uma valência suficientemente negativa para que receba prioridade. Quanto maior a atenção que o cérebro dá à dor, mais dor sentimos (leitores, atenção!). O medo da dor iminente (estado de espírito que envolve tanto a atenção quanto a expectativa) aumenta a percepção da dor. Em estudos da Universidade de Oxford, a dra. Irene Tracey mostrou que *basta pedir aos participantes que pensem na sua dor crônica* para aumentar a ativação dos circuitos de percepção da dor.

Muitos rituais que circundam a tortura envolvem obrigar a vítima a examinar os instrumentos de tortura. Como explicou um sobrevivente, "tortura não é um tubarão arrancar a sua perna, tortura é ser baixado lentamente na piscina". Tipos diferentes de medo têm efeito oposto sobre a dor: o medo da dor propriamente dita gera dor (pela expectativa). Mas o medo de qualquer outra ameaça *além* da dor pode reduzi-la (pela distração). Um dos sinais mais fortes para ativar a modulação da dor é uma ameaça à sobrevivência. Um rato exposto a um gato ficará anestesiado, como aconteceu com Bethany Hamilton (a jovem surfista que não sentiu dor quando o braço foi arrancado pelo tubarão).

Talvez o efeito de extintor que o medo tem sobre a dor seja o mecanismo neuronal oculto que ajudou alguns acusados a passar pelo ordálio no passado. Por exemplo, quando a rainha Ema da Normandia andou sobre relhas de arado em brasa sem perceber, será que o medo distraiu o cérebro para que não registrasse a dor enquanto ela observava os juízes como a presa olha para o predador? Embora os detalhes do caso possam ser míticos, é

AS CRÔNICAS DA DOR

presumível que, se *nenhum* acusado jamais suportasse o ordálio, a fé no sistema não duraria tanto. Por outro lado, pode-se especular que, numa sociedade em que a crença no ordálio era generalizada, os culpados esperariam sentir dor durante a prova, e essa expectativa os levaria a sentir mais dor.

As distrações comuns podem ser um analgésico eficaz. Quando os participantes da pesquisa da dra. Irene Tracey cumpriram uma tarefa difícil de contagem enquanto recebiam um estímulo térmico doloroso, várias partes da matriz de percepção da dor ficaram menos ativas, enquanto as partes cognitivas do cérebro necessárias para a tarefa de contagem se tornaram mais ativas. A música também ajuda: na verdade, ouvir sons musicais ao receber um estímulo térmico doloroso reduz a atividade do circuito de percepção da dor. Até o olfato influencia a dor; a dra. Catherine Bushnell, da Universidade McGill, demonstrou que aromas agradáveis reduzem a percepção da dor e odores desagradáveis a aumentam.

O corolário é que a expectativa de alívio da dor cria o alívio da dor — um exemplo de efeito placebo. O cérebro consegue se acalmar e não se dá o trabalho de criar dor quando espera que um deus ou um remédio vá mesmo acabar com aquela dor. O placebo pode ter representado algum papel no ordálio, porque os que acreditavam no sistema e eram falsamente acusados se convenceriam de estar sob proteção divina contra a dor do julgamento — e o efeito placebo talvez tornasse a crença verdadeira.

Placebo é uma palavra latina que significa "agradarei". Derivado da palavra usada na primeira antífona das vésperas pelos mortos ("Agradarei ao Senhor na terra dos vivos"), o efeito placebo é como a oração que é atendida se o suplicante tiver fé em que será atendida. Mas a etimologia da palavra reflete a noção de fraude que, popularmente mas de forma errada, está ligada ao efeito placebo. Chaucer desdenhava os que "cantam placebo", referindo-se aos sicofantas que apareciam nos funerais recitando vésperas sem sinceridade e fingindo pesar pelo morto para participar do opulento banquete que viria depois. Nos *Contos de Canterbury*, ele chamou de Placebo um personagem dado a falsas lisonjas.

Mas o placebo não é falso. Já se especulou que o efeito placebo seria psicológico; os pacientes querem tanto agradar ao médico que fingem se sentir melhor ou se convencem de que melhoraram. Porém, quando os pacientes acreditam que estão recebendo um opioide mas, na verdade, recebem placebo,

A DOR COMO PERCEPÇÃO

não só relatam que a dor diminuiu como, inconscientemente, exibem efeitos colaterais autônomos típicos dos opioides, como depressão respiratória.

Em termos populares, entende-se que o placebo precisa de algum tipo de tratamento simulado, como uma pílula de açúcar. Mas, como o efeito placebo resulta do poder da crença ou da expectativa positiva, pode ser criado com a mesma intensidade por garantias verbais ou rituais de cura, além de pílulas ou procedimentos falsos. A neuroimagem mostra que o placebo ativa o sistema de modulação da dor no cérebro de forma *indistinguível em termos neuroquímicos* do tratamento com analgésicos opioides. Por exemplo, um estudo de 2005 encabeçado pelo dr. Jon-Kar Zubieta, da Escola de Medicina da Universidade de Michigan, examinou o cérebro dos homens participantes depois da injeção de uma solução salina ardente no maxilar. Depois, cada homem recebeu um placebo, e lhes disseram que ele aliviaria a dor. Imediatamente, todos se sentiram melhor, e a tela do aparelho mostrou: na imagem, as partes do cérebro que liberam as suas próprias substâncias semelhantes aos opioides (endorfinas, encefalinas e dinorfinas) se acenderam. Em certo sentido, o analgésico falso fez o cérebro liberar os verdadeiros. Como um ditado da Nova Era, daqueles que sempre desdenhei: a fé virou química; a crença virou realidade; a mente sobrepujou o corpo.

Até os medicamentos opiáceos exigem o efeito placebo como parte da sua eficácia. Estudos mostraram que, quando secretamente ministrados (no soro intravenoso, por exemplo), a morfina e outros opioides fortes não funcionam tão bem como quando os pacientes sabem que estão recebendo o medicamento. O uso do placebo aumenta em mais de um terço a eficácia da morfina (sendo que, neste exemplo, o placebo é simplesmente a expectativa positiva criada quando se diz aos pacientes que receberam morfina e que logo sentirão um grande alívio). Isso também é verdade no caso de outros medicamentos, como os que combatem a ansiedade ou a doença de Parkinson. O Papiro Ebers egípcio estava certo: *a magia é eficaz junto com a medicina, e a medicina é literalmente mais eficaz com a magia.*

Um medicamento exige o efeito placebo para *toda* a sua eficácia. Um estudo clínico fascinante de 1995 provou que uma substância chamada proglumida era mais eficaz do que o placebo quando ambos os grupos eram informados de que receberiam um analgésico novo e promissor. Mas, quando os participantes recebiam proglumida sem saber, para garantir que não haveria efeito placebo, não sentiram nenhum alívio. Nenhum.

Fiquei desconcertada com o que li sobre a proglumida. Quando ministrado sozinho, como um medicamento poderia *exigir* o efeito placebo, mas ainda assim ser mais eficaz do que o placebo sozinho? Será que a substância tem algum mecanismo de ação além do placebo? Se tem, por que não funciona como os outros remédios quando ministrada em segredo? Se for só o efeito placebo, como é que deu mais alívio do que uma pílula de açúcar? Parece que a resposta não é nenhuma das anteriores. O caso me lembrou aquela história em *Tudo depende de como você vê as coisas* sobre o carro que anda sozinho. Tinha de haver um truque... mas qual?

O segredo está no seguinte fato: embora as endorfinas do cérebro criem o efeito placebo, há outra substância (um hormônio chamado colecistocinina) que amortece esse efeito inibindo as endorfinas. A proglumida funciona bloqueando os receptores de colecistocinina, permitindo assim que o cérebro crie uma reação ao placebo mais vigorosa do que de costume e nos levando a perguntar se não seria o caso de projetar medicamentos para acentuar ou criar especificamente o efeito placebo. É comum que pacientes com dor crônica deixem de reagir ao placebo, de modo que medicamentos que gerem farmacologicamente uma reação ao placebo e ativem o circuito preguiçoso de modulação da dor podem lhes trazer benefícios específicos.

O placebo tem um gêmeo malvado: o *nocebo* ("causarei dano", em latim), efeito negativo da expectativa. O cérebro vai gerar dor ou outras reações desagradáveis em quem acredita que recebeu uma substância nociva, mesmo que não seja verdade. O paciente que recebe um opiáceo falso pode sentir efeitos colaterais indesejáveis, como coceira ou sonolência, ao lado do alívio da dor. O nocebo pode até ser fatal, como, por exemplo, quando alguém realmente morre de medo depois de ser picado por uma cobra que, na verdade, era inofensiva. Outro exemplo é o fenômeno curioso, bem-documentado por antropólogos, das mortes após uma maldição vodu (em que os que acreditam que morrerão devido à maldição realmente perecem em poucos dias). Um prognóstico médico negativo também pode causar um efeito nocebo fatal, como no caso da síndrome dos pacientes que morrem depois de saber que têm câncer terminal, mas antes que o tumor se desenvolva mais.

A EXPECTATIVA COMPETE COM A NOCICEPÇÃO

"Estou tentando desesperadamente defender a importância da literatura científica que mostra que a expectativa pode ser tão poderosa quanto a nocicepção", disse John Keltner. "Só não sei como fazer os meus pacientes acreditarem nisso."

O dr. Keltner ajudou a projetar um estudo no campus de São Francisco da Universidade da Califórnia que usou a ressonância magnética para examinar o efeito da expectativa no circuito de percepção da dor. No estudo, o cérebro de alunos saudáveis de Berkeley foi examinado enquanto eles recebiam um estímulo térmico doloroso e viam dicas coloridas que, supostamente, indicavam se a temperatura do estímulo era alta ou baixa. Acontece que o circuito de percepção da dor no cérebro dos participantes foi *tão influenciado* pelas dicas quanto pelas informações dolorosas que vinham da pele.

Foi dito aos voluntários que azul indicava temperatura baixa e vermelho, temperatura alta. Quando viam uma dica azul e recebiam um estímulo leve, o cérebro gerava pouca dor. Quando viam uma dica vermelha mas o estímulo na verdade era leve, não se enganavam: a ativação cerebral continuava baixa. Mas, quando viam uma dica azul enquanto o estímulo na verdade era forte, eles foram enganados: a atividade cerebral continuou baixa, como se o estímulo fosse realmente leve. Na verdade, todos esses três cenários produziram, mais ou menos, *a mesma intensidade de ativação neural.*

AS CRÔNICAS DA DOR

"O mais espantoso é que podíamos trocar dicas e estímulos e ter o mesmo resultado", disse o dr. Keltner. Acontece que "reduzir a expectativa pode ser tão importante quanto reduzir o próprio estímulo doloroso".

Um único caso provocou ativação cerebral drasticamente maior: quando anunciado com uma dica vermelha, o estímulo forte era sentido como muito *pior* do que quando anunciado por uma dica azul, ilustrando o poder do nocebo — o poder "cumulativo" de aumentar a dor da expectativa negativa. Esse último caso é o mais parecido com a experiência real da dor crônica, em que a sensação negativa de sentir dor é aumentada com a expectativa negativa da dor — a nossa dica interna. Quem espera dar um passeio agradável mas descobre que as costas doem pode perceber dor leve (isto é, o caso da dica azul com dor forte), que vai doer muito menos do que em quem tem dor crônica e espera sentir dor (isto é, o caso da dor forte com dica vermelha). Além disso, o cérebro de quem sente dor toda vez que anda logo vai começar a gerar dor quando se der o primeiro passo.

Na luta para levar à prática o que descobriu no laboratório, o dr. Keltner tentou explicar a experiência aos pacientes. "Quando chega um paciente com dor crônica empedernida, mostro-lhe cartazes com os meus resultados, porque assim defendo a tese de maneira extremamente tangível", afirmou ele. "Digo: 'Vejam o cérebro desses voluntários. Demonstramos que a expectativa pode ser tão poderosa quanto a dor.' E completo: '*Vocês não têm de sucumbir totalmente à dor.*'

"A medicina clínica não teve oportunidade de realmente perceber o benefício do efeito placebo. Quando mudamos a expectativa das pessoas, a atividade cerebral delas deveria se reduzir, mas transformar ciência básica em ferramenta clínica é muito difícil."

Como mudar a expectativa dos pacientes com dor crônica? É claro que esperam sentir dor: a dor é crônica.

"Esse capítulo ainda não foi escrito", disse o dr. Keltner. "Pela literatura, sabemos que ferramentas psicológicas podem reduzir a sensação de dor em mais ou menos 50% nos pacientes com dor aguda e 30% nos que têm dor crônica. É impressionante uma intervenção terapêutica que produza um efeito capaz de trazer esse tipo de alívio, comparável aos melhores medicamentos. Eu gostaria de dizer: 'Temos Zoloft, temos Neurontin, temos esteroides, mas também temos essas outras ferramentas, essas ferramentas psicológicas, de modo que você não tenha de ficar sob os caprichos da dor.' Tenho centenas de pacientes que sofrem; essa seria mais uma ferramenta que poderíamos utilizar. E talvez precisemos dela, porque todas as outras podemos já ter esgotado."

Como ele faz os pacientes acreditarem no placebo?

"A maneira mais óbvia é mentir", disse ele; isto é, assegurar aos pacientes que o tratamento usado, seja qual for, é "uma das terapias mais eficazes", que envolve "novas descobertas", e reforçar essas declarações com uma estatística falsa, como "na maioria dos casos, em 90% a 95% dos casos, traz alívio verdadeiro", porque, "se acreditarem, poderá ser verdade".

Ainda assim, na prática ele não engana ninguém.

"É uma grande ironia que lutar pelo efeito placebo esteja em franca contradição com o que a prática clínica pretende", disse ele. "É frustrante não poder usar essa ferramenta simples que funciona tão bem em experiências. Mas a relação com o médico é uma das interações humanas mais importantes. Os médicos são sacerdotes! É com o médico que as pessoas têm mais intimidade. E a franqueza, uma franqueza simples e direta, é a base dessa experiência."

A MAGIA ACONTECE NA CABEÇA

Técnicas como oração, meditação e hipnose são projetadas para alterar a percepção da dor manipulando a expectativa, a atenção ou ambas. A reação placebo é criada pela expectativa, que ativa o sistema de modulação da dor, mas para quem não reage aos placebos as técnicas de controlar a atenção podem alterar a percepção da dor. Mesmo nos que reagem ao placebo, essa reação costuma ter vida curta; com o tempo, o cérebro entende o que está acontecendo, e o placebo perde a força.

Por outro lado, aprender a controlar a atenção para mudar a percepção da dor é uma habilidade que pode ser desenvolvida. Quando Tomás de Aquino insiste na ideia de que "a contemplação das coisas divinas basta para reduzir a dor corporal" e Kant sugere contemplar Cícero, eles falam de uma forma de controlar a atenção. A hipnose é uma forma extremada de controlar a atenção na qual o cérebro é capaz de excluir da consciência todos os estímulos externos indesejados, inclusive a dor. A prática oitocentista do mesmerismo parece ter sido uma forma de hipnose. Com a hipnose, os indivíduos entram num estado de autossugestão no qual se dispõem a conceder autoridade ao hipnotizador para que conduza a sua atenção e só percebem o que o hipnotizador manda que percebam. Quando o hipnotizador os instrui a não sentir dor, o cérebro deles para de gerar a sensação de dor, até mesmo, no caso do mesmerismo, sob o teste supremo da cirurgia.

Hoje, na China, ainda se realizam cirurgias usando-se apenas acupuntura, que, nesse contexto, segundo as teorias, funciona como o hipnotismo. O neurocientista britânico Patrick David Wall (que, junto com o colega Ronald Melzack, foi o primeiro a desenvolver a teoria da comporta ou do portão da dor) contou a história das cirurgias a que assistiu na China, em meados da década de 1970, realizadas com acupuntura.

Os pacientes tinham sido preparados no hospital por um longo curso de treinamento e tinham relações pessoais de confiança com o acupunturista. E, realmente, o dr. Wall não conseguiu perceber sinais de dor quando as incisões foram feitas. Mas, quando notou que o cirurgião cortou a coxa de uma mulher *antes* que as agulhas de acupuntura fossem inseridas, começou a se perguntar se o mecanismo de alívio da dor que agia ali não seria, na verdade, parecido com a hipnose. A mulher, confiante de que não sentiria dor e protegida por essa confiança, continuou a conversar calmamente.

A sua teoria foi confirmada por um incidente horrível com outro paciente. No meio da cirurgia, o paciente de repente saiu do transe. O peito fora aberto para remover parte do pulmão. Embora a operação exigisse uma grande incisão numa área rica em nervos, o paciente não demonstrou sofrimento. Então, no final da operação, depois que o médico retirou de dentro do peito dele um dreno cirúrgico, o paciente gritou e lutou para sair da mesa. Seguraram-no, e ele continuou a gritar e berrar.

O que dera errado? O dr. Wall acreditava que, antes da cirurgia, o acupunturista tinha ensaiado cuidadosamente com o paciente cada passo da operação, assegurando-lhe que todos os passos seriam indolores. Mas deixara de mencionar a remoção do dreno, de modo que o paciente reagiu ao procedimento como de costume — com alarme e agonia.

Embora as cirurgias só fossem realizadas em pacientes que passavam pelo treinamento, houve outros nos quais a acupuntura não fez nenhum efeito. Acontece que nem todo mundo consegue aprender a entrar em transe; só algumas pessoas são "altamente hipnotizáveis". Há muito que se tenta encontrar explicação para isso. Essas pessoas teriam simplesmente mais capacidade de se concentrar, de focar a atenção, de só perceber o que querem?

Recentemente, a neuroimagem trouxe algumas pistas para chegar a uma explicação ao mostrar que, na verdade, o cérebro dos que são altamente hipnotizáveis é diferente dos que não são. Uma área do cérebro (conhecida como corpo caloso anterior) envolvida na atenção é cerca de um terço maior nos que são altamente hipnotizáveis. Além disso, geralmente essas pessoas têm capacidade acima da média de controlar a dor, porque são mais capazes de filtrar os estímulos indesejados.

Quando comecei a pesquisar a dor, supus que os pacientes que me contavam que as suas dores podiam ser aliviadas com hipnose, acupuntura, meditação ou qualquer outro tratamento alternativo não deviam estar sentindo dor de verdade. Estava enganada. Alguns pacientes com doenças gravíssimas eram auxiliados por esse tipo de técnica. Por exemplo, uma das piores formas de dor é a dor central: aquela causada por patologias do próprio sistema nervoso central, comum na esclerose múltipla, em lesões da medula espinhal e em certos tipos de tumores cerebrais e derrames que afetam o tálamo. Holly Wilson (que ficou paralisada depois de uma cirurgia malfeita) me contou que só se livra da dor ardente da lesão na medula espinhal, que ela chama de sua "sombra", quando a hipnotizam. Lily, uma menina de 16 anos que estava morrendo de uma doença genética rara num hospital pediátrico, recordou a única vez que a dor sumiu momentaneamente. Com o corpo emaciado curvado na posição fetal, presa a um conjunto de máquinas, Lily tinha uma ficha de cerca de mil páginas; ela passara boa parte dos últimos seis anos morando no hospital. Uma equipe de especialistas renomados discutia regularmente o seu caso. Achei que ela gostaria de me contar sobre os cuidados que recebera do chefe distinto e famoso do serviço pediátrico de combate à dor cuja prática eu estava observando. Mas a lembrança que fez o seu rosto se iluminar foi a de uma mulher que trabalhara no hospital num cargo administrativo, mas depois mudara de emprego.

— Ela colocou as mãos sobre mim — disse Lily com muita ternura.

— Ela nem a tocou — explicou a mãe de Lily com igual entusiasmo. — Simplesmente pôs as mãos acima dela!

Em missões na África, fiquei perplexa com depoimentos sobre tratamentos para a dor que pareciam não ter nada a ver com ciência médica. Em Ruanda, um homem com marcas de queimadura formando um desenho em torno da testa me contou que se submetera a um tratamento tradicional para enxaqueca que curara as dores de cabeça crônicas.

— Não doeu? — perguntei, tentando deixar o horror fora do tom da minha voz. Tive uma série de enxaquecas durante aquela viagem e, preocupada, só me restava um último comprimido de Zomig, o meu remédio predileto para enxaquecas. Desconfiei de que, em Ruanda, não haveria Zomig à venda em lugar nenhum.

— Quanto mais o tratamento dói, mais forte ele é — disse o intérprete. — O tratamento só dói uma vez, enquanto a dor de cabeça o fazia sofrer todos os dias. Você devia experimentar. Se esse remédio para dor de cabeça que você toma funcionasse, não teria de tomá-lo o tempo todo.

— Eu não tomo esse remédio o tempo todo — disse eu, irritada. *Gostaria* de tomá-lo o tempo todo, porque a minha nevralgia occipital me dá enxaquecas contínuas, mas o meu plano de saúde só cobre seis comprimidos de Zomig por mês, e cada um deles custa 29 dólares. Em casa, acumulo os comprimidos cor-de-rosa, cada um deles embrulhado no seu próprio papel-alumínio, mas de vez em quando uso todos e aí, na dor de cabeça seguinte, tenho de ir aos tropeços até a farmácia comprar mais um. Sempre me sinto vagamente envergonhada nessas ocasiões; pago em dinheiro e jogo fora o recibo da farmácia.

No contexto da África, uma dor de cabeça de 29 dólares é obscena — uma sobrevalorização obscena da minha dor e uma subvalorização da dor à minha volta. Mas, às vezes, quando conhecia africanos — gente sem sapatos, dentes, membros —, me espantava ao ver que muitos pareciam menos descontentes do que eu. Talvez pensassem na dor como parte do tecido da vida, enquanto eu esperava que a minha vida fosse fisicamente indolor e não parasse de sofrer porque não era. Precisava de uma cura para a minha dor ou para a minha crença de que a dor precisava ser curada.

Quando perguntei a John Keltner que tratamentos alternativos funcionam melhor, ele deu de ombros.

"No meu modo zen", respondeu com ironia, "eu diria que você está fazendo a pergunta errada. Todos podem funcionar igualmente bem, porque a mágica não está na técnica, ela acontece na sua cabeça."

É porque a mágica acontece na cabeça que intervenções tão disparatadas quanto escarificação ritual, Zomig, hipnose e opioides podem ter o mesmo efeito. É possível pensar na variedade de técnicas alternativas como a série de acessórios de um rito religioso: não são as velas acesas, o vinho despejado nem a recitação das bênçãos que tornam sagrado o Sabá. Cada um deles pode ou não mostrar o caminho do lugar sagrado, o lugar onde a mágica acontece.

Mas o efeito dos momentos mágicos dura? Não somos a mesma pessoa com dor assim que paramos de meditar?

O dr. Keltner fez uma pausa.

"Cada momento sem dor compete com o ataque violento da experiência da dor crônica", disse. "A dor deveria ser um aviso de algo que ameaça literalmente a vida. Na dor crônica, toda experiência, todo movimento, toda situação fica inadequadamente marcada e é vivida na mente como se fosse uma ameaça à vida. Não fomos feitos para ser expostos ao perigo o tempo todo e não fomos feitos para ouvir sinais de alarme o tempo todo. Dá para ver que a dor tem potencial para tornar a pessoa insana."

A devastação da dor crônica é a maneira como, com o tempo, ela "se espalha e polui o cérebro". Ele fez uma analogia com a dor do membro fantasma: quando alguém corta quatro dedos da mão, a área neural do cérebro (o homúnculo) que representa os dedos que restam tende a crescer, expandindo-se para as áreas que representavam os outros quatro dedos. O dedo que resta ao homúnculo acaba inchando até abranger o espaço antes ocupado por todos os cinco dedos.

"Da mesma maneira", disse ele, "a dor é uma experiência tão persistente e incansável que, na verdade, envenena e infecciona o cérebro. O prazer e o relaxamento ficam em desvantagem comparados à dor porque, enquanto a dor domina e deixa marcas na consciência, esses dois são estados tipicamente silenciosos e sutis. Todos precisam encontrar um modo de ter experiências não só agradáveis, como também tão importantes e instigantes quanto a dor. A experiência religiosa pode ter esse poder, mas, infelizmente, os médicos não podem receitar religião. Mas, seja qual for a técnica — sexo, conversa íntima, ouvir música —, é preciso criar momentos em que a atenção seja suficientemente afastada da dor para que fiquem quase indolores, de modo que a pessoa consiga começar a se recondicionar e recuperar o seu cérebro".

UMA NARRATIVA MENOS AFLITIVA

Para alguns, o simples fato de saber que o cérebro cria e controla a dor já lhes dá o controle. A escritora Susan Cheever me contou que, quando passou a ter dor nas costas, o médico, em resumo, diagnosticou velhice. Ela estava com 60 e poucos anos e apresentava sinais de artrite e escoliose. Mas sempre fora extraordinariamente saudável, atlética, de aparência jovem, e não gostou da ideia de que essas coisas mudavam. Decidiu consultar o dr. John Sarno. Depois de examiná-la, o dr. Sarno declarou com autoridade: "Essa dor não é causada pela artrite, pela escoliose nem por nenhum problema mecânico. *É causada pelo seu cérebro.*"

O truísmo a atingiu como uma revelação. "Sei tudo sobre ser desviada pelo meu cérebro", disse ela, com ironia.

Na vez seguinte que sentiu dor na perna, pensou na teoria da SMT de Sarno — de que as emoções negativas reprimidas provocam dor e tensão muscular. Ela disse a si mesma que a dor não era causada por problemas nos discos da coluna: "É causada pelo meu cérebro, que me distrai do meu pesar e da minha fúria não admitidos." Ela notou que chorar aliviava a dor. Inscreveu-se no curso dele e começou o longo projeto de "reeducar uma parte do meu cérebro para pensar em outra parte do meu cérebro de um jeito diferente". No dia do funeral de uma amiga, a dor sumiu da perna e reapareceu no alto das costas. "Pensei: *Ah, sem essa; isso é tão óbvio.*"

Quando contou ao dr. Sarno como fora difícil a infância dela, filha do complicado escritor John Cheever, ele demonstrou surpresa por ela estar tão bem e atribuiu isso ao poder da imaginação dela de transformar perda e dor emocional nos seus escritos. Mandou que ela usasse esse poder para transformar a experiência da dor corporal.

Ela tomou consciência de que, sempre que tinha a sensação de dor, começava a floreá-la como uma narrativa sinistra. Com o primeiro beliscão da dor de cabeça, começava a escrever uma história interna cuja cena de abertura era uma tarde nublada no Central Park e cujo final era a morte dela com um tumor no cérebro.

"Tenho uma imaginação apocalíptica", disse ela. "Sarno me deu uma narrativa muito menos aflitiva. Em vez de pensar: *Talvez este seja o primeiro sinal da minha morte*, comecei a pensar: *Talvez não seja nada*. Talvez seja psicossomático. E, quando fiz isso, as dores sumiram. Puf."

Ela abriu as mãos com o mesmo gesto do sacerdote nas cavernas de Batu, como se a dor fosse algo que se pode, simplesmente, mandar embora.

Senti muita inveja.

Muito embora eu soubesse que um dos quatro tipos de dor é a dor psicogênica, a simplicidade da história de Susan me surpreendeu. Mas sabia que, embora o modelo do dr. Sarno não funcione com todo mundo, ele não ficaria famoso se não funcionasse com alguns. Já ouvi outros médicos exprimirem ceticismo pelas suas doutrinas, mas, como a dor é uma percepção, não existe redução fraudulenta da dor.

Fiquei meio tentada a consultar o dr. Sarno, mas uma característica reveladora da SMT é que o local da dor do paciente muda o tempo todo. A minha dor era absolutamente estável. O lado direito do meu rosto e da testa doía sempre; o lado esquerdo era bom. O pescoço nunca estava bom. Às vezes eu me imaginava no meu caixão, a dor finalmente sumida, e a imagem tanto me confortava quanto me alarmava.

Diário da dor:

Tento mudar a minha percepção

Hoje o meu humor foi: 0 (BOM)-5 (MAU)
Hoje o meu nível de dor foi: 0 (LEVE)-5 (INTENSO)

Eu poderia ficar o dia todo lendo sobre o funcionamento do sistema de modulação da dor, mas não conseguia canalizá-lo. Tomás de Aquino, os peregrinos de Thaipusam e Susan Cheever podem ter sido abençoados com o domínio das suas percepções e com sistemas moduladores obedientes, mas o aspecto da minha dor do qual eu tinha mais certeza é que *não* era voluntário — crença reforçada a cada dia que sentia dor, o que era todo dia. O meu sistema de modulação era como um gênio preso em alguma dobra do meu cérebro que não obedecia às ordens. Se tinha uma senha, eu não a esquecera, eu nunca a soubera. Às vezes surgia por vontade própria em casos de emergência, como um osso quebrado (pelo menos por tempo suficiente para uma sessão de psicoterapia), mas não podia ser convocado.

Ninguém sabe por que o sistema de modulação de alguns pode ser ativado pelo placebo enquanto o de outros não. Uma das teorias é que o placebo é uma função da personalidade: alguns tipos de pessoas investem os médicos de autoridade e acreditam no que eles dizem.

Eu não dou a mínima para figuras de autoridade, mas sou extremamente sugestionável. Não acredito em espíritos, mas, se alguém me diz que um lugar é mal-assombrado, sinto arrepios. Adoro símbolos e metáforas e a lata caríssima de chá curativo que comprei em Pequim, cheia de palavras que parecem poderosas porque eu não as entendo. Achei que seria um modelo perfeito para reagir a placebos. Mas fiz muitas tentativas para tratar a minha dor com técnicas alternativas e nem uma delas funcionou; o placebo não conseguiu acrescentar nem uma pitadinha de magia. Tentei hipnose, meditação e acupuntura (que a maioria dos médicos com que conversei acredita que seja placebo, embora não quisesse que eu citasse que dissera isso). Achei todas relaxantes, mas depois a dor parecia a mesma. Tentei a homeopatia, sobre a qual todos os médicos da dor que entrevistei concordavam que é placebo, porque as substâncias medicinais são tão diluídas que se tornam farmacologicamente inertes. Não sabia disso quando experimentei e tinha expectativas positivas, mas não deu certo. A massagem ajuda, mas o efeito não é duradouro.

É decepcionante, mas os tratamentos que mais me ajudam são os convencionais: fisioterapia, injeções de Botox, Celebrex (e o Vioxx, há tanto tempo perdido) e tramadol, um analgésico esquisito cujo mecanismo de ação ainda não foi totalmente compreendido, mas que age sobre o cérebro de diversas maneiras, inclusive sobre os sistemas da serotonina e da noradrenalina.

O meu diário da dor me pedia que classificasse a dor diariamente numa escala de 0 a 5. Costumava classificá-la como 4 e 5; depois de anos de tratamento, em geral ficava em 3. Às vezes era 4, e às vezes era pavorosa, mas outras vezes era 2 e, de vez em quando, eu conseguia esticá-la mentalmente até virar 1. Notei que classificar a dor como 1 me alegrava, mas classificar como 0 parecia mentira. O fato de ser uma mentira tão clara me deixava sem graça, depois de toda a pesquisa que fiz sobre a dor (ainda que essa pesquisa me reiterasse que *a dor crônica é uma doença crônica, como a diabetes*, e que reduzir a dor a um nível suportável, como consegui, *é* um resultado positivo). Ainda assim, se Susan Cheever, Danielle Parker e muitos outros conseguiram ser mais ou menos curados, por que não eu? E o poder da minha mente? Não sou imaginativa?

Até os meus dias mais lindos às vezes parecem o quadro de Vermeer que mostra a cidade de Delft numa tarde de verão na qual, acima das torres imóveis e do rio cintilante, as nuvens pendem opressivamente baixas, e a tristeza e a mortalidade pesam.

Sean Mackey, diretor do serviço da dor de Stanford, estava trabalhando num estudo sobre o efeito do controle cognitivo da dor com o uso de imagens guiadas. Ele recordou que, quando começou a trabalhar com pacientes com dor, percebeu que "boa parte do tratamento era tentar inverter o desamparo adquirido" — reanimá-los para saírem do desespero entranhado por anos de dor persistente e seduzir a mente deles a liberar o analgésico que a própria mente é capaz de criar.

A teoria do desamparo adquirido se baseia na observação de que, quando damos em cães choques elétricos de que não podem fugir, dois terços deles internalizarão a noção de que não podem evitar a dor e a vitimização. Mais tarde, quando postos num ambiente em que podem escapar dos choques simplesmente pulando uma barreira baixa, esses cães nem tentam; em vez disso, se deitam no chão, baixam as orelhas e gemem.

Sempre associei o desamparo adquirido a cães que gemem. Mas e aquele terço dos cães que salta e foge?

"Isso também se aplica às pessoas, mais ou menos na mesma proporção de resiliência e resignação", disse ele. *A dor transtorna e destrói a natureza de quem a sente* — mas nem sempre. Como os choques elétricos, a dor crônica é um estímulo repetitivo e punitivo sobre o qual os indivíduos não têm controle e que cria desamparo adquirido na maioria dos pacientes. "Como desfazer esse efeito?", perguntou o dr. Mackey. "Quero mostrar aos pacientes que a mente é importante."

Eu teria desamparo adquirido? O dr. Mackey indicou os três critérios fundamentais da teoria: o sujeito tem de perceber o estímulo negativo como *pessoal, generalizado* e *permanente*.

Faz tempo que rejeitei a ideia de que a minha dor é pessoal, no sentido de algum tipo de sintoma ou símbolo. Tentei pensar e falar sobre ela com objetividade, como fato, não como infelicidade privada. Mas parecia generalizada, já que estava sempre lá, e, embora tivesse esperança de não ser permanente, temia que fosse. Mas talvez *seja* permanente; ser realista não deveria me transformar num cachorro que geme. Mas, ao pesquisar a dor, já que agora eu sabia que a dor é uma percepção, eu podia concluir, portanto, que a barreira teria a altura que eu percebesse?

Pedi ao dr. Mackey uma demonstração clínica do seu estudo. Ele prendeu uma sonda metálica, que se aquecia e esfriava a intervalos regulares, nas costas do meu pulso. Disse que, embora a sonda quente fosse desconfortável, a minha pele não se queimaria. (Na verdade, uma limitação importante da pesquisa da dor em seres humanos é que os pesquisadores não podem causar lesões graves nos tecidos dos participantes.) Durante uma exposição, me instruíram a que pensasse na dor da maneira mais positiva possível; em outra, que pensasse nela da maneira mais negativa possível. Depois de cada exposição, me pediram que classificasse a minha dor numa escala de 0 a 10, sendo que 10 seria a pior dor que eu pudesse imaginar.

Embora eu tivesse descoberto que conseguia fazer a dor flutuar conforme imaginava estar mergulhada numa adorável banheira de hidromassagem ou ser vítima da Inquisição, ainda classifiquei toda dor como baixa, entre 1 e 3. Se 10 era ser queimada viva, achei que pelo menos deveria pedir misericórdia para justificar a nota 5. Assim, insisti com o dr. Mackey para que aumentasse a dose. Fiquei surpresa ao ver como era quente, dado que não podia me queimar. Mas, mesmo quando tentei ao máximo imaginar a dor da forma mais negativa possível, a garantia inicial do dr. Mackey impediu que doesse de verdade — isto é, que doesse do jeito que uma queimadura dói.

Depois, a minha pele ficou avermelhada e, em seguida, começou a formar uma bolha. O dr. Mackey ficou bastante consternado, mas eu me empolguei. Era uma queimadura de segundo grau que acabou escurecendo num quadrado, como a marcação de uma cabeça de gado. O protocolo do estudo fora cuidadosamente especificado para evitar machucar alguém, mas no meu caso essa proteção falhara devido ao próprio fenômeno estudado: o efeito da mente sobre a dor. Naquela época, eu já passara várias semanas observando a clínica da dor do dr. Mackey. Estava tão convencida de que ele não me queimaria que o meu cérebro não percebeu o estímulo como ameaça. Eu o admirava, confiava nele, tinha certeza de que não me machucaria. E, *ipso facto*, pelo poder do efeito placebo, não machucou.

Antes, só uma vez o meu sistema de modulação fora enganado de forma parecida para acabar com a dor.

Alguns anos antes, no Dia dos Namorados, recebi um enorme sabonete rosa em forma de coração, do tamanho de um coco pequeno, do meu namorado Zach. Só cabia na mão de um gigante, então talvez fosse apenas decorativo. Tentei não ver aquilo como metáfora do relacionamento (embora, como o acidente da porta, fosse), mas, na primeira vez que tentei usá-lo no chuveiro, o coração sabão escorregou das minhas mãos e esmagou meus dedos do pé. Foi espantosamente doloroso. Fiquei uma hora enrolada feito uma bola e depois liguei para Zach. Não consegui encontrá-lo, e queria falar com alguém do tipo namorado, e por isso liguei para Luke, o ex-namorado.

— Não está quebrado — declarou ele com alegria.

— Ah... Há, como sabe?

— Doeria demais.

— Mas dói demais. Foi por isso que liguei... — disse, sentindo menos certeza.

— Doeria mais — disse ele, de forma definitiva.

Depois de refletir, decidi que talvez não doesse tanto quanto eu pensava. Nas horas seguintes, achei que ele estava certo, mas ainda não conseguia andar, e depois, mesmo ficando deitada e quieta, a dor aumentou. Foi como se a segurança de Luke pusesse a dor numa caixa com o rótulo *não está quebrado* que a conteve por algum tempo, mas aí a dor transbordou e começou a escorrer pelas paredes da ideia.

Liguei outra vez para ele.

— Não dói do jeito que uma fratura dói — disse. A certeza dele reconfigurou a sensação de novo. Quando a dor voltou a transbordar, Zach já voltara.

— Por que não foi ao médico? — ele me repreendeu. — Você é muito azarada.

Comecei a chorar.

Dois dedos do meu pé estavam fraturados. Sabia que nunca mais conseguiria ligar para Luke por causa de problemas médicos. Realmente, às vezes, durante nossa amizade depois disso, quando sentia que Luke desdenhava a minha dor crônica, esse desdém não conseguia descartar a dor. Só me senti mais sozinha com ela. Era o Dilema do Placebo outra vez. A expectativa pode rivalizar com a nocicepção, mas é impossível utilizar esse fato, porque, assim que sabemos que o alívio não passa de placebo, a expectativa desmorona. O gênio é engenhoso; nunca cai no mesmo truque duas vezes.

A ANESTESIA DA CRENÇA

À s vezes, quando a minha dor crônica me atormentava, a visão da cicatriz do teste de tolerância da dor — um quadrado de pele levemente escurecida debaixo do mostrador redondo do meu relógio de pulso — me tranquilizava e me repreendia. *Eis aqui*, pensava eu, *a prova suprema de que a minha mente pode controlar a dor.* Mas como conseguir isso com a minha dor real, a dor que não era experimental? A cicatriz continuou a desbotar até que, dali a alguns anos, só era visível sob certa luz, e a prova da existência do meu sistema de modulação parecia uma relíquia na qual a minha fé declinava.

Pensei na história que li sobre um monge budista tailandês da década de 1930 chamado Sao Man que tinha um discípulo torturado pela dor da malária. Sao Man declarou que, "em vez de tentar aliviar os sintomas físicos, os monges deveriam ir à raiz do sofrimento e curar a mente" e "observar a dor sem reagir, para assim perceberem a verdade do sofrimento".

Observar a minha dor é exatamente o que quero fazer. Quero observar a minha mente funcionando quando gera a dor e então mudá-la, assim como um programador de computador consegue consertar um erro de código ou Vermeer pode ter pintado por cima de algumas daquelas nuvens. Quero reger os neurônios do meu cérebro como se fossem uma orquestra tocando música dissonante. As áreas que geram dor: *pianissimo*! As áreas que deveriam aliviar a dor: *fortissimo*! Baixar a regulagem do circuito de percepção da dor. Aumentar a regulagem do circuito de modulação da dor. *Pronto.*

Na maior parte da história, a ideia de observar a mente em funcionamento era tão fantástica quanto documentar um fantasma. Era possível invadir a casa mal-assombrada — cortar e abrir o cérebro —, mas só se encontrava a própria casa, a arquitetura do cérebro, em vez do ocupante invisível. Fotografar com raios X só resultava em imagens da parede externa da casa, o crânio. A invenção da tomografia computadorizada e da ressonância magnética foi um grande avanço, porque elas revelam os tecidos além dos ossos — o papel de parede além das paredes —, mas o fantasma ainda não aparecia. As fotografias que produzem são estáticas. A consciência continuava fugidia.

Uma nova forma de ressonância magnética, a ressonância magnética funcional, e uma tecnologia relacionada, a tomografia por emissão de pósitrones, usadas com programas de computador cada vez mais sofisticados, pretendem observar o cérebro vivo em funcionamento. Os filmes mostram partes do cérebro que se ativam com estímulos variados ao perceber áreas com aumento do fluxo sanguíneo ligado a descargas neuronais mais rápidas. Pela primeira vez na história, é possível dar um choque doloroso em alguém e observar o cérebro criar a experiência da dor.

"Na dor, há uma ironia interessante", me contou Christopher deCharms, neurofisiologista e pesquisador da dor. "Todo mundo nasce com um sistema previsto para desligar a dor. Não há um mecanismo óbvio para desligar outras doenças, como a de Parkinson. No caso da dor, o sistema está lá, mas não temos o controle dos botões."

O dr. deCharms colaborou com Sean Mackey para desenvolver uma técnica de investigação que mais parece ficção científica cujo objetivo é ensinar a controlar esses "botões": ativar os sistemas de modulação sem o estresse de fugir de um tubarão nem o logro do placebo. Em geral, a neuroimagem do cérebro envolve os participantes examinados e os pesquisadores que analisam o exame. Mas e se a máquina de neuroimagem funcional fosse equipada com uma tela interna, de modo que os próprios participantes pudessem observar a imagem da atividade do próprio cérebro em tempo real, enquanto o cérebro reage à dor? Ver o funcionamento dos circuitos de modulação da dor permitiria que os participantes aprendessem a controlá-los com mais eficácia?

Usando exames de ressonância funcional em tempo real, o dr. deCharms e o dr. Mackey pediram aos voluntários que, durante seis sessões, tentassem aumentar e reduzir a dor enquanto olhavam para uma tela que mostrava a ativação da parte do cérebro envolvida na percepção e na modulação da dor. O biofeedback tradicional já provou que os indivíduos podem ser treinados para controlar funções corporais autônomas, como a taxa de batimentos cardíacos, a temperatura da pele e até o ritmo da atividade elétrica do cérebro, antes consideradas além da volição, usando medições dessas funções. Mas essas medições só refletem indiretamente a atividade do cérebro. Por sua vez, a técnica dos drs. deCharms e Mackey, que eles chamam de *terapia da neuroimagem*, permite que os participantes interajam (em certo sentido) com o cérebro propriamente dito.

A esperança da terapia da neuroimagem é que a prática regular fortaleça o sistema ineficaz de modulação para eliminar a dor crônica, assim como a fisioterapia pode eliminar, a longo prazo, a fraqueza muscular. O exame, na verdade, *seria* o tratamento, e o participante, o seu próprio pesquisador.

Na preparação para o exame, os participantes são treinados em três tipos de estratégia de controle da dor: mudar a atenção que dão à dor (concentrar-se nela ou fora dela); mudar a avaliação da dor (percebê-la como mais ou menos intensa); e mudar a percepção do estímulo (como experiência sensorial neutra em vez de experiência prejudicial, assustadora e avassaladora).

Embora os estudos com a neuroimagem funcional tenham demonstrado que a distração reduz a dor, o dr. deCharms acredita que, de forma paradoxal, uma abordagem alternativa para aliviar a dor é concentrar-se diretamente nela, o que, segundo ele, pode ativar o sistema de modulação da dor. Em termos pessoais, ele sente que, no caso das vítimas da dor crônica, "a técnica da distração pode não trazer muito benefício, porque afasta a pessoa da dor por alguns momentos, mas, assim que a distração termina, a dor está lá de novo, inalterada".

Recentemente, ele mesmo sofreu um ataque de dor no pescoço e decidiu ver se a terapia da neuroimagem poderia ajudar. Mas, quando tentou se concentrar na dor dentro do aparelho, descobriu que era curiosamente difícil.

"Embora parecesse que a dor no aparelho era tudo em que pensava e tudo de que falava, na verdade eu não me concentrava nela de verdade. A mente faz qualquer coisa para não se concentrar na dor." Mas, quando conseguiu se concentrar nela, "sentiu a dor se esvair". "Percebi que eu estava aumentando a regulagem do sistema de controle da dor. Foi uma sensação parecida com o 'barato dos corredores'."

Dayna, mulher de meia-idade que não conseguia trabalhar devido aos vários anos de dor nas costas, me contou ter descoberto que, na verdade, tentar se distrair da dor com imagens positivas piorava a dor. "Eu imaginava cavalgadas, caminhadas e todas aquelas coisas divertidíssimas que costumava fazer", disse ela. "No aparelho, via que essas coisas provocavam um aumento da atividade cerebral, porque as associo com a sensação de perda, sabendo que não posso mais praticá-las. Percebi que precisava pensar em coisas novas." Em vez disso, ela tentou se concentrar em aceitar e até abraçar a dor. "Me veio uma imagem de mim dançando com a dor", disse ela, e quando começaram a dançar ela sentiu a dor se transformar de perseguidora em parceira.

Tomara que funcione comigo, pensei.

Para mim, a distração sempre foi a técnica mais bem-sucedida de alívio da dor. Certa vez, quando comecei a sentir dor, me enrolei na cama e chorei. Fizera isso muitas vezes quando um relacionamento romântico terminava, e me entregar a isso sempre fazia com que me sentisse melhor. Mas dessa vez, quando acabei de chorar, a dor não só não melhorara, como estava pior. "A dor não se dissolve com lágrimas, é regada por elas", escrevi no meu diário. Depois disso, quando tinha dor demais para fazer algo produtivo, ia ao cinema ou à confeitaria e comprava um doce de marshmallow e flocos de arroz. Mas nunca tentara me concentrar calmamente na minha própria dor.

Em certo sentido, a terapia da neuroimagem é uma forma tecnológica de aprender a antiga técnica religiosa da meditação que tenta deixar o processo mais transparente. Mas, como ressaltou o dr. Mackey, "os monges budistas levam trinta anos sentados na montanha para aprender a controlar o cérebro com a meditação. Estamos tentando acelerar esse processo".

Eu olhara a dor através das lentes pré-modernas da metáfora, da religião e da magia; olhara a dor através da lente moderna da biologia e da doença. Ambas se mostraram inadequadas. Queria entender a dor com um novo paradigma, um paradigma pós-moderno, por assim dizer, que usasse a magia da ciência para ver a ciência da magia — e encontrar tratamentos que se baseassem nesse entendimento.

Deitada de costas numa grande máquina plástica de ressonância magnética funcional no laboratório da Universidade de Stanford, espio uma telinha com óculos 3-D. A máquina faz um barulho profundo de chocalho, e uma imagem cintila na minha frente: o meu cérebro. Eu. *Estou olhando o meu próprio cérebro enquanto ele pensa os meus pensamentos, inclusive este aqui.*

"É o problema da mente e do corpo, bem ali na tela", comentou depois Christopher deCharms. "Estamos fazendo o que tantos quiseram fazer durante milhares de anos. Descartes disse: 'Penso, logo existo.' Agora, observamos esse processo acontecer."

A tela mostra a ativação do CCAr, a parte do sistema límbico que dá à dor a sua valência emocional. A dor da dor, por assim dizer, é a maneira como ela se embebe de um desagrado específico — a tristeza, a ansiedade, a angústia e o desgosto que os pesquisadores chamam de *disforia* —, uma reação tão feroz que somos instantaneamente compelidos a fazer o estímulo parar, não em cinco minutos, não em cinco segundos, mas *agora*. Podemos sentir calor, frio ou pressão e observá-los como simples estímulos, mas assim que esses estímulos ultrapassam uma certa intensidade, o CCAr se ativa, crava a nossa atenção, nos enche de disforia e nos obriga a tentar desesperadamente dar fim a ele.

O CCAr é representado por uma imagem tridimensional de uma fogueira na qual a altura das chamas corresponde ao grau de ativação. Os participantes passam por períodos de trinta minutos de exame, cada um deles composto de cinco ciclos de descanso seguidos por intervalos em que tentam aumentar a ativação do CCAr e depois reduzi-la.

"Aumente a dor", ordena a tela quando começa o primeiro ciclo. Tento recordar as estratégias mentais que me ensinaram para aumentar a dor: *Pense em como se sentiu desesperançada, deprimida ou sozinha quando a dor era mais forte. Imagine que a dor nunca acabará. Sinta que a dor causa lesões a longo prazo.*

Imagino a dor — encharcada, mofada ou talvez cheia de cinzas — como o pulmão dos fumantes. "A dor se espalha e polui o cérebro", foi o que John Keltner me disse. "Na verdade, ela envenena e infecciona o cérebro."

Dali a três meses, faria dez anos desde o dia em que fui nadar com Kurt e comecei a sentir dor. O que isso fizera com o meu cérebro? O estudo do dr. Apkarian indicou que perdemos $1,3cm^3$ de substância cinzenta do cérebro a cada ano de dor crônica. Se eu multiplicar isso por dez... Na tela, as chamas do meu CCAr explodem. Alimento ainda mais as chamas pensando em descrições dos hereges na fogueira do *Livro dos Mártires* de Foxe.

"Reduza a dor", ordena a tela.

As estratégias sugeridas para a redução da dor pouco fazem para aplacar as chamas. *Diga a si mesma que é apenas uma sensação tátil, de curto prazo e totalmente inofensiva.* Tento sufocar a dor com imagens positivas banais de "água ou mel correndo" e me imaginar num "lugar favorito para passar férias, como as montanhas ou a praia".

"Cada momento sem dor compete com o ataque violento da experiência da dor crônica", dissera John Keltner. "As pessoas precisam criar momentos em que sua atenção seja suficientemente afastada da dor, para que elas fiquem quase livres da dor, de modo que possam começar a recondicionar e recuperar o seu cérebro." Mas a minha mente continua voltando para o auto de fé, e a fogueira do CCAr se atiça.

E se eu *fosse* um mártir? Penso na história do Rabbi Akiva, que recitou uma oração com um sorriso nos lábios enquanto a carne era arrancada dos seus ossos com pentes por ter desafiado a proibição romana ao estudo da Torá. "Durante a vida toda", explicou ele ao governador perplexo que comandava a execução, "quando dizia as palavras 'Amarás ao senhor teu Deus com todo o teu coração, com toda a tua alma, com toda a tua força', ficava entristecido, pois pensava: *Quando serei capaz de cumprir esse mandamento?* Agora que estou dando a minha vida e a minha resolução continua firme, não deveria eu sorrir?"

"Afortunado és, Rabbi Akiva, por ser martirizado pelo bem da Torá", conclui alegremente o Talmude.

No meu próximo intervalo de Redução da Dor, concentro-me em mim como mártir. (Judia? Cristã? Bruxa?) *Afortunada és, digo a mim mes-*

ma, por teres essa oportunidade de recitar com lucidez a oração de alguma fé enquanto és queimada na fogueira. Afortunada és por estares tão convencida da tua fé que vês essa oportunidade como afortunada... Respeitosamente, a ativação do meu CCAr se reduz.

Mas me lembro de que havia uma pegadinha no caso das bruxas. Às vezes, acreditava-se que as bruxas tinham áreas insensíveis chamadas marcas do demônio que poderiam ser descobertas com espetadelas de alfinete. A falta de dor seria prova de feitiçaria! Assim que me concentro na necessidade de sentir a dor das alfinetadas para provar a minha inocência, o CCAr me ajuda e se acende. Logo consigo entender a estratégia. Herege mártir: CCAr baixo. Herege bruxa: CCAr alto.

Tento recordar as teorias dos mecanismos fisiológicos que tentavam explicar a anestesia induzida pela crença dos hereges mártires. Talvez estivessem em transe, num estado de autossugestão ou auto-hipnose. Ou talvez se beneficiassem do "contraprazer": se a dor atendesse a uma meta psicológica mais elevada, poderiam vivenciá-la como se fortalecesse em vez de prejudicar o ego. Em *Sacred Pain*, Ariel Glucklich teoriza que a dor intensa pode causar tanto uma liberação maciça de betaendorfinas quanto a sensação de dissociação, que liberta o indivíduo das ansiedades e dos desejos que, normalmente, compõem o eu. Ele chama a euforia resultante de "analgesia por superestimulação".

Seria de se esperar que a experiência da dor levasse a um foco único de atenção no corpo. Mas os devotos religiosos insistem na ideia de que, durante certos ritos, a concentração, paradoxalmente, se transforma no seu oposto: numa sensação de transcendência ou de se libertar do corpo. Os ascetas descrevem o momento, durante a flagelação, em que a dor se transforma em não dor — em que, como explicou um peregrino, "a dor, ao se tornar tão intensa, começa a desaparecer", ou, como escreveu um místico, "num instante, tudo é dor; mas, no instante seguinte, tudo é amor".

Como a dor leva o cérebro a criar essa sensação de deslocamento do próprio corpo? O psicólogo canadense Ronald Melzack (coautor do Questionário McGill da Dor) teorizou que cada pessoa tem uma "neuroassinatura" única (o relé neural do tálamo, do córtex e do sistema límbico, que compõem a neuromatriz). A neuroassinatura cria o que ele chama de "neuromatriz eu-corpo", que integra o fluxo contínuo de sinais sensoriais numa percepção consciente de si mesmo. E especulou que a dor intensa deixa a neuromatriz assoberbada com um excesso de informações sensoriais, interrompe a neuroassinatura e embarga o modelo eu-corpo. Embora a sensação de dor continue a ser registrada, não pode mais ser processada. O indivíduo tem consciência da dor, mas deixa de vivenciar essa dor como pertencente a ele — ou, na verdade, deixa de vivenciar o eu ao qual a dor pertenceria. Esse fenômeno é "apavorante ou extasiante", escreve Ariel Glucklich, dependendo de ter sido proposital ou não.

Lembro-me de ter observado o rosto impassível do devoto no Thaipusam enquanto o sacerdote lhe enfiava nas costas os anzóis com as limas penduradas e que ele disse que a dor não lhe pertencia mais. O deus o libertara da dor.

Distraída ao pensar na analgesia por hiperestimulação — e depois distraída ao pensar na teoria de Tracey do efeito modulador da distração —, observo a ativação do meu CCAr minguar até sumir.

CONTROLE COGNITIVO DA NEUROPLASTICIDADE

Alguns dias depois, Sean Mackey me conta que o resultado do meu exame indica que tenho controle significativo da minha atividade cerebral. Uma semana depois, faço outro exame nas instalações elegantes da Omneuron, uma empresa de tecnologia médica de Menlo Park fundada por Christopher deCharms para desenvolver aplicações clínicas da neuroimagem funcional em tempo real. Dessa vez, é mais fácil controlar o CCAr sem usar tanta fantasia complicada; interajo de forma mais direta com o meu cérebro.

Esse efeito de aprendizado foi demonstrado por um estudo que eles publicaram na prestigiada revista *Proceedings of the National Academy of Sciences*. O estudo mostrou que, enquanto olham imagens da atividade do cérebro, os indivíduos conseguem aprender a controlar a ativação de um modo que regula significativamente a dor. A primeira fase do estudo examinou 36 indivíduos saudáveis e 12 com dor crônica. No aparelho, os saudáveis tentaram modular a reação a um estímulo térmico doloroso. No entanto, os pacientes com dor crônica tentaram apenas reduzir a dor que já sentiam. No final do estudo, os pacientes com dor crônica que receberam treinamento com neuroimagem relataram uma redução média de 64% na classificação da dor. Além disso, o benefício continuou depois do fim do estudo: a maioria dos pacientes com dor relatou ter continuado a sentir 50% ou mais de redução da dor. Durante o estudo, os indivíduos saudáveis também apresentaram um aumento significativo da capacidade de controlar a dor.

"Uma grande preocupação nossa", diz o dr. Mackey, "era: estaremos criando o placebo mais caro do mundo?" Para assegurar que não era isso, ele treinou um grupo de controle usando técnicas de redução da dor sem o aparelho de ressonância (como na experiência anterior), para ver se eram tão eficazes quanto a máquina multimilionária. Também tentou fazer ressonâncias dos indivíduos sem lhes mostrar a imagem do cérebro e enganar os participantes mostrando-lhes imagens de partes irrelevantes do cérebro ou do cérebro de outra pessoa. "Nada disso funcionou", diz o dr. Mackey, "ou então não funcionou tão bem." O biofeedback tradicional também perdeu na comparação: a mudança na classificação da dor dos indivíduos do grupo de terapia com neuroimagem foi três vezes maior do que no grupo de controle que fez biofeedback.

As fases subsequentes do estudo avaliarão se a técnica traz benefícios práticos a longo prazo para um grupo maior de pacientes com dor crônica, mudando de modo fundamental seu sistema modulador, para que eles consigam reduzir a dor o tempo todo sem que precisem tentar isso de forma constante e consciente. Se conseguirem, a técnica não oferecerá apenas um abrigo contra a tempestade de dor; ela trará uma mudança de clima. O trabalho ainda não publicado verificou que o treinamento de pacientes com dor crônica repetido durante seis semanas reduziu a dor de forma significativa.

"Acredito que a técnica possa trazer mudanças duradouras, porque o cérebro é uma máquina projetada para aprender", diz o dr. deCharms. O cérebro é plástico: sempre que aprendemos alguma coisa, novas ligações neurais se formam, e as antigas e não usadas murcham (processo conhecido como *neuroplasticidade dependente de atividade*). Portanto, usar uma certa região do cérebro pode alterá-la. (A neuroimagem mostrou, por exemplo, que a parte do cérebro dos motoristas de táxi de Londres que cuida das relações espaciais é maior que o normal. O que mais espanta é que, depois de apenas três meses de treinamento, aprender malabarismo cria mudanças visíveis nas partes do cérebro envolvidas com a coordenação motora.)

Muitas doenças do sistema nervoso central envolvem um nível inadequado de ativação em regiões específicas do cérebro, que muda o modo como funcionam. Algumas regiões têm menos atividade, outras se tornam hiperativas. (Por exemplo, a epilepsia envolve hiperatividade anormal das células; derrames, doença de Parkinson e outras envolvem neurodegeneração.) No caso da dor crônica, novas células nervosas recrutadas para transmitir dor criam mais vias de dor no sistema nervoso, enquanto os neurônios que, normalmente, inibiriam ou retardariam o envio das mensagens começam a diminuir ou a funcionar de modo anormal. A terapia da neuroimagem pode mitigar esse dano ao ensinar a aumentar a eficácia dos neurônios saudáveis do cérebro.

"Isso dá a todos uma ferramenta que ninguém sabia que tinha", diz o dr. Mackey. "O controle cognitivo da neuroplasticidade."

A técnica pode trazer uma vantagem específica em relação à terapia medicamentosa. É difícil projetar remédios que mudem um processo doentio numa região específica do cérebro, porque as drogas funcionam visando aos receptores, e a maioria dos receptores, como os de opiáceos, está presente em vários sistemas do cérebro e do corpo (e essa é uma das razões para que esses medicamentos sempre tenham efeitos colaterais). A terapia com neuroimagem, por sua vez, é anatomicamente específica e permite a possibilidade de alvejar a neuroplasticidade, assim como um músculo pode ser isolado e treinado.

A terapia com neuroimagem "oferece provas tangíveis de que todos podem mudar o próprio cérebro, o que pode nos dar muito poder", diz o dr. Mackey. Assim como muitos ficaram perplexos com as curas pela fala de Freud (como descrever problemas poderia *resolvê-los?*), a ideia de uma "cura pelo olhar", por assim dizer, nos faz perguntar: como uma parte do cérebro poderia controlar outra, e por que *olhar* o processo ajuda? Quem, então, é o "eu" que controla o meu cérebro? A técnica parece aprofundar, em vez de resolver, o problema mente-corpo, ampliando a linha divisória cartesiana que divide o eu em agente e objeto, mente e cérebro, fantasma e máquina.

"Acreditamos que as partes do cérebro que tomam decisões são as regiões pré-frontais do córtex", diz o dr. Mackey. Mas como aquelas partes do cérebro *causam* a mudança do CCAr? "Não faço a menor ideia! Como obrigar o cérebro a fazer *qualquer coisa?* Podemos mapear os circuitos anatômicos envolvidos e as funções gerais desses circuitos, mas não sei dizer com que mecanismo as decisões cognitivas, grandes ou pequenas, se traduzem em ação."

A terapia da neuroimagem como tratamento para doenças é uma daquelas ideias novas que parecem óbvias quando olhamos para trás, mas que antes ninguém pensou em tentar. Embora alguns pesquisadores tenham experimentado ensinar os indivíduos a controlar a ativação do cérebro para criar uma "interface cérebro-computador", o objetivo dessas experiências foi teórico e não terapêutico. Numa delas, por exemplo, os participantes aprenderam a fazer um cursor navegar por um labirinto na tela usando apenas o cérebro. Os participantes completaram uma sequência de estratégias mentais. Cada estratégia ativava uma parte diferente do cérebro que, automaticamente, movia o cursor de um jeito diferente. Ao observar como algumas ativações resultavam em movimentos correspondentes do cursor, os participantes foram capazes de aprender a guiar o cursor pelo labirinto.

Talvez o melhor exemplo de "cura pelo olhar" seja um tratamento novo para a dor do membro fantasma. O neurologista Vilayanur S. Ramachandran usou uma caixa de espelhos (uma caixa com dois espelhos no centro, um na frente do outro), na qual os pacientes punham o membro de verdade de um lado e, do outro, o toco do membro perdido. Quando movem o membro real olhando de um lado da caixa de espelhos, parecem estar movendo os dois braços. Tipicamente, a dor do membro fantasma envolve a sensação de que o membro fantasma está preso numa posição desconfortável. Ao endireitar o braço existente na caixa de espelhos, o paciente pode ter a ilusão de desdobrar o braço fantasma, e a dor da cãibra passa. (Mais recentemente, cientistas da Universidade de Manchester tiveram sucesso com o uso de uma simulação gerada por computador para criar uma ilusão mais realista).

Se os pacientes sabem que é ilusão, por que o truque funciona? Por um mecanismo desconhecido, o córtex visual transmite a imagem para o córtex somatossensorial, que decide imitar a imagem no espelho, fazendo o membro fantasma relaxar. A teoria é que a dor do membro fantasma deriva da reorganização neural do córtex somatossensorial. A neuroimagem funcional mostrou que o uso repetido do espelho consegue reverter essas mudanças e reduzir a dor. Embora sejam necessários estudos mais extensos, a repetição do treinamento trouxe melhoras a longo prazo em alguns pacientes.

TERRA INCÓGNITA

Hoje, uma das limitações do tratamento é que a dor apresenta o mesmo sintoma, não importa como é gerada nem o seu tipo, mas doenças diferentes precisam de tratamentos diferentes. A neuroimagem cerebral pode ser usada para diagnosticar cada paciente e determinar a natureza da sua dor. Também pode estimular o desenvolvimento de medicamentos mais específicos contra a dor.

Irene Tracey, que dirige o centro de neuroimagem cerebral da Universidade de Oxford, na Inglaterra, e é uma estrela em ascensão nesse campo, acredita que a neuroimagem cerebral também pode ser útil em processos na Justiça por erros médicos e invalidez, para documentar a realidade da dor do queixoso. Atualmente, esses casos são prejudicados pela falta de uma forma objetiva de medir a dor, deixando os jurados sem ter como distinguir entre queixosos sinceros e mentirosos.

O reino gótico de Oxford parecia sombrio na tarde de final de novembro em que fui à sala da dra. Tracey. Mas lá dentro tudo pareceu ficar mais claro. O rosto dela corou quando ela discutiu o futuro da sua pesquisa. "Daqui a cinco ou dez anos", disse ela taxativamente, "poderemos pôr alguém no aparelho e dizer: '10% da dor vem da hipervigilância (prestar atenção demais na dor), 20% do catastrofismo (excesso de preocupação), 20% das informações periféricas (da lesão ou doença original) e 20% da disfunção do circuito cerebral.' Já podemos examinar as pessoas e lhes dizer muito mais sobre a dor delas do que elas conseguem nos dizer", concluiu incisivamente.

Debaixo da blusa clara, estampada com florezinhas minúsculas, o volume do terceiro filho começava a ficar visível. Imaginei as células cerebrais do feto se dividindo em redes neurais, num desenho que algum dia seria conhecido. Será que algum dia a minha dor também seria conhecida, porque a neuroimagem identificaria cada um dos elementos que a compõem? O mistério da dor seria então finalmente desvendado?

Três anos depois, escrevi à dra. Tracey pedindo que ela me contasse como andava o seu trabalho. Depois de todo aquele tempo, esperava que ela me dissesse que estavam muito mais perto de realizar o sonho de usar a neuroimagem cerebral para identificar vários tipos de dor. Mas, em vez disso, ela estava muito mais cautelosa. "Daqui a cinco ou dez anos, *talvez* possamos pôr alguém no aparelho e dizer: 'a sua dor vem de uma combinação de hipervigilância...", escreve ela.

Faço a objeção de que a condicional torna a previsão sem sentido (afinal de contas, "*talvez*" tudo possa acontecer... alienígenas podem nos trazer tecnologias de exame da dor), mas não adianta. Ela também escreve que a ideia de atribuir um percentual real aos diversos tipos de dor na mente de quem sofre soa "amador", porque "todos esses fatores são interativos, sabe...".

Recordo que Ari (o artista israelense que sofria de enxaqueca e fibromialgia) me perguntou se eu acreditava que haveria cura para a dor crônica. "Claro", respondi. Tinham feito uma atualização inspiradora do estudo devastador que constatara que a dor crônica fazia a substância cinzenta do cérebro encolher. Um grupo de pesquisadores alemães verificou que, quando pacientes que tinham sofrido de dor crônica nos quadris instalaram uma prótese de quadril, a substância cinzenta se regenerou, indicando que o encolhimento observado não derivava da perda de neurônios, que é irreversível, mas apenas de uma mudança do tamanho das células. Assim, talvez o dano de todas as síndromes dolorosas crônicas possa se reverter. Talvez, também, algum dia, a dor crônica seja controlada, assim como a dor aguda pode ser controlada com anestesia, e, de qualquer forma, ninguém teria dor crônica no futuro, porque a dor seria tratada assim que surgisse. Fiz a minha analogia preferida com a tuberculose e imaginei que as clínicas da dor fechariam as portas, como os sanatórios. Enquanto falava, tive uma imagem mental dos consumptivos fazendo as malas na montanha mágica enquanto os diretores discutiam se deviam transformá-la em museu.

— Algum dia... — disse Ari, devagar — no milênio que vem?

Hesitei.

— Deixe eu explicar assim — disse ele. — Se você fosse um investidor capitalista, poria o seu dinheiro numa empresa cuja missão fosse achar a cura da dor crônica?

Recordei a armadilha da minha analogia otimista: o tempo de espera — o meio século decorrido entre a descoberta da bactéria da tuberculose e a descoberta dos antibióticos. E a dor não é uma simples bactéria, visível ao microscópio, e sim um aspecto complexo da consciência. As ferramentas para examinar o cérebro acabaram de ser inventadas, e o próprio cérebro ainda é quase todo uma terra incógnita — mais parecido com os antigos mapas de terras distantes do que com o Google Earth. A descoberta de genes ligados à dor levaria ao surgimento rápido de remédios eficazes? Durante quantos anos a grande descoberta sobre a dor ainda ficará para daqui a cinco ou dez anos?

— Se eu quisesse ficar rica logo, não — admiti.

— Como está a sua dor? — perguntou.

Nunca soube responder a essa pergunta. Tudo bem. Melhor do que antes. Suportável, quase nunca insuportável. Mas ainda lá, sempre. Como a minha artrite é degenerativa, é presumível que tenha se degenerado mais com o passar dos anos, mas hoje não sinto mais dor — sinto menos —, e isso me deixa grata e comovida. É tão difícil saber qual é a melhor atitude a assumir! Por um lado, quero ficar satisfeita com o progresso que fiz: aceitar o equilíbrio da dor que resta e fechar para sempre as páginas do meu diário da dor. Por outro lado, se aceitar isso inteiramente, é como se me conformasse em levar a vida com dor. Quero deixar uma vela na janela da mente para que a minha patografia tenha algo além de um fim filosófico.

Entretanto, nos três anos que tenho de casada fiquei surpresa ao descobrir que os meus desejos mudaram. No meu primeiro aniversário depois do casamento, desejei ter um filho e percebi que isso era algo que eu queria mais do que não sentir dor, e que, se a Fada dos Desejos só me concedesse um, eu escolheria o filho. (É claro que, se a minha dor piorasse, isso mudaria: eu correria para avisar a Fada dos Desejos, para que ela não pensasse que esqueci como a dor pode ser exigente.)

No meu aniversário seguinte, quis um filho outra vez. Mas, no meu aniversário mais recente, tive um novo desejo: que os gêmeos com que, devido ao milagre da ciência médica, estávamos prestes a ser duplamente abençoados fossem saudáveis, que os seus novos corpos fossem abençoados com a variante do gene que protege da dor e poupados da variante da sensibilidade à dor, e que sua vida não fosse manchada pela dor persistente.

UM UNIVERSO DE DOR

"Espero que a neuroimagem funcional avance, durante a minha vida, o suficiente para dar informações clínicas", comenta John Keltner, que passou vários anos trabalhando no centro de Irene Tracey antes de decidir buscar nova formação em psiquiatria. Ele ressalta que a tomografia computadorizada e a ressonância magnética foram tecnologias revolucionárias, com imenso impacto clínico imediato, porque criaram as primeiras fotografias anatomicamente exatas do interior do corpo. E quando, no final da década de 1980, a neuroimagem funcional produziu os primeiros vídeos tridimensionais do cérebro em funcionamento, isso pareceu ainda mais revolucionário. Mas os filmes eram e continuam a ser bastante indecifráveis. Os pesquisadores ficam tentando entender as imagens, como Colombo fitou a barra cinzenta do litoral pensando na Índia.

"Não entendemos praticamente nada sobre o cérebro humano", diz com sobriedade o dr. Keltner. "Dor, sono, memória, pensamento, somar dois mais dois... não entendemos nada disso. Vinte anos atrás, quando comecei a pesquisar a dor com neuroimagem funcional, achava que logo chegaria a uma importante ferramenta de diagnóstico. Hoje, espero que, nos próximos quarenta anos, eu consiga ajudar a criar um exame que responda a perguntas clínicas simples sobre a dor dos pacientes, como: devemos nos concentrar no tratamento do dedão ou do estado emocional? É uma pergunta muito básica, mas ainda não existe nenhum exame de diagnóstico capaz de respondê-la."

"Acontece que o funcionamento do cérebro é muito complicado. Seria muito mais fácil se houvesse uma parte do cérebro associada à dor e somente à dor, mas até agora não conseguimos encontrar um marcador único que nos permitisse identificar de forma definitiva o estado de dor. Se me mostrarem uma ressonância do cérebro e perguntarem: *Essa pessoa está sentindo dor ou pensando em correr de um tigre?*, eu não saberia dizer." É claro que a ressonância de quem está em repouso seria diferente, mas a dor e o medo são ambos experiências marcantes, com forte ativação das mesmas regiões cerebrais.

"Tivemos de começar a admitir que os pilares fundamentais da experiência humana, como dor, medo, ansiedade, tristeza, alegria, envolvem o cérebro inteiro, com dúzias de áreas que se ligam e desligam. E, nas ressonâncias, muitas partes que nada têm a ver com a dor também se ativam. Dentre os incontáveis estados cerebrais possíveis, talvez só uns 10 mil aconteçam quando alguém sente dor. Mas ninguém descobriu ainda um modelo suficientemente rico e complicado para analisar a complexidade da distribuição dos padrões de redes neurais e deduzir as regras subjacentes. O aspecto intimidador é que lembra um pouco o xadrez. No xadrez, há oito vezes oito espaços e 32 peças, mas a partir do terceiro movimento de qualquer jogo surgem mil possibilidades." Só que, em vez de 32 peças, o cérebro tem 100 bilhões de neurônios que podem formar um número desconhecido de redes neurais.

"As imagens são muito complicadas", diz ele pela quarta vez. "Se, numa experiência, mudamos um parâmetro, como um indicador visual azul ou vermelho, ou trocamos cor por som, seria de se esperar que víssemos mudanças correspondentes nos setores auditivo e visual do cérebro. Em vez disso, vemos mudanças numa dúzia de áreas."

"Isso não me desencoraja", acrescenta ele, soando como o caminhante que percebeu que não consegue descobrir no mapa onde está e diz a si mesmo que gosta de caminhar e que deve seguir em frente. "Literalmente, estamos lidando com os aspectos fundamentais do ser humano. De forma ingênua, acreditamos que a dor era simples, que dói ou não dói, e que deveria haver um único estado cerebral que ficasse visível sempre que alguém sentisse dor. Mas o que acabamos descobrindo é que há um certo *universo da dor*, que a dor é uma experiência humana imensa, rica e variada, associada a um número desconhecido de estados cerebrais possíveis. Do ponto de vista científico, estamos assoberbados pela imensidão desse universo. Ainda estamos no estágio em que, a cada passo adiante, vemos como é grande a distância a percorrer..."

"Estamos chegando lá mais depressa do que pensávamos", responde Sean Mackey. Recentemente, ele e os colegas de Stanford obtiveram um avanço significativo com uma experiência na qual conseguiram distinguir, com cerca de 85% de exatidão, as imagens cerebrais de voluntários que receberam um estímulo térmico doloroso das de quem recebeu um estímulo térmico não doloroso ou não recebeu estímulo nenhum. Ele ressalta que o passo seguinte seria pedir aos voluntários que simplesmente *imaginassem* receber um estímulo térmico e ver se conseguiria distinguir entre essas imagens e as dos voluntários que realmente receberam o estímulo (em outras experiências, foi demonstrado que a dor imaginada envolve regiões do cérebro semelhantes às da dor física).

Embora acredite que provavelmente esse tipo de dor aguda e simples tem pouquíssimo a ver com a experiência da dor crônica, o dr. Mackey também acha que "estamos seguindo de forma rápida para um ponto em que talvez sejamos capazes de perceber a experiência subjetiva da dor e encontrar a sua marca específica que nos permita distingui-la de outros estados afetivos, como a depressão e a ansiedade". Ele destaca a aceleração espantosa de certos tipos de tecnologia, como as técnicas de aprendizado com máquinas e os classificadores de padrões — algoritmos computadorizados complexos que podem receber um conjunto de exemplos conhecidos (imagens de pessoas que sentem dor térmica ou não) a serem usados para classificar novas imagens ainda não classificadas.

No entanto, ele acha importante entender que essa tecnologia está bem longe de conseguir reconhecer — e muito menos entender — o estado de dor crônica. Ele se preocupa muito com o uso desse tipo de tecnologia, porque acredita que ela "é perfeita para abusos por parte da comunidade jurídica e dos planos de saúde que tentam provar que alguém não tem dor crônica e assim lhe negar tratamento". Ele já viu um processo baseado na pretensão do uso de neuroimagem para revelar a dor. O processo envolvia um trabalhador que ficou com dor crônica depois que o braço foi queimado com alcatrão derretido. O advogado do trabalhador afirmou que um neuropsicólogo cognitivo validara a dor crônica do cliente com neuroimagens do cérebro. Na verdade, o especialista examinou o homem fazendo várias atividades, como apertar uma bola com o braço bom e com o braço ferido. Como as imagens eram diferentes e a imagem do lado ferido mostrava mais atividade cerebral, o especialista concluiu que as imagens provavam que o paciente sentia mais dor do lado ferido.

Mas, como ressalta o dr. Mackey, não há provas de que mais atividade cerebral indique necessariamente mais dor. A diferença pode refletir o fato de que o homem apertou a bola com mais força (ou de que se sentiu mais ansioso ao usar a mão ferida, ou vários outros fatores). Como médico, o dr. Mackey acreditava na dor do trabalhador, mas achou que era importante refutar a metodologia que considerou enganosa e que poderia ser usada em outros casos, com a mesma facilidade, para desacreditar falsamente a dor dos pacientes.

"O mais notável foi que o especialista que a defendia é um pesquisador de sistemas cognitivos com fama internacional", recorda. "Isso me mostrou que até uma pessoa bem inteligente pode ser ingênua em relação à dor e abordá-la como se fosse uma experiência cartesiana" — como se o aumento da atividade cerebral fosse o sino que simplesmente tocasse mais alto no cérebro quando houvesse mais dor.

"A maior meta da neuroimagem funcional", diz ele, "seria distinguir os padrões diferentes de tipos diferentes de dor e usar essa informação para preparar tratamentos específicos para uma determinada pessoa. Sabe, quando trato alguém com dor, passo por um processo muito laborioso e frustrante, para mim e para o paciente, de tentativa e erro com medicamentos diferentes. Espero que, algum dia, possamos usar a neuroimagem, além de outras informações, como ferramenta de previsão, para que consigamos dizer: *Você tem este perfil genético, este tipo de lesão, e, com base nessas informações dos exames, acreditamos que vá reagir a essa terapia específica*".

Quando lhe perguntam se acha que haverá uma descoberta avassaladora no tratamento da dor crônica, semelhante ao da anestesia, ele ressalta que, um século e meio depois, não sabemos como a anestesia funciona, e, embora ela nos permita "vencer a dor, a pessoa não pode ficar consciente!". Além disso, desligar um sistema inteiro do jeito que a anestesia faz é muito mais simples do que tentar desligar apenas o sistema da dor, porque a dor está muito entretecida pelo cérebro todo, com muitas redes disponíveis para mudar de rota quando uma delas é desativada.

Por enquanto, as imagens obtidas com a tecnologia atual são primitivas demais — a resolução das imagens é muito baixa — para sondar a dor. Mas "em última análise", diz ele, "quando acreditamos que nossa experiência, nossas crenças e nossas percepções são formadas pelo disparo dos neurônios e pelo fluxo de informações pelos circuitos neurais, cada experiência tem de se caracterizar por um padrão diferente. A limitação para o entendimento desses padrões é apenas tecnológica, e a tecnologia não para de se aperfeiçoar". Por outro lado, diz ele, "há quem acredite que a consciência é unicamente humana e criada por Deus; que é inerentemente não determinista e não pode ser definida nem resumida ao disparo dos neurônios. Acredito que pode e sou da opinião de que estamos chegando cada vez mais perto disso".

É fácil pensar em obstáculos. Talvez precisemos ver como os neurônios estão interligados para reconhecer a dor, e isso as imagens não mostram. Talvez, ainda que haja aprimoramento, a lacuna entre a tecnologia grosseira atual e aquilo de que de fato precisamos seja sempre grande demais. Ou talvez a dor de cada indivíduo seja, simplesmente, individual demais. Ainda que a percepção seja totalmente composta de neurônios que disparam em padrões e redes específicos, pode ser que esses padrões sejam tão diferentes de uma pessoa para outra que se torne difícil para sempre interpretá-los, mesmo quando tivermos neuroimagens funcionais com resolução muito mais alta do que as de hoje.

Os padrões de interligação neural da dor podem ser como impressões digitais — algo que todos têm, em essência, com a mesma função em todo mundo, mas que difere tanto em detalhes aleatórios entre as pessoas que pode ser usado para classificá-las de forma significativa. Afinal de contas, pode-se dizer que, assim como todos os pensamentos se originam de padrões neuronais, todas as qualidades maravilhosas de uma pintura dependem do arranjo da tinta sobre a tela. Mas ainda não conseguimos, e talvez nunca consigamos, ensinar um computador a analisar um quadro novo e dizer se tem méritos — se é interessante, agradável ou emocionante — mostrando-lhe exemplos de milhares de quadros famosos e torcendo para que ele perceba um padrão subjacente previsível.

"Não estou dizendo que vamos ver o fantasma na máquina, a experiência propriamente dita da dor", responde o dr. Mackey. "A minha esperança é que cheguemos ao ponto de tornar a neuroimagem uma ferramenta clinicamente útil, do mesmo modo que podemos usar um exame de colesterol como biomarcador da doença cardíaca para nos guiar na escolha de uma terapia eficaz. Não acho que a neuroimagem funcional permitirá que 'vejamos' a dor, o sofrimento ou o amor em futuro próximo. Mas, assim como um software classificador de padrões pode permitir que identifiquemos que um quadro é do período impressionista, ou talvez até de Monet, acho que esse tipo de programa de computador será capaz de identificar diversos tipos de dor. Em relação ao uso da neuroimagem funcional como ferramenta de diagnóstico, acredito que agora a pergunta é *quando*, e não *se*."

"A ideia da neuroimagem funcional como régua para medir a dor é pouco realista", contrapõe Scott Fishman, chefe dos serviços da dor no campus de Davis da Universidade da Califórnia. "A fisiologia dos seres humanos varia tanto que os médicos não conseguem concordar na leitura de um eletrocardiograma nem no significado de um AVC, que são coisas muito mais claras. Como a neuroimagem vai provar ou deixar de provar a dor e o sofrimento de alguém, ou mesmo esclarecer a sua natureza?"

Ele ressalta que a dor e o sofrimento são propriedades da mente e que não acredita que "a neuroimagem funcional na verdade olhe a mente. A mente é como um órgão virtual: não tem endereço físico conhecido. Atualmente, a neuroimagem só olha o cérebro". Esse tipo de exame mostra o nível de ativação das várias partes do cérebro e, a partir daí, podemos *extrapolar* algo sobre a mente, mas para entender a dor "precisamos mesmo ver como as partes conversam entre si — e as nuances complexas da sua linguagem".

A neuroimagem funcional pode mostrar que, das centenas de bilhões de neurônios do cérebro, algumas centenas de milhões deles, em várias áreas, se ativam na hora em que os indivíduos dizem sentir dor. O que ela não faz é explicar a *ligação* entre essa sensação e a atividade daqueles neurônios. Imagine que está assistindo ao filme sem som de um concerto. Você conseguirá perceber padrões em que os músicos do naipe dos contrabaixos agem em certo momento, fazendo gestos vigorosos, e depois o resto da orquestra também participa, mas não ouvirá as notas propriamente ditas nem deduzirá como formam linhas de melodia e harmonia e se fundem para criar a experiência etérea de ouvir música.

"A dor é um aspecto da consciência, e a consciência não é uma descarga neuronal", concorda Daniel Carr, médico em cuja clínica comecei a entender a dor como doença. "As engrenagens do relógio giram e marcam o tempo, mas o giro das engrenagens não é o tempo. A neuroimagem funcional é o *retrato de um mecanismo associado à experiência da consciência*, mas não é a consciência. A consciência é um epifenômeno emergente e transcendente que depende das descargas neuronais de uma forma distribuída que não entendemos e talvez não possamos entender."

Precisamos entender a consciência propriamente dita para entender a dor? Quais são os limites desse entendimento? Algum dia ficaremos totalmente transparentes para nós mesmos? "Se um ser superior nos dissesse como a consciência funciona", imagina ele, "será que entenderíamos a explicação?"

LOGO AO LADO

O famoso neurobiólogo Allan Basbaum me contou uma história sobre um pesquisador da dor e um especialista em visão.

— Ainda não sabe como a dor funciona? — pergunta o cara da visão ao cara da dor.

— Você pode saber alguma coisa sobre o funcionamento da visão — responde o homem da dor —, como os cones e bastonetes da retina recebem estímulos luminosos, como as células nervosas os transmitem pelo nervo óptico até o cérebro etc. Mas me diga: em que parte do cérebro fica a beleza?

O cara da visão se cala.

— Avise quando descobrir — diz o homem da dor —, porque a dor está logo ao lado.

NOTAS

INTRODUÇÃO: O TELEGRAMA

13 *aconselhou os colegas a não aceitar pacientes com consumpção avançada*: Ver History of Tuberculosis, *Respiration*, n° 65, 1998, p. 5.

13 *um médico alemão identificou a* Mycobacterium tuberculosis: Robert Koch apresentou a sua descoberta em 24 de março de 1882.

14 *as doenças são compreendidas metaforicamente*: Ver Susan Sontag, *Illness as Metaphor and AIDS and Its Metaphors* (Nova York, Macmillan, 2001), p. 34; *Doença como metáfora / AIDS e suas metáforas*, trad. Paulo Henriques Britto e Rubens Figueiredo, São Paulo, Companhia das Letras, 2007.

14 *"Onde dói?"*: Ver Michel Foucault, *The Birth of the Clinic* (Nova York, Routledge, 2003), p. xxi; *O nascimento da clínica,* Rio de Janeiro, Forense Universitária, 2004).

14 *enunciada mas ainda não se popularizara*: Ver Infectious Disease During the Civil War: The Triumph of the Third Army, *Clinical Infectious Diseases*, n° 16, 1993, p. 580-84.

14 *décadas antes de alguém pensar em usá-los*: O óxido nitroso foi descoberto em 1772, mas só usado como anestésico em 1844. Na década de 1820, já se sabia que o éter sulfúrico se assemelhava ao óxido nitroso, mas ele só foi usado como anestésico em 1846.

16 *uma doença grave, generalizada*: A estimativa do número de americanos que sofrem de dor crônica varia muito, de 19 milhões a 130 milhões. A International Association for the Study of Pain, juntamente com a Federação Europeia de Capítulos da AIED, divulgou em 2004 o resultado de uma pesquisa abrangente que verificou que um em cada cinco adultos se queixava de dor crônica, definida como dor que persiste ou reincide durante mais de três meses. Mais de um terço das famílias da Europa tinha um integrante com dor crônica, comparado a quase metade (46%) dos lares dos Estados Unidos.

NOTAS

16 *um relatório de 2009 do Mayday Fund*: Ver *A Call to Revolutionize Chronic Pain Care in America: An Opportunity in Health Care Reform*, Mayday Fund, 4 de novembro de 2009.

16 *Outro estudo dos Estados Unidos*: Ver Broad Experience with Pain Sparks a Search for Relief, pesquisa de ABC News/EUA Today/Centro Médico da Universidade de Stanford, 9 de maio de 2005.

16 *a maioria dos pacientes com dor crônica*: Pesquisa realizada em 2000 e encomendada por Partners Against Pain (Parceiros Contra a Dor), programa educativo patrocinado pela Purdue Pharma.

16 *"A história do homem é a história da dor"*: Ver Vladimir Nabokov, *Pnin*, Nova York, Random House, 2004, p. 126; trad. Jorio Dauster, São Paulo, Companhia das Letras, 1997.

17 *"o lugar da dor"*: Ver *Bhagavadgita*, trad. Edwin Arnold, Mineola, Nova York, Courier Dover, 1993, p. 41.

17 *"espinhos e abrolhos"*: Gênesis, 3:18 trad. revisada de João Ferreira de Almeida.

17-18 *"contra essas interferências satânicas"*: Ver American Dental Association, *Transactions of the American Dental Association*, nº 11-12, 1872, p. 105.

19 *origem da dor de dente*: Ver também Benjamin R. Foster, *Before the Muses: An Anthology of Akkadian Literature*, Bethesda, Maryland, CDL Press, 2005, p. 995.

I. O VALE DA DOR, O VÉU DA DOR: A DOR COMO METÁFORA

Sou muito grata à ajuda de Sara Brumfield, aluna de doutorado da Universidade da Califórnia, campus de Los Angeles, pelos conhecimentos sobre a Mesopotâmia antiga, assim como pelas traduções de textos bíblicos, babilônicos e sumérios.

27 *"O mistério da dor permanece velado"*: Martin Heidegger, *Poetry, Language, Thought*, trad. Albert Hofstadter, Nova York, Harper Perennial, 2001, p. 94.

27 *"estranheza misteriosa"*: David B. Morris, *The Culture of Pain*, Berkeley, University of California Press, 1993, p. 25.

27 *"modo mais fiel de ver a doença"*: Sontag, *Illness as Metaphor*, p. 3-4.

28 *curvados diante do redemoinho*: Deus surge a Jó dentro de um redemoinho, Jó, 38, 1.

28 *"esse amor é amor por x"*: Ver Elaine Scarry, *The Body in Pain*, Nova York, Oxford University Press, 1985, p. 5.

29 *tenta descrever esse grande vazio*: Ver *The Poems of Emily Dickinson*, Cambridge, Harvard University Press, 1998, p. 501-502.

29 *"A dor de cabeça jorrou sobre mim"*: Foster, *Before the Muses*, p. 400.

30 dolor dictat: Ver Alphonse Daudet, *In the Land of Pain*, trad. Julian Barnes do original francês *La Doulou*, Nova York, Knopf, 2003, p. 27. Daudet atribui a expressão a Ovídio, mas não consegui confirmar a autoria. Ele também cita uma frase semelhante de Situs Itlaius, *dolor verba aspera dictat* (a dor dita as palavras que escrevo agora).

AS CRÔNICAS DA DOR

30 *"bom explorador da África central"*: Ibid., p. 8-9.

39 *"dois tipos diferentes de fibras nervosas"*: Ver Ursula Wesselmann, Chronic Nonmalignant Nociceptive Pain Syndromes, *Surgical Management of Pain*, Nova York, Thieme, 2002, p. 365 e seg.

40 *força a criatura a cuidar do ferimento*: Ver, por exemplo, Patrick David Wall, *Pain: The Science of Suffering*, Nova York, Columbia University Press, 2000, p. 2-3.

41 *essa reação aos estímulos não cause dor*: Ver um resumo dos indícios apresentados pelo Comitê Permanente do Senado (do Canadá) sobre Assuntos Jurídicos e Constitucionais, Do Invertebrates Feel Pain? www.parl.gc.ca/37/2/parlbus/commbus/senate/Com-e/lega-e/witn-e/shelly-e.htm, acessado em 31 de dezembro de 2009. "Embora seja impossível conhecer com certeza a experiência subjetiva de outro animal, a avaliação dos indícios mostra que a maioria dos invertebrados não sente dor. Os indícios são mais fortes no caso dos insetos, e, no caso desses animais, o consenso é de que não sentem dor."

42 *reduzido com analgésicos opiáceos*: Ver, por exemplo, Janicke Nordgreen *et al.*, Thermonociception in Fish: Effects of Two Different Doses of Morphine on Thermal Threshold and Post-test Behaviour in Goldfish (*Carassius auratus*), *Applied Animal Behavior Science*, nº 119, junho de 2009, p. 101-107.

42 *falta ao cérebro do peixe a complexidade necessária à consciência*: Ver James D. Rose, The Neurobehavioral Nature of Fishes and the Question of Awareness and Pain, *Fisheries Science*, nº 10, 2002, p. 1-38.

42 *córtex interoceptivo*: Ver A. D. (Bud) Craig, Interoception: the Sense of the Physiological Condition of the Body, *Current Opinion in Neurobiology*, nº 13, 2003, p. 500-505.

43 *'etsev*: Sara Brumfield, da UCLA, me ajudou com a etimologia hebraica.

45 *demônios e deidades malévolos e benévolos*: Ver Walter Addison Jayne, *The Healing Gods of Ancient Civilizations*, New Hyde Park, Nova York, University Books, 1962, p. 89-128.

45 *dos olhos, da boca, das narinas e dos ouvidos*: Ibid., p. 104.

46 *trepanação*: Ver Robert Arnott *et al.*, *Trepanation: History, Discovery, Theory*, Países Baixos, Swets & Zeitlinger, 2003; e Symeon Misseos, Hippocrates, Galen, and Uses of Trepanation in the Ancient Classical World: Galen and the Teaching of Trepanation, *Neurosurgical Focus*, nº 23, 11 de novembro de 2007.

46 *"libertai-me de todas as criaturas más"*: Ver Prayer to Isis, Papiro Ebers, citado em *Pacific Medical Journal*, nº 59, 1916, p. 459.

46 *As flechas atiradas por Rudra*: Ver *The Rig Veda: An Anthology*, Nova York, Penguin, 1981, p. 222.

47 *"feridas por Apolo" ou "pelo Sol"*: Jayne, *Healing Gods*, p. 308.

47 *"feridas por Ártemis" ou "pela Lua"*: Ibid., p. 311.

47 *"Oh, Pai, a Dor de Cabeça"*: Tradução de Sara Brumfield, da UCLA.

48 *Esculápio*: Ver Gerald David Hart, *Asclepius, the God of Medicine*, Londres, Royal Society of Medicine Press, 2000.

NOTAS

48   *"ensinou a dor a poupar os pobres sofredores"*: Ver Píndaro, *The Odes of Pindar: Literally Translated into English Prose*, Londres, Bell & Daldy, 1872, p. 272.

48   *"O que são para mim a maçã e o figo maduro?"*: Ver Foster, *Before the Muses*, p. 995.

49   *"A magia é eficaz"*: Citado em Wolfgang H. Vogel e Andreas Berke, *Brief History of Vision and Ocular Medicine*, Amsterdã, Kugler Publications/Wayenborgh Publishers, p. 46.

50   Poema do Sofredor Virtuoso: *Ibid., p.* 392 e seg.

52   *"querendo ou não"*: Morris, *The Culture of Pain*, p. 24-25.

53   *"Dei nome à minha dor"*: Friedrich Wilhelm Nietzsche, *Basic Writings of Nietzsche*, Nova York, Random House, 2000, p. 174.

54   *"A dor, embora sempre nova para nós"*: Daudet, *In the Land of Pain*, p. xi.

62   *Bethany Hamilton*: Ver Bill Hemmer, Brave Surfer, Heart of a Champion, *CNN American Morning*, 5 de novembro de 2003.

62   *Um estudo de corredores de Boston*: Ver D. B. Carr *et al.*, Physical Conditioning Facilitates the Exercise-induced Secretion of Beta-Endorphin and Beta-Lipotropin in Women, *New England Journal of Medicine*, nº 305, 3 de setembro de 1981, p. 560-62. No entanto, entre os cientistas surgiu recentemente certa discordância sobre a ideia do "barato dos corredores": alguns dizem que não está claro que as endorfinas cheguem ao cérebro.

62   é preciso tomar providências: Ver Wall, *Pain*, p. 146.

63   *soldados israelenses que haviam tido membros amputados*: Wall, *Pain*, p. 5-7.

63   *entre metade e dois terços dos amputados*: Ver M. T. Schley *et al.*, Painful and Nonpainful Phantom and Stump Sensations in Acute Traumatic Amputees, *Journal of Trauma*, nº 65, outubro de 2008, p. 858-64. O artigo dá o número de 44,6%. A estimativa mais alta de 62% é de S. W. Wartan *et al.*, Phantom Pain and Sensation Among British Veteran Amputees, *British Journal of Anesthesiology*, nº 78, 1997, p. 652-59.

64   *três eras*: *The Rig Veda*, Nova York, Penguin, 1981, p. 285.

64   *aliviava a dor e trazia o esquecimento*: Padraic Colum, *The Adventures of Odysseus and the Tale of Troy*, Rockville, Maryland, Arc Manor, 2007, p. 38.

64   *"os citas feridos"*: Citado em Thomas Dormandy, *The Worst of Evils: The Fight Against Pain*, New Haven, Yale University Press, 2006, p. 27.

64   *"provoca sono profundo"*: Ibid., p. 21.

65   *"Tenho um remédio secreto"*: Martin Booth, *Opium: A History*, Nova York, St. Martin's Press, 1999, p. 24.

65   *"Como é divino esse repouso"*: Citado em Jean Dubos, *The White Plague*, Piscataway, Nova Jersey, Rutgers University Press, 1987, p. 64.

68   *"A doença é um fracasso tão grande quanto a pobreza"*: Citado em Daudet, *In the Land of Pain*, p. 33-34.

78   *"A dor transtorna"*: Aristóteles, *The Nicomachean Ethics*, trad. William David Ross, Nova York, Oxford University Press, 1998, p. 76; *Ética a Nicômacos*, trad. Mário Gama Kury, Brasília, UNB, 2001.

AS CRÔNICAS DA DOR

81   'itstsabown: Sara Brumfield, da UCLA, ajudou com a etimologia hebraica.

82   *"Então foram abertos os olhos de ambos"*: Ver Gênesis, 3:7, trad. revisada de João Ferreira de Almeida.

82   *"O Senhor deu"*: Ver Gênesis, 1:21, trad. revisada de João Ferreira de Almeida.

83   *"Onde estavas tu"*: Ver Jó, 38: 4 trad. revisada de João Ferreira de Almeida.

86   *"estava em silêncio, como quem não sente dor"*: *The Gospel of St. Peter: Synoptical Tables, with Translation and Critical Apparatus*, trad. John Macpherson, T. & T. Clark, 1893, capítulo 3, versículo 11.

86   *a palma da mão humana não tem material suficiente*: Ver Frank T. Vertosick, Jr., *Why We Hurt: The Natural History of Pain*, Orlando, Harvest Books, 2001, p. 156.

86   *o esqueleto existente de um homem crucificado naquela época*: Ver Gary R. Habermas, *The Historical Jesus*, Joplin, Missouri, College Press, 1996, p. 174.

86   *lesariam os nervos medianos que inervam as mãos*: Ver discussão em Vertosick, *Why We Hurt*, p. 159.

88   *"sofrer coisas pequenas agora"*: Ver Thomas à Kempis, *The Imitation of Christ*, Milwaukee, Dover, 2003, p. 24; Tomás de Kempis, *A imitação de Cristo*, várias edições em português, disponível inclusive na internet.

89   *"Permiti-me ser comido pelas feras"*: William A. Jurgens, *Faith of the Early Fathers*, Collegeville, Minnesota, Liturgical Press, 1970, p. 22.

90   *Cosme e Damião*: Ver Sabine Baring-Gold, *Lives of the Saints*, Londres, Hodges, 1882, p. 397-401.

90   *"quando estava negro em sua boca"*: Ver John Foxe, *Foxe's Book of Martyrs*, Grand Rapids, Michigan, Zondervan, 1978, p. 212-15.

91   *"Quando o fogo ardente não queima"*: *The Law Code of Manu*, trad. Patrick Olivelle, Nova York, Oxford University Press, 2009, p. 119.

92   *o rei Athelstan*: Ver Hunt Janin, *Medieval Justice*, Jefferson, Carolina do Norte, McFarland, 2004, p. 14-15, e também Katherine Fischer Drew, *Magna Carta*, Westport, Connecticut, Greenwood, 2004, p. 163.

92   *ordálio fluvial babilônico*: Ver Gwendolyn Leick, *The Babylonians*, Nova York, Routledge, 2003, p. 163.

92   *finalmente os ordálios deram lugar ao júri*: Robert Von Moschzisker, *Trial by Jury*, Filadélfia, Geo T. Bisel, 1922, p. 40. Ver também Daniel Friedmann, *To Kill and Take Possession: Law, Morality and Society in Biblical Stories*, Peabody, Massachusetts, Hendrickson, 2002, p. 21.

92   *"A bruxa é executada"*: Ver Ariel Glucklich, *Sacred Pain*, Nova York, Oxford University Press, 2001, p. 41.

94   O que fazes no momento?: Daudet, *In the Land of Pain*, p. 1.

94   *"A dor fortalece o laço do religioso"*: Ver Glucklich, *Sacred Pain*, p. 6.

95   *"a decifra com seus ferimentos"*: Ver Franz Kafka, *The Metamorphosis, In the Penal Colony, and Other Stories*, trad. Joachim Neugroschel, Nova York, Simon & Schus-

NOTAS

ter, 2000, p. 205 e seg.; *O Veredicto / Na colônia penal*, São Paulo, Companhia das Letras, 1998.

96 *"Quando transgride os limites"*: Citado em Glucklich, *Sacred Pain*, p. 23.

96 *"a doçura dessa suprema dor"*: Ibid., p. 206.

98 *"minha dor física" e "a dor física do outro"*: Scarry, *The Body in Pain*, p. 3 e p. 4.

II. O FEITIÇO DO SONO CIRÚRGICO: A DOR COMO HISTÓRIA

107 *"VENCEMOS A DOR"*: Ver John Saunders, *The People's Journal*, nº 3, Londres, People's Journal Office, 1847, p. 25.

107 *"nada tão horrível quanto a dor de dente"*: Heinrich Heine, *Works*, vol. 4, trad. Charles Godfrey Leland, Nova York, Dutton, 1906, p. 141.

108 *a dor precisava de interpretação*: Isso fica claro em muitos textos bem-conhecidos dessas tradições religiosas. Por exemplo, nas *Confissões* escritas no século IV d.C., Santo Agostinho fala da dor às vezes como física, outras vezes como espiritual, mas as suas metáforas costumam fundi-las. Ao falar da sua dor *espiritual*, ele escreve sobre a relação com Deus como se fosse uma cura *física*: "Sob o toque secreto de tua mão que cura, meu orgulho inchado murchou, e dia a dia a dor que sofria me trouxe saúde, como um unguento que ardesse mas limpasse a confusão e as trevas dos olhos da mente." Ver *Confessions*, Nova York, Penguin, 1961, p. 144; *Confissões*, trad. J. Oliveira Santos e A. Ambrósio de Pina, São Paulo, Nova Cultural, 1999.

109 *a brutalidade começou a se afastar*: O início do século XIX assistiu a muitas reformas. A Grã-Bretanha deu fim ao seu tráfico de escravos em 1807, e, nas décadas seguintes, uma série de leis começou a restringir o trabalho infantil.

110 *o próprio cristianismo foi influenciado*: Há uma discussão mais extensa em Lucy Bending, *The Representation of Bodily Pain in Late Nineteenth-Century English Culture*, Nova York, Oxford University Press, 2000.

110 *a sua morte é indolor*: Em *Jane Eyre*, Helen Burns, morrendo de tuberculose, diz a Jane: "Todos morreremos um dia, e a doença que está me levando não é dolorosa; é gentil e gradual: a minha mente está descansada." Jane dorme no momento da morte de Helen, que assim não é descrita. Em *A Loja de Antiguidades*, Dickens evita descrever o falecimento da pequena Nell e, delicadamente, se detém no cadáver: "Não há sono tão belo e calmo, tão livre de vestígios de dor, tão belo de se olhar. Ela parecia uma criatura recém-saída da mão de Deus, aguardando o sopro da vida; não alguém que vivera e sofrera a morte."

112 *"roubada dos seus terrores"*: René Fülöp-Miller, *O Triunfo sobre a Dor*, Rio de Janeiro, José Olympio, 1951.

112 *Como antes era terrível a cirurgia*: Ver a discussão em Peter Stanley, *For Fear of Pain: British Surgery 1790-1840*, Amsterdá, Rodopi B.V., 2003, p. 317.

AS CRÔNICAS DA DOR

112 *"um selvagem armado que tenta obter pela força"*: John Hunter, Lectures on the Principles of Surgery, em *The Works of John Hunter*, Londres, Longman, 1835, p. 210.

112 *a integridade do corpo fosse tão bem-guardada pela dor*: Ver a discussão do desenvolvimento da cirurgia em Dormandy, *The Worst of Evils*, e em Stanley, *For Fear of Pain*.

112 *"a carne móvel que sangra"*: Citado em Stanley, *For Fear of Pain*, p. 190.

113 *"amputar um ombro no tempo"*: Citado em S. A. Hoffman, *Under the Ether Dome*, Nova York, Charles Scribner and Sons, 1986, p. 266.

113 *"estragar um bom número de olhos"*: Robert Brudenell Carter, Lectures on Operative Ophthalmic Surgery, *The Lancet*, 13 de abril de 1872, p. 495.

113 *mortalidade na amputação da coxa*: James Young Simpson, *Anesthesia, Hospitalism, Hemaphroditism, and a Proposal to Stamp Out Small-Pox and Other Contagious Diseases*, Boston, Adam and Charles Black, 1871, p. 95.

113 *"Quantas vezes temi"*: Valentine Mott, *Pain and Anaesthetics: An Essay*, Government Printing Office, 1862, p. 11.

113 *os cirurgiões costumavam vir da classe baixa*: Ver Francis Michael Longstreth Thompson, *The Cambridge Social History of Britain 1750-1950: Social Agencies and Institutions*, Cambridge, Cambridge University Press, 1993, p. 176-77.

113 *ajudou Charles Darwin a desistir*: Charles Darwin, *Autobiographies*, Londres, Penguin, 2002, p. 21; *Autobiografia*, Rio de Janeiro, Contraponto, 2000.

114 *"resoluta e impiedosa"*: Citado em Ian Dawson, *Renaissance Medicine*, Brooklyn, Enchanted Lion Books, 2005, p. 43.

114 *"os indícios do estado mental"*: Citado em Dormandy, *The Worst of Evils*, p. 108.

114 *gangrena*: Ver em Frank M. Freemon, *Gangrene and Glory*, Madison, Nova Jersey, Fairleigh Dickinson University Press, 1998, p. 46-49, uma descrição detalhada do tratamento de feridas durante a Guerra Civil Americana.

114 *"durante a operação"*: Jonathan Warren, citado em Glucklich, *Sacred Pain*, p. 181.

115 *"Ah, não, porque mamãe me disse que é preciso"*: John Abernethy, *The Hunterian Oration*, Londres, Longman Hurst, 1819, p. 62, citado em Stanley, *For Fear of Pain*, p. 254.

115 *um paciente do dr. Robert Keate*: Ver Stanley, *For Fear of Pain*, p. 265.

115 *amputação do próprio pé em 1842*: Wilson descreve a sua experiência numa carta a James Simpson, pioneiro da anestesia, publicada em *The Obstetric Memoirs and Contributions of James Y. Simpson*, org. W. O. Priestley e H. R. Storer, Filadélfia, J. B. Lippincott, 1856, p. 712.

117 *carta de 1812 da romancista e memorialista inglesa Fanny Burney*: Ver Fanny Burney, *Journals and Letters*, Nova York, Penguin, 2001, p. 431-44. Embora a carta seja endereçada à irmã, Fanny pediu ao marido e ao filho adolescente que copiassem o rascunho para obter uma versão limpa; logo, parece que ela a escreveu em parte para dividir com eles a experiência, com informações que escondera deles na época da operação.

NOTAS

117 *os médicos a não* examinar *realmente o seio*: Ver Claire Harman, *Fanny Burney: A Biography*, Nova York, Alfred A. Knopf, 2001, p. 290.

119 *"nenhuma meia medida servirá"*: Citado em Dormandy, *The Worst of Evils*, p. 172.

121 *dando um soco no queixo*: Como conta o dr. Larrey, quando recuperou a consciência o coronel esbravejou que o médico não se comportara como cavalheiro e "se aproveitara covardemente" da sua incapacidade temporária. O dr. Larrey explicou que sabia que "o insulto o aturdiria temporariamente", mostrou ao coronel a bala que removera do seu pé e lhe pediu que apertassem as mãos. Ver Dormandy, *The Worst of Evils*, p. 1.

121 *"anestesia por refrigeração"*: Também conhecida como "crioanalgesia". O garrote, outra técnica da época, cortava o fluxo sanguíneo da cabeça com a compressão da artéria carótida até que o paciente desmaiasse. Se praticada de forma agressiva, podia provocar lesão cerebral; com cautela, o risco era um período de inconsciência curto demais para se terminar a cirurgia.

121 *"cortado sem nada sentir"*: Arnaldo de Villanova, citado em William John Bishop, *The Early History of Surgery*, Nova York, Barnes and Noble, 1995, p. 60. Ver também Henry Smith Williams e Edward Huntington Williams, *A History of Science: The Beginnings*, Nova York, Harper and Brothers, 1904, p. 35.

123 *O meimendro e a mandrágora eram perigosos demais*: "Quem usar mais de quatro folhas correrá o perigo de dormir sem acordar", alertava um texto medieval a respeito do meimendro. Ver Sidney Beisly, *Shakespeare's Garden, or the Plants and Flowers Named in His Works Described*, Londres, Longman, Green, Longman, Roberts & Green, 1864, p. 87.

123 *O ópio é a substância medicinal mais antiga e importante*: Ver Booth, *Opium: A History*, p. 15.

123 *"Muitos centavos"*: Elizabeth Gaskell, *Mary Barton*, Nova York, Penguin, 1996, p. 58.

124 *palavra grega que significa* "forma": Ver discussão em Dormandy, *The Worst of Evils*, p. 255.

124 *Diocles de Caristo*: Citado em *ibid.*, p. 24. O seu nome também é escrito Caristus.

124 *"remédio de Deus"*: Sir William Osler, citado em Michael Bliss, *William Osler: A Life in Medicine*, Nova York, Oxford University Press, 1999, p. 365.

125 *"causa sono profundo e fatal"*: William Bullein, *Bullein's Bulwarke of Defence Against All Sickness Soarenesse and Woundes That Doe Dayly Assaulte Mankinde* (Bastião de Bullein em defesa contra todas as doenças, dores e feridas que atacam diariamente a humanidade), 1579, citado em Booth, *Opium: A History*, p. 26.

125 *nível elevado e surpreendente de sobrevivência*: Ver a discussão em Richard Rudgley, *Lost Civilizations of the Stone Age*, Nova York, Simon & Schuster, 2000, p. 131.

126 *"[escravos] recompensados pelos conquistadores"*: See Steven B. Karch, *A History of Cocaine*, Londres, Royal Society of Medicine Press, 2003, p. 17.

127 *"Quem sofre de dor de dente"*: Citado em Donald Meichenbaum, *Cognitive-Behavior Modification*, Nova York, Springer, 1977, p. 170-71.

AS CRÔNICAS DA DOR

127 *"o prazer abençoado"*: Citado em Fülöp-Miller, *O Triunfo sobre a Dor*.

127 *"Estava ausente dessa parte"*: Dhan Gopal Mukerji, *My Brother's Face*, citado em E. S. Ellis, *Ancient Anodynes: Primitive Anesthesia and Allied Conditions*, Londres, W. Heinemann, 1946, p. 18.

127 *"logo recorri"*: Immanuel Kant, *Religion and Rational Theology*, trad. Allen W. Wood e George Di Giovanni, Cambridge, Cambridge University Press, 2001, p. 320-21.

128 *mesmerismo*: Ver Alison Winter, *Mesmerized: Powers of Mind in Victorian Britain*, Chicago, University of Chicago Press, 2000, e uma discussão mais curta em Dormandy, *The Worst of Evils*, p. 195-99.

129 *"Esse truque ianque"*: Citado em Stanley, *For Fear of Pain*, p. 294.

130 *"Só poucos adversários"*: Ibid., p. 290.

130 *"Esses fenômenos, sei que são reais (...) independentes da imaginação"*: Ibid., p. 289.

130 *"o pronto abandono da vontade"*: Ver *Blackwood's Edinburgh Magazine*, nº 70, 1851, p. 84-85.

131 *"tendência imoral"*: James Braid, *Neurypnology; or, The Rationale of Nervous Sleep, Considered in Relation with Animal Magnetism*, Londres, John Churchill, 1843, p. 75-76. Braid distingue dos mesmeristas a sua prática de hipnotismo, por não depender das emanações magnéticas nem de nenhum outro poder do hipnotizador.

132 *E. M. Papper teoriza*: E. M. Papper, *Romance, Poetry, and Surgical Sleep: Literature Influences Medicine*, Westport, Connecticut, Greenwood Press, 1995, p. 136.

132 *"necessária à nossa existência"*: Citado em Stanley, *For Fear of Pain*, p. 283.

133 *"Fugir à dor nas operações cirúrgicas"*: Citado em A History of the Gift of Painless Surgery, in *The Atlantic Monthly*, nº 78, 1896, p. 679.

133 *"parece capaz de destruir a dor física"*: Citado em Paul G. Barash *et al.*, *Clinical Anesthesia*, Filadélfia, Lippincott, Williams & Wilkins, 2009, p. 5.

134 *"o ar do paraíso"*: Ver Martin S. Pernick, *A Calculus of Suffering*, Nova York, Columbia University Press, 1987, p. 64.

134 *As brincadeiras com éter viraram moda*: Ibid., p. 64-65.

135 *"Na ciência, o crédito vai"*: Citado em William Osler, *Counsels and Ideals from the Writings of William Osler*, Boston, Houghton Mifflin, 1921, p. 294.

135 *pelo menos três americanos faziam experiências*: Veja a descrição dessas experiências em Dormandy, *The Worst of Evils*, p. 202-26.

135 *médico da Geórgia*: Em 1842, Crawford Long, de Danielsville, no estado americano da Geórgia, extraiu um cisto do pescoço de um paciente usando éter como anestesia.

137 *"o sonho maravilhoso"*: Johann Friedrich Dieffenbach, citado em Prithvi Raj, Pain Relief: Fact or Fancy?, *Regional Anesthesia and Pain Medicine*, nº 15, julho/agosto de 1990, p. 157-69.

138 *"À descoberta de que inalar"*: Henry Jacob Bigelow, Address at the Dedication of the Ether Monument, *Surgical Anesthesia; Addresses, and Other Papers*, Boston, Little, Brown and Co., 1900, p. 101.

NOTAS

139 *"tentativa questionável de revogar uma das condições gerais do homem"* e *"destruição da consciência"*: Essas críticas vêm de cartas de médicos citadas em *The Obstetric Memoirs and Contributions of James Y. Simpson*, p. 616. Ele responde em defesa dos benefícios da anestesia. Ver também a discussão geral em Pernick, *A Calculus of Suffering.*

139 *"isso não mereceria ser considerado"*: Citado em Betty MacQuitty, *Victory Over Pain: Morton's Discovery of Anesthesia*, Nova York, Taplinger, 1971, p. 42.

139 *"a insensibilidade do paciente"*: Ver *Military Medical and Surgical Essays: Prepared for the United States Sanitary Commission*, Filadélfia, J. B. Lippincott & Co., 1864, p. 393.

139 *"meros operadores"*: Ver Edward Lawrie, The Teaching of Anesthetics, *The Lancet*, nº 157, 1901, p. 65.

139 *"um remédio de segurança duvidosa"*: Isaac Parish, Annual Report on Surgery, read before the College of Physicians, College of Physicians of Philadelphia, 2 de novembro de 1847.

139 *"a dor durante as operações"*: Ver Injurious Effects of the Inhalation of Ether, *Edinburgh Medical and Surgical Journal*, julho de 1847, p. 258.

139 *"O choque do bisturi"*: Ver Stanley, *For Fear of Pain*, p. 305.

140 *"escravatura da eterização"*: citado em Glucklich, *Sacred Pain*, p. 188.

140 *o próprio Henry Bigelow, cirurgião de Boston, alertou com sobriedade*: Henry Bigelow, Insensibility During Surgical Operations Produced by Inhalation, *Boston Medical and Surgical Journal*, nº 35, 1846, p. 309-17.

140 *"insensibilidade perfeita à dor"*: Ver Etherization in Surgical Operations, *The Lancet*, nº 49, 16 de janeiro de 1847, p. 75.

140 *sir James Young Simpson foi o pioneiro no uso do clorofórmio*: Ver Stanley, *For Fear of Pain*, p. 302.

140 *"se o paciente tivesse pavor imenso"*: Em meados da década de 1850, o próprio Syme passou a defensor e insistiu com outros cirurgiões que a dor "exaure de modo muito prejudicial a energia nervosa de um paciente fraco". Ver Linda Stratmann, *Chloroform*, Stroud, Reino Unido, History Press, 2003, p. 100.

140 *"A dor é a segurança da mãe"*: Ver a discussão da dor do parto em Charles D. Meigs, *Obstetrics: The Science and the Art*, 5ª edição, Filadélfia, Henry C. Lea, 1856, p. 372-73.

141 *com "esforço"*: Ver *The Obstetric Memoirs and Contributions of James Y. Simpson*, p. 549 e p. 551.

141 *anestesia* à la Reine: Ver Hannah Pakula, *An Uncommon Woman*, Nova York, Simon and Schuster, 1997, p. 123.

141 *"Eu tratei, Deus curou"*: Citado em Dormandy, *The Worst of Evils*, p. 104.

141 *"a dor nunca vem quando não pode servir a bom propósito"*: Citado em Bending, *Representation of Bodily Pain*, p. 65. Veja a discussão da cisão entre ciência e religião em Bending, p. 5-81.

AS CRÔNICAS DA DOR

III. TERRÍVEL ALQUIMIA: A DOR COMO DOENÇA

152 *há apenas 2.500*: Ver Brenda Bauer *et al.*, U.S. Board Certified Pain Physician Practices: Uniformity and Census Data of Their Locations, *The Journal of Pain*, nº 8, março de 2007, p. 244-50.

152 *apenas 5% dos pacientes com dor crônica*: Ver Roxanne Nelson, Few Chronic Pain Patients See a Specialist, *Internal Medicine News*, 1º de outubro de 2006.

152 *o primeiro livro abrangente*: A primeira edição do livro de Bonica foi publicada em 1953, mas foi revista e atualizada duas vezes. Ver John David Loeser, John J. Bonica *et al.*, *Bonica's Management of Pain*, Filadélfia, Lippincott Williams & Wilkins, 2001.

154 *indenização de um milhão e meio de dólares*: O caso é Bergman contra Chin. Há um bom resumo em Bruce David White, *Drugs, Ethics and Quality of Life*, Binghamton, Nova York, Haworth Press, 2007, p. 115-18.

158 *"Se para alguma doença se propõem muitos remédios diferentes"*: Ver Anton Tchehov, *The Cherry Orchard*, Nova York, Samuel French, p. 18; *O jardim das cerejeiras*, Porto Alegre, L&PM, 2009.

158 *dorme mal*: Numa pesquisa da Fundação Nacional do Sono dos Estados Unidos, dois terços de quem tinha dor crônica se queixaram de sono não repousante ou falta de sono.

158 *sintomas de doença mental*: Ver, por exemplo, Emma Young, Are Bad Sleeping Habits Driving Us Mad?, *The New Scientist*, 18 de fevereiro de 2009.

158 *o descondicionamento e a proteção*: Em Gordon J. G. Asmundson *et al.*, Disuse and Physical Disconditioning in Lower Back Pain, *Understanding and Treating Fear of Pain*, Nova York, Oxford University Press, 2004, há uma boa revisão dos mecanismos pelos quais as síndromes dolorosas podem provocar descondicionamento.

159 *nenhum diagnóstico específico*: Ver I. Abraham *et al.*, Lack of Evidence-Based Research for Idiopathic Low Back Pain: The Importance of a Specific Diagnosis, *Archives of Internal Medicine*, nº 162, 2002, p. 1.442-44.

159 *em até 85% dos casos*: Richard A. Deyo *et al.*, What Can the History and Physical Examination Tell Us About Low Back Pain?, *Journal of the American Medical Association*, nº 268, 1992, p. 760-65.

160 *"O que quer que a dor consiga"*: Ver Scarry, *The Body in Pain*, p. 4.

160 *"não tem palavras para o calafrio e a dor de cabeça"*: Ver Virginia Woolf, On Being Ill, *Selected Essays*, Nova York, Oxford University Press, 2008, p. 102.

163 *determinado pela evolução num nível mais ou menos fixo*: Há uma boa explicação do limiar de nocicepção em Christine Brooks, *Nursing Adults: The Practice of Caring*, Filadélfia, Mosby, 2003, p. 112.

166 *um terço dos discos lesionados*: O. L. Osti, MRI and Discography of Annular Tears and Intervertebral Disk Degeneration: A Prospective Clinical Comparison, *Journal of Bone and Joint Surgery*, nº 74, 1992, p. 431-35.

NOTAS

166 *quase metade dos pacientes*: Citado em James M. Cox, *Low Back Pain: Mechanism, Diagnosis and Treatment*, Baltimore, Williams & Wilkins, 1998, p. 407.

168 *prenderam na base da unha do polegar dos participantes um aparelhinho*: Em outubro de 2002, os doutores Clauw e Gracely apresentaram essas descobertas numa reunião do Colégio Americano de Reumatologia. Eles publicaram os seus achados em artigos separados, como R. H. Gracely *et al.*, Functional Magnetic Resonance Imaging Evidence of Augmented Pain Processing in Fibromyalgia, *Arthritis & Rheumatism*, nº 46, 2002, p. 1.333-43, e Evidence of Augmented Central Pain Processing in Idiopathic Chronic Low Back Pain, *Arthritis & Rheumatism*, nº 50, 2004, 613-23.

169 *dor quatro anos depois da cirurgia*: Esther Dajczman *et al.*, Long-Term Postthoracotomy Pain, *Chest*, nº 99, 1991, p. 270-74.

170 *dra. Anna Taddio e outros*: Ver Anna Taddio *et al.*, Effect of Neonatal Circumcision on Pain Response During Subsequent Routine Vaccination, *The Lancet*, nº 349, 1º de março de 1997, p. 599-603.

172 *Botox*: Ver Andrew Blumenfeld *et al.*, The Emerging Role of Botulinum Toxin Type A in Headache Prevention, *Operative Techniques in Otolaryngology — Head and Neck Surgery*, nº 15, junho de 2004, p. 90-96.

172 *efeitos colaterais mais incômodos*: Ver I. M. Anderson, Selective Serotonin Reuptake Inhibitors Versus Tricyclic Antidepressants; a Meta-analysis of Efficacy and Tolerability, *Journal of Affective Disorders*, nº 58, 2000, p. 19-36.

173 *De acordo com um estudo de 2002*: Ver George Ostapowicz *et al.*, Results of a Prospective Study of Acute Liver Failure at 17 Tertiary Care Centers in the United States, *Annals of Internal Medicine*, nº 137, dezembro de 2002, p. 947-54.

173 *até um quarto dos pacientes*: Ver Jay L. Goldstein e Russell D. Brown, NSAID-induced Ulcers, *Current Treatment Options in Gastroenterology*, nº 3, 2000, p. 149-57.

173 *6 a 7 mil americanos morrem*: Ver A. Lanas *et al.*, A Nationwide Study of Mortality Associated with Hospital Admission Due to Severe Gastrointestinal Events and Those Associated with Nonsteroidal Anti-inflammatory Drug Use, *American Journal of Gastroenterology*, agosto de 2005, p. 1.685-93. Essas estimativas foram geradas com base nas estatísticas de Lanas que indicam que a taxa de mortalidade atribuída ao uso de AINEs e aspirina ficava entre 21,0 e 24,8 casos por milhões de indivíduos, multiplicados pela população americana.

174 *As mulheres se queixam de dores mais frequentes*: Ver L. LeReseche, Gender Considerations in the Epidemiology of Chronic Pain, *Epidemiology of Pain*, Seattle, IASP Press, 1999, p. 43-52, ou A. M. Unruh, Gender Variations in Clinical Pain Experience, *Pain*, nº 65, 1996, p. 123-67. Ver também K. J. Berkley, Sex Differences in Pain, *Behavioral Brain Science*, nº 20, 1997, p. 371-80.

174 *fascinante estudo norueguês feito em 2003*: Anne Werner e Kirsti Malterud, It's Hard Work Behaving as a Credible Patient: Encounters Between Women with Chronic Pain and Their Doctors, *Social Science & Medicine*, nº 57, 2003, p. 1.409-19.

AS CRÔNICAS DA DOR

178 *Uma pesquisa feita em 2005 pela Universidade de Stanford*: Ver Broad Experience with Pain Sparks a Search for Relief, pesquisa de ABC News/EUA Today/Centro Médico da Universidade de Stanford, 9 de maio de 2005.

178 *Uma pesquisa feita em 2008*: Ver Charles B. Simone *et al.*, The Utilization of Pain Medications and the Attitudes of Breast Cancer Patients Toward Pain Intervention, 2009 Breast Cancer Symposium.

178 *"paradoxo da satisfação do paciente"*: Ver Ree Dawson *et al.*, Probing the Paradox of Patients' Satisfaction with Inadequate Pain Management, *Journal of Pain Symptom Management*, nº 23, março de 2002, p. 211-20.

179 *o fator mais importante*: L. M. McCracken *et al.*, Assessment of Satisfaction with Treatment for Chronic Pain, *Journal of Pain Symptom Management*, nº 14, 1997, p. 292-99.

180 *Um estudo de 2004 da Escola de Medicina da Universidade de Milão*: E. Vegni *et al.*, Stories from Doctors of Patients with Pain: A Qualitative Research of the Physicians' Perspective, *Support Care Cancer*, nº 13, 2005, 18-25.

182 *um terço e metade*: Ver Thorsten Giesecke *et al.*, The Relationship Between Depression, Clinical Pain, and Experimental Pain in a Chronic Pain Cohort, *Arthritis & Rheumatism*, nº 52, 2005, p. 1.577-84, e os estudos discutidos em Jeffrey Dersh *et al.*, Chronic Pain and Psychopathology: Research Findings and Considerations, *Psychosomatic Medicine*, nº 64, 2002, p. 773-86.

182 *estudo da Universidade de Stanford sobre depressão maior*: Alan Schatzberg *et al.*, Using Chronic Pain to Predict Depressive Morbidity in the General Population, *Archives of General Psychiatry*, nº 60, 2003, p. 39-47.

182 *estudo de revisão encabeçado pelo dr. David A. Fishbain*: Ver D. A. Fishbain *et al.*, Chronic Pain Associated Depression: Antecedent or Consequence of Chronic Pain? A Review, *Clinical Journal of Pain*, nº 13, 1997, p. 116-37.

183 *uma vulnerabilidade genética comum*: Ver, por exemplo, Dan Buskila, Biology and Therapy of Fibromyalgia: Genetic Aspects of Fibromyalgia Syndrome, *Arthritis Research & Therapy*, nº 8, 2006.

183 *A neuroimagem do cérebro revela perturbações semelhantes*: Thorsten Giesecke *et al.*, The Relationship Between Depression, Clinical Pain, and Experimental Pain in a Chronic Pain Cohort, *Arthritis & Rheumatism*, nº 52, 2005, p. 1.577-84.

183 *anormalidades dos neurotransmissores serotonina e norepinefrina*: Ver Matthew J. Bair, Depression and Pain Comorbidity: A Literature Review, *Archives of Internal Medicine*, nº 163, 2003, p. 2.433-45.

183 *a redução da serotonina aumenta a reação dolorosa*: Ver L. D. Lytle *et al.*, Effects of Longterm Corn Consumption on Brain Serotonin and the Response to Electric Shock, *Science*, nº 190, 14 de novembro de 1975, p. 692-94.

185 *vista grossa ao cultivo e à venda*: Ver Jung Chang e Jon Halliday, *Mao: The Unknown Story*, Nova York, Knopf, 2005, p. 276; *Mao, a história desconhecida*, São Paulo, Companhia das Letras, 2006.

380 NOTAS

186 *"pródigo em carícias e traições"*: Ver Charles-Pierre Baudelaire, The Double Room, em *Baudelaire in English*, Nova York, Penguin, 1998, p. 238; O quarto duplo, *Pequenos poemas em prosa*, trad. Gilson Maurity dos Santos, Rio de Janeiro, Record, 2006.

186 *Um estudo de 2003 encabeçado pela dra. Kathleen Foley*: Ver Kathleen Foley, Opioids and Chronic Neuropathic Pain, *New England Journal of Medicine*, nº 348, 2003, p. 1.279-81, e M. C. Rowbotham *et al.*, Oral Opioid Therapy for Chronic Peripheral and Central Neuropathic Pain, *New England Journal of Medicine*, nº 348, 2003, p. 1.223-32.

186 *pouco mais de 3%*: D. A. Fishbain *et al.*, What Percentage of Chronic Nonmalignant Pain Patients Exposed to Chronic Opioid Analgesic Therapy Develop Abuse/Addiction and/or Aberrant Drug-related Behaviors? A Structured Evidence-based Review, *Pain Medicine*, nº 9, 2008, p. 444-59.

187 *equivalente moral de causar dor*: Ver Morris, *The Culture of Pain*, p. 191. "O ponto fundamental", escreve ele, "além de mostrar como o medo da dor pode destruir uma pessoa com tanta eficiência quanto o câncer, é que *não* aliviar a dor chega perigosamente perto do ato deliberado de causá-la."

189 *doses mais elevadas do que 80mg*: Ver a tabela 2 de Interagency Guideline on Opioid Dosing for Chronic Non-Cancer Pain, Washington State Agency Medical Directors' Group, março de 2007.

189 *15 desses especialistas*: Ver Pain Management Specialists Directory (Listagem de Especialistas em Manejo da Dor), Washington State Agency Medical Directors' Group (Grupo de Diretores Médicos da Agência Estadual de Washington), 17 de março de 2008.

190 *plano de ação contra o OxyContin*: Ver Action Plan to Prevent the Diversion and Abuse of Oxycontin (Plano de Ação para Impedir o Desvio e o Abuso de Oxycontin), Office of Diversion Control (Escritório de Controle de Desvios), U.S. Department of Justice (Ministério da Justiça dos Estados Unidos), 8 de fevereiro de 2001.

192 *Tina Rosenberg*: Ver a excelente reportagem de Rosenberg: When Is a Pain Doctor a Drug Pusher? , *New York Times Magazine*, 17 de junho de 2007.

194 *as mulheres recebem psicotrópicos*: Citado em Jeffrey F. Peipert, *Primary Care for Women*, 2ª edição, Filadélfia, Lippincott Williams & Wilkins, 2004, p. 51.

195 *"tentativa de obter drogas"*: Ver R. Payne, Sickle Cell-Related Pain: Perceptions of Medical Practitioners, *Journal of Pain Symptom Management*, nº 14, 1997, p. 168-74.

195 *Um estudo de 2005*: Ver Ian Chen *et al.*, Racial Differences in Opioid Use for Chronic Nonmalignant Pain, *Journal of General Internal Medicine*, nº 20, julho de 2005, p. 593-98.

195 *negros como menos obedientes*: Michelle van Ryn e Jane Burke, The Effect of Patient Race and Socio-economic Status on Physicians' Perceptions of Patients, *Social Science and Medicine*, nº 50, março de 2000, p. 813-26.

AS CRÔNICAS DA DOR

196 *hierarquia invisível da sensibilidade à dor*: Pernick, *A Calculus of Suffering*, p. 157. Pernick detalha como as teorias da sensibilidade à dor foram usadas nas décadas posteriores à descoberta da anestesia para calcular a dose adequada.

196 *Galeno, médico grego*: Galeno atribuía a dor a duas causas muito diferentes: a dissolução da continuidade dos tecidos, como cortes ou queimaduras, ou a comoção violenta dos humores. A harmonia dos humores poderia ser conseguida com remédios ou por sangria e purgação.

196 *"uma questão subjetiva"*: Fülöp-Miller, *O Triunfo sobre a Dor*.

197 *"O selvagem não sente dor como nós"*: Silas Weir Mitchell, *Characteristics: A Novel*, Nova York, The Century, 1913, p. 13.

197 *Cesare Lombroso*: Cesare Lombroso, *Criminal Man*, org. e trad. Mary Gibson e Nicole Hahn Rafter, Durham, Duke University Press, 2006, p. 63, p. 69.

197 *A natureza animal dos escravos amortecia a dor*: Deus apoiava a estrutura social, argumentou o reverendo Thomas Morong no tratado *The Beneficence of Pain* (O benefício da dor), de 1858, por distribuir a sensibilidade à dor de acordo com as circunstâncias e mitigar o destino dos escravos com uma capacidade maior de tolerância. Ver Pernick, *A Calculus of Suffering*, p. 156.

197 *"suportam cortes"*: Ver dr. James Johnson, *The Medico-Chirurgical Review and Journal of Medical Science*, nº 9, Burgess and Hill, 1826, p. 620.

197 *"o negro (...) tem maior insensibilidade à dor"*: A. P. Merrill, An Essay on Some of the Distinctive Peculiarities of the Negro Race, *Southern Medical and Surgical Journal*, nº 7, 1856. Merrill escreve:

> Mas os escravos são submissos, e trabalhadores eficazes, sob vários tratamentos diferentes (de ser tratados com "espírito de bondade"). Submetem-se e suportam o castigo da vara com grau surpreendente de resignação, e até alegria; e manifestam mesmo em muitos casos um apego forte e inabalável à mão que impõe a punição, ainda mais se for a mão do dono ou de alguém que tenha o direito de exercer o domínio sobre eles. São uma raça submissa e complacente, totalmente incapazes de guardar rancor devido à sua condição degradada de escravos; e igualmente incapazes de formar e manter uma organização eficaz e permanente entre si, afirmar a sua liberdade ou vingar o mal que lhes fazem. Nisso, mais do que tudo, se diferenciam dos seus senhores brancos. (p. 35-56)

197 *James Paget*: James Paget, Experiments on Animals, *Selected Essays and Addresses*, Nova York, Longmans, Green, and Co., 1902, p. 338. Esse comentário surge no contexto de uma discussão sobre a justificativa da dor causada a animais com base na utilidade para os seres humanos, lembrando a noção de Pernick de uma hierarquia da sensibilidade à dor.

198 *Sims obteve no Alabama várias escravas*: Ver J. Marion Sims, *The Story of My Life*, Nova York, D. Appleton and Co., 1894, p. 222-46.

NOTAS

198 *As crianças brancas eram alvo de debate parecido*: Os teóricos educacionais, como Horace Mann, receitavam uma educação física vigorosa como antídoto. Ver Horace Mann, *Lectures on Education*, Boston, Ide & Dutton, 1855, p. 313-14; Herbert Spencer, *Education: Intellectual, Physical, and Moral*, Nova York, D. Appleton and Co., 1901, p. 39; e Pernick, *A Calculus of Suffering*, 152.

199 *"Com o seu exaltado espiritualismo"*: John Gideon Millingen, *The Passions; or Mind and Matter*, Londres, J. & D. A. Darling, 1848, p. 157.

199 *"demasiado doloroso"*: Pernick, *A Calculus of Suffering*, p. 153.

199 *com variações encontradas na cultura clássica*: Ver Antti Aarne, *The Types of the Folktale*, trad. Stith Thompson, Helsinque, Suomalainen Tiedeakatemia, 1964, p. 240.

200 *versão de Andersen de "A princesa e a ervilha", de 1835*: Ver Hans Christian Andersen, The Princess and the Pea, *The Annotated Classic Fairy Tales*, org. Maria Tatar, Nova York, W. W. Norton, 2002, p. 284-87; "A princesa e o grão de ervilha", *Mosaico de histórias: uma antologia do conto europeu*, org. Munira H. Mutran, São Paulo, Associação Editorial Humanitas, 2004, p. 35-36.

202 *estudo famoso feito com donas de casa no final da década de 1960*: R. A. Sternbach, Ethnic Differences Among Housewives in Psychophysical and Skin Potential Response to Electric Shock, *Psychophysiology*, nº 1, 1965, p. 241-46.

202 *tolerância à dor aumentava de forma marcante entre indivíduos judeus*: Ver E. Poser, Some Psychosocial Determinants of Pain Tolerance, lido no 16º Congresso Internacional de Psicologia, Washington, 1963.

203 *mantivessem as mãos em água dolorosamente gelada*: Richard Stephens *et al.*, Swearing as a Response to Pain, *NeuroReport*, nº 20, 5 de agosto de 2009, p. 1.056-60.

203 *estudo de referência da Universidade de Stanford*: Kenneth M. Woodrow *et al.*, Pain Tolerance: Differences According to Age, Sex and Race, *Psychosomatic Medicine*, nº 34, 1972, p. 548-56.

203 *mais do que os americanos de origem asiática*: O grupo de origem asiática misturava indivíduos de ascendência japonesa e chinesa.

204 *as mulheres são mais receptivas aos medicamentos que usam o receptor kappa*: Ver H. L. Fields *et al.*, Brainstem Pain Modulating Circuitry Is Sexually Dimorphic with Respect to Mu and Kappa Opioid Receptor Function, *Pain*, nº 85, 2000, p. 153-59, e Jon D. Levine *et al.*, Kappa-Opioids Produce Significantly Greater Analgesia in Women Than in Men, *Nature Medicine*, nº 2, 1996, p. 1.248-50.

204 *medicamento teve efeito oposto sobre os sexos*: Ver J. D. Levine *et al.*, The Kappa Opioid Nalbuphine Produces Gender-and Dose-Dependent Analgesia and Antianalgesia in Patients with Postoperative Pain, *Pain*, nº 83, 1999, p. 339-45.

204 *MC1R*: Ver J. S. Mogil *et al.*, The Melanocortin-1 Receptor Gene Mediates Female--Specific Mechanisms of Analgesia in Mice and Humans, *Proceedings of the National Academy of Sciences*, nº 100, 15 de abril de 2003, p. 4.867-72.

204 *estudo de 2003 (...) sobre a dor pós-cirúrgica após:* M. Soledad Cepeda e Daniel B. Carr, Women Experience More Pain and Require More Morphine Than Men to

AS CRÔNICAS DA DOR   383

Achieve a Similar Degree of Analgesia, *Anesthesia & Analgesia*, nº 97, 2003, p. 1.464-68.

204 *os homens obtêm com eles uma ação analgésica mais intensa*: Ver, por exemplo, J. S. Walker, Experimental Pain in Healthy Human Subjects: Gender Differences in Nociception and in Response to Ibuprofen, *Anesthesia & Analgesia*, nº 86, 1998, p. 1.257-62.

205 *20% mais anestesia geral*: Ver E. B. Liem *et al.*, Anesthetic Requirement is Increased in Redheads, *Anesthesiology*, nº 101, agosto de 2004, p. 279-83.

205 *estudo realizado em 2006 pela Universidade do Estado de Ohio*: Ver Lee Bowman, Obese People More Sensitive to Pain, Study Finds, Scripps Howard News Service (Agência de Notícias Scripps Howard), 1º de março de 2006.

206 *anestesia insuficiente ou inadequada*: Ver Philip M. Boffey, Infants' Sense of Pain Is Recognized, Finally, *New York Times*, 24 de novembro de 1987, e Helen Harrison, Why Infant Surgery Without Anesthesia Went Unchallenged, *New York Times*, 17 de dezembro de 1987.

206 *editorial da revista* The New England Journal of Medicine: Ver A. B. Fletcher, Pain in the Neonate, *New England Journal of Medicine*, nº 317, 19 de novembro de 1987.

207 *estudo de 2001, encabeçado pelo dr. Robert R. Edwards*: Robert R. Edwards, Individual Differences in Endogenous Pain Modulation as a Risk Factor for Chronic Pain, *Neurology*, nº 65, 2005, p. 437-43.

208 *subgrupo de afro-americanos*: Ver M. McNeilly, Neuropeptide and Cardiovascular Responses to Intravenous Catheterization in Normotensive and Hypertensive Blacks and Whites, *Health Psychology*, nº 8, 1989, p. 487-501.

208 *Um estudo de 2005, realizado no campus de Chapel Hill*: M. Beth Mechlin *et al.*, African Americans Show Alterations in Endogenous Pain Regulatory Mechanisms and Reduced Pain Tolerance to Experimental Pain Procedures, *Psychosomatic Medicine*, nº 67, 2005, p. 948-56.

208 *judeus etíopes têm uma variação genética*: H. R. Lou et al., Polymorphisms of CYP2C19 and CYP2D6 in Israeli Ethnic Groups, *American Journal of Pharmacogenomics, Genomics-related Research in Drug Development and Clinical Practice*, nº 4, vol. 6, 2004, p. 395-401.

210 *artigo do dr. Robert R. Edwards*: Robert R. Edwards, Individual Differences in Endogenous Pain Modulation as a Risk Factor for Chronic Pain, *Neurology*, nº 65, 2005, p. 437-43.

211 *vítimas de abuso sexual na infância*: Ver E. Walker *et al.*, Relationship of Chronic Pelvic Pain to Psychiatric Diagnoses and Childhood Sexual Abuse, *American Journal of Psychiatry*, nº 145, 1988, p. 75-80.

211 *estudo de 2005, publicado na revista* Human Molecular Genetics: Ver L. Diatchenko *et al.*, Genetic Basis for Individual Variations in Pain Perception and the Development of a Chronic Pain Condition, *Human Molecular Genetics*, nº 14, 2005, p. 135-43.

384   NOTAS

211 *Outro estudo recente*: Frank Reimann *et al.*, Pain Perception Is Altered by a Nucleotide Polymorphism in SCN9A, *Proceedings of the National Academy of Sciences*, nº 107, 16 de março de 2010, p. 5.148-53.
212 *revisão dinamarquesa*: Ver E. Aasvang e H. Kehlet, Chronic Postoperative Pain: The Case of Inguinal Herniorrhaphy, *British Journal of Anaesthesia*, nº 95, 2005, p. 69-76.
212 *estudo britânico constatou que 30%*: A. S. Poobalan *et al.*, Chronic Pain and Quality of Life Following Open Inguinal Hernia Repair, *British Journal of Surgery*, nº 88, 2001, p. 1.122-26.
216 *Um dos estudos do dr. Apkarian*: Ver A. Vania Apkarian *et al.*, Chronic Back Pain Is Associated with Decreased Prefrontal and Thalamic Gray Matter Density, *Journal of Neuroscience*, nº 24, 17 de novembro de 2004, p. 10.410-415.
216 *um quarto ou mais dos americanos*: Ver Health, United States, 2006: With Charts on Trends in the Health of Americans, Centers for Disease Control, p. 74.
216 *para um quarto deles*: *Ibid.*, 86. "No total, 28% dos adultos com dor na região lombar disseram ter as atividades limitadas devido à doença crônica."
216 *A quantidade de substância cinzenta*: Ver Richard J. Haier, Structural Brain Variation and General Intelligence, *NeuroImage*, nº 23, setembro de 2004, p. 425-33.
216 *perdas de 5% a 11%*: Ver Apkarian *et al.*, Chronic Back Pain Is Associated with Decreased Prefrontal and Thalamic Gray Matter Density, *Journal of Neuroscience*, nº 24, 17 de novembro de 2004, p. 10.410-415.
217 *1,3cm³*: Ibid.

IV. TENTO ENCONTRAR UMA VOZ: A DOR COMO NARRATIVA

225 *"A dor física não tem voz"*: Scarry, *The Body in Pain*, p. 3.
225 *tratar o paciente e não a doença*: Ver Owsei Temkin, *The Double Face of Janus and Other Essays in the History of Medicine*, Baltimore, Johns Hopkins University Press, 2006, p. 454.
225 *"Qual é o seu problema?"*: Foucault, *The Birth of the Clinic*, p. xxi.
226 Histórias que curam: Ver Rachel Naomi Remen, *Kitchen Table Wisdom: Stories That Heal*, Nova York, Riverhead, 1997; *Histórias que curam — Conversas sábias ao pé do fogão*, São Paulo, Ágora, 1998.
229 *"os fatores que convertem"*: Eric J. Cassell, *The Nature of Suffering and the Goals of Medicine*, Nova York, Oxford University Press, 2004, p. 46.
231 *A dor voluntária integrativa*: Há uma discussão da dor integrativa e desintegrativa em Glucklich, *Sacred Pain*, p. 33-34, e em David Bakan, *Disease, Pain, and Sacrifice: Toward a Psychology of Suffering*, Chicago, University of Chicago Press, 1968, p. 31-38, 67-85.
232 *"Uma palavra nos liberta"*: Ver Sófocles, *The Oedipus Cycle*, Boston, Houghton Mifflin Harcourt, 2002, p. 165.

AS CRÔNICAS DA DOR   385

232 *recrutaram alunos de Stanford*: Dados tirados de Jared Younger, Sean Mackey *et al.*, Passionate Love Reduces Pain Via Activation of Reward Systems. (Exemplar pré--publicação enviado à autora por Sean Mackey.)

233 *Pesquisadores da Universidade de Oxford*: Ver Pulling Together Increases Your Pain Threshold, comunicação à imprensa da Universidade de Oxford, 28 de setembro de 2009.

233 centralizadora télica: Ver Bakan, *Disease, Pain, and Sacrifice*, p. 31-38, 67-85.

233 *"quem foi torturado"*: Jean Améry, *At the Mind's Limits*, Bloomington, Indiana, Indiana University Press, 1998, p. 34.

233 *"dor nem dano real algum"*: Ver Jay S. Bybee, procurador-geral assistente, Memorandum for John Rizzo, Acting General Counsel for the Central Intelligence Agency, 1º de agosto de 2002, p. 11.

235 *estudo de 2005, encabeçado pelo dr. M. Ojinga Harrison*: M. Ojinga Harrison *et al.*, Religiosity/Spirituality in Patients with Sickle Cell Disease, *The Journal of Nervous and Mental Disease*, nº 193, abril de 2005.

235 *quem frequentava a igreja uma ou mais vezes por semana*: Ibid.

235 *quem frequenta cultos religiosos vive mais*: W. J. Strawbridge *et al.*, Frequent Attendance at Religious Services and Mortality Over 28 Years, *American Journal of Public Health*, nº 87, 1997, p. 957-61.

236 *análise feita durante nove anos*: Robert A. Hummer *et al.*, Religious Involvement and U.S. Adult Mortality, *Demography*, nº 36, maio de 1999, p. 273-85. Robert Hummer e os outros autores indicam que o vínculo encontrado entre a ida frequente à igreja e a mortalidade é apenas uma correlação estatística. Eles não chegam ao ponto de dizer que basta ir à igreja para reduzir diretamente a mortalidade. Por exemplo, observam que pessoas com saúde debilitada já têm menos probabilidade de ir à igreja.

236 *"forma religiosa positiva de encarar os problemas"*: Ver A. C. Sherman *et al.*, Religious Struggle and Religious Comfort in Response to Illness: Health Outcomes Among Stem Cell Transplant Patients, *Journal of Behavioral Medicine*, nº 28, agosto de 2005, p. 359-67.

238 *"Se ocorre sofrimento"*: Cassell, *The Nature of Suffering*, 46.

243 *O marido contou a um repórter*: Alicia Dennis, This Man Chose to Be in a Coma, *People*, 10 de agosto de 2009.

244 *cria um eu temido*: Stephen Morley *et al.*, Possible Selves in Chronic Pain: Self-Pain Enmeshment, Adjustment and Acceptance, *Pain*, nº 115, 2005, p. 84-94.

246 *Uma pesquisa da Universidade de Stanford*: Ver Broad Experience with Pain Sparks a Search for Relief, pesquisa de ABC News/EUA Today/Centro Médico da Universidade de Stanford, 9 de maio de 2005.

250 *Anjo da Anatomia*: Mary Lowenthal Felstiner, *Out of Joint: A Private and Public Story of Arthritis*, Lincoln, University of Nebraska Press, 2007, p. xiv e p. 201.

NOTAS

250 *bebês antes dos vinte*: Ver U.S. Department of Health & Human Services (Ministério da Saúde e de Serviços Humanos dos Estados Unidos), Breast Cancer: Risk Factors and Prevention, http://www.womenshealth.gov/breast-cancer/risk-factorsprevention, acessado em 21 de outubro de 2009.

253 *"Dealing with Difficult Patients"*: Ver Ajay D. Wasan *et al.*, Dealing with Difficult Patients in Your Pain Practice, *Regional Anesthesia and Pain Medicine*, nº 30, março/abril de 2005, p. 184-92.

253 *um grande estudo numa clínica de atendimento primário*: O estudo citado é J. L. Jackson e K. Kroenke, The Effect of Unmet Expectation Among Adults Presenting with Physical Symptoms, *Annals of Internal Medicine*, nº 134, 2001, p. 889-97.

253 *Dos pacientes com dor crônica, de 30% a 50%*: Wasan, Dealing with Difficult Patients, p. 188.

261 *o mesmo tipo de sensibilidade patológica à dor*: Ver L. F. Chu *et al.*, Opioid-Induced Hyperalgesia in Humans: Molecular Mechanisms and Clinical Considerations, *Clinical Journal of Pain*, nº 24, julho/agosto de 2008, p. 479-96.

262 *relacionamento dele com o médico*: Ver, por exemplo, John D. Piette *et al.*, The Role of Patient-Physician Trust in Moderating Medication Nonadherence Due to Cost Pressures, *Archives of Internal Medicine*, nº 165, 2005, p. 1.749-55.

275 *baixo nível de reação aos placebos*: Ver Harriët Wittink e Theresa Hoskins Michel, *Chronic Pain Management for Physical Therapists*, Boston, Butterworth-Heinemann, 2002, p. 295. As autoras dizem que a reação ao placebo está intimamente ligada à expectativa de resultado positivo do paciente.

277 *"Construa (...) uma narrativa da doença"*: Arthur Kleinman, *The Illness Narratives*, Nova York, Basic Books, 1988, p. 54.

279 *"Até pacientes comparativamente bem-ajustados"*: Wasan, Dealing with Difficult Patients, p. 185.

283 *At the Will of the Body*: Arthur W. Frank, *At the Will of the Body: Reflections on Illness*, Boston, Houghton Mifflin Harcourt, 2002.

284 *teve uma proporção maior deles*: Ver Robert S. Bresalier, Cardiovascular Events Associated with Rofecoxib in a Colorectal Adenoma Chemoprevention Trial, *New England Journal of Medicine*, nº 355, 17 de março de 2005.

285 *traz riscos cardiovasculares para a mesma população ameaçada pelo Vioxx*: O Celebrex, como o Vioxx, é celecoxib, ou inibidor da ciclo-oxigenase 2 (cox-2), mas "a literatura relativa ao risco (cardiovascular) do uso de celecoxib é mais heterogênea" do que a do Vioxx. Ver Cardiovascular Risk Associated with Celecoxib, *New England Journal of Medicine*, nº 352, 23 de junho de 2005, p. 2.648-50.

285 *reduzia em 71% o risco de câncer de mama*: Randall E. Harris *et al.*, Reduction in the Risk of Human Breast Cancer by Selective Cycloxygenase-2 (COX-2) Inhibitors, *BMC Cancer*, nº 6, 2006.

291 *Um estudo de 2005*: David W. Dodick *et al.*, Botulinum Toxin Type A for the Prophylaxis of Chronic Daily Headache: Subgroup Analysis of Patients Not Receiving

AS CRÔNICAS DA DOR

Other Prophylactic Medications: A Randomized Double-Blind, Placebo-Controlled Study, *Headache*, n⁰ 45, 2005, p. 315-24.

295 *"A que altura tão grande a vela mais alta"*: Verso do poema *Final Soliloquy of the Interior Paramour* (Solilóquio final do amante interior), de Stevens. Ver Wallace Stevens, *The Collected Poems of Wallace Stevens*, Nova York, Knopf, 1954, p. 524.

296 *"Cheio de sentimentos de injustiça e pena de si mesmo"*: Ver Remen, *Kitchen Table Wisdom*, p. 115-18.

V. CURAR A MENTE: A DOR COMO PERCEPÇÃO

315 *Como observa Wittgenstein*: Ludwig Wittgenstein, *Philosophical Investigations: The German Text, with a Revised English Translation*, Oxford, Wiley-Blackwell, 2001, p. 84.

316 *Para Hipócrates, a dor era uma sensação física*: Para Hipócrates, a dor como sensação é física e avassaladora, enquanto para Aristóteles a dor como emoção é cerebral e, portanto, controlável. Para Aristóteles, a dor parece principalmente um assunto interno ou mental que pode ser superado com a força de vontade ou o domínio da razão sobre as funções corporais. Às vezes Aristóteles escreve sobre a dor (e o prazer) como *percepção* de emoções (que parece ter relação com as sensações; o *aisteta* das emoções vem do verbo *aistanomai*, "perceber ou apreender com os sentidos"). Aristóteles escreve: "Que as emoções sejam todas aquelas coisas por cuja causa os indivíduos mudam de ideia e discordam em relação aos seus juízos, *e assim percebem dor e prazer*, por exemplo, raiva, piedade, medo e todas as outras coisas do tipo, e os seus opostos" (destaque meu). Citado em David Konstan, *The Emotions of the Ancient Greeks*, University of Toronto Press, 2006, p. 33.

316 *"às vezes, podemos sentir"*: René Descartes, *The Philosophical Writings of Descartes*, vol. 1, org. John Cottingham, Cambridge, Cambridge University Press, 1985, p. 361.

318 *"Nunca tinha levado um tiro"*: Ver Wall, *Pain*, p. 7.

318 *"A dor é qualquer coisa"*: Margo McCaffery, *Nursing Practice Theories Related to Cognition, Bodily Pain, and Man-Environment Interactions*, Los Angeles, UCLA Press, 1968, p. 95.

318 *"experiência sensorial e emocional desagradável"*: Ver Chryssoula Lascaratou, *The Language of Pain: Expression or Description*, Amsterdã, John Benjamins, 2007, p. 15.

320 *Cada uma dessas regiões*: Há uma descrição técnica excelente do funcionamento da dor em Michael J. Cousins, Philip O. Bridenbaugh, Daniel B. Carr e Terese T. Horlocker, org., *Cousins & Bridenbaugh's Neural Blockade In Clinical Anesthesia and Management of Pain*, 4ª ed., Filadélfia, Lippincott Williams & Wilkins, 2009, p. 693-751. Esse livro é geralmente considerado a obra acadêmica mais abalizada sobre a medicina da dor para profissionais de saúde, publicada pelos principais atores do campo.

NOTAS

321 *"milhares de membros espirituais"*: Robert Fitridge e Matthew Thompson, *Mechanisms of Vascular Disease: A Textbook for Vascular Surgeons*, Cambridge, Cambridge University Press, 2007, p. 302.

324 *estudos da Universidade de Oxford*: Ver Irene Tracey *et al.*, Imaging Attentional Modulation of Pain in the Periaqueductal Gray in Humans, *The Journal of Neuroscience*, nº 22, 1º de abril de 2002, p. 2.748-52.

325 *As distrações comuns*: Susanna J. Bantick *et al.*, Imaging How Attention Modulates Pain in Humans Using Functional MRI, *Brain*, nº 125, 1º de fevereiro de 2002, p. 310-19.

325 *Até o olfato influencia a dor*: Chantal Villemure *et al.*, Effects of Odors on Pain Perception: Deciphering the Roles of Emotion and Attention, *Pain*, nº 106, novembro de 2003, p. 101-8.

326 *examinou o cérebro dos homens participantes*: Jon-Kar Zubieta *et al.*, Placebo Effects Mediated by Endogenous Opioid Activity on μ-Opioid Receptors, *The Journal of Neuroscience*, nº 25, 24 de agosto de 2005, p. 7.754-62.

331 *"a contemplação das coisas divinas"*: Citado em Fülöp-Miller, *O Triunfo sobre a Dor*.

332 *Os pacientes tinham sido preparados*: Wall, *Pain*, p. 71-72.

340 *A teoria do desamparo adquirido*: Ver Martin Seligman e Steven Maier, Failure to Escape Traumatic Shock, *Journal of Experimental Psychology*, nº 74, 1967, p. 1-9.

343 *um monge budista tailandês da década de 1930*: Kamala Tiyavanich, *Forest Recollections: Wandering Monks in século XX Thailand*, Honolulu, University of Hawaii Press, 1997, p. 111. Também citado em Glucklich, *Sacred Pain*, p. 20.

349 *teoriza que a dor intensa*: Glucklich, *Sacred Pain*, p. 30.

349 *"neuroassinatura"*: Ronald Melzack, Pain and the Neuromatrix in the Brain, *Journal of Dental Education*, nº 65, dezembro de 2001, p. 1.378-82.

350 *"apavorante ou extasiante"*: Glucklich, *Sacred Pain*, p. 60.

351 *Esse efeito de aprendizado*: Christopher deCharms *et al.*, Control Over Brain Activation and Pain Learned by Using Real-time Functional MRI, *Proceedings of the National Academy of Sciences*, nº 102, 20 de dezembro de 2005, p. 18.626-31.

352 *motoristas de táxi de Londres*: Eleanor Maguire *et al.*, Navigation-Related Structural Change in the Hippocampi of Taxi Drivers, *Proceedings of the National Academy of Sciences*, nº 97, 11 de abril de 2000, p. 4.398-4.403.

352 *aprender malabarismo cria mudanças visíveis*: Ver Bogdan Draganski *et al.*, Neuroplasticity: Changes in Grey Matter Induced by Training, *Nature*, nº 427, 22 de janeiro de 2004, p. 311-12.

AGRADECIMENTOS

Nos oito anos em que trabalhei neste livro, recebi muita ajuda.

Tive a honra de trabalhar com Eric Chinski, que tem as três qualidades necessárias aos editores: percepção aguda, gentileza constante e extrema paciência. Agradeço a Eugenie Cha pela ajuda inestimável no processo de publicação, a Chris Peterson pela revisão do texto, a Rebecca Saletan pelo apoio desde cedo e a Sarita Varma pela publicidade. Henry Dunow, o meu maravilhoso agente, veio em meu auxílio em todos os estágios.

Ilena Silverman, da *New York Times Magazine*, não só trabalhou comigo em reportagens ligadas à dor, como também emprestou o seu talento à elaboração do manuscrito. A ela, o meu muitíssimo obrigada. Agradeço a Gerry Marzorati, por me dar um lar jornalístico, e a Dean Robinson, o primeiro a me pedir que escrevesse sobre dor crônica. Sou demasiado grata a Charles Wilson, pela conferência minuciosa dos fatos e pela ajuda na pesquisa que me salvou de erros e enganos vergonhosos, grandes e pequenos. Sara Brumfield contribuiu com os seus conhecimentos sobre línguas e civilizações do Oriente Próximo, assim como Elisha Cohn com a história vitoriana, Joy Connolly e Ben Platt com a antiga civilização grega e romana e James Mickle com os conhecimentos médicos.

Tive a bênção de contar com um círculo de amigos escritores, generosos e cheios de talento, que usaram o tempo em que deveriam estar cuidando do seu trabalho para aprimorar o meu. Cynthia Baughman, Brian Hall, Julie Hilden, Tom Reiss e Michael Ryan leram vários rascunhos e me mostraram uma nova rota sempre que me perdia no mato cerrado desse assunto. Deborah Baker, Jeff Dolven, Jascha Hoffman, Robert Klitzman, Dani Shapiro e Joshua Wolf Shenk também ofereceram apoio moral e deram orientação valiosa ao longo do caminho. Mark Woods desbastou meticulosamente incontáveis frases, e Kristin Thiel deu uma ajuda fundamental nos estágios finais. Agradeço também a Kevin Baker, Max Berger, Susan Cheever, Nicholas Dawidoff, Richard Halpern, Oliver Hobert, Dan Kaufman, Bonnie Lee, David Lipsky, Amanda Robbe e David Shaffer.

AGRADECIMENTOS

Na pesquisa deste livro, tive a oportunidade de observar a prática de alguns médicos extraordinários. No decorrer dos anos, as conversas e a observação do trabalho de Daniel Carr, Scott Fishman, John Keltner e Sean Mackey marcaram a minha compreensão da dor e de como pode ser boa a medicina da dor. Scott Fishman cede o seu talento como presidente de uma preciosa entidade de defesa dos pacientes com dor, a American Pain Foundation, que me ajudou tanto como paciente quanto como pesquisadora. Tenho uma profunda dívida intelectual para com Daniel Carr, cujas ideias sobre a dor são explicadas neste livro.

Enquanto pesquisava para fazer este livro e reportagens ligadas à dor, fiquei muito grata a vários clínicos, pesquisadores e especialistas importantes, por me concederem entrevistas e me permitirem observá-los, como Allan Basbaum, Pamela Bennett, Charles Berde, David Borsook, Bertie Bregman, William Breitbart, Kenneth Casey, Eric Cassell, Richard Chapman, Rita Charon, B. Eliot Cole, Ray D'amours, Christopher deCharms, Stuart Derbyshire, Richard Deyo, Steven Feinberg, Philip Fisher, Kathleen Foley, Arthur Frank, Rebecca Garden, Ariel Glucklich, Christine Greco, Geoffrey Hartman, Craig Irvine, Jean Jackson, Donald Kaminsky, Peter Koo, Lynda Krasenbaum, Paul Kreis, Kathryn Lasch, Sophie Laurent et Nuno de Sousa, Alyssa Lebel, J.K.Lilly, John Loeser, Alexander Mauskop, Michell Max, Patrick McGrath, Jacques Meynadier, Christine Miaskowski, David Morris, Jeffrey Ngeow, Richard Payne, Clint Phillips, Russell Portenoy, Joshua Prager, Ali Rezai, Daniel Rockers, Alain Serrie, Mark Sullivan, Irene Tracey, Dennis Turk, Vijay Vad, Frank Vertosick, Seth Waldman e Clifford Woolf, entre outros. Peço desculpas se omiti alguém! Também foi muito proveitoso observar o excelente programa da Universidade Tufts de pesquisa, educação e política da dor, e participar da conferência "Narrativa, dor e sofrimento", no Centro Bellagio da Fundação Rockefeller, na Itália, organizada por Daniel Carr, John Loeser e Davis Morris (cujos textos foram reunidos no livro *Narrative, Pain, and Suffering*, publicado pela IASP Press).

Poucos escritores na história, fora os integrantes de famílias reais, tiveram um ambiente mais agradável do que eu para se dedicar a este tema espinhoso quando Ellis Alden me permitiu que me hospedasse por vários meses no seu maravilhoso hotel, o Stanford Park, enquanto pesquisava a dor na Universidade de Stanford, e depois fez extensos comentários ao meu rascunho. Sou muitíssimo grata a ele e à esposa, Karen. Outras partes fundamentais deste livro também foram escritas em Yaddo, no Writers Room e no Paragraph. Agradeço a Jeffrey e Rachel Selin por criar o Writers' Dojo em Portland, onde redigi o texto final.

Muito obrigada a todos os pacientes deste livro, que me permitiram observar as suas consultas e, com o passar dos anos, dividiram comigo a sua experiência. Agradeço especialmente a Danielle Parker e Holly Wilson, cujas histórias espero que o leitor, tanto quanto eu, ache inspiradoras.

Finalmente, tenho a sorte de contar com uma família extensa que inclui a revisão entre os deveres familiares. Muito obrigada aos meus pais, Stephan e Abigail; ao meu sogro; e à minha sogra, Felicity, que demonstrou autocontrole quando continuei a dividir os infinitivos. O meu mais profundo sustento intelectual e emocional veio do meu marido, Michael Callahan. Vi que ele tinha lido rascunhos demais quando ergueu os olhos e comentou, sobre uma única frase: "Por que você abandonou a imagem da enguia?" A ele, amor e gratidão, não só por melhorar a minha prosa, mas também por dar à minha história um final feliz, no sentido mais profundo da palavra. Não consigo imaginar um parceiro melhor. Espero que, quando tiverem idade suficiente para ler este livro, os nossos filhos Violet e Kieran o achem antiquado, como achamos antiquadas as doenças que afligiram as gerações anteriores e que não podemos mais, nem queremos, imaginar inteiramente.

ÍNDICE REMISSIVO

A

ablação cardíaca, 260
abraçar a dor, 69-71, 201-204, 346
abuso sexual, 211
acádios, 46
acetaminofeno, 173, 261, 274
   ver também Tylenol
ácido salicílico, 122-23
   ver também aspirina
acupuntura, 74, 77, 158, 185, 259, 333, 339
   cirurgia na China com, 331-32
Adão, 17, 81, 84, 110, 139, 198, 302
adicção, *ver* vício
adrenalina, 40, 62, 208
Advil, 71, 172
   ver também ibuprofeno
aeróbica, 64, 72, 258
afogamento simulado, 233
África, 30, 114, 185, 207, 213, 271, 333, 334
afro-americanos, 207
   escravidão, 170, 179
   religião e, 235-36
   sensibilidade à dor, 207-08
   tratamento da dor, 184, 187
aids, 28, 195

Akiva, Rabbi, 348
álcool, 65, 110, 122-23, 125, 128, 134, 161,
   173, 185, 188, 274
Aleve, 64, 71, 172-73, 284
Alexandre, o Grande, 47
alodinia, 164, 222, 261
alucinações, 129, 243, 276
americanos nativos, 198
americanos de origem asiática, 203
American Pain Foundation (Fundação
   Americana da Dor), 153
American Pain Society (Sociedade Americana
   da Dor), 157, 178
Améry, Jean, 145, 233
amor romântico, efeito sobre a dor, 35-36,
   232-33, 298-304
amputação, 63, 113-15, 296
   dor do membro fantasma, 63, 226, 317,
     321-22
   durante as guerras, 118
   sem anestesia, 114-15
analgesia descendente, 62-63, 183, 210, 233, 305
analgesia descendente induzida pelo estresse,
   62-63, 305
analgésicos, *ver* medicamentos contra a dor
analgésicos do receptor mu, 204

Andersen, Hans Christian, "A princesa e a ervilha", 199-200
anemia falciforme, 235
anestesia, 14, 104, 107, 121, 136, 140, 142, 170, 196, 204, 244, 321, 357, 362-63
cirurgia sem, 20, 108-09, 112, 140, 198, 218
crianças e, 206
da crença, 343-50
desenvolvimento da, 17-18, 107, 112-13, 129, 131, 132-33, 136, 141
início da, 17, 107-08, 112-13, 115, 128
invenção da, 22, 128-29, 132, 135, 218
no parto, 18, 138, 140-41, 199, 232
por concussão, 108-09
redução da dor antes da, 108-11, 118, 127
religião e, 138-40
riscos, 169
ver também clorofórmio; éter; óxido nitroso
anestesista, 132, 139, 152, 239, 246-47
angústia, 42, 237, 257, 347
animais, dor em, 37, 40-42, 46
ansiedade, 42, 77, 182-83, 194-95, 211, 235, 243, 253, 267, 276, 321, 326, 347, 360-61
antibióticos, 13, 138, 357
anticloroformistas (Anti-Chloroformers), 140
antidepressivos, 158, 172, 195, 255, 165-66
Antiguidade, 17, 22, 27, 45-46, 50, 64, 81, 91, 315
dor e cura na, 46-48, 64, 81, 122, 125, 141, 198, 206, 301, 315, 285
religião, 46-48, 81, 90, 94, 107-08
substâncias medicinais, 46, 64, 122-23, 125
ver também civilizações específicas
anti-inflamatórios, 158, 172-73, 204, 266, 280, 284-85
anti-inflamatórios não esteroides (AINEs), 173, 204
Apkarian, A. Vania, 216-17, 348
Apolo, 47
Aquino, ver Tomás de Aquino
Aristóteles, 78, 231, 316, 387
Arnaldo de Villanova, 121, 374

arrastar e esquartejar, 109
Ártemis, 47
Arthritis Foundation (Fundação de Artrite), 277
articulações, 71, 205, 214, 242, 282, 300
artrite, 16, 73, 159, 166, 205, 212, 279, 284, 293, 336, 357
reumatoide, 159, 172, 250
asma, 133
Aspen Back Institute, 271, 274
aspirina, 64, 71, 122-23, 172-73, 174, 176, 284, 378
assepsia, ver técnicas antissépticas
assírios, 50, 206
ataques de pânico, 276
atenção, 317
efeito da dor sobre a, 320, 324, 331-32, 335, 345, 347-48
Athelstan, rei da Inglaterra, 92
Ativan, 276
atletismo, 231, 233, 324
ATM, disfunção, ver disfunção miogênica da articulação temporomandibular
atrofia por excesso de uso, 216, 219
Aubryet, Xavier, 68

B

babilônios, 19, 29, 46, 50, 54, 82, 92, 108, 315, 368
Bakan, David, Disease, Pain and Sacrifice, 233
barato dos corredores, efeito sobre a dor, 62, 346, 370
Basbaum, Allan, 164, 366
batimentos cardíacos, taxa de, 40, 208, 345
Baudelaire, Charles, 186, 380
beladona, 122-23
Bell, sir Charles, 132
benzodiazepinas, 276
betaendorfinas, 62, 72, 157, 208, 349
Bhagavad Gita, 17
BH4, 221
Bíblia, 81, 85, 110, 236, 275
Bigelow, Henry, 112, 140-41, 375-76

AS CRÔNICAS DA DOR

biofeedback, 158, 345, 352
Blackwood's Edinburgh Magazine, 130, 375
bloqueio dos nervos, 244, 253
Bonica, John J., 152, 377
Boston Children's Hospital (Hospital das Crianças de Boston), 220
Boston Society for Medical Improvement (Sociedade pelo Aprimoramento da Medicina de Boston), 140
Botox, 172, 291, 339, 378
Braid, James, 131, 375
Breitbart, William, 183, 195
Brontë, Charlotte, 110
budismo, 81, 89, 296, 343, 346
Burke, Lee, 159, 171, 174, 178-79, 218, 230
Burney, Fanny, 117, 121, 128, 132, 373
Bush, George W., 190
    política de tortura de, 233
Bushnell, dra. Catherine, 325

C

cabelo, cor e sensibilidade à dor, 204
café, 172
cafeína, efeito sobre enxaquecas, 172
Califórnia, manejo da dor na, 154, 164-65
"calmantes de bebês", 124
câncer, 15-16, 21, 28, 169, 178, 210, 213, 276, 327
    de mama, 178, 250, 285
    quimioterapia, 170, 185, 236
    redução da dor, 178, 180, 185-87
    religião e, 232
    síndromes dolorosas cirúrgicas, 170
cannabis, 64, 122
    ver também maconha
capsaicina, 220
carma, 81, 89, 108, 310
Carr, dr. Daniel, 156-61, 169, 171, 176, 178-79, 184, 185, 187, 191, 194, 204, 207, 267, 365, 382, 387
casca de salgueiro, 122, 141

Cassell, dr. Eric J., *The Nature of Suffering and the Goals of Medicine*, 229, 238, 384
catarata, cirurgia de, 113
cauterização de ferimentos, 162
cefaleia de rebote, 172
Celebrex, 264, 284-85, 339, 386
centralizadora télica, 233-34, 385
Cepeda, dr. M. Soledad, 204
cérebro, 16, 18-19, 22, 35, 38, 40-42, 43, 61-63, 77, 86-87, 108, 124, 152, 159, 163-64, 167, 184, 201, 215, 216
    anestesia da crença, 307-09
    atrofia, 216
    "centro da dor" no, 320
    depressão e, 183
    efeito da dor prolongada sobre o, 154, 184, 206, 210
    efeito placebo e, 325
    hipnose e, 131, 331-32
    medicina alternativa e, 297-301
    neuroimagem do, 168, 183, 191, 211, 322, 344 (*ver também* ressonância magnética funcional)
    percepção e modulação da dor, 289-93
    terapia da neuroimagem, 345-46
    tronco, 320-21
    tumores, 160, 171, 333
cetamina, 186, 243-44
Chaucer, Geoffrey, *Os contos de Canterbury*, 325
Cheever, Susan, 336-37, 338-39
China, 114, 185, 207
    cirurgia com acupuntura na, 331-32
choro, 37, 41
choque, 115
ciática, 212
Cícero, 127, 331
Ciência Cristã, 80, 144
Cinco de Stanford, 253
cingulotomias, 321
circuncisão, 206
cirurgia, 14, 112, 231, 242, 246-47
    acupuntura e, 185, 331-32
    desenvolvimento da anestesia, 121-23, 125-26, 132-34, 136

malfeita, 113, 333
mesmerismo e, 128-31
sem anestesia, 14, 18-20, 109-11, 112-16
síndromes dolorosas, 169-70
classe social, 194
tratamento da dor e, 194, 198-99
Clauw, dr. Daniel, 168
Cloquet, Jules, 128
clorofórmio, 108, 137, 140-41, 199
coágulos sanguíneos, 153, 177
cocaína, 122, 125-26
colar cervical, 283
colecistocinina, 327
Coleridge, Samuel Taylor, 65, 134
Collins, W. J., 141
COMT, gene, 211
concussão, anestesia por, 108-09, 128
consumpção, 13-14, 28
Corão, 185
corpo caloso anterior, 332
córtex cingulado anterior rostral (CCAr), 321, 347-50, 351, 353
córtex interoceptivo, 42
córtex pré-frontal, 216-17, 320-21
córtex sensorial, 86-87
córtex somatossensorial, 320-21, 354
cortisol, 154, 208
cortisona, 285
COX-2, inibidores de, 285, 386
crença, anestesia da, 91, 95, 295, 306, 325-26, 343-50
ver também mesmerismo; placebo
crianças, 170, 206, 311
impacto da dor em, 170, 206
sensibilidade à dor, 206-07
sexualmente agredidas, 215
cristianismo, 17, 85, 110, 296
anestesia e, 138-39
a dor de Jesus e, 85-87
martírio, 89-90
mortalidade e, 235
vitoriano, 110
crucifixão, 29, 84, 85-87
cura, 15, 54, 56

na Antiguidade, 47-48
Cymbalta, 255

D

Darvocet, 65-66, 176, 179
Darwin, Charles, 18, 108, 110, 113, 135, 141, 373
Da origem das espécies por meio da seleção natural, 199
teoria da evolução, 108, 110, 141, 199
Darwin, Francis, 135
Daudet, Alphonse, *La Doulou / In the Land of Pain*, 30, 54, 94, 368, 370-71
Davy, sir Humphrey, 133
"Dealing with Difficult Patients in Your Pain Practice" (artigo), 253, 279, 386
Nitrous Oxide, 133
deCharms, Christopher, 344-45, 347, 351-52, 388
Demerol, 268
Deméter, 65
demônios, 45-48, 50-51, 59, 85, 125, 142, 151, 165, 219, 306, 320-23
dependência, *ver* vício
depressão, 15, 139, 153-54, 167, 182-83, 189, 194, 235-37, 253, 257-58, 267, 326, 361
como doença, 153-54
dor e, 21, 159
química do cérebro e, 182
derrames, 284-85, 333, 353
desamparo adquirido, 340, 388
Descartes, René, 316-17, 323, 347, 387
descentralizadora télica, 233-34
desinibição, 215, 286
"despersonalização" da dor, 181
deuses e deusas, 45-48, 50-51, 64, 81, 85, 108, 122, 141, 301, 306, 311, 319
diabetes, 16, 153, 164, 201
diagnóstico, 13, 52, 55, 67-68, 76, 94, 143, 152-54, 156-59, 172, 180, 194, 214, 239, 242, 257, 259, 290, 359, 364

AS CRÔNICAS DA DOR

Dickens, Charles, 110, 372
Dickinson, Emily, 29
Diocles de Caristo, 124, 374
discos degenerados, 166
disfunção miogênica da articulação temporomandibular, 211
distração, efeito sobre a dor, 324, 345-46, 350
distrofia simpática reflexa, *ver* síndrome dolorosa regional complexa
Dï'û, 46
DNA, 213-14
doença, 27-28
    dor como, 15-16, 28, 155-58
    ver também doenças específicas
doença de Crohn, 296
doença de Parkinson, 326, 344, 353
doenças autoimunes, 21, 174, 279
dolor dictat, 27-30, 368
dopamina, 124, 232
    desajuste, 167
dor: etimologia da palavra, 43
    definição da International Association for the Study of Pain, 318
dor aguda, 15, 18, 28, 46, 58-63, 186, 207, 210-11, 221, 275, 305, 320, 329, 361
dor ardente, 110, 160, 211, 214-15, 264, 333
dor autoinfligida ou voluntária, 94, 231, 306, 384
dor crônica, 15-22, 28, 58, 61, 63, 77, 123, 142, 151, 154-55, 156-60, 167, 169-70, 171
    como doença (*ver* doença, dor como)
    definição de, 16
    efeito sobre o cérebro, 154, 164, 166, 210
    estatística, 15-17, 151-52
    influência genética sobre a, 207-08, 210, 212
    tratamento da (*ver* manejo da dor); *ver também* síndromes dolorosas específicas
dor de cabeça, 21, 29, 35, 45-46, 51, 85, 160, 172, 174, 187, 216, 315, 334, 337
    rebote, 172
    ver também enxaqueca
dor de dente, 19, 48-49, 107-08, 127, 133
dor de rebote, 260
dor desintegrativa, 231-34

dor do membro fantasma, 63, 66, 212, 226, 316, 321-22, 335, 354
dor emocional, 61
    ver também emoções específicas
dor integrativa, 231-34
dor nas costas, 21, 76, 159, 167, 168, 171, 177, 182, 216, 227, 264, 269, 275, 336, 346
dor neuropática, 59, 163, 169, 176, 180, 186, 215, 217, 218, 220-21, 251, 255, 260
    síndromes, 166-67
dor no braço, 208
dor no ombro, 33, 36, 38, 76
dor no pescoço, 33, 36-38, 76, 94-95, 97, 171, 255, 264, 285, 290-91, 300, 345
dor nociceptiva, 166
dormência, 125, 161, 165, 263
Douleurs Sans Frontières, 206
Drug Enforcement Administration, DEA (Superintendência de Controle de Drogas), 190
dukkha, 110
dura-máter, 285-86

E

Edwards, Robert R., 207, 210, 383
egípcios antigos, 46, 85
Ema, rainha da Normandia, 92, 324
endorfinas, 40, 62, 72, 154, 157, 233, 275, 305, 326-27, 370
enfarte, 35, 284-85
enxaqueca, 46-47, 78, 159, 164, 172, 174, 257-58, 291, 333-34, 356
    ver também dor de cabeça
enzima GCH1, 220
epilepsia, 14, 352
ervas na medicina, 48, 74
    antigas, 64, 85, 123
    ver também ervas específicas
esclerose múltipla, 16, 159, 226, 333
escoliose, 336
escravos, 21, 125, 196-98, 381
Esculápio, 48, 54, 369

espíritos maus, 13, 46
espondilose cervical, 38, 145-46, 219, 290
esporões ósseos, 145
estenose da coluna, 38, 290
esterilização, 113
esteroides, 158, 258, 266, 280, 285-86, 329
    efeitos colaterais, 286
estimulador da coluna vertebral, 177
estoicos, 127
estresse, 62, 77-78, 181, 184
    hormônios, 154, 157, 203, 208
    manejo, 158
    reação de luta ou fuga, 203
estupro, 118, 175, 233
éter, 14, 17, 107-09, 112, 124, 128, 129,
    131-34, 135, 136-38
    história do, 136, 138-42
éter, monumento ao, 138
etnia e tolerância à dor, 202
    ver também etnias específicas
'etsev, 43, 44, 81, 201, 369
Eva, 43, 81, 110, 140-41
Evangelhos, 84, 86
Evangelhos Gnósticos, 86
evolução, *ver* teoria da evolução
excitotoxicidade, 215-16, 219, 222
exercícios, 62, 71-72, 233, 264, 273-76
    aeróbicos, 62, 72, 258
    ver também fisioterapia
expectativa: efeito sobre a dor, 318, 324-26,
    328
    negativa, 327, 329
    ver também nocebo; placebo
expectativa de vida, 151

F

Faraday, Michael, 133, 141
fé, 21, 83-84, 90, 96, 130, 234-36, 326
febre, 15, 40, 43, 122, 152
Felstiner, Mary, *Out of Joint*, 250, 385
ferimentos a bala, 318
ferro, uso no mesmerismo, 128-29

fibras C, 40
fibromialgia, 159, 164, 167-68, 210, 257-58, 356
fígado, 40, 189, 274
    falência, 173
Fishbain, David A., 182-83, 379, 380
Fishman, Scott, 153-54, 163, 184, 187, 191,
    230, 364
    The War on Pain, 153
fisioterapia, 69, 71-72, 77, 146, 158-59, 172,
    211, 244, 253-54, 263-64, 266, 270,
    274-75, 280-82
fístulas, 197-98
Foley, Kathleen, 186, 250, 380
fome, 40, 233
Foucault, Michel, 14, 28, 31, 225, 367, 384
Foxe, John, *Livro dos Mártires*, 90, 348
França, 117, 128-29, 133
Frank, Arthur W., *At the Will of the Body*, 283,
    386
fraturas, 60-61
Freud, Sigmund, 77, 353
Fülöp-Miller, René, *O triunfo sobre a dor*, 196,
    200, 372, 381, 388

G

gala-tur, 46
Galeno, 88, 196, 205, 381
gangrena, 15, 61, 114, 373
gás hilariante, *ver* óxido nitroso
Gaskell, Elizabeth, *Mary Barton*, 123, 374
gemidos, 41
Gênesis, 82, 141, 368, 371
genética, 19, 167, 208, 212, 220
    depressão e, 183
    sensibilidade à dor e, 208, 211, 220, 227
geração da década de 1950, 151
Gillies, H. Cameron, 141-42
Glucklich, Ariel, *Sacred Pain*, 93, 94, 349-50,
    371-72, 373, 376, 384, 388
Grã-Bretanha, 92, 109, 110, 113, 122-24,
    129, 135, 238, 285, 355
    dor e cirurgia na, 156

Gracely, Richard, 168, 378
Grahi, 46
gregos antigos, 45-48, 81, 91, 124, 316
Grünewald, Matthias, 29
guerra, 114, 293
Guerra Civil Americana, 14, 197, 321, 373

H

Hamilton, Bethany, 62, 324, 370
Harrison, M. Ojinga, 235
Heidegger, Martin, 27, 368
Heine, Heinrich, 107-08
Helena de Troia, 64, 123
hérnia de disco, 22, 263, 267, 269, 276
hérnias, 212, 254
Heródoto, 64
herpes, 211-12
hinduísmo, 17, 19, 81, 89, 91, 94, 202, 234, 305-06, 309, 312
hiperalgesia, 164-65, 167, 199, 261
hiperalgesia induzida por opioides, 261
hipnose, 128, 158, 331-34, 339
Hipócrates, 13, 48, 122, 225, 316, 387
hipotálamo, 40
hipótese antecedente, 182
hipótese consequente, 182
hipótese da cicatriz, 182-84
hispânicos, 203
histeria, 73, 77, 111, 195
HIV, 195
homens, 21
    tolerância à dor, 198-99
    tratamento da dor e, 174, 194-95
homúnculo, 87, 321-22, 335
hormônios, 40, 153
    estresse, 153-54, 203, 208
    femininos, 203
Hórus, 47, 85
Human Molecular Genetics, 211, 383
Hummer, Robert A., 236, 385
"humores", quatro, 196
Hunter, John, 112, 373

I

ibuprofeno, 172
Idade Média, 92
ideias sinistras sobre patologia, 253-54, 262-66
Iluminismo, 130
Inácio de Antioquia, Santo, 89
incas, 125
Índia, 45-46, 81, 91, 94, 199, 307, 359
infecções, 113-14, 121, 153, 177, 311
inferno, 89, 151, 219
inflamação, 44, 123, 166, 205, 211, 285
inibidores seletivos da recaptação de serotonina (ISRS), *ver* Prozac; Zoloft
Inquisição espanhola, 233
insensibilidade congênita à dor, 58, 220
insônia, 158, 258
International Association for the Study of Pain (Associação Internacional para o Estudo da Dor), 152
    definição de dor, 318, 367
intestino irritável, síndrome do, 167
invalidez, 21, 151, 195, 208, 227, 228, 230, 235-36, 253, 255, 355
invertebrados, dor dos, 41, 369
ítalo-americanos, 202
"It's Hard Work Behaving as a Credible Patient" (artigo), 174, 378
'itstsabown, 81, 201, 371

J

Jesus Cristo, 64, 74
    dor de, 81, 84, 85-87
Jó, Livro de, 83
Johns Hopkins, Escola de Medicina, 207
Journal of Behavioral Medicine, 236, 385
judaísmo, 85, 202, 208, 296
judeus etíopes, 208
julgamento pelo ordálio, 17, 91-93, 324-25
juramento de Hipócrates, 48
júri, tribunal do, 17, 92

ÍNDICE REMISSIVO

K

Kafka, Franz, "Na colônia penal", 95-96
Kant, Immanuel, 331, 375
   "Do poder da mente de dominar
   sentimentos mórbidos pela pura
   resolução", 127
kavadi, 308-12
Keate, Robert, 115
Keltner, John, 238-39, 328-29, 334-35, 348,
   359
Kempis, *ver* Tomás de Kempis
Kiddush Hashem, 89
Klonopin, 264, 268, 276
Krasenbaum, Lynda, 291
Kuala Lumpur, 19, 305, 308

L

laminectomia, 169, 246
Lancet, The, 140-41
Langeback, 113
Laocoonte, 29
Larrey, Dominique-Jean, 117-18, 120, 121,
   374
láudano, 65
lepra, 103, 201
lesão dos tecidos, 7, 58, 91, 111, 207, 218,
   231, 233-34, 253, 318-19
lidocaína, 220
limiar da dor, 39, 167, 201-09
limiar nociceptivo, 201
Liston, Robert, 129
lobotomia, 321
Loeser, John, 267, 377
Lombroso, Cesare, 197, 381
Luís XVI, rei da França, 129

M

Mackey, Sean, 232, 252-54, 265, 340-41,
   344-46, 351-53, 361-62, 364, 384

maconha, 122, 188
magnetismo, 128
   ver também mesmerismo
Malterud, Kirsti, 174, 378
mama, câncer de, 178, 250, 285
mandrágora, 64, 122-23
manejo da dor, 152, 154-55, 158, 178, 213,
   252, 318
   anestesia, 107-11
   medicamentos, 173, 175-76, 178, 185-89,
      251, 291
   opiáceos e opioides, 20, 29, 110-11,
      123-25, 153, 158, 185-86, 190, 195,
      170, 172, 176, 180, 258
   satisfação dos pacientes com o manejo
      inadequado da dor, 179
   sensibilidade à dor, 196-99
   terapia da neuroimagem, 345-46, 353-54
   tratamento desigual, 195-96
Maomé, 127
Marduque, 47-48, 51
Maria Antonieta, rainha da França, 129
martírio, 89-90
Massachusetts General Hospital (Hospital
   Geral de Massachusetts), 135-36, 157, 213
massagem, 75, 158, 270, 288, 339
mastectomia, 117, 117, 128, 250, 297
   dor crônica após, 250
   sem anestesia, 117, 119
Masukop, Alexander, 291
Mayday Fund, 16
McCaffery, Margo, 318
McIver, Ronald, 191-93
MC1R, 204-05, 382
medicamentos contra a dor, 21, 71, 138, 158,
   173, 175-76, 178-79, 185, 187-89, 190,
   204, 214, 359
   anti-inflamatórios, 158, 172-73, 280, 284
   dor criada por, 224-29
   esteroides, 158, 258, 266, 280, 285-86
   idosos, 52, 68, 119-20
   opiáceos e opioides, 20, 29, 110-11,
      123-25, 153, 158, 185-86, 190, 195,
      170, 172, 176, 180, 258

vício, 178, 185-89, 232

ver também medicamentos específicos

medicamentos do receptor kappa, 204

medicina alternativa, 67, 288

acupuntura, 74, 158, 185, 259, 331-33, 339

biofeedback, 158, 345, 352

homeopatia, 339

massagem, 75, 158, 270, 288, 339

meditação, 158, 259, 331, 333, 339, 346

quiropraxia, 21, 158, 259, 263, 264, 271

ver também ervas na medicina

Medicina da dor, 152-153, 157, 238, 244, 252, 262, 387

médicos, 20, 69, 85, 90, 108, 111, 117-18, 152, 154, 229, 239, 241, 246-47, 249, 252-53, 263, 271

anotações, 69, 70

dinâmica sexual e, 174

explicações médicas e, 241

o paciente difícil e os, 252-55

relacionamento com pacientes, 230-33

satisfação dos pacientes com o manejo inadequado da dor, 179

vício em opioides e, 185-89

ver também médicos e campos específicos da medicina

meditação, 88, 158, 172, 211, 259, 331, 333, 339, 346

medo, efeito sobre a dor, 41, 203, 324

medula espinhal, 16, 22, 40, 42, 63, 124, 152, 162-653, 167, 177, 182, 184, 215-16, 229, 285-86, 292, 320, 322, 323, 333

espondilose cervical, 38, 145-46, 219, 290

lesão na, 182, 229, 322, 333

meimendro, 64-65, 122-23, 374

Melzack, Ronald, 63, 332, 349, 388

membro fantasma, *ver* dor do membro fantasma

memória, 170, 186, 222, 250, 276, 283, 319, 321

menstruação, 199, 203

mente, 28, 57, 77, 124, 279-329

anestesia da crença, 343-50

neuroimagem do cérebro e, 322, 344

poder da, 127, 137, 274, 306, 315-19

Mesmer, Franz, 128-29, 131

mesmerismo, 18, 111, 128-31, 331, 375

Mesopotâmia, 17, 45, 47, 81, 91, 368

metadona, 158, 257-58, 260

Mickle, Jim, 155

Millingen, John Gideon, 179, 382

minhoca, 41

Mitchell, Silas Weir, 196, 321, 381

modulação da dor, 124, 167, 183, 203, 207, 210-11, 235, 265, 319, 323-27

morfina, 124, 185, 188, 204, 268, 326

Morris, David B., *The Culture of Pain*, 27, 52, 187, 368, 370, 380

mortalidade, efeito da religião sobre a, 235-36

Morton, William T. G., 135-37

Motrin, 64, 71, 172-73

Mott, Valentine, 113, 139, 373

muçulmanos, 88, 185

mulheres, 21, 167, 194, 198-99

médicos e, 167

parto, 141, 185, 232, 241, 250

sensibilidade à dor, 200

tolerância à dor, 174-75, 202-04

tratamento da dor e, 167, 195, 201

mundo antigo, *ver* Antiguidade

Murugan, Senhor, 306, 308-11

músculos, 40, 71-72, 76

atrofia, 167, 216-17, 219, 244, 275

dor, 134, 140-41, 145-46, 148, 150, 238-39

espasmos, 167, 171-2, 176, 242, 258, 263, 270

relaxantes dos, 149

música, efeito sobre a dor, 325

N

Nabokov, Vladimir, *Pnin*, 16, 368

nalbufina, 204

naloxona, 233

Napoleão Bonaparte, 117

narcóticos, *ver* opioides

National Cancer Institute (Instituto Nacional do Câncer dos EUA), 178

nativos americanos, 203

náusea, 71, 125, 187, 284, 291

nepente, 123

nervo occipital, 161, 171

nervos, 16, 18-19, 40, 42, 66, 71, 77, 86-87
    cortados, 161, 162, 169, 171
    lesados, 162
    mortos, 162-65(*ver também* neuromas)
    sensoriais, 160

neurastenia, 123

neurologistas, 56

neuroimagem funcional em tempo real, 344-45, 351

neuroimagem, terapia da, 326, 344-46, 352-54

neuromas, 163, 322; *ver também* nervos mortos

neurônios, 39, 124, 162-63, 211, 214-16, 218, 320, 322, 343, 353, 363
    motores, 162, 220, 259
    sensoriais, 39, 162-63, 212

Neurontin, 176, 179-80, 329

neuropatia periférica, *ver* neuropatia

neuropatia periférica diabética, 255
    periférica, 164

neuropeptídeos, 43

neuroplasticidade, 38, 163, 351-55

nevralgia do trigêmeo, 164

nevralgia occipital, 291, 334

nevralgia pós-herpética, 164, 211-12

New England Journal of Medicine, The, 136, 206, 370, 380, 383

New England Medical Center Pain Management Center (Centro de Manejo da Dor do Centro Médico da Nova Inglaterra), 156

New York Headache Center (Centro de Cefaleia de Nova York), 291

New York Times Magazine, The, 20, 192

Nietzsche, Friedrich Wilhelm, 53, 370

nocebo, 327, 329

nociceptores, 39-41, 163, 201, 320

noradrenalina, 208, 339

norepinefrina, 167, 183, 265, 320

Nova York, 21, 52, 60, 67, 70, 76, 101, 139, 186-87, 197, 251, 262, 287, 291, 300, 303

O

obesidade e tolerância à dor, 196

odontologia, 135

olfato, efeito sobre a dor, 325

Omneuron, 351

opiáceos, *ver* opioides

ópio, 48, 64-65, 118, 122-25, 128, 141, 158, 185-86, 259, 305
    ver também opioides

opioides, 20, 29, 110-11, 123-25, 153, 158, 185-86, 190, 195, 170, 172, 176, 180, 258
    dor criada por, 224-29
    dosagem, 188-89, 192-93, 229
    efeitos colaterais, 187-88, 256, 326
    primeiros usos de, 102-103
    reação contrária, 199
    receptores e os sexos, 204
    sintomas de abstinência, 187, 276
    vício, 178, 185-89, 232
    ver também ópio; opioides específicos

oração, 85, 236, 246-47, 325, 331

ordálio, julgamento pelo, 17, 91-93, 324-25

ordálio pelo fogo, 91-93

ortopedista, 68-70, 72, 177

osteoartrite, 145-46, 159, 166, 205, 212

Ovídio, 64, 368

óxido nitroso, 14, 108-09, 132-34, 135-37, 141, 367

OxyContin, 20, 158, 188-89, 190, 192-93, 259, 261, 264, 380
    reação contrária aos opioides, 190, 192-93
    vício, 190-93

P

pacientes difíceis, 252-53, 279

Paget, sir James, 197, 381

Pain (revista), 186, 207
pajés, 123, 125
Papiro Ebers, 46, 49, 326, 369
Papper, E. M., *Romance, Poetry, and Surgical Sleep*, 132
Paracelso, 65
paralisia, 162, 229, 255
Paré, Ambroise, 114, 141, 152, 162
Parker, Danielle, 262, 269, 339
parto, 18, 122, 231
    anestesia no, 18, 140-41, 197, 231
    artrite reumatoide e, 250
    dor e, 18, 140-41, 196-97, 231
    fístulas, 197-98
Payne, Richard, 195
peixes, percepção da dor nos, 42
pena de morte, 109
People's Journal, The, 107
Pepys, Samuel, 109
Percocet, 20, 190, 261, 264, 300
perda de membros, 63, 321
    ver também amputação
peregrinos, 17, 19, 94, 305-06, 308-09, 311-12, 324, 338
pergunta "por que eu?", 44
perigo, 40-41
    ver também reação de luta ou fuga; analgesia descendente induzida pelo estresse
período vitoriano, 21, 110-11, 123, 129, 142, 196, 198-99, 204-05, 207-08
peruanos antigos, 125
Phillips, Clint, 271
Pilates, 288
Píndaro, 48
placebo, 73-75, 121-22, 128, 275, 306, 325-27, 329-30, 331, 338-39, 341-42, 344, 352, 386
plano de saúde, 22, 54, 203, 244, 284, 286-87, 334
pneumonia, 153
poder da mente, 127, 129, 137, 306
Poema do Sofredor Virtuoso, 50, 82-83, 219, 260, 370
poena, 35-38, 66, 80-81, 83-84, 91, 108, 110

Portenoy, Russell K., 187, 188, 262, 264-66, 267-68, 271-72
postura, 264, 272-73
preconceito e tratamento desigual da dor, 196
"A princesa e a ervilha", conto de fadas, 199
Proceedings of the National Academy of Sciences (Procedimentos da Academia Nacional de Ciências), 351
processos na Justiça, 189, 355
proglumida, 326-27
Progresso do peregrino, O, 277, 295
proteção, dor como, 41, 45, 58, 103, 158, 198, 220, 325
Prozac, 172, 265
pseudoadicção, *ver* pseudovício
pseudovício, 185-89
psicanálise, 60, 73, 301
psicopatologia, 253
Purdue Pharma, 190, 368

Q

quatro "humores," 196
queimaduras, 39, 60-61, 91, 95, 164, 201, 206, 215, 333, , 341, 381
Questionário McGill da Dor, 349
quimera, 132-33
quimioterapia, 170, 185, 236
quiropraxia, 21, 77, 158, 192, 259, 263

R

Rá, 47
raça, 21, 194, 202
    religião e, 205-207
    sensibilidade à dor e, 196, 202-03, 207
    tratamento da dor e, 194, 202-03
radiação, 170
Ramachandran, Vilayanur S., 354
reação de luta ou fuga, 203
    ver também analgesia descendente induzida pelo estresse

ÍNDICE REMISSIVO

reações comportamentais à dor, 41
Reagan, Ronald, 318
reencarnação, 81
religião, 6-7, 11, 61-71, 88, 100, 159, 201,
205-207, 217, 257, 261, 301
anestesia e, 118-19
antiga, 32-35, 62-71, 74
dor e, 61-71, 74, 189, 201, 205-207
martírio, 69-71, 74, 201
mortalidade e, 206
raça e, 205-206
riscos da, 205-207
ver também religiões específicas
Remen, Rachel Naomi, 296-97
Histórias que curam, 226, 296-97
ressonância magnética, 77, 103, 144, 166,
277, 328, 344, 359
ver também ressonância magnética
funcional
ressonância magnética funcional, 214, 344, 347
ver também cérebro: neuroimagem
reumatologista, 20, 279, 281-82, 283
Revolução Americana, 109
Revolução Francesa, 109, 129
Revolução Industrial, 110
rins, 83, 292
romanos antigos, 30, 45, 89, 90, 348
romantismo, 110, 134
Royal Medical and Chirurgical Society (Real
Sociedade Médica e Cirúrgica), 130
Rudra, 46
Rússia, 118, 121

S

salgueiro, *ver* casca de salgueiro
sanatório, 13-14, 357
sangria, 13-14, 381
Sao Man, 343
Sarno, John, 269-70, 272-74, 336-37
Healing Back Pain, 76-79
Scarry, Elaine, *The Body in Pain*, 28, 97-98,
160, 225, 368, 372, 377, 384

SCN9A, gene, 211-12, 383
Sebastião, São, 89
século XIX, 13, 17-19, 22, 100, 113-14, 319
dor e cura no, 107, 109, 124, 196, 199, 319
mesmerismo, 125-26, 305
ver também período vitoriano
segredo celular do ciclo da dor crônica, 213-17
sensibilidade à dor, 168-82
concepções históricas da, 168-72
individual, 180-82
limiar da dor, 173-74
limiar nociceptivo, 201
raça e, 171-72, 174-76, 178-79
sexo e, 171-72, 174-76
tolerância à dor, 173-79
tratamento desigual da dor e, 195-96
sensibilização central, 163, 164, 167, 171,
215, 222
sensibilização periférica, 163-64
serotonina, 72, 167, 172, 183-84, 265, 339
sexo, 21, 148-49, 171, 174
médicos e, 148-49
sensibilidade à dor e, 171-72
tolerância à dor e, 174-76
tratamento da dor e, 167-68
ver também homens; mulheres
sífilis, 30, 53
Simpson, sir James Young, 113, 115, 140-41,
199, 373, 376
Sims, J. Marion, 197-98, 208, 381
síndrome da miosite de tensão (SMT), 76-77,
269-70, 336-37
síndrome do intestino irritável, 167
síndrome do túnel do carpo, 86
síndrome dolorosa regional complexa
(síndrome da distrofia simpática reflexa), 242
síndrome pós-laminectomia, 169
sistema imunológico, 40, 153-54
efeito da dor prolongada sobre o, 154
sistema límbico, 319, 320-21, 324, 347, 349
sistema nervoso central, 16, 41, 59, 152, 163,
166, 167, 208, 211, 214, 218, 333, 352
SMT, *ver* síndrome da miosite de tensão
Sociedade Médica de Paris, 137

Soma, 176
sono, 40, 44, 80
   privação de, 158, 234, 258
Sontag, Susan, *Doença como Metáfora*, 14, 27
Sófocles, 232
Southern Medical and Surgical Journal, 197
Southey, Robert, 134
Stanford Five, 253
Stone, reverendo Edmund, 122
Stowe, Harriet Beecher, 110
sofrimento, 29, 30-31, 62, 63, 198-200
   criação deliberada de, 233
   religião e, 62-68
substância cinzenta, 216-17, 218, 324, 348, 356
suicídio, 182-83
sumérios, 50, 64
superaspirina, 284
Syme, James, 140

T

Taddio, Anna, 170, 378
tálamo, 216-17, 320, 333, 349
Tchecov, Anton, 158
técnicas antissépticas, 113
tendões, 77
teoria da evolução, 108
teoria dos germes, 14
teoria do portão, 63, 332
terapia medicamentosa, *ver* medicação da dor;
   medicamentos específicos
terapia da neuroimagem, 345-46, 353-54
ThermaCare, 288, 300, 303-04
titulação pelo efeito, 188
tolerância à dor, 196, 201-09
Tomás de Kempis, 88, 371
Tomás de Aquino, 127, 331, 338
tomografia por emissão de pósitrones, 344
tomografia computadorizada, 344, 359
Topham, William, 130
toracotomia, 169
tortura, 17, 28, 54, 84, 86, 90, 92, 95-96, 109,
   113, 118, 158, 197-98, 233, 315, 319, 324

nazistas e, 158, 233
   política do governo Bush para a, 233-34
tração, 158
Tracey, Irene, 324-25, 350, 355-56, 359, 387
tradição judaico-cristã, 17, 108
tramadol, 339
transtornos da personalidade, 253
tratamento desigual da dor, 195-96
   sensibilidade à dor e, 196
trazodona, 158
trepanação, 46, 125, 369
tuberculose, 13-14, 28, 123, 133, 139, 213,
   219, 357
tumores no cérebro, 159, 170, 171, 333
Tylenol, 53, 71, 77, 172-73, 174, 176, 189,
   274

U

úlceras estomacais, 173
Universidade da Califórnia, campus de San
   Diego, 208
Universidade da Califórnia, campus de São
   Francisco, 153, 208, 328
Universidade da Carolina do Norte, campus
   de Chapel Hill, 208
Universidade de Oxford, 233, 238, 324, 355
Universidade de Stanford, 178, 182, 203, 232,
   246, 252, 347, 361
Universidade de Tel Aviv, 208
Universidade do Estado de Ohio, 205
Universidade McGill, 325
uso de drogas, 194, 253

V

Valium, 268, 276
vazio da dor, 29
Velpeau, Alfred, 133
vias bidirecionais da dor, 323
vício, 185-89, 191, 232
   abuso de drogas, 253

benzodiazepina, 276

clorofórmio, 137

cocaína, 125

opioides, 170, 172, 179, 185-89, 232, 256, 260

pseudoadicção ou pseudovício, 187

Vicodin, 268, 273-74, 276

vinho, 33, 64, 119, 123

Vioxx, 284-85, 339, 386

visão, 319, 320, 366

visão biológica da dor, 18, 152, 184, 203, 225, 319

Vitória, rainha da Inglaterra, 141

Washington, George, 14

Wellbutrin, 265

Wells, Horace, 136-37

Werner, Anne, 174, 378

Wilson, George, 115, 140

Wilson, Holly, 229, 333

Winter, Alison, *Mesmerized: Powers of Mind in Victorian Britain*, 129

Wittgenstein, Ludwig, 315

Woodrow, Kenneth M., 203, 205, 382

Woolf, Clifford, 163, 167, 169, 177, 180, 213-15, 218-21

Woolf, Virginia, 160, 377

X

xamãs, *ver* pajés

Xarope Calmante da Sra. Winslow (Mrs. Winslow's Soothing Syrup), 110-11

xaropes do sono, 121

xingar, efeito sobre a dor, 203

W

Wall, Patrick David, 62-63, 71, 332, 369

Warren, John Collins, 136-37

Z

zen, 293, 334

Zoloft, 172, 265, 329

Zomig, 334

Zubieta, Jon- Kar, 326, 388

Zurique, 140

Conheça mais sobre nossos livros e autores no site
www.objetiva.com.br
Disque-Objetiva: (21) 2233-1388

Impressão e Acabamento: